302.23

Les médias

THÉMIS

COLLECTION DIRIGÉE PAR MAURICE DUVERGER

SCIENCE POLITIQUE

ROLAND CAYROL

Directeur de Recherche
à la Fondation Nationale des Sciences Politiques

Les médias

Presse écrite
radio
télévision

PRESSES UNIVERSITAIRES DE FRANCE

Le présent volume constitue une édition
revue, mise à jour et augmentée de *La
presse écrite et audiovisuelle*, du même
auteur, paru dans cette collection en 1973.

Collaboration pour la mise à jour de la
documentation : Thierry Moreau.

ISBN 2 13 043479 7

Dépôt légal — 1re édition : 1991, février

© Presses Universitaires de France, 1991
108, boulevard Saint-Germain, 75006 Paris

Sommaire

TROISIÈME PARTIE

LES MÉDIAS DANS QUELQUES PAYS ÉTRANGERS

QUATRIÈME PARTIE

L'INFLUENCE DES MÉDIAS

Introduction

Les sociologues américains ont forgé le néologisme de *mass media*, en accolant au terme latin de *media* (moyens) le terme anglais de *mass*, indiquant par là que les moyens ici visés sont ceux qui s'adressent, non à des individus isolés ou à des groupes homogènes, mais à de grandes collectivités, à un public massif et indifférencié. On range ainsi habituellement parmi les *mass media* : les journaux, la radio, la télévision, le cinéma, l'affichage. A cette expression de *mass media*, certains auteurs préfèrent celles de « moyens de communication de masse », « grands moyens d'information », « outils de communication sociale », ou « techniques de diffusion collective ». Malgré les querelles de spécialistes, on peut penser que toutes ces expressions sont rigoureusement synonymes.

Parmi ces moyens d'expression et de communication, il est clair que les journaux, la radiodiffusion et la télévision présentent entre eux un certain nombre de points communs : il s'agit de moyens présentant une certaine périodicité, préparés notamment par des journalistes, et faisant une large place à l'information, à la diffusion de nouvelles et à leur analyse. Il existe incontestablement une unicité du phénomène journal-radio-télévision, qui le distingue du cinéma ou de l'affichage. Le plus commode est, semble-t-il, d'englober l'ensemble de ce phénomène sous le terme générique de *presse* ou encore de *médias* — puisque l'Académie française autorise ce néologisme, avec accent aigu et ce curieux pluriel. C'est ce qui sera fait dans cet ouvrage, où l'on parlera donc de « médias », ou de « presse écrite, radiodiffusée et télévisée ».

1 / Les fonctions de la presse

1 | RECHERCHE ET DIFFUSION DE L'INFORMATION

La première fonction de la presse est de rechercher et de transmettre des nouvelles, d'informer sur les événements du monde. La presse nous dit ce qui se passe dans le monde. Cela ne veut pas dire qu'elle soit un reflet du monde : tout ce qui se passe n'est pas, en effet, un « événement », ne constitue pas une « nouvelle ». On connaît ce fameux conseil donné à un journaliste débutant : « Un chien qui mord un évêque, ce n'est pas une nouvelle, mais un évêque qui mord un chien, ça c'est une nouvelle. » La presse est ainsi amenée, depuis qu'elle existe, à négliger les événements de la vie quotidienne pour mettre l'accent sur les péripéties. Si les trains arrivent en retard pour une raison quelconque, la presse pourra nous en avertir ; elle ne nous dira pas, tous les jours, que des milliers de trains arrivent à l'heure. Si une grève éclate dans une grande entreprise, la presse pourra nous en informer ; elle ne nous dira pas, tous les jours, quelles sont les conditions concrètes d'existence des travailleurs. Dans certains cas, l'événement dont nous parlera la presse sera un événement qui ne se produit pas : « Les Américains n'ont pas rencontré les représentants soviétiques », « Le juge n'a rien révélé de la marche de l'enquête ». Dans certains autres cas, encore, c'est un organe de presse lui-même qui « fera » l'événement, en accordant la première place à un jeu-concours ou à une manifestation organisée par lui, ou à un « document » publié par lui.

Si, par nature, elle est ainsi amenée à négliger les mouvements en profondeur et les facteurs de stabilité, au profit des incidents, accidents ou péripéties, la presse doit aussi — ne serait-ce que pour des exigences de place dans ses pages, ou de minutage dans ses bulletins — sélectionner ceux des événements qu'elle porte à la connaissance du public, en déterminant ceux qui lui paraissent les plus significatifs. « Informer, c'est choisir », dit-on. Les agences de presse ne font pas état de toutes les nouvelles du monde. Un épais journal ne peut reproduire le vingtième de la production journalière d'une grande agence. Une émission entière d'actualité télévisée à l'ORTF ne représente que trois colonnes du journal *Le Monde*. A tous les échelons, des choix s'imposent entre ce dont on parlera et ce dont on ne parlera pas. Ainsi notamment les phénomènes jugés marginaux, les mouvements minoritaires, les développements concernant des pays lointains seront-ils régulièrement et impitoyablement éliminés.

Par ailleurs, la réalité dont la presse rend compte est la réalité qu'*elle* observe, et non pas bien sûr la réalité telle qu'elle se révélerait elle-même. Dans la mesure où la notion même d'objectivité paraît un leurre, la réalité présentée par la presse est, obligatoirement, une vision plus ou moins déformée, plus ou moins forcée de la réalité.

Tous ces éléments illustrent les limites que sa nature même impose à la presse dans sa fonction d'information : la presse rend surtout compte de l'événementiel — « j'appelle journalisme ce qui sera moins intéressant demain qu'aujourd'hui », disait Gide —, elle ne peut pas tout dire, et ne dit que ce qu'elle sait voir.

Et puis, bien sûr, les choix politiques, la recherche de l'originalité, le souci de plaire au public, les impératifs commerciaux sont autant d'éléments qui, parmi d'autres, tendent à imposer certains types de « mise en valeur » de l'information, qui, par le titrage, le choix de la « une » (pour les journaux) ou de l' « ouverture » (pour la radio-télévision), la mise en pages ou la mise en scène, le découpage ou le montage, les commentaires, la répétition, le choix des illustrations et des légendes peuvent en fait conduire à altérer l'information elle-même.

Il faut enfin tenir compte du fait qu'il arrive à la presse de diffuser de fausses nouvelles, que Bernard Voyenne estime dues, selon les cas[1], à la paresse, à la sottise, à la précipitation, à l'intérêt ou à l'envie de rire. On peut ajouter aux fausses nouvelles le silence délibéré de certains journaux sur certains événements qui les dérangent ou les gênent.

Malgré ces limites, et malgré le fait que nous disposons de multiples sources d'information, ce sont les médias qui constituent incontestablement, dans le monde d'aujourd'hui, le canal principal par lequel nous parviennent l'essentiel des nouvelles, notamment dans le domaine politique.

2 | EXPRESSION D'OPINIONS

On connaît la fameuse phrase de C. P. Scott, le premier rédacteur en chef du *Guardian,* selon laquelle « les faits sont sacrés, les commentaires sont libres ». Elle tend à dissocier deux fonctions de la presse : la fonction

---

1. Voir *Presse-Actualité*, décembre 1965, n° 22.

d'information et celle d'expression d'opinions. Il est cependant bien difficile, semble-t-il, de les dissocier complètement. Informer, c'est déjà exprimer une opinion, et rapporter une opinion, c'est aussi informer.

On a cependant, pendant longtemps, distingué une « presse d'information », axée sur la narration des événements, et une « presse d'opinion », surtout consacrée aux commentaires, aux éditoriaux, aux prises de position. Dans un monde où le choix et la présentation des informations sont toujours plus politiques, et où la presse des mouvements et organisations connaît, presque partout, de graves difficultés, la distinction apparaît de plus en plus malaisée, et de moins en moins apte à décrire les situations réelles. Il n'existe pas plus de journaux de pure « information » que de pure « opinion ». Il est vrai pourtant que les éditoriaux, les appels directs aux lecteurs, les prises de position collectives des rédactions semblent s'être faits plus rares qu'ils ne l'étaient avant la deuxième guerre mondiale. L'expression des opinions reste sans doute l'une des fonctions essentielles de la presse, mais elle tend à changer de forme, à se faire souvent plus subtile, plus voilée, en tout cas moins ouvertement proclamée comme l'une des missions essentielles des organes de presse, en particulier des quotidiens.

3 | FONCTION ÉCONOMIQUE ET D'ORGANISATION SOCIALE

La presse, qui facilite la communication entre les hommes, joue un rôle important dans la vie économique des sociétés. Elle le fait en procurant à tous une information commune, en améliorant les relations entre les individus et les groupes, et même en offrant un instrument pratique de rencontres : la presse provinciale joue par exemple un rôle de service difficilement remplaçable en indiquant aussi bien les pharmacies de garde que les programmes de cinéma ou les permanences des officiers d'état civil. Si, par suite d'une grève par exemple, le journal vient à manquer, cette absence est vivement ressentie. « On manque de nouvelles sur la vie de la ville », disaient 31 % des Girondins interrogés en mars 1972 par la SOFRES pendant la grève de *Sud-Ouest* ; « On manque d'informations pratiques », notaient 18 % d'entre eux[1].

Elle le fait aussi par la publicité et les petites annonces, et occupe sur le

1. SOFRES, *Enquête dans la cité privée de son journal*, Paris, 1972, 18 p.

marché des biens de consommation comme sur le marché du travail, un rôle permanent d'intermédiaire entre les producteurs et les consommateurs, entre les offreurs et les demandeurs d'emploi.

4 | DIVERTISSEMENT ET DISTRACTION

On lit en général les journaux, on écoute la radio, on regarde la télévision pendant les moments de loisirs, et on le fait, dans une large mesure, pour y trouver une récréation. Le public lui-même, a noté Jean Stoetzel[1], manifeste qu'il considère la lecture de la presse comme une activité de loisirs ; ceux qui ne la lisent pas disent souvent « je n'ai pas le temps pour cela », ce qui implique bien qu'il s'agit dans leur esprit de quelque chose de futile.

Pour satisfaire ce besoin de distraction, la presse écrite, parlée et télévisée, offre des rubriques nombreuses de divertissement, des jeux aux feuilletons, des échos aux secrets d'alcôve. Les pages d'information subissent, elles-mêmes, l'influence de cette fonction de distraction. La présentation des nouvelles est souvent rendue « attrayante », dans leur énoncé, et jusque dans le choix qui en est fait.

Quel que soit d'ailleurs le style de la présentation des informations qu'il adopte, un organe de presse constitue un instrument de distraction, dans la simple mesure où il fait échapper l'individu du champ de sa solitude, de sa vie quotidienne, pour lui apporter une ouverture sur l'extérieur. Dans le sondage précité entrepris pendant la grève de *Sud-Ouest,* 26 % des personnes interrogées estimaient ainsi que « le journal manque, on se sent seul, la vie est monotone, ce n'est plus la même chose ».

5 | FONCTION PSYCHOTHÉRAPIQUE

C'est Jean Stoetzel qui, le premier semble-t-il[2], a insisté sur la fonction psychothérapique que peut remplir la presse, d'abord par sa fonction de distraction, mais aussi d'une manière plus spécifique. Dans une société de masse où les frustrations individuelles se multiplient, où les relations entre les hommes se font de plus en plus abstraites, fragmentaires,

---

1. *Etudes de presse*, 15 juillet 1951, vol. III, n° 1.
2. *Ibid.*

fonctionnelles, dépourvues d'intimité, la presse vient, dans une certaine mesure, alléger les difficultés. « En présence de relations secondaires abstraites et très frustratoires entre les membres du public et les personnalités de premier plan qui sont placées au centre de ses intérêts par la vie collective et par la presse elle-même, la publication des photos familières, des anecdotes... reconstitue, par substitution, un équivalent des relations primaires ; le lecteur connaît ou pense connaître les hommes et les femmes du jour, tout comme s'il était admis dans le cercle de leurs familiers... D'un autre côté, la vie sociale refoule de nombreuses tendances, soit biologiques, soit culturelles. Nous désirons dominer, et nous sommes subordonnés. Nous voulons être libres, et nous devons obéir. Les tendances acquisitives, sexuelles notamment, sont constamment mises en échec. Il en résulte une pression désagréable de ces tendances, de l'impulsion à l'agression, qui ne peuvent se manifester, des sentiments de culpabilité. La presse intervient d'une manière psychothérapique dans cette situation. Elle nous montre que certains individus satisfont ces tendances, dans les crimes, les scandales. Elle opère ainsi la libération de nos propres tendances ; elle nous permet de projeter notre culpabilité sur d'autres. Surtout, elle limite les impulsions agressives. » De même, les « campagnes de presse » ont, en elles-mêmes, un caractère psychothérapique. Les journaux ou les stations de radio-télévision qui les lancent ne les continuent d'ailleurs pas, en général, jusqu'à obtenir gain de cause : c'est la campagne qui compte, plus que la satisfaction des revendications qu'elle porte. C'est la campagne elle-même qui permet le défoulement du lecteur.

Ainsi en va-t-il probablement des « dénonciations » de scandales par la presse à sensation, voire par la presse militante, ou de campagnes du style de celle lancée, en mai-juin 1970, par *Bonne-Soirée*, avec le concours d'Europe n° 1, RTL, Sud-Radio, Radio-Andorre et Radio-Monte-Carlo, sous le titre : « Assez d'animaux martyrs ».

6 | INSTRUMENT D'IDENTIFICATION ET D'APPARTENANCE SOCIALE

Il existe une forte corrélation entre l'utilisation des *mass media* et la participation politique institutionnelle (vote, adhésion à des groupements, etc.). D'une part, en effet, la lecture des journaux, l'écoute de la radio et de la télévision permettent d'être informés sur la vie sociale et politique : elles sont donc une condition de la participation. D'autre part, elles facilitent une identification du lecteur ou de l'auditeur avec le public, avec la communauté à laquelle il appartient : elles incitent ainsi à une participation plus poussée aux activités de cette communauté.

L'identification des lecteurs-auditeurs se fait avec le public global, mais également avec les groupes sociaux auxquels ils appartiennent. On achète un journal parce qu'il est celui du groupe, de la ville, de la classe sociale auxquels on appartient : lire le carnet du jour du *Figaro,* les informations sur les sociétés dans *Les Echos,* le bulletin de l'étranger du *Monde,* les faits divers du *Parisien,* ou les nouvelles de politique intérieure de *L'Humanité,* c'est se remettre chaque jour au contact des attaches objectives qui sont les siennes dans la société. Le journal permet de manifester et de renforcer les appartenances sociales de ses lecteurs.

Il faut ajouter d'ailleurs que l'achat et la lecture d'un journal, l'écoute de telle ou telle émission permettent une identification du lecteur-auditeur à un groupe auquel il appartient objectivement, mais aussi éventuellement à un groupe auquel il souhaiterait appartenir, ou auquel il rêverait d'appartenir. Ainsi des ouvrières peuvent-elles se passionner pour l'héroïne d'un feuilleton télévisé appartenant au milieu de la grande bourgeoisie. Ainsi, une enquête de M. Gilman sur la lecture des journaux new-yorkais, citée par Jacqueline Boullier[1], souligne-t-elle le rôle social des petites annonces : « Beaucoup de femmes consultent les petites annonces pour comparer les différentes situations sociales à la leur. Même si elles ne sont pas intéressées directement, les femmes lisent les petites annonces pour voir quels salaires sont offerts aux hommes ayant le même métier que leur mari. Si la femme a travaillé autrefois, elle regarde ce que gagnent maintenant les personnes qui exercent la profession qu'elle avait. »

Enfin, ainsi que l'avait montré Bernard Berelson, le journal valorise le lecteur. Le journal convainc le lecteur de son importance. Par la lecture de la presse, celui-ci sait ce qui se passe, a l'impression de pénétrer dans les secrets du monde, en tire éventuellement un surcroît de prestige intérieur.

En achetant un journal, produit « noble » dont la relation avec le public est d'ordre intellectuel, le lecteur achète en même temps une image de lui-même. De lui-même tel qu'il est, et tel qu'il se projette. La couverture du magazine *Elle* fait ainsi alterner les photographies de femmes qui sont à l'image de leurs lectrices, et (un peu plus souvent) de femmes qui sont « en avance » par rapport à elles (quant à la beauté, au maquillage, à l'allure).

---

1. *Presse-Actualité*, octobre 1966, n° 28.

7 | FONCTION IDÉOLOGIQUE : INSTRUMENT DE COHÉSION SOCIALE ET DE LÉGITIMATION POLITIQUE

La presse joue enfin, au service de l'idéologie dominante de la société dans laquelle elle paraît, un rôle évident d'instrument de cohésion sociale et de légitimation du système politique. Dans les régimes de parti unique, elle joue tout à la fois un rôle de relais entre la direction de l'Etat et du parti et les militants du parti et des organisations de masse (théoriquement dans les deux sens), et un rôle global d'éducation des masses et de propagande au service du régime. Dans les pays en voie de développement, étant donné les faibles taux d'alphabétisation, c'est en particulier à la presse parlée (et éventuellement télévisée) que reviennent ces fonctions : on sait d'ailleurs que les studios de la radio-télévision figurent toujours parmi les objectifs premiers de ceux qui y entreprennent des coups d'Etat.

Dans les régimes de type occidental, ainsi que l'a noté Alain Girard[1], la presse fonctionne dans le cadre d'un système d'Etat existant, et même pour le compte de ce système. Elle adhère et souscrit, dans l'ensemble, aux mêmes principes moraux et sociaux, et ne se divise que sur les voies et moyens aptes à réaliser les objectifs généraux et tacites de la société en place. « C'est ce que nous appelons liberté de la presse. Mais par sa seule existence et par les nouvelles qu'elle donne chaque jour du groupe national, elle contribue à assurer sa cohésion, à faire accroître chez tous un sentiment commun d'appartenance. » Si cette fonction idéologique globale de la presse est essentielle dans le monde d'aujourd'hui, les formes quotidiennes du rôle politique de la presse sont multiples, et son influence sur les individus s'exerce dans des conditions dont on doit exclure tout caractère mécanique.

2 / Les médias dans le monde

Il ne faut pas perdre de vue l'importance des disparités mondiales en matière d'accès aux médias. Nous ne faisons pas ici référence aux

1. *L'opinion publique et la presse*, Cours de l'Institut d'Etudes politiques de Paris, Les Cours du Droit, 1964-1965.

obstacles politiques à la circulation de l'information, mais au niveau des
ressources disponibles par habitant, et aux traditions et pratiques
culturelles qui existent dans les différentes régions du monde et rendent
compte de taux différenciés de lecture du journal ou de consommation
audiovisuelle. De ces points de vue, le tableau suivant est éclairant. Il

Journaux, radio et télévision, pour 1 000 habitants

	Nombre d'exemplaires de quotidiens tirés pour 1 000 habitants	*Nombre de radios pour 1 000 habitants*	*Nombre de téléviseurs pour 1 000 habitants*
Japon	580	713	563
Finlande	556	987	432
Norvège	542	775	319
Suède	535	858	390
Australie	424	1 301	429
Suisse	423	364	378
RDA	422	384	358
Islande	409	586	293
Grande-Bretagne	398	993	479
URSS	390	514	308
Nouvelle-Zélande	381	890	288
Danemark	356	392	369
Autriche	351	530	311
RFA	345	401	360
Luxembourg	315	644	256
Pays-Bas	314	793	450
Etats-Unis	269	2 043	790
Tchécoslovaquie	229	521	280
Belgique	185	468	303
France	176	860	375
Canada	171	n.d.	481
Israël	144	270	256
Italie	116	250	243
Espagne	92	285	258
Amérique latine	76	390	120
Afrique	21	89	4

Sources : ONU, UNESCO, FIEJ (références : années 1986 ou 1987 pour les journaux, 1983 ou 1984 pour la radio et la TV).

montre la sous-information qui caractérise le Tiers Monde, et d'abord le continent africain. Il souligne, à l'opposé, le remarquable niveau atteint par les pratiques d'information, tant écrites qu'audiovisuelles, dans un pays comme le Japon. Il atteste de la puissance de la presse écrite dans les Etats de l'Europe scandinave, et plus généralement de l'Europe du Nord. Il illustre l'avance prise, en matière audiovisuelle, par les Etats-Unis, mais aussi par l'Australie, la Grande-Bretagne, la Finlande ou les Pays-Bas.

Et il rappelle aux Français la médiocre place de leur pays dans le domaine de la consommation médiatique : 20e place pour la consommation du journal — dans un pays où pourtant on se vante volontiers de lire, mais il est vrai, 6e place pour la radio, et 9e pour la possession de récepteurs de télévision...

PREMIÈRE PARTIE

La presse, d'hier à demain

Chapitre premier

L'ÉVOLUTION DE LA PRESSE ET DE SES TECHNIQUES

Les premiers ancêtres du journal sont très probablement nés en Chine — où le papier fut connu dès le début de l'ère chrétienne, et où fut mis en œuvre le premier procédé d'imprimerie : il s'agissait de l'impression tabellaire, les textes étant gravés sur bois d'un seul tenant. Les premiers périodiques, organes impériaux officiels, se sont ainsi développés à l'époque Tang (618-907). Les Romains ont connu, de leur côté, les *Acta diurna,* annonciateurs des journaux muraux. Mais jusqu'à la découverte de la typographie, la circulation de l'information écrite se fait surtout par des nouvelles manuscrites, que les « nouvellistes » rédigent en grand nombre en Europe à partir du début du XIVe siècle, souvent pour le compte de marchands, de banquiers ou de princes. En fait, on ne peut réellement parler de presse qu'à partir de l'invention du procédé typographique d'impression par Gutenberg.

1 / De l'invention de la typographie aux premiers périodiques

C'est vers 1450 que trois Mayençais, Johann Gensfleisch, dit Gutenberg, et ses associés, Johann Fust et Peter Schoeffer, mettent au point les deux inventions qui vont donner naissance à la typographie, c'est-à-dire à l'imprimerie moderne : il s'agit des caractères mobiles métalliques en relief et de la presse à imprimer.

Ils créent ainsi un procédé qui sera employé, pratiquement sans changement, pendant près de quatre siècles, et qui reste aujourd'hui utilisé dans les cas de composition manuelle. Les opérations se déroulent de la manière suivante : l'ouvrier compositeur prend dans ses tiroirs — qu'on appelle des « casses » — des caractères mobiles séparés représentant des lettres ; chaque lettre a son compartiment, les majuscules, ou « capitales » en haut, les minuscules, ou « bas de casses » en bas de la casse. Il dispose ensuite chaque lettre, chiffre, signe ou espace, les uns à la suite des autres, sur une sorte de règle, appelée « composteur », et forme ainsi des lignes. Les lignes sont assemblées, de façon à obtenir des pages, qui sont serrées à la ficelle dans un châssis rigide. Chaque page est par la suite montée sur le « marbre » d'une presse. La presse — celle de Gutenberg était entièrement réalisée en bois — comprend en effet deux éléments essentiels : le marbre, table horizontale fixe (qui deviendra mobile sur un plan horizontal à partir du xvi siècle) et la « platine », table horizontale mobile sur un plan vertical qui vient s'appliquer fortement sur le marbre lorsque l'ouvrier imprimeur l'actionne au moyen d'une vis à gros pas.

Les pages sont montées sur le marbre, l'œil des caractères en relief étant tourné vers le haut : il n'y a plus alors qu'à encrer les caractères, puis à disposer sur eux une feuille de papier et à actionner la platine pour obtenir une impression typographique.

Autre élément fondamental pour la circulation de l'information, et donc pour l'apparition de nouvelles imprimées : la création des services postaux d'Etat : en France, sous Louis XI (édit du 19 juin 1464), en Angleterre en 1478, dans le Saint-Empire romain germanique en 1502. « L'imprimerie et la poste, écrit Georges Weill, voilà réunies les deux conditions nécessaires au début du journal. » Pourtant, il faudra près d'un siècle et demi pour que celui-ci apparaisse : les feuilles volantes imprimées qui se développent en Europe à partir de la fin du xv siècle ne présentent pas, en effet, l'une des caractéristiques constitutives du journal, à savoir la périodicité. Les « occasionnels » français, les *zeitungen* allemands, les *gazzette* italiennes sont en effet des feuilles de nouvelles imprimées spécialement à l'occasion d'événements marquants : fêtes, tremblements de terre, batailles, événements politiques. Au xvi siècle apparaissent les « canards », consacrés surtout à des faits surnaturels ou extraordinaires, et les « libelles », entretenant des polémiques religieuses ou politiques, qui n'ont pas non plus de périodicité fixe. Ce n'est qu'au début du xvii siècle que vont naître, en Europe, les premiers périodiques.

2 / Du début du XVIIᵉ siècle au milieu du XIXᵉ : les gazettes face aux censeurs

Les premiers périodiques d'Europe semblent en fait avoir été créés dans les dernières années du XVIᵉ siècle : on cite, par exemple, des essais tentés, en 1597, à Prague et à Augsbourg. Mais ces essais n'ont pas été couronnés d'un succès durable. En revanche, le bimensuel, *De Nieuwe Tijdinghen (Les Nouvelles d'Anvers)*, créé le 17 mai 1605 par l'imprimeur Abraham Verhoeven, connut une existence régulière pendant deux années environ. Des gazettes hebdomadaires apparaissent ensuite en assez grand nombre, notamment à Bâle (1610), Vienne et Francfort (1615), Hambourg (1616), Berlin (1617), Prague (1619), Londres (1622).

En France, le premier hebdomadaire semble avoir été — en janvier 1631 — *Les Nouvelles ordinaires de divers endroits*, du libraire Louis Vendosme. Mais il est absorbé peu après par *La Gazette*, fondée par Théophraste Renaudot, le 30 mai 1631. *La Gazette,* hebdomadaire paraissant sur quatre, puis sur huit pages, était un organe officieux de la Cour de France ; elle connut un grand succès, tirant chacun de ses numéros à plusieurs centaines d'exemplaires.

1 | EN ANGLETERRE

Jusqu'au milieu du XIXᵉ siècle, la presse va être, dans la plupart des pays, soumise au contrôle et à la pression de l'Etat, et les gazettes lutteront, avec une inégale ardeur et un inégal succès, pour se voir reconnaître des libertés. C'est en Angleterre que la presse occupa le plus vite une place importante dans les débats politiques, et aussi qu'elle conquit sa liberté. Mais ce ne fut pas sans mal. A part, en effet, une courte période relativement libérale (1641-1643), la presse anglaise vécut tout au long du XVIIᵉ siècle sous un système de censure. C'est en 1644 que le poète Milton adressa son fameux appel au Parlement, *Areopagitica, a speech for the liberty of unlicensed printing* (que Mirabeau devait traduire plus tard en français), texte d'ailleurs consacré plutôt à la liberté de l'édition qu'à celle de la presse. « Tuer un homme, écrit notamment Milton, c'est détruire une créature raisonnable ; mais étouffer un bon livre, c'est détruire la raison elle-même. »

En 1662, le *Licensing Act*, adopté par le Parlement, codifiait et renforçait le système de censure et même d'autorisation préalable, cependant qu'il était désormais interdit de rendre compte dans les journaux des séances du Parlement.

Mais en 1693, cinq ans par conséquent après la Révolution, le Parlement décidait de ne proroger le *Licensing Act* que pour deux ans : ainsi, en 1695, la censure disparaît-elle définitivement de la vie de la presse anglaise. C'est la première étape fondamentale dans la conquête de sa liberté par la presse. Celle-ci est d'ailleurs suivie d'une floraison de journaux : ainsi paraît le 11 mars 1702 le premier quotidien anglais, le *Daily Courant* (qui vécut jusqu'en 1735) ; ainsi apparaissent le bihebdomadaire *Revue*, fondé en 1704 par Daniel Defoe ; ainsi Addison et Steele lancent-ils, en 1709, le trihebdomadaire, *Tatler*.

Si la censure était abolie en Angleterre, on ne peut pas dire pour autant que la presse y fut rapidement libre : on créa aux journaux mille autres difficultés, l'une des plus efficaces étant, en 1712, la création d'un impôt spécial, le droit de timbre (qui frappait chaque exemplaire tiré d'un journal ainsi que les petites annonces), augmenté à trois reprises entre 1724 et 1775. Ce n'est qu'en 1855 que ce droit devait finalement être aboli. En 1861, plus aucune taxe spéciale ne frappe la presse anglaise.

Entre-temps, une autre date avait marqué une étape importante : en 1771, les journaux avaient été autorisés à publier des comptes rendus des séances du Parlement, ce qui avait donné naissance à de nouvelles feuilles politiques. Mais l'existence de timbres contraignit les journaux anglais, d'une part, à la nécessité de pratiquer des prix de vente élevés : d'après P. Albert et F. Terrou, le *Times* par exemple était, entre 1815 et 1833, plus de trois fois plus cher que *Les Débats* ou *Le Constitutionnel* en France ; d'autre part, à trouver d'autres sources de recettes : ce fut le recours à la publicité, à l' « annonce » commerciale. Sans doute, au milieu du XVIIe siècle, avait-on vu apparaître dans la presse anglaise des annonces concernant des livres ou des remèdes, mais c'est seulement à partir de l'institution du droit de timbre que les journaux prirent l'habitude d'y recourir systématiquement.

La fin du XVIIIe siècle verra se créer en Angleterre certains ancêtres directs des journaux actuels, notamment en 1785, le *Daily Universal Register,* fondé par John Walter, qui prenait, le 1er janvier 1788, son titre définitif *The Times*, et qui devenait à partir de 1803 le grand journal qu'il allait demeurer. Parmi les autres titres, on peut citer le *Morning Chronicle,* le *Morning Post*, le *Morning Herald*, le *Daily News* et le *Morning Journal*.

2 | EN ALLEMAGNE

Sous l'Empire, les journaux restèrent soumis à un très strict régime de censure et d'autorisation préalable. Des feuilles s'y développèrent toutefois au long du XVIIᵉ siècle, sans cependant atteindre des tirages comparables à ceux de l'Angleterre ou de la France ; elles furent soumises aux humeurs et à l'ambition des princes, qui exercèrent souvent une répression sévère à leur égard.

Au XVIIIᵉ siècle, l'ascension de la Prusse et sa rivalité avec l'Autriche n'entraînèrent guère les autorités de ces Etats à laisser se développer une presse libre.

Frédéric II, le « despote éclairé », fit fonctionner un très sévère système de censure, et se servit de la presse pour la mettre au service de sa propagande, en temps de paix comme en temps de guerre, ne dédaignant pas, le cas échéant, de prendre lui-même la plume, Joseph II, après une courte période libérale (1781-1789), établit lui aussi envers les journaux une politique de sévérité et de répression : là encore, mise de la presse au service de la propagande d'Etat, impôt du timbre (établi en 1789) et censure furent le lot habituel des gazettes.

C'est seulement dans les villes libres de Hambourg (qui de surcroît disposait de facilités de communications plus grandes avec l'extérieur), de Francfort et de Cologne, et dans l'Etat de Bavière qu'une presse relativement non conformiste put apparaître.

Si c'est en Allemagne qu'avait probablement paru, en 1660, le premier quotidien, le *Leipziger Zeitung*, la presse allemande fut, au XVIIᵉ et au XVIIIᵉ siècles, d'une qualité généralement assez médiocre. Le vrai démarrage d'une presse vivante et prospère se fera, en fait, sous l'influence de la Révolution française et de l'Empire napoléonien. Les années 1800-1840 voient ainsi fleurir, malgré la censure, malgré le monopole des annonces commerciales accordé aux feuilles officieuses, des gazettes d'orientations politiques diversifiées, marquant tout à la fois le renouvellement du contenu de la presse allemande et sa conquête d'un plus large public.

3 | EN AMÉRIQUE DU NORD

Le premier journal créé dans les colonies anglaises d'Amérique fut, en 1690, le mensuel *Publick occurrences*, fondé en 1690 à Boston par l'imprimeur Benjamin Harris. La première gazette présentant un intérêt original fut la *Pennsylvania Gazette*, fondée en 1728 à Philadelphie par Benjamin Franklin, qui devait se révéler comme l'un des très rares journalistes de talent de cette période coloniale, où la censure exercée sur la presse par les autorités anglaises rendait à vrai dire difficile l'exercice de cette profession.

Le nombre des journaux passe néanmoins de 14 en 1740 à 34 en 1775 et 43 en 1782. On sait que, dans le déclenchement de la rébellion contre l'Angleterre en 1776, deux journaux jouèrent un rôle non négligeable : la *Boston Gazette*, de Sam Adams, et le fameux *Pennsylvania Magazine*, qu'avait fondé Thomas Paine en arrivant d'Europe, en 1774.

Après la fin de la guerre, en 1782, la presse américaine connut un grand développement. Le *Pennsylvania Pocket* fut le premier, en 1784, à devenir quotidien. En 1800, les Etats-Unis comptaient 200 journaux, dont 17 quotidiens.

Le premier amendement de la Constitution, adopté en 1791, jetait les bases de la liberté pour la presse américaine, en stipulant que : « Le Congrès ne fera aucune loi restreignant la liberté de parole ou de presse. » Les procès de presse, avec parfois des condamnations lourdes, ont cependant encore été fréquents aux Etats-Unis, jusque vers 1830.

4 | EN FRANCE

Le régime de la presse française, sous l'Ancien Régime, est celui du privilège et de la censure. Le privilège est le droit de publication, accordé par le roi. La censure se fait de plus en plus vigilante, avec le développement des gazettes : il y a, au milieu du XVIIIe siècle, plus de cent censeurs royaux, placés sous l'autorité du directeur de la librairie. Les censeurs font plus que contrôler les textes insérés dans les journaux : ils les orientent, lorsqu'ils ne les rédigent pas. « *La Gazette* de Renaudot, entreprise privée bénéficiaire d'un privilège, soumise à la censure, recevait de Richelieu, du P. Joseph, de Louis XIII même, des instructions et des textes à insérer », écrit F. Terrou.

On connaît, plus tard, la fameuse tirade du *Mariage de Figaro* de Beaumarchais (acte V, scène 3) — celle dans laquelle se trouve la phrase qui figure toujours dans l' « ours » de l'actuel *Figaro* : « sans la liberté de blâmer, il n'est point d'éloge flatteur » — dans laquelle Figaro, s'en prenant, dans une allusion transparente au gouvernement de Madrid, explique : « Pourvu que je ne parle dans mes écrits ni de l'autorité, ni du culte, ni de la politique, ni des gens en place, ni des corps en crédit, ni de l'Opéra, ni des autres spectacles, ni de personne qui tienne à quelque chose, je puis tout imprimer librement sous l'inspection de deux ou trois censeurs. »

Dans ces conditions, la presse française des xviie et xviiie siècles est évidemment une presse conformiste centrée sur les nouvelles, et faisant peu de place au commentaire, plus souvent spécialisée dans le genre littéraire que dans les faits politiques, fréquemment inspirée par la Cour. A part des feuilles en général très spécialisées, trois titres dominent la période : *La Gazette* de Renaudot, *Le Journal des Savants* et *Le Mercure Galant*.

La Gazette, déjà organe très officieux du vivant de Renaudot, fut officiellement rattachée, en 1762, par Choiseul au ministère des Affaires étrangères. Rachetée en 1785 par Panckoucke, elle avait alors plus de 12 000 abonnés et bénéficiait du monopole des informations de caractère politique, qu'elles proviennent de France ou de l'étranger.

Le Journal des Savants, fondé en 1665 comme hebdomadaire par Denis de Sallo, avec la protection de Colbert (et devenu mensuel à partir de 1724), rendait essentiellement compte des livres récemment parus. Il connut un grand succès, et fut fréquemment imité à l'étranger, notamment en Allemagne et en Europe centrale.

Le Mercure Galant, fondé en 1672 par Donneau de Vizé, inaugura la formule de la feuille littéraire et d'échos. Rapidement pris en charge par le ministère des Affaires étrangères, devenu en 1724 *Le Mercure de France*, il fut racheté en 1778 par Panckoucke.

Le caractère essentiellement conformiste de cette presse d'Ancien Régime explique sans doute dans une large mesure le scepticisme des intellectuels à l'égard de cette forme d'expression des idées — à un moment où au contraire le livre, le pamphlet, la brochure, affirment leur caractère corrosif. Il reste qu'il est intéressant de noter que le journal n'a guère eu la faveur, à ses débuts, des intellectuels, pas plus que la radio, ni la télévision n'en auront auprès des mêmes milieux, à leur création. Georges Weil cite par exemple deux textes significatifs, de Diderot et de Rousseau. Diderot écrit dans *L'Encyclopédie* , à propos des périodiques : « Tous ces papiers sont la pâture des ignorants, la ressource de ceux qui veulent parler et juger sans lire, le fléau et le dégoût de ceux qui travaillent. Ils n'ont jamais fait produire une bonne ligne à un bon esprit, ni empêché un mauvais auteur de faire un mauvais ouvrage. »

Rousseau écrit en 1755 à un de ses amis de Genève : « Qu'est-ce qu'un livre périodique ? Un ouvrage éphémère, sans mérite et sans utilité, dont la lecture, négligée et méprisée par les gens lettrés, ne sert qu'à donner aux femmes et aux sots de la vanité sans instruction, et dont le sort, après avoir brillé le matin sur la toilette, est de mourir le soir dans la garde-robe. » Et Voltaire et Montesquieu n'ont guère été plus tendres pour les gazettes.

A la fin du règne de Louis XV et sous Louis XVI, des journaux, littéraires surtout, commencèrent à tourner les monopoles accordés par privilèges royaux, et à braver plus ouvertement la censure. Les quotidiens font par ailleurs leur apparition : le premier en France fut *Le Journal de Paris,* lancé le 1er janvier 1777, suivi l'année postérieure par *Le Journal général de France* ; cependant qu'une presse naissait, encore timidement, en province, à partir de la création des *Affiches de Lyon*, en 1748. La défense de la liberté de la presse devint un thème politique important. Malesherbes — pourtant directeur de la Librairie — disait par exemple, rapporte F. Terrou, que « la discussion publique des opinions est un moyen sûr de faire éclore la vérité... Toutes les fois que le gouvernement en a le noble projet... il n'a d'autre parti à prendre que... d'établir ce qu'on appelle la liberté de la presse ». Et Mirabeau, adaptant en français, en décembre 1788, *L'Areopagitica* de Milton, n'hésitait pas à écrire, à l'intention des futurs membres des états généraux : « Que la première de vos lois consacre à jamais la liberté de la presse ; la liberté la plus inviolable, la plus illimitée, la liberté sans laquelle les autres ne seront jamais acquises ; qu'elle imprime le sceau du mépris public sur le front de l'ignorant qui craindra les abus de cette liberté ; qu'elle dévoue à l'exécration universelle le scélérat qui feindra de les craindre. »

La Révolution de 1789 marque évidemment une étape fondamentale dans l'histoire de la presse française : c'est la découverte de la liberté. « Le journal, ont écrit les Goncourt, est sorti tout armé du cerveau de la Révolution. » En fait, la période de liberté illimitée est assez courte : elle va d'août 1789 à août 1792. L'article XI de la Déclaration des Droits de l'Homme et du Citoyen (26 août 1789) consacre le principe de la liberté : « La libre communication de la pensée et des opinions est un des droits les plus précieux de l'homme : tout citoyen peut donc parler, écrire, imprimer librement, sauf à répondre de l'abus de cette liberté dans les cas déterminés par la loi. »

On sait quel a été le foisonnement exceptionnel des feuilles révolutionnaires. Parmi les plus connues de celles qui ont eu une certaine régularité, on peut citer *Le Patriote Français*, de Brissot, *Le Courrier de Provence* de Mirabeau, *Les Révolutions de France et de Brabant* et *Le Vieux Cordelier* de Camille Desmoulins, *Le Courrier de Paris* de Gorsas, *L'Ami du Peuple* de Marat, *Le Père Duchesne* d'Hébert. Parmi les feuilles contre-révolutionnaires, il faut citer *Le Journal Politique National*, où s'illustra Rivarol.

Après le 10 août 1792, la Terreur s'en prit notamment à la presse, et d'une manière implacable : le Comité de Salut public supprima les journaux trop critiques ; des journalistes girondins, enragés, modérés, furent guillotinés. Ne subsistèrent guère que des publications officieuses ou dévouées à la cause de Robespierre, comme *Le Journal de la Montagne*, ou *Le Journal des Hommes Libres*, et des feuilles plus ou moins illégales, à parution en général irrégulière.

Le Directoire accentua les mesures de répression contre la presse : poursuites contre les journalistes, cent sept suppressions de journaux entre septembre 1797 et septembre 1799, établissement du timbre et remise en vigueur de la censure, subventions importantes aux journaux gouvernementaux. « Malgré ces brimades, notent P. Albert et F. Terrou, la presse restait très active. On comptait soixante-dix feuilles à Paris en 1796 et encore soixante-treize en 1799. »

Bonaparte, tout à la fois hostile à toute liberté en matière de presse et désireux de se servir de la presse comme instrument de la propagande officielle, prit des moyens de plus en plus drastiques. Dès le 27 nivôse an VIII (17 janvier 1800), un décret des consuls rétablissait l'autorisation préalable et n'accordait le droit de parution qu'à treize journaux à Paris. Ce chiffre fut réduit à quatre en 1811 : *Le Moniteur, Le Journal de l'Empire, Le Journal de Paris* et *La Gazette de France*. Entre-temps, en 1805, des censeurs avaient été placés auprès de la rédaction des journaux, cependant que les rédacteurs en chef étaient désormais désignés par le ministère de la Police.

Le Moniteur fut par ailleurs, dès le mois de décembre 1799, le véritable journal officiel du régime. Des notes d'orientation indiquaient aux journaux ce qu'ils devaient imprimer en matière politique.

En province, à dater d'août 1810, un seul journal fut autorisé dans chaque département.

A partir de la Restauration, la question du statut de la presse va se trouver au cœur des débats politiques. La période de la Restauration (1815-1830) fut dans l'ensemble une période de contrôle autoritaire de l'Etat sur la presse : en 1814 avait été instauré un système comprenant l'autorisation préalable de parution, la censure, le cautionnement et le timbre. Les lois de Serre, de mars et juin 1819, marquaient un essai de libéralisation : l'autorisation préalable était supprimée, les délits politiques par voie de presse devenaient de la compétence du jury ; mais Villèle revint dès l'année suivante à une attitude plus répressive, et les délits politiques furent à nouveau confiés à la correctionnelle. Après un nouvel et timide essai de libéralisation sous le ministère Martignac (1828-1829), Polignac entendit engager une politique résolument ultra. L'une des « quatre ordonnances » du 25 juillet 1830 visait à rétablir la censure, à supprimer toutes les autorisations de paraître et à n'autoriser désormais que les publications ultra. Ce sont alors les équipes de journalistes et les travailleurs de l'imprimerie parisiens, qui, à l'initiative du *National,* de Thiers, organisent la riposte au régime : la Révolution de 1830 a été déclenchée par la presse, en raison des menaces du pouvoir contre son existence.

La Monarchie de Juillet (1830-1848) accorda à la presse une marge de liberté plus grande. Le taux de cautionnement fut réduit. La compétence du jury fut réaffirmée. Le régime de Louis-Philippe fit cependant voter en septembre 1835, après l'attentat de Fieschi, des lois facilitant les procédures de poursuite contre les journaux et augmentant le cautionnement. La censure fut par ailleurs mise en vigueur sur les dessins politiques : on sait l'impact qu'avaient alors les dessins d'un Daumier.

Parmi les journaux importants de cette période 1815-1848, il faut citer surtout *Le Journal des Débats,* organe des milieux modérés sous la Restauration, gouvernemental sous la Monarchie de Juillet ; *Le Constitutionnel,* moyen d'expression de l'opposition libérale sous la Restauration et gouvernemental lui aussi sous Louis-Philippe ; *Le National,* journal de l'opposition républicaine, de Thiers et Armand Carrel ; *Le Siècle* et *La Presse* (fondés en 1836), le premier se situant dans l'opposition de gauche, le second dans l'orbite du gouvernement ; *L'Univers,* journal catholique (fondé en 1833), dans lequel s'illustra le polémiste Louis Veuillot ; *La Réforme*, créée par Ledru-Rollin en 1843. Notons que, d'après un exposé présenté par Villèle devant la Chambre des Députés en 1827, *Le Constitutionnel* avait alors 20 000 abonnés, et *Le Journal des Débats*, 12 600.

3 / Du milieu du XIXᵉ siècle à la première guerre mondiale : naissance de la presse écrite moderne

1 | LES PROGRÈS TECHNIQUES

Parallèlement à la conquête progressive d'une plus grande liberté d'expression pour les journaux, un facteur décisif va entraîner la naissance d'une presse présentant un nouveau visage et s'adressant désormais à un vaste public : c'est la Révolution industrielle, qui va entraîner pour la presse l'adoption de progrès techniques tout à fait essentiels dans plusieurs secteurs.

A / Les progrès de la typographie

1) *Presses à imprimer*. — La presse en bois de Gutenberg n'avait guère reçu de perfectionnement au cours des siècles. Vers 1780, Didot avait remplacé le bois du marbre par du fer, et celui de la platine par du cuivre, et multiplié par deux la vitesse du tirage. En 1795, Lord Stanhope réalisa la première presse entièrement métallique. La mise au point de cette « presse Stanhope » fut définitive en 1808 ; elle permit de multiplier par dix la vitesse du tirage : on put désormais tirer environ 2 à 3 000 feuilles par jour. L'encrage de cette presse restait fait à la main. La première presse mue par une énergie non fournie par l'homme fut réalisée en prototype par l'Allemand F. Kœnig en 1803 ; le même Kœnig inventa en 1810 un système d'encrage de la presse par rouleaux. En 1812, associé à A. Bauer, il conçut une presse dans laquelle la pression ne s'exerçait plus au moyen d'une platine, mais d'un cylindre : c'est la première machine « plan contre cylindre ». Enfin, en 1814, il mettait au point pour le *Times* de Londres la première presse double à vapeur : cette machine comprenait deux cylindres et deux marbres, et imprimait en même temps les deux côtés du papier. Le journal créé par John Walter annonçait fièrement à ses lecteurs, dans son édition du 29 novembre 1814 : « Notre numéro d'aujourd'hui présente au public le résultat pratique du plus grand perfectionnement qu'ait connu l'imprimerie depuis son invention... En une heure, on n'imprime pas moins de 1 100 feuilles. » L'invention adoptée par le *Times* fut rapidement utilisée également par les autres journaux anglais, puis par ceux du continent.

Par la suite, les presses furent améliorées et diversifiées. On distingue trois catégories de machines. Les premières sont les presses « plan contre plan », descendantes directes de la presse de Gutenberg, dont un prototype avait été réalisé par Kœnig en 1810, mais dont les premières platines ont été les « Liberty » mises au point aux Etats-Unis par Degener en 1857. Aujourd'hui les presses de ce type impriment jusqu'à 3 500 feuilles à l'heure.

Les presses « plan contre cylindre », selon le système inventé par Kœnig en 1812, ont vu naître des formules diverses s'inspirant toutes du même principe ; aujourd'hui, selon les formules utilisées et les modèles, ces machines impriment de 2 000 à 5 000 feuilles par heure. Enfin, le dernier type de presse, « cylindre contre cylindre », est représenté par les rotatives ; la première presse rotative fut réalisée aux Etats-Unis en 1846 par Hoe ; le principe de la rotative est celui de la mise en présence de deux cylindres, l'un portant les clichés correspondant à une page de journal, l'autre servant de pression. Le papier est présenté entre les deux cylindres, soit sous forme de feuilles, soit à partir de 1865 sous forme de bobines (technique alors mise au point à Philadelphie par Bullock). Concrètement, le déroulement des opérations est le suivant : la mise en page du journal est faite sur le marbre, par colonnes et paquets de textes, auxquels on ajoute les titres et illustrations. On prend ensuite, pour chaque page ainsi préparée, une empreinte dans un plan en carton (appelé *flan*). On donne à ce flan une forme de la même courbure que le cylindre. On coule le plomb, on le fixe sur le cylindre de la rotative et on l'encre. Le papier à imprimer est présenté en bobine à l'entrée de la rotative ; il se déroule de la bobine et passe entre les deux cylindres qui tournent et l'impriment. Une fois imprimé, le papier est acheminé vers une plieuse qui le découpe, le plie et compte les exemplaires pliés. Aujourd'hui les rotatives peuvent imprimer seize pages d'un journal à chaque tour, à une vitesse dépassant 30 000 tours par heure.

2) *Composition*. — La composition n'évolua pratiquement pas pendant quatre siècles. On en était toujours, au milieu du XIXe siècle, à la composition manuelle des textes à l'aide de caractères mobiles. Cela constituait un goulot d'étranglement pour l'amélioration du rendement des imprimeries, dans la mesure où les autres opérations de l'impression typographique, elles, étaient perfectionnées et accélérées.

La première machine à composer est réalisée en 1884 par J. Thorne ; à peu près en même temps, J. Mac Millan met au point un système permettant d'assurer la *justification* des textes composés, c'est-à-dire d'assurer une répartition automatique des lettres et des blancs, de façon que toutes les lignes du texte occupent une largeur de colonne identique.

Mais l'amélioration qualitative essentielle résida dans l'abandon de l'assemblage de caractères métalliques déjà existant au profit d'un système dans lequel les lettres de plomb sont fondues au fur et à mesure des besoins, à partir de matrices creuses. Il existe deux types de fondeuses : les fondeuses de lignes — comme la linotype — et les fondeuses de caractères — comme la monotype. Ce sont surtout les premières qui sont utilisées dans la presse.

La *Linotype* a été conçue aux Etats-Unis en 1884 par un immigrant allemand, Mergenthaler. Utilisée pour la première fois par le *New York Tribune* le 3 juillet 1886, elle sera introduite en France en 1890. La linotype est essentiellement composée d'un clavier, comparable à celui d'une machine à écrire mais comportant 90 touches, et d'un magasin comptant 90 canaux reliés aux 90 touches. Dans chaque canal se trouvent un certain nombre de matrices, petites plaques en cuivre sur la tranche de chacune desquelles est gravé en creux un signe ou une lettre. Lorsque l'ouvrier linotypiste tape sur le clavier, il fait descendre les matrices correspondantes et celles-ci viennent se ranger dans le composteur. Des coins en acier, les espaces-bandes, sont automatiquement intercalés entre les mots pour assurer la justification. Quand une ligne est ainsi terminée, le composteur vient se placer devant un creuset d'où coule du plomb en fusion, qui remplit les matrices. La ligne est fondue, refroidie, démoulée et transportée manuellement derrière la précédente, tandis que les matrices, libérées, rejoignent leurs canaux de départ.

D'autres machines utilisent le même principe que la linotype, c'est-à-dire la fusion de lignes entières, par exemple la Typograph (créée en 1897), l'Intertyp (apparue en 1913), la Linograph, la Ludlow. La vitesse de ces fondeuses de lignes est généralement comprise aujourd'hui entre 5 000 et 7 000 signes à l'heure.

La *Monotype,* fondeuse de caractères et non plus de lignes, a été inventée par l'Américain Lanston en 1887. Elle comprend un clavier de 225 touches, au moyen duquel l'opérateur perfore une bande de papier (la place de chaque perforation déterminant la lettre, le signe, le chiffre à fondre), et une fondeuse non reliée au clavier, qui produit, après lecture de la bande perforée, des caractères séparés, à partir de matrices creuses. D'une vitesse comparable à la linotype, la monotype (ou la Rototype, qui appartient à la même famille) est surtout utilisée pour les travaux délicats d'édition (tableaux de chiffres, dictionnaires) et peu dans les journaux.

L'invention des machines à composer des lignes de plomb a constitué une étape fondamentale dans la modernisation et l'industrialisation de la presse.

3) *Photogravure.* — En 1876, Charles Gillot, utilisant notamment les travaux de Niepce, vieux de cinquante ans, mit au point la première méthode de photogravure : on appelle ainsi un procédé qui permet des gravures en relief, sur métal (qu'on appelle des clichés), destinées à l'impression typographique. La fabrication d'un tel cliché sur métal s'obtient à partir d'un négatif photographique qu'on reporte sur le métal ; celui-ci est ensuite gravé à l'acide et monté sur le support nécessaire pour les opérations d'impression.

La technique mise au point par Gillot, qui utilisa des plaques de zinc, fut très peu modifiée par la suite. Néanmoins, au lieu de recouvrir les plaques de zinc, comme il le fit, d'albumine bichromatée, on eut recours par la suite à la colle d'émail (mise au point par Hyslop en 1892) ou à l'émail à froid (apparu en 1921 grâce à T. et R. Freundorfer). On utilisa également, après 1892, des plaques de cuivre, concurremment au zinc.

L'illustration, notamment photographique, était désormais tout à la fois possible et aisée pour les journaux. Comme l'écrit Gérard Martin : « Les clichés en relief sur zinc ou sur cuivre, qu'ils soient au trait ou en similigravure, présentent l'intérêt considérable de pouvoir être serrés, comme les gravures sur bois, au milieu des caractères en plomb venus des linotypes et des monotypes, et de permettre par conséquent la préparation de formes imprimantes composites susceptibles d'être montées directement sur les marbres d'une presse... Ils se trouvent à l'origine d'un essor extraordinaire de la typographie, qui fut capable, grâce à eux, de produire rapidement et à bon compte, dès le commencement du xxᵉ siècle, une quantité prodigieuse de livres, de journaux et de périodiques illustrés. »

B | *Apparition de l'héliogravure*

Alors que le principe de la typographie était fondé sur des éléments imprimants en relief, l'héliogravure, qui va faire l'objet de découvertes et d'améliorations successives au cours de la deuxième moitié du xixᵉ siècle et au début du xxᵉ, est fondée sur des éléments imprimants en creux. Les premières impressions hélio ont été réalisées à Lancaster par Klic et Fawcett en 1895. Le principe de l'héliogravure, appelé aussi impression en creux ou rotogravure, est le suivant : un cylindre de cuivre est gravé, de façon que le texte (ou l'illustration) à imprimer se présente en creux. On fait baigner ce cylindre dans un bac rempli d'encre fluide. L'encre pénètre dans les creux. On fait passer sur la circonférence du cylindre une raclette en acier souple qui élimine l'encre restant à la surface et ne laisse subsister que l'encre entrée dans les creux de la gravure. On applique alors le papier sur le cylindre, et l'encre restée dans les creux vient imprimer le papier, avec une épaisseur plus ou moins grande selon que chacun des creux aura été creusé plus ou moins profond. Cette différence d'épaisseur d'encre permettra d'obtenir toutes les graduations de teinte recherchées.

Concrètement, après l'établissement d'un diapositif du texte ou du document, on procède à l'insolation du papier sensible (appelé papier charbon, inventé par l'Anglais Swan en 1864, ce papier comporte une couche de gélatine sensibilisée au bichromate de potassium) : la gélatine est durcie par la lumière devant les blancs, elle l'est plus ou moins devant les demi-teintes, et pas du tout devant les noirs. Le papier insolé[1] est alors placé sur le cylindre. On procède au « dépouillement » de ce papier, c'est-à-dire qu'un bain d'eau tiède ne va laisser subsister à la surface du cuivre que la gélatine plus ou moins durcie. Ainsi le réglage des temps de morsure par l'acide permet de graver sur le cylindre des creux dont la profondeur varie selon l'intensité de la couleur à imprimer. La gravure est arrêtée par un arrosage à grande eau. Le cylindre est alors prêt pour l'impression.

L'impression elle-même est réalisée soit sur des machines à feuilles, soit, le plus souvent, sur des rotatives. La première rotative utilisable pour l'hélio fut construite en France par Auguste Godchaux en 1860. La vitesse des rotatives hélio est aujourd'hui assez élevée (jusqu'à 12 500 tours à l'heure) ; elles permettent par ailleurs d'imprimer du papier sur grand format.

L'héliogravure est un procédé plus coûteux que la typographie, et ne devient envisageable qu'à partir de tirages importants. Elle présente l'avantage, notamment pour les illustrations, d'un travail offrant une beaucoup plus grande richesse de tons et de demi-teintes.

C / Naissance de l'offset

Dans le système de l'impression offset, l'élément imprimant est plan, sans creux ni relief : il s'agit d'utiliser l'antagonisme entre l'eau et les corps gras (l'encre, en l'espèce).

L'ancêtre de l'offset est la lithographie, qui fut inventée en 1796 en Bavière par Senefelder. Le principe de l'impression lithographique est simple : on reporte sur une pierre à grain fin le dessin inverse du modèle à imprimer, en le dessinant au vernis ou à l'encre grasse ; on passe sur la pierre un rouleau humide : l'eau pénètre la pierre calcaire mais pas les endroits recouverts de vernis ou d'encre ; on passe ensuite sur la pierre un rouleau encreur : l'encre ne prend pas aux endroits mouillés, mais au contraire vient recouvrir les endroits enduits de vernis ; on peut alors presser le papier sur la presse, et on obtient une impression.

---

1. Si l'encre se maintient sans grande difficulté dans les petits creux du cylindre, elle a tendance à être chassée, au passage de la raclette, des creux plus importants. D'où la nécessité de faire intervenir une *trame*, pour créer des alvéoles séparées par des cloisons s'arrêtant au niveau exact de la surface du cylindre, afin d'empêcher la raclette de chasser un tant soit peu l'encre des creux. Cette trame est interposée sur le trajet des rayons lumineux, lors de l'insolation du papier sensible. Si elle ne crée aucun inconvénient pour les illustrations, elle produit un très léger déchiquetage du contour des lettres. C'est pourquoi, pour des travaux très soignés, certains journaux utilisent la typographie ou l'offset pour les textes et l'héliogravure pour les illustrations.

La substitution du zinc à la pierre fut brevetée par Kaeppelin en 1834. Mais un inconvénient grave subsistait : le contact direct du papier et de la forme usait rapidement celle-ci. Malgré une amélioration de rendement, il en était de même avec le système inventé par Marinoni en 1868, et dans lequel la plaque de zinc était enroulée autour d'un cylindre (procédé d'impression cylindre contre cylindre).

Le véritable changement qualitatif permettant le passage de la lithographie à l'offset — même si Voisin en eut l'idée en France, dès 1880, pour réaliser des impressions sur métal —, c'est l'imprimeur américain Rubel qui le permit, en 1904, en réalisant la première machine dans laquelle le contact direct du cylindre porteur de la plaque de zinc et du cylindre fournissant la contrepression était supprimé. L'idée de la presse offset est, en effet, d'intercaler un troisième cylindre revêtu de caoutchouc : on réalise ainsi une bien meilleure adhérence de la plaque et du papier. Le principe est désormais le suivant, tel que l'explique C. R. Haas : « Le cylindre qui porte la forme imprimante (plaque de zinc cintrée) reçoit d'abord le rouleau mouilleur, puis le rouleau encreur, puis le rouleau de caoutchouc qui est mis en contact avec le papier pour réaliser l'impression. L'adhérence zinc-caoutchouc et caoutchouc-papier est meilleure que l'adhérence zinc-papier, car le caoutchouc, très souple, épouse bien mieux le grain de la plaque et s'applique exactement au papier ; l'encrage est donc mieux distribué, moins onéreux ; le papier peut être de qualité ordinaire. De plus, l'emploi de machines où tous les mouvements sont rotatifs permet d'atteindre de grandes vitesses et d'obtenir un rendement pouvant atteindre 6 000 impressions à l'heure ; des machines spéciales à cylindres jumelés permettent d'imprimer en couleurs et en retiration ; d'autres enfin, rotatives, travaillant en continu, atteignent 15 000 impressions à l'heure. »

Le report des textes et illustrations sur la plaque de zinc se fait généralement par des moyens photomécaniques. Il en existe deux procédés principaux : le report à l'albumine et le report « offset creux ».

Dans le report à l'albumine, les opérations sont les suivantes : on graine et on décape la plaque de zinc (ou d'aluminium, également utilisé depuis 1891), de façon qu'elle présente une structure « en grains », et qu'on ait éliminé toute poussière ; on étale sur la plaque une couche d'albumine bichromatée (inventée par Poitevin en 1855) ; on insole la plaque ainsi sensibilisée sous un document en négatif ; on recouvre avec une couche d'encre grasse ; on lave à l'eau, de façon à éliminer les parties non durcies et à mettre à nu le zinc dans les parties non imprimantes ; on chauffe à 60 ou 80 °C pour coaguler l'albumine durcie et améliorer son adhérence.

Le procédé dit, assez improprement, d'offset en creux est aujourd'hui celui qui est généralement employé ; il s'est développé après la première guerre mondiale. Dans ce système, les parties imprimantes de la feuille de zinc (ou d'aluminium) sont obtenues par morsure d'acide (solution de perchlorure de fer). Même si cette morsure provoque effectivement de légers creux à la surface de la plaque, le procédé ne peut se comparer à celui de l'héliogravure : ici les morsures de l'acide ont pour objet de renforcer l'intensité de l'impression, mais celle-ci reste fondée sur des réactions chimiques (antinomie de l'eau et des corps gras). Dans ce procédé, aujourd'hui généralisé, les opérations se déroulent ainsi : les textes à imprimer sont composés en typographie, et reportés sur une pellicule transparente de papier cellophane (« cello »). Pour les illustrations, on fait des clichés en positif, les « typons » ; la plaque offset est grainée et décapée, comme dans le procédé à l'albumine ; on recouvre la plaque d'une couche de colle émail bichromatée (ou éventuellement de gomme arabique) ; les cellos et les typons sont assemblés, pour former les pages à imprimer, puis serrés contre les plaques, dans un châssis pneumatique, au travers de la glace duquel on projette une lumière intense : la colle émail est ainsi durcie sur les portions correspondant aux blancs ; on fait mordre la plaque par l'acide, comme dans l'héliogravure ; on enduit enfin la plaque d'un vernis et, après encrage et séchage, on enlève la colle-émail. La plaque est alors prête pour l'impression : l'encre grasse ne sera retenue que par les portions creuses de la plaque.

2 | APPARITION ET DÉVELOPPEMENT D'UNE PRESSE « POPULAIRE »

A / En France

On peut fixer au 1er juillet 1836 la date du début d'une nouvelle époque dans l'histoire de la presse française : c'est la naissance de la presse à bon marché, de la presse pour toutes les bourses, ou tout au moins pour celles de la moyenne bourgeoisie. Jusque-là, le prix de l'abonnement d'un an à un journal coûtait 80 F. L'idée d'Emile de Girardin, journaliste et homme d'affaires, soucieux de réussir, fut de réduire ce prix de moitié, en utilisant les ressources fournies par la publicité — par les « annonces », comme on disait alors : les commerçants seraient d'autant plus disposés à passer des annonces dans les journaux qu'ils sauraient qu'un plus large public de consommateurs peut désormais acquérir ces journaux. Girardin s'associa à Dutacq, mais leur collaboration n'alla pas jusqu'au lancement du journal, et chacun d'entre eux fit paraître séparément, à cette même date du 1ᵉʳ juillet 1836, le premier *La Presse*, le second *Le Siècle*, à un prix d'abonnement de 40 F. Le succès de la formule fut important : *La Presse* comptait plus de 20 000 abonnés en 1848, *Le Siècle* 38 000. Ces journaux offraient à leur public, outre les nouvelles politiques et générales, des feuilletons, des récits d'aventures, des histoires sentimentales. Les autres journaux durent d'ailleurs recourir aux mêmes recettes : Alexandre Dumas avait fait la fortune du *Siècle* avec *Le capitaine Paul*, Eugène Sue fit celle du *Journal des Débats* avec *Les mystères de Paris*.

« De 1836 à 1847, précisent P. Albert et F. Terrou, le tirage des quotidiens parisiens passa de 80 000 à 180 000 exemplaires. »

Les débuts de la IIᵉ République allaient ouvrir une courte période de totale liberté de la presse. La presse ayant, une fois encore, joué un rôle important dans le changement de régime — le gouvernement provisoire avait du reste été préparé dans les bureaux du *National* et de *La Réforme*, et deux rédacteurs en chef de journaux comptaient parmi ses membres — on sut la récompenser : rétablissement de la compétence du jury, suppression du timbre et du cautionnement. Une presse d'opinion vivante et diversifiée se développa : *L'Ami du Peuple*, avec Raspail, *Le Bien Public*, avec Lamartine, *Le Peuple Constituant* avec Lamennais, *L'Ere Nouvelle* avec Lacordaire, *Le Représentant du Peuple*, avec Proudhon.

Ce développement s'opéra parallèlement à la croissance du succès des anciens journaux, comme *La Presse* de Girardin. Mais cette période de liberté fut de courte durée : dès après les journées de juin 1848, le cautionnement fut rétabli. C'est de là que date le fameux cri de Lamennais, lancé dans le dernier numéro de son journal, contraint de disparaître, cri souvent repris aujourd'hui (mais moins contre l'Etat que contre la publicité) : « Il faut de l'or, beaucoup d'or pour jouir du droit de parler. Nous ne sommes pas riches. Silence aux pauvres ! »

La liberté de la presse ne fut plus qu'un souvenir après le coup d'Etat du 2 décembre 1851. Le décret du 23 février 1852 marqua le retour à l'autorisation préalable, et institua le système des communiqués — par lesquels les autorités pouvaient désormais faire insérer les vérités officielles dans la presse — et surtout des avertissements ; délivrés aux journaux par les préfets, ils entraînaient des effets graves : le deuxième, la suspension temporaire du journal ; le troisième, son interdiction pure et simple. Ce système, qui incita les journalistes à une sourcilleuse autocensure, fut maintenu jusqu'à ce qu'une loi du 11 mai 1868 supprime autorisation préalable et avertissements.

Malgré ce cadre répressif, la presse se développa considérablement sous le Second Empire. D'après les estimations de P. Albert et F. Terrou, le tirage des quotidiens parisiens passa de 150 000 exemplaires en 1852 à 1 million en 1870, tandis que l'ensemble des feuilles politiques de province (quotidiennes ou hebdomadaires) passait d'un tirage de 450 000 exemplaires en 1853 à 900 000 en 1870. Le Second Empire est d'ailleurs marqué par une date fondamentale : le 1er février 1863, Moïse Millaud lance *Le Petit Journal*, journal de 4 pages à 5 centimes, qui va inaugurer l'ère de la « presse populaire ». N'abordant pas les problèmes politiques (pour n'avoir pas à payer le timbre), *Le Petit Journal* exploitera souvent le fait divers et le feuilleton : c'est dans ses colonnes que Ponson du Terrail publiera *Rocambole*. Le succès fut foudroyant : en deux ans, *Le Petit Journal* atteignait le tirage, extraordinaire pour l'époque, de 260 000 exemplaires.

Mais la phase la plus brillante de la presse française, son âge d'or, s'ouvrit avec la IIIe République. P. Albert et F. Terrou considèrent que la période 1871-1914 a été la « belle époque » de la presse : « La multiplicité de ses titres, la puissance politique de ses organes qui donnèrent aux crises du 16 mai 1877, du boulangisme, de Panama, de l'Affaire Dreyfus, des dimensions nationales d'une ampleur jamais atteinte, fournissent la preuve d'une vigueur exceptionnelle. Jamais la presse n'avait été aussi présente à tous les instants et dans tous les secteurs de la vie française, jamais elle n'avait été aussi écoutée. »

Sur le plan juridique, le statut accordé à la presse par la loi du 29 juillet 1881, qui pour l'essentiel est la base de notre droit actuel de l'information (voir IIe Partie, chap. Ier), lui assurait incontestablement les conditions d'une indépendance réelle à l'égard de l'Etat. Il n'est pas sûr cependant que cette indépendance ait toujours été aussi grande à l'égard des milieux financiers et des groupes de pression.

A la veille de la première guerre mondiale, les « quatre grands » de la presse quotidienne parisienne apparaissent comme les plus grands journaux du monde, par le tirage, sinon par la pagination (4 pages, 6 pour *Le Matin*) ou la qualité rédactionnelle. *Le Petit Journal* et *Le Petit Parisien* (fondé en 1876) exploitaient une même veine : celle d'une presse dite populaire, centrée sur le fait divers, le sensationnel, et le feuilleton, dont René Bazin montre l'importance persistante en nous apprenant que le tirage de ces journaux montait ou baissait de 50 000 à 80 000 exemplaires selon que l'auteur avait réussi ou non à conquérir son public. *Le Petit Journal*, qui dépassait le million d'exemplaires en 1900, fut probablement victime ensuite de son engagement anti-dreyfusard ; *Le Petit Parisien* atteint un million et demi d'exemplaires en 1914 : il était ainsi « le plus fort tirage des journaux du monde entier ». *Le Matin* (fondé en 1883) connut le succès à partir du moment où, vendu un sou, il compta 6 pages et adopta un style propre à intéresser les couches populaires autant que la bourgeoisie. Son tirage était de 900 000 exemplaires en 1914. Enfin, *Le Journal* (créé en 1882), d'abord journal littéraire, se rallia à la formule du *Matin*, et dépassait le million d'exemplaires en 1914.

En dehors des quatre grands, il faut citer : parmi les journaux de droite, *Le Figaro*, monarchiste sous Villemessant, républicain, conservateur et modéré ensuite ; *L'Echo de Paris* (créé en 1884), organe de la « Ligue de la Patrie française » (120 000 exemplaires en 1914), *La Croix* (170 000 exemplaires dès 1896), grâce à l'adoption d'une formule délibérément « populaire » ; *L'Intransigeant* de Rochefort passé à la cause nationaliste en 1886 après avoir défendu des idées socialistes ; *L'Action Française* (quotidien à partir de 1908), dans laquelle s'illustraient les polémistes monarchiques de choc qu'étaient Daudet et Charles Maurras ; *Le Gaulois*, autre journal royaliste, dirigé par Arthur Meyer. Parmi les journaux de gauche : *Le Cri du Peuple* de Jules Vallès (entre 1883 et 1889) ; *L'Humanité*, organe du Parti socialiste, fondée en avril 1904 et dirigée par Jaurès ; *La Justice* (fondée en 1880), *L'Aurore* (fondée en 1897), toutes deux lancées par Clemenceau alors qu'il était encore un homme de gauche ; *L'Action* (apparue en 1903), organe des radicaux « combistes ».

Enfin, il faut souligner l'extension de la presse de province, surtout dans la moitié sud du pays avant 1900, avec le développement de *La Petite Gironde,* de *La Dépêche* et du *Progrès,* puis dans l'ensemble du pays entre 1900 et 1914.

« Ainsi, conclut G. Weill, la presse française en 1914 avait conquis des millions de nouveaux lecteurs[1]. Mais la concurrence était devenue aussi âpre qu'en Grande-Bretagne ; la vente au numéro avait remplacé l'abonnement, et sans cesse il fallait s'ingénier pour conserver, en présence de rivaux toujours actifs, les annonces et les lecteurs. »

B / En Angleterre

L'abolition des taxes eut pour effet de produire une grande floraison de journaux dans la deuxième moitié du XIXᵉ siècle. Le phénomène dominant est, comme en France, celui de la démocratisation de la presse, de l'élargissement de son public. C'est le *Daily Telegraph*, fondé en juin 1855 qui inaugurait l'ère de la presse à un penny (prix de vente sensiblement

---

1. Si l'on tient compte des tirages globaux des quotidiens (Paris et province), l'audience des journaux, compte tenu de l'évolution démographique, n'a pratiquement pas connu aujourd'hui d'augmentation par rapport à celle qui était la sienne dès cette époque.

égal aux deux cents de la presse américaine, et comparable au prix au numéro des journaux français ayant fixé à 40 F leur tarif d'abonnement). Le *Standard*, né en 1857, opta pour la même formule. Cette politique de bas prix entraîna la disparition de certains grands journaux, comme le *Morning Chronicle* (qui disparaît en 1862) et le *Morning Herald* (en 1869).

Parallèlement à cette restructuration de la presse quotidienne, on assista à un développement rapide la presse illustrée : l'*Observer*, le *Sunday Times*, *News of the World*, ne cessaient d'augmenter leur diffusion, tout comme le *Lloyd's Weekly News* (près de deux millions d'exemplaires en 1860) et *Punch* (apparu en 1841). Les progrès, tardifs par rapport à la France, des quotidiens de province, s'affirmaient également pendant cette période : le *Manchester Guardian*, le *Liverpool Daily News*, le *Scotsman* obligeaient même leurs concurrents londoniens à se moderniser et à améliorer leurs réseaux d'information pour résister à leur concurrence. Le *Daily Telegraph* et le *Daily Chronicle* publièrent ainsi de nombreux récits d'envoyés spéciaux à travers le monde ; le *Daily News* réduisit son prix de vente à un penny en 1868 ; le *Morning Post*, pourtant très aristocratique, fit de même, avec succès, en 1882.

Dans une atmosphère libérale — après la suppression du cautionnement, en 1869, la presse anglaise n'avait plus guère de libertés formelles à conquérir — la progression de la presse se poursuivit continûment : le *Daily Telegraph* tirait ainsi à 300 000 exemplaires en 1890. Surtout, apparaissait une presse véritablement « populaire », vendue un demi-penny. C'est le cas de l'*Evening News*, lancé en 1881 par Harmsworth (qui deviendra Lord Northcliffe), et du *Star,* fondé en 1888 par T. P. Connor. Le succès de la formule, qui s'accompagnait d'une présentation des nouvelles plus claire, plus aérée, de la création de rubriques plus variées, de l'abandon des formules éditoriales au profit de l'exploitation de faits divers plus ou moins sensationnels, s'affirma rapidement, avec des journaux comme le *Daily Mail* (autre titre lancé, en 1896, par Harmsworth) qui atteindra un tirage d'un million d'exemplaires en 1901, le *Daily Illustrated Mirror* (également créé, en 1904, par Harmsworth, puis cédé à son frère, lord Rothermere), le *Daily Sketch*, le *Morning Herald* (qui, après son rachat par Max Aikens, le futur lord Beaverbrook, deviendra le *Daily Express*).

Face à des journaux comme le *Times* qui maintenait, depuis 1861, son prix de vente à trois pence, se développait ainsi une presse à grand tirage, misant moins sur le sérieux de ses informations que sur la nécessité de capter l'attention du public et de le distraire. De là date la distinction, devenue habituelle outre-Manche, de la presse « populaire » et de la presse

« de qualité ». Notons d'ailleurs que lord Northcliffe finit par racheter le *Times*, abaissa son prix de vente à un penny, en 1914, et lui permit, sans modifier son image de marque, de passer à un tirage de 145 000 exemplaires.

C / En Allemagne

Après une courte période de liberté, en 1848, la presse allemande connut à nouveau de nombreuses difficultés avec le pouvoir étatique. Malgré tout, certains journaux, comme la *Frankfurter Zeitung*, parviennent à se développer et à conquérir un public élargi. Il faut attendre 1874 pour que l'Allemagne se donne une loi d'empire sur la presse. D'orientation libérale — elle abolissait la censure préventive et conférait la compétence aux jurys dans de nombreux cas — cette loi n'en contenait pas moins des dispositions fort répressives, notamment dans les cas de lèse-majesté. Elle facilitera néanmoins l'éclosion d'un grand nombre de titres. En fait, tant que Bismarck demeure au pouvoir — pratiquant envers les journaux une politique faite tout à la fois de fermeté et de corruption —, la presse allemande resta en général une presse conformiste. Un grand journal joue par ailleurs à cette époque le rôle d'organe officieux du gouvernement : la *Norddeutsche Allgemeine Zeitung*.

Après le départ de Bismarck, les progrès de la presse seront plus rapides, facilités d'ailleurs par l'essor économique et la création de nombreux « bureaux d'annonces » commerciales. Le fondateur d'un de ces bureaux, Rudolf Mossé, fonda à Berlin un journal qui devait devenir un grand journal politique et d'information, le *Berliner Tageblatt*. A sa suite, divers journaux politiques apparurent dans plusieurs villes d'Allemagne.

Les débuts de la presse populaire à grand tirage ont eu pour origine, surtout à partir de 1890, les *Moniteurs généraux (General Anzeiger)*, journaux fondés sur l'insertion de nombreuses annonces, faisant peu de place à l'information politique et s'adressant expressément aux couches populaires. Le précurseur de cette presse commerciale fut sans doute Auguste Scherl, qui fonda à Berlin, en 1883, le *Lokal Anzeiger* (devenu quotidien en 1855). Mais le grand homme des débuts de la presse à grand tirage fut Leopold Ullstein, qui fondera un véritable groupe de presse, à partir de ses journaux berlinois, et notamment du *Berliner Morgenpost* (créé en 1898) qui atteignait en 1913 un tirage de 400 000 exemplaires. C'est lui qui lança également, en 1904, le premier grand journal populaire, avec une

« une » composée de photos et de titres, et d'un contenu rédactionnel
assez médiocre, la *Berliner Zeitung am Mittag*.

Dans l'ensemble, les journaux allemands de cette période restent d'une
présentation plus austère et plus massive que leurs homologues français,
britanniques ou américains ; ils comportent une pagination plus
abondante. Les tirages des plus importants d'entre eux demeurent
relativement faibles, dans la mesure où peu d'entre eux ont une diffusion
très étendue ; la vivacité de la presse des grandes villes, et même des villes
moyennes ou petites, est telle qu'elle limite le succès national de vente des
grands organes de presse allemands.

D | Aux Etats-Unis

Comme la presse française ou britannique, la presse américaine part à
la conquête d'un nouveau public. Elle le fait d'abord grâce au lancement
de journaux à deux cents : *The Sun*, fondé par Day en 1833, et les deux
grands rivaux new-yorkais, le *New York Herald*, lancé par Gordon
Bennett en 1835, et le *New York Tribune*, lancé par Horace Greeley
en 1841. A ces deux derniers s'ajoute d'ailleurs dans la presse
new-yorkaise en 1851 le *New York Times*, plus sérieux et documenté. Le
développement de la presse américaine est dès lors extrêmement rapide :
255 quotidiens en 1854. C'est en fait surtout après la fin de la guerre de
Sécession que la presse des Etats-Unis va connaître un prodigieux essor.
En 1910, on comptera 2 430 quotidiens, totalisant un tirage de 24 millions
d'exemplaires.

C'est pendant cette période qu'est vraiment né aux Etats-Unis le
« journalisme sensationnel », fait de sang à la « une », de drames de
mœurs, de rebondissements policiers et de dénonciations moralisantes.
Les premiers de ces journaux, où titres et photos le disputent
amplement au texte, qui étaient les premiers journaux vendus à un
cent, ont été le *New York Journal*, fondé en 1895 par William
Randolph Hearst (qui devait servir de modèle à Orson Welles pour son
film *Citizen Kane*), et le *New York World*, fondé l'année suivante par le
non moins fameux Joseph Pulitzer. Le succès de ces journaux fut
rapide et influa grandement sur le contenu de nombreux autres titres.

Le tirage des plus grands journaux américains resta cependant
limité : le *New York Journal* tirait en 1913 à 700 000 exemplaires, le
New York World à 850 000, le *New York Times* à 175 000, le *New York
Tribune* à 80 000. Un peu comme en Allemagne, cela s'explique par la
solidité des journaux de ville : l'audience des journaux américains reste
confinée dans des limites géographiques assez étroites. Mais ce

phénomène s'accompagne néanmoins d'une forte concentration : très souvent les journaux des différentes villes appartiennent en fait à une même grande *chaîne* de journaux. Le lien organique qui existe entre eux est avant tout financier.

4 / La seconde révolution technique

Après la guerre de 1914, la presse va prendre le visage que nous lui connaissons aujourd'hui. Cela est vrai pour sa présentation — avec notamment l'amélioration de la qualité de reproduction et des techniques de transmission des photographies —, pour son contenu — avec une progressive « dépolitisation » de la presse quotidienne, en partie relayée par la presse hebdomadaire, et avec une diversification accrue des titres —, pour la structure de ses entreprises éditrices — avec un mouvement continu de concentration et de constitution de « groupes de presse ». Les journaux sont également touchés, dans cette dernière période, et surtout depuis une trentaine d'années, par une nouvelle et importante révolution technique.

1 | DES TECHNIQUES DE POINTE : VERS LE JOURNAL DE L'AN 2000

A | *Développement de l'emploi de l'offset*

Les procédés d'héliogravure et d'offset, décrits plus haut, sont, surtout après la deuxième guerre mondiale, adoptés par un nombre croissant de périodiques. En France par exemple, l'héliogravure était adoptée par *Paris-Match, Elle* ou *Marie-Claire,* cependant que des journaux comme *Le Nouvel Observateur, Le Pèlerin* ou *L'Auto-Journal* optaient pour l'offset.

Depuis les années 1960, une étape nouvelle a été franchie avec l'adoption de l'offset par des quotidiens de petit ou moyen tirage. L'offset a en effet connu de rapides progrès : sa rapidité de report-copie est aujourd'hui comparable à celle de la typographie ; la vitesse des rotatives offset, tout en restant inférieure aux rotatives typo modernes, s'est également accrue, et est désormais très suffisante pour les journaux qui n'ont pas un énorme tirage. L'offset présente par ailleurs l'avantage d'offrir — notamment aux publicitaires — une meilleure qualité de reproduction des illustrations et la possibilité à un moindre prix d'introduire des pages en couleurs de bonne qualité. Le développement de la photocomposition (voir plus loin) et le désir de pratiquer une mise en page plus originale (montage sur film) devaient progressivement conduire à élargir encore ces progrès de l'offset dans la presse quotidienne.

S'il offre bien des avantages, l'offset présente des inconvénients difficilement surmontables dans un proche avenir : ceux-ci concernent essentiellement la moindre rapidité des rotatives, la gâche de papier, très supérieure en offset à ce qu'elle est en typographie, et l'augmentation de coût, proportionnellement plus importante, qu'entraîne la multiplication des éditions.

B / La photocomposition

Dès la fin du XIXᵉ siècle, on avait commencé à rechercher des méthodes permettant d'utiliser, pour l'imprimerie, des machines à composer ne produisant plus des lignes de plomb, mais des *films* transparents directement exploitables. Le problème a été résolu avec la première « photocomposeuse », la « Photoline », conçue aux Etats-Unis par Bawtree et Lee en 1915 : le recours à la photographie directe de matrices de caractères et signes permet de remplacer l'utilisation de celles-ci pour fondre des lignes-blocs.

Les progrès de la photocomposition depuis les années 1950 ont ainsi peu à peu renvoyé au passé l'odeur de plomb fondu, si caractéristique jusqu'alors des imprimeries de presse.

Deux types de photocomposeuses ont été mis au point et sont aujourd'hui utilisés. Les unes s'inspirent des principes des photocomposeuses au plomb, les autres sont fondées sur une technique entièrement renouvelée.

Parmi les premières, les principaux types sont : la *Fotosetter* (conçue par « Intertype »), dans laquelle le creuset est remplacé par une caméra, qui photographie une à une les matrices qui sont décrochées à l'appel d'un opérateur manœuvrant un clavier, et la *Monophoto* (conçue par « Monotype »), dans laquelle le clavier classique est utilisé pour perforer une bande de papier, qui est introduite dans une unité photographique utilisant les organes de l'ancienne fondeuse mécanique, à cette différence près qu'une caméra remplace les dispositifs de fonte. Ces machines fonctionnent à un rythme comparable à celui des machines traditionnelles dont elles dérivent : 5 000 à 7 000 signes à l'heure.

Parmi les secondes, la plus connue est la *Lumitype*, conçue par les

Français Higonnet et Moyroud, et produite aux Etats-Unis sous le nom de « Photon ». Elle comporte un réservoir de matrices transparentes, représenté par un disque tournant rapidement ; un opérateur perfore une bande sur un clavier, et cette bande actionne une photographieuse ultra-rapide, une lampe flash s'allumant à l'instant où un caractère nouveau passe devant l'objectif. D'autres machines, comme la *Linofilm*, remplacent le disque par des jeux de plaquettes.

Il est clair que le développement de ce matériel, qui a posé depuis les années 1970 de délicats problèmes de réorganisation des ateliers de composition et d'avenir professionnel pour les ouvriers de ces ateliers, a modifié, et continue à modifier de façon sensible les données mêmes de la fabrication des journaux.

Cet équipement est évidemment compatible avec une autre innovation décisive de ces dernières années : la composition programmée par ordinateur.

C | La composition programmée ou Programmation assistée par ordinateur (PAO)

La première expérience probante de composition assistée par ordinateur date de 1963, aux Etats-Unis. Elle s'est depuis lors développée, et a été introduite en France, d'abord par *Paris-Normandie,* puis par *Le Midi Libre, Le Provençal* et ce qui était alors le groupe EP 1 (*Le Dauphiné Libéré, Le Progrès* de Lyon et *L'Espoir - La Tribune* de Saint-Etienne).

Le principe est le suivant. Un opérateur frappe un texte sur le clavier d'une machine, qui produit en même temps un texte dactylographié « en clair » (utile pour la correction des fautes de frappe) et une « bande au kilomètre », c'est-à-dire une bande non justifiée, ne tenant pas compte de la largeur des colonnes du journal. Cela fait gagner un temps très appréciable à cette opération de frappe : le claviste n'a pas à tenir compte des coupures dans les mots ou dans les chiffres en fin de lignes. Cette « bande au kilomètre », ainsi trouée automatiquement de perforations codées grâce au clavier utilisé, est transmise à un ordinateur, dont le programme va permettre de réaliser à une très grande vitesse une partie essentielle du travail des linotypistes. L'ordinateur va en effet restituer une bande justifiée à la largeur de la colonne du journal, et dans laquelle les coupures auront été exécutées de façon correcte : le programme indiquera par exemple à l'ordinateur qu'il doit couper bio-physique, et non pas bioph-ysique, qu'il ne doit pas couper après la première lettre le mot Etat, qu'il ne doit pas couper les nombres jusqu'à six chiffres, mais qu'il devra transformer le nombre 1 465 506 en un million 465 506, de façon à pouvoir couper dans « un million », etc. Les bandes ainsi justifiées automatiquement vont ensuite nourrir directement les machines à composer au plomb (ou éventuellement les photocomposeuses), les corrections étant faites, s'il y a lieu, sur des linotypes classiques (ou éventuellement à l'aide de l'écran de consoles, sur lesquelles les textes apparaissent en clair).

Le système permet, avec des risques de fautes moins importants, d'atteindre des performances extrêmement élevées ; l'ordinateur permet de mettre au point plus de 250 lignes à l'heure (contre 80 à 120 pour un opérateur placé devant une linotype classique). Ce procédé permet par ailleurs — et c'est l'une des raisons de son adoption par plusieurs « grands régionaux » français — une décentralisation accrue des rédactions : un journal peut, dans chaque ville importante de sa zone de diffusion, entretenir une agence locale disposant d'une rédaction autonome (et un agent publicitaire également autonome) ; cette agence, équipée d'un atelier de composition, envoie directement des bandes perforées, par téléphone, à l'imprimerie centrale. On peut éviter ainsi les opérations successives de retranscription.

L'utilisation des ordinateurs a évidemment posé de délicats problèmes sociaux (reconversion des linotypistes), à la presse française comme à celle de tous les pays développés.

D | La duplication des pages à distance : le fac-similé

Le procédé de fac-similé a été utilisé pour la première fois au monde en 1959 par le grand journal japonais *Asahi Shimbun*. Il permet de transmettre une page complètement composée sur une longue distance, et de passer directement à l'impression d'une page identique dans le lieu de réception. L'épreuve de la page à transmettre est enroulée autour d'un cylindre tournant sur son axe. On fait balayer cette épreuve, ligne après ligne, par un rayon lumineux. La lumière qui se reflète, sur la surface balayée, est transformée en impulsions électriques, dont l'intensité est fonction de la teinte de la surface éclairée. Ces impulsions électriques sont transmises, par téléphone ou par radio, à un récepteur dans lequel se produit un processus inverse : les impulsions excitent une source de lumière produisant un rayon dont l'éclat est fonction de leur intensité ; ce rayon est dirigé vers un film vierge enroulé sur un cylindre dont la vitesse de rotation est égale à celle du cylindre de l'émetteur. Le film est donc plus ou moins impressionné, selon l'intensité des impulsions transmises. Une fois développé, il est reproduit sur des plaques offset, ou sur des clichés en zinc ou en matière plastique pour une impression typographique.

Ce procédé permet, en ne composant les pages qu'une seule fois, d'imprimer simultanément un journal dans plusieurs villes, qui peuvent être distantes de plusieurs centaines de kilomètres les unes des autres.

Ce procédé permet à de nombreux journaux de publier des éditions simultanées en plusieurs points de leur territoire de diffusion. Parmi les premiers en Europe, le *Daily Mail* en Grande-Bretagne, *Aftonbladet* en Suède, *Le Figaro* et *Libération* en France l'ont utilisé. Il est même possible d'avoir recours, pour la transmission, à un satellite de télécommunications. C'est ce qui a été réalisé pour la première fois, le 17 octobre 1967 : la « une » du quotidien britannique *Daily Express* était transmise en un peu moins de quinze minutes, par l'intermédiaire du satellite « Early Bird », au quotidien *El Mundo* de San Juan, à Porto Rico (soit une distance de 7 000 km). Depuis 1980, douze quotidiens parisiens transmettent leurs pages à distance, *via* l'équipement de fac-similé des NMPP, et par satellite, à des imprimeries de Lyon, Marseille, Nancy, Nantes, Toulouse, Caen, Roubaix ou Casablanca. Depuis 1989, le quotidien sportif *L'Equipe* transmet tous les soirs ses pages à distance — y compris ses pages en couleurs — à ses imprimeries de province, par l'intermédiaire du satellite Telecom 1.

2 | LA PRESSE DU XXᵉ SIÈCLE

A / En France

1) *L'entre-deux-guerres*. — La presse quotidienne de l'entre-deux-guerres ne voit pas son tirage global évoluer considérablement : de 10 millions d'exemplaires en 1920, on passe à 12 millions en 1939. Cela s'explique sans doute par l'avance relative qu'avait prise la France par rapport aux autres pays industriels : en fait, la France était entrée, dès avant la guerre de 1914-1918, dans l'ère de la presse moderne à grand tirage.

La presse quotidienne parisienne de la période 1919-1939 est dominée par la présence de ceux qu'on a appelés les « cinq grands » : *Le Petit Parisien* (qui tirera encore à un million d'exemplaires en 1939, malgré la concurrence de *Paris-Soir*), *Le Petit Journal* (dont le tirage diminue lentement mais sûrement, descendant au-dessous de 200 000 exemplaires dans les années 1930, cependant que se poursuit chez lui une évolution vers la droite « musclée » : il devient ainsi l'organe des Croix de Feu du colonel de La Rocque), *Le Journal* (dont la diminution de tirage est également progressive, mais plus modérée : 400 000 exemplaires dans l'immédiat avant-guerre), *L'Echo de Paris* (organe d'une droite nationaliste, lui aussi en décadence après les années 1920) et *Le Matin* (vigoureusement opposé à l'institution parlementaire et aux forces politiques de gauche, il a un tirage en baisse, et vend moins de 300 000 exemplaires quotidiens en 1939). Les deux phénomènes notables à propos des « cinq grands » sont ainsi leur orientation politique — ils inclinent tous fortement à droite — et le déclin de leur diffusion. A ce déclin il faut opposer l'extraordinaire succès de *Paris-Soir* (ancêtre de l'actuel *France-Soir*), petit journal créé en 1923, mais relancé sur de nouvelles bases en 1930 après son rachat par le lainier Jean Prouvost. Avec une équipe d'hommes dynamiques comme Pierre Lazareff et Raymond Manevy, utilisant les techniques les plus modernes en matière de mise en pages et d'illustration, recourant volontiers au sensationnel, *Paris-Soir* connut un succès foudroyant : en 1931, il tirait à 134 000 exemplaires, en 1933, à un million, en 1940 à deux millions. Certains de ses numéros ont été tirés à près de trois millions et demi d'exemplaires : ce sont là des chiffres qui n'avaient jamais été atteints en France, et qui d'ailleurs ne le seront plus jamais par des quotidiens.

Une autre expérience a marqué la presse de cette époque, c'est le lancement, en 1928, par le parfumeur François Coty (qui réalisa également en 1929 la fusion du *Figaro* et du *Gaulois*) de *L'Ami du Peuple*, journal à 10 centimes, défendant les thèmes d'une droite fascisante. Mais *L'Ami du Peuple*, après une période de grand succès, périclita rapidement, et son rachat par Taittinger en 1933 ne lui permit guère de trouver un second souffle.

Parmi les autres quotidiens d'opinion marquants, il faut citer, à droite, *L'Intransigeant* (dont la diffusion baissa dans les années 1930 : de 300 000 exemplaires, il descendit à moins de 150 000) ; *La Croix, Le Monarchiste, L'Action Française,* et *Le Temps* (organe officieux du Comité des Forges, donc du grand patronat) ; à gauche, le radical *L'Œuvre* (diffusant environ 200 000 exemplaires), le socialiste *Le Populaire* (d'une diffusion comparable), le communiste *L'Humanité* (le journal, fondé par Jaurès, devenant la propriété du PCF après le Congrès de Tours en 1920, est dirigé par Marcel Cachin ; il tire à plus de 350 000 exemplaires en 1939 — jusqu'au 26 août, date de son interdiction par le gouvernement), et *Le Soir* (lancé en 1937 et dirigé par Aragon, le journal intègre les recettes qui faisaient par ailleurs le succès de *Paris-Soir*, et réussit assez bien : 300 000 exemplaires quotidiens en 1939).

Quant à la presse quotidienne de province, elle poursuit alors son développement. P. Albert et F. Terrou ont relevé qu'en 1939, neuf titres dépassent un tirage de 150 000 exemplaires : *Ouest-Eclair* à Rennes (350 000), *L'Echo du Nord* à Lille (330 000), *La Petite Gironde* à Bordeaux (325 000), *Le Petit Dauphinois* à Grenoble (280 000), *La Dépêche de Toulouse* (270 000), *Le Réveil du Nord* à Lille (250 000), *La France de Bordeaux* (235 000), *Le Progrès de Lyon* (220 000) et *Le Petit Provençal* de Marseille (165 000). Avec des noms un peu différents, leurs héritiers directs sont les grands « régionaux » d'aujourd'hui.

Enfin, dernier phénomène notable de cet entre-deux-guerres, qui voit par ailleurs le mouvement de concentration des entreprises de presse se préciser et s'amplifier : on assiste à un fort développement de la presse périodique. Cela est vrai de la presse politique — de *Candide* au *Canard Enchaîné* — comme de la presse magazine, dont P. Albert et F. Terrou écrivent : « La multiplication de ses titres, le succès des périodiques littéraires et artistiques, sportifs, féminins, celui des journaux d'enfants désormais voués à l'exploitation des bandes dessinées, des magazines de cinéma et de radio, le renouvellement des périodiques illustrés d'informations générales, sont le signe d'un développement impossible à quantifier faute de sources et d'études en ce domaine, mais qui fut sans doute une des causes de la relative stagnation du marché des quotidiens. »

2) *Après la Libération.* — Tous les journaux qui avaient continué de paraître après juin 1940 en zone occupée, ou après novembre 1942 en zone sud, furent interdits à la Libération, et leurs biens mis sous séquestre. Quelques journaux anciens retrouvèrent donc leur place, car ils s'étaient sabordés pendant la guerre. Mais la plupart des journaux furent des journaux nouveaux, sortant directement de la Résistance, à qui fut donnée l'autorisation de s'installer dans les entreprises de presse des anciens titres.

La période 1944-1946 est marquée par une grande floraison de titres, et par la dominante de l'orientation à gauche des journaux. C'est l'âge d'or d'une presse quotidienne qui tire à 15 millions d'exemplaires en 1946. Parmi les titres en vue, la gauche avec *Franc-Tireur*, *Libération, Combat, Le Populaire, L'Humanité, Le Soir*, fait bonne figure, cependant que *Le Figaro* et *L'Aurore* s'adressent à la clientèle modérée, et que de nouveaux titres adoptent les formules qui avaient connu le succès avant-guerre : ainsi, *France-Soir* apparaît comme le continuateur de *Paris-Soir, Paris-Presse* celui de *L'Intransigeant, Le Parisien Libéré* celui du *Petit Parisien, Le Monde* celui du *Temps* (malgré un net glissement politique et un désengagement par rapport aux milieux industriels et financiers).

Dès 1947 cependant, la crise va s'amorcer, avec notamment la grande grève des ouvriers typographes et la faillite des Messageries françaises de Presse. Entre 1947 et 1951, le prix des quotidiens va passer de 4 à 15 F ; treize journaux parisiens et une cinquantaine de journaux de province cessent de paraître ; le tirage global de la presse quotidienne baisse continûment : le chiffre le plus bas sera atteint en 1952, avec 9 600 000 exemplaires. Pendant cette période de crise, la presse française prend un visage que nous lui connaissons aujourd'hui : la puissance de certains « groupes de presse » s'affirme — Hachette, Prouvost, Amaury —, la presse de parti, et plus largement la presse exprimant ouvertement des opinions, marque le pas, les périodiques se développent au détriment des quotidiens.

L'expansion reprend, de 1953 à 1957, du moins pour les journaux déjà installés, car il s'avère que, notamment pour les quotidiens, le lancement d'un nouveau titre sur le marché constitue une entreprise hasardeuse : c'est notamment ce que montrent, en 1956, les exemples du *Temps* (lancé par des milieux patronaux pour concurrencer *Le Monde* sur sa droite) et de *L'Express* quotidien. Les « grands » de la presse parisienne — *France-Soir/Paris-Presse, Le Parisien Libéré, L'Aurore* et *Le Figaro* — confirment leur suprématie, cependant que les « grands régionaux » parviennent peu à peu à éliminer leurs concurrents dans leur zone de diffusion : ainsi s'installent les quasi-monopoles de *La Dépêche du Midi* (Toulouse), *Sud-Ouest* (Bordeaux), *Le Midi Libre* (Montpellier), *Ouest-France* (Rennes), *Le Progrès* (Lyon), *Le Dauphiné Libéré* (Grenoble), *L'Est Républicain* (Nancy), *Le Provençal* (Marseille), *La Nouvelle République du Centre-Ouest* (Tours), *Nice-Matin, La Voix du Nord* (Lille), *Paris-Normandie* (Rouen) ou *Les Dernières Nouvelles d'Alsace* (Strasbourg).

C'est également cette période d'expansion qui marque le succès de la presse périodique illustrée, notamment de la presse magazine d'informations générales et de la presse féminine.

La période 1958-1967, au cours de laquelle le prix de vente des quotidiens passe de 15 à 40 F, est à nouveau une période de stagnation, des tirages comme des recettes, d'une presse qui manque peut-être, à quelques exceptions près, le rendez-vous de la nécessaire modernisation de son équipement et de la rentabilisation de sa gestion. A l'exception du *Monde* et de quelques cas isolés, les grands journaux plafonnent. La période est par ailleurs marquée par le lancement de nouvelles formules, que ce soit dans la presse politique *(L'Express* nouvelle manière, tabloïd en offset en 1964, le *Nouvel Observateur)*, dans la presse d'information illustrée *(Réalités)*, dans la presse économique *(L'Expansion)*, dans la presse des jeunes (*Salut les Copains* apparaît en 1962), ou dans celle des loisirs *(Week-End)*.

Depuis 1968, avec l'introduction de la publicité de marques sur les antennes de la télévision nationale, et avec la concurrence croissante d'autres formes de loisirs, la presse a quitté une période de crise larvée pour entrer dans l'ère moderne que nous vivons.

B | Aux Etats-Unis

Malgré un ralentissement dans les années qui ont suivi la grande crise économique de 1929, la presse américaine continue, après la première guerre mondiale, son rapide développement. Le tirage global des quotidiens passe de 24 211 977 exemplaires en 1910, à 39 589 172 en 1930, 53 829 072 en 1950, 61 121 090 en 1966. L'augmentation est donc continue, malgré la concurrence accrue de la radio et de la télévision. Par ailleurs, l'existence de grandes « chaînes » de journaux limita, proportionnellement plus qu'en Europe, la disparition de titres : si en 1910, il existait aux Etats-Unis 2 430 quotidiens, on en comptait encore 2 056 en 1939, 1 780 en 1950, 1 763 en 1964. La règle devient en fait celle du monopole de quotidiens locaux, soit appartenant à de grandes chaînes nationales, soit concluant entre eux des accords sur le plan rédactionnel, financier et publicitaire. Ainsi, d'après Francis Patteyn, au milieu des années 1920, 552 villes américaines avaient des journaux concurrents ; en 1946, il n'en restait plus que 117, et en 1965, 69. La ville de New York elle-même, qui avait 10 quotidiens en 1945, n'en compte plus aujourd'hui que trois (voir le chapitre sur la presse aux Etats-Unis).

Sur le plan de la formule, la presse américaine, qui est d'ailleurs celle qui a adopté le plus rapidement la plupart des grandes innovations techniques, a également vu naître la première les journaux de format « tabloïd » : le *New York Daily News* fut le premier à adopter de façon durable ce format, en 1919, et à lancer une formule de journal maniable à gros tirage et à caractère sensationnel, formule qui sera fort imitée par la suite aux Etats-Unis même, en Grande-Bretagne, en Allemagne fédérale, et, avec nettement moins de succès, en France *(Le Parisien Libéré, Paris-Jour)*.

Les Etats-Unis ont également donné le ton dans le domaine de la presse périodique. La formule des grands magazines illustrés d'informations, par exemple les *news magazines*, inaugurée par *Time* en 1923, fera fortune aux Etats-Unis : *Newsweek, U.S. News and World Report, Life, Look*, etc., et dans la plupart des Etats capitalistes industrialisés.

C / En Grande-Bretagne

Le développement de la presse est très accéléré en Grande-Bretagne pendant l'entre-deux-guerres. Le tirage global des quotidiens passe de 7 900 000 exemplaires en 1920 à 17 500 000 en 1939. L'immédiat après-guerre se traduira, comme en France, par un essor important de la presse quotidienne : 28 600 000 exemplaires en 1947.

Les grands journaux de la période d'avant-guerre, sous la direction des « lords de la presse », se maintiennent et renforcent même leurs positions. Lord Beaverbrook voit son *Daily Express* dépasser nettement les deux millions d'exemplaires en 1937 ; Lord Rothermere dépassait encore le million et demi d'exemplaires avec son *Daily Mail* à la même date ; Lord Camrose rachetait en 1927 le *Daily Telegraph*, cependant que Lord Astor, nouveau propriétaire du *Times*, maintenait la politique de qualité du journal, sans atteindre cependant des tirages très élevés (200 000 exemplaires). Le *Daily Herald*, du groupe Odhams Press, défendait la ligne travailliste, et atteignait les deux millions d'exemplaires en 1937. Le *News Chronicle*, libéral, apparaissait par ailleurs en 1930, après la fusion du *Daily News*, du *Daily Chronicle* et du *Westminster Gazette* : il tirait à près d'un million et demi d'exemplaires en 1939.

Après la guerre et un redémarrage brillant, la période postérieure à 1947 fut marquée en Grande-Bretagne par des difficultés comparables à celles de la France : insuffisante modernisation des techniques de fabrication, gestion souvent médiocre des entreprises de presse, goulot d'étranglement syndical, incapacité à gagner de nouvelles couches de public. Le tirage global des quotidiens était revenu à 26 500 000 en 1961. Certains journaux furent contraints de fermer définitivement leurs portes, comme le *Star*, le *News Chronicle* ou le *Daily Herald* (remplacé par le *Sun*) ; le vieux *Times* était racheté, en 1966, par Lord Thomson of Fleet, qui abandonnait sa formule traditionnelle pour une présentation modernisée.

Parallèlement à cette crise de la presse quotidienne, on n'a guère vu apparaître une presse périodique plus dynamique. Cela s'explique sans doute en partie par le grand succès qu'ont toujours eu outre-Manche les volumineux journaux du dimanche, avec leurs nombreux suppléments. Mais cette presse du dimanche elle-même a tendance à s'essouffler après les années 1950 : son tirage global est en effet passé de 13 300 000 exemplaires en 1930 à 26 200 000 en 1947, 29 800 000 en 1957, et 24 500 000 en 1960.

D / En Allemagne

Avant l'arrivée au pouvoir des nazis, la presse allemande présentait la double caractéristique d'être très régionalisée — la plupart des journaux n'avaient une audience que dans une aire géographique bien déterminée — et très concentrée : le groupe Hugenberg contrôlait en 1930 près du quart de la presse allemande. D'autres groupes (Wolff, Stinnes, Ullstein, etc.) se partageaient le marché.

L'arrivée de Hitler à la chancellerie bâillonna évidemment la presse, en faisant un instrument docile au service de la propagande du régime.

Après la guerre, les autorités alliées mirent en place les nouveaux journaux allemands, en accordant à titre personnel le droit de faire paraître des publications à des Allemands n'ayant pas collaboré avec le IIIe Reich. Ce système, lié à la tradition antérieure au régime nazi, devait renforcer la régionalisation de la presse en Allemagne de l'Ouest — cependant qu'en Allemagne de l'Est le gouvernement et le parti allaient s'assurer du contrôle de l'ensemble des journaux.

En République fédérale, la presse allait connaître un développement rapide : 13,6 millions d'exemplaires en 1950, 18,1 millions en 1960.

Très régionalisée, la presse allemande va rester une presse très concentrée, le groupe le plus célèbre et le plus puissant étant celui d'Axel Springer, dont les activités dans le journalisme ont commencé à Hambourg en 1946, et qui lança en 1952 la fameuse *Bild Zeitung*, quotidien de format tabloïd à bon marché, exploitant avec une rare médiocrité le sensationnel et le scandale.

5 / La presse audiovisuelle

1 | LA RADIO

Il est difficile de situer avec précision les innovations scientifiques qui sont à l'origine de la mise au point de la radiodiffusion. Branly, entre 1890 et 1894 avait découvert les principes de base de la télégraphie sans fil (TSF), en trouvant le principe de l'antenne, et en montrant que des radioconducteurs permettent de percevoir des effets électriques produits à distance. Les premières expériences de TSF sont réussies par Marconi, entre 1894 et 1899. Au cours de cette dernière année, Marconi assure une liaison sans fil entre Douvres et Wimereux, et envoie un télégramme à

Branly ainsi rédigé : « M. Marconi envoie à M. Branly ses respectueux compliments, par la télégraphie à travers la Manche. » De Forest inventant la lampe diode en 1906, la TSF fait de rapides progrès et passe vite au stade de la radiophonie.

Les premiers essais connus de radiodiffusion datent du début de 1914 : l'ingénieur français Raymond Braillard et le professeur belge Robert Goldschmidt font alors écouter, à un groupe d'auditeurs réunis dans une salle du château de Laeken, près de Bruxelles, des informations et un concert émis à quelques kilomètres de là. Le célèbre chanteur Caruso participe, le 13 janvier 1915, à une retransmission radiodiffusée depuis le Metropolitan Opera de New York. Les expériences sont ensuite ralenties par la guerre, et c'est l'immédiat après-guerre qui voit définitivement émerger le nouveau moyen de communication.

Le 31 août 1920 commencent les premières émissions quotidiennes du *Detroit News*, aux Etats-Unis. La « Westinghouse » et la « Radio-corporation » suivirent rapidement le mouvement. En Grande-Bretagne, le *Daily Mail* organisait le 15 juin 1920, une émission de Chelinsford ; quatre ans plus tard naissait la BBC. En France, le général Férié (alors colonel) réalisait, en 1921, les premières émissions depuis la tour Eiffel. Les premières stations françaises de radiodiffusion sont créées : *Radiola* en 1922 — qui deviendra *Radio-Paris* l'année suivante — en est la doyenne. Le journal *Le Petit Parisien* contribuera, en 1934, à la création d'une nouvelle station. Puis apparaîtront de nouveaux postes, soit à Paris *(Radio-Cité, Radio-Vitus, Radio LL)*, soit en province. En 1939 sera inauguré le poste national d'Allouis.

Le schéma de la radiodiffusion peut s'expliquer de la manière suivante. Une personne parle devant un micro, dont le principe est voisin de celui du téléphone : il transforme les sons en courant électrique, dit courant BF (basse fréquence). Mais ce courant BF est inapte à la production d'ondes électromagnétiques se propageant dans l'espace dans les conditions requises. Aussi ce courant BF est-il transmis par câble à un émetteur. Celui-ci produit un courant HF (haute fréquence), dont le rôle sera de porter, de moduler le courant BF, et de transformer, par une antenne, ce courant modulé en ondes électromagnétiques. Ces ondes, se propageant dans l'espace, rencontrent les antennes réceptrices. L'onde fait parcourir l'antenne par un courant de même nature que celui provenant de l'émetteur. Le récepteur reçoit ce courant, l'amplifie, et extrait du courant HF modulé un courant BF, identique à celui qui a été produit par le micro, qu'il amplifie à son tour. Le courant BF amplifié passe ensuite dans un haut-parleur, qui fait l'opération inverse de celle du micro, et le transforme en sons identiques à ceux émis au départ.

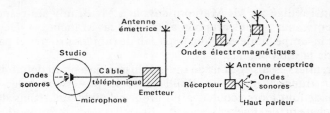

Schéma de liaison en radiodiffusion sonore

Source : M. Barroux, *Les émetteurs de radiodiffusion et de télévision*, Presses Universitaires de France, « Que sais-je ? », 1967.

Les ondes électromagnétiques sont en général caractérisées par leur fréquence, ou par leur longueur d'onde, l'une variant en sens inverse de l'autre. Les ondes hertziennes — du nom de Hertz, qui en produisit pour la première fois en 1887 — sont, parmi les ondes électromagnétiques, celles qui sont produites par des moyens électriques. Des accords internationaux ont défini les longueurs d'onde attribuées à la radiodiffusion, en modulation d'amplitude comme en modulation de fréquence.

« *La modulation d'amplitude*, explique Maxime Barroux, trouve son origine dans la méthode pratiquée dès les débuts de la radiotélégraphie pour la transmission des signaux Morse constitués, on le sait, par une succession de points et de traits. Cette transmission peut être assurée par exemple en laissant passer le courant HF pendant la durée des points et des traits, et en l'interrompant pendant les intervalles. On peut aussi, au lieu de supprimer complètement le courant, se contenter de ramener son amplitude à une valeur plus faible (...) S'il s'agit maintenant non d'un signal morse, mais d'un courant BF, représentant un son, le procédé est le même : l'amplitude du courant HF varie en fonction des valeurs prises à chaque instant par le courant BF (...) En *modulation de fréquence*, l'amplitude du courant HF reste constante et l'action du courant BF se traduit par une variation de la fréquence du courant HF, au lieu d'une variation de son amplitude : cette variation se fera au rythme du courant BF, elle sera d'autant plus grande que le courant sera plus intense. »

En modulation d'amplitude, on distingue les longueurs d'onde suivantes :

— les ondes longues (ou grandes ondes), de 2 000 à 1 052 m. Leur propagation se fait surtout à la surface du sol. Elles sont beaucoup plus régulières que les autres catégories d'ondes ;

— les ondes moyennes (ou petites ondes), de 571 à 186 m. La distance de leur portée est plus importante sur mer que sur terre. Les ondes de sol portent seules pendant la journée, les ondes d'espace devenant perceptibles la nuit ;
— les ondes courtes, dans d'étroites bandes proches de 49, 41, 31, 25, 19, 16 et 13 m. Leur portée est très grande, de jour comme de nuit ; elles sont donc surtout utilisées pour les liaisons à grandes distances.

En modulation de fréquence, les longueurs d'ondes sont comprises entre 3,43 et 3 m. La liaison n'est possible que dans le cas de vision directe entre l'émetteur et le récepteur. La modulation de fréquence présente une série d'avantages sur la modulation d'amplitude. Il lui est possible de tolérer un rapport plus grand entre les sons les plus faibles et les sons les plus intenses ; elle est moins sensible aux parasites ; elle permet beaucoup plus aisément la réalisation d'émissions en stéréophonie. Son inconvénient majeur réside en ce que le canal qu'elle occupe est beaucoup plus large : elle ne peut donc être utilisée que sur des longueurs d'onde très courtes.

Les perfectionnements de la radio ont été importants depuis la « belle époque » des années 1920, que ce soit au niveau de la production — studios, prises de son, etc. —, à celui de l'enregistrement avec la mise au point du pick-up électrique (1925), de l'enregistrement sur disque souple (1934), du magnétophone (1945), du disque stéréophonique (1958), ou à celui des récepteurs, le phénomène marquant étant ici l'apparition du poste à transistors (inventé par les Américains Brattain et Bardeen en 1948, et répandu dans le public à partir des années 1950), qui a permis une individualisation de l'écoute et suscité un courant d'intérêt pour la radio chez les jeunes, à un moment où beaucoup prédisaient déjà son rapide essoufflement face à la télévision.

2 | LA TÉLÉVISION

A | *En noir et blanc*

Les premières expériences de transmission d'images à distance se sont faites à partir d'images fixes, au milieu du XIXᵉ siècle. La phototélégraphie est mise au point en 1905 par l'Allemand de Korn, est perfectionnée deux ans plus tard par le Français Edouard Belin — ce sera le Bélinographe. La technique de transmission d'images fait ensuite des progrès, en utilisant des moyens mécaniques d'abord, puis radio-électriques. En 1923, l'Anglais John Logie Baird et l'Américain C. F. Jenkins conçoivent, chacun de leur côté, un procédé de transmission utilisant un disque perforé rotatif.

Mais le pas décisif est franchi par l'utilisation des moyens électroniques ; les premiers « iconoscopes » permettant de soumettre l'image à transmettre à un balayage électronique sont conçus par le Russe Rosing au début du siècle, améliorés par l'Américain Swinton en 1911, et surtout par deux autres Américains, Vladimir Zworykin et Philo Farnsworth, qui mettent au point en 1928 un matériel comparable à celui qui sera utilisé lors du lancement public de la télévision.

Les années 1930 sont marquées par de nombreuses expérimentations qui permettent, à l'immédiat avant-guerre, de parvenir à la création de stations de télévision émettant en direction du public — ce dernier fort limité d'ailleurs. En 1936, la station britannique de l'Alexandra Palace commence à diffuser deux heures d'émissions par jour. Des émissions quotidiennes démarrent en France, depuis la tour Eiffel, en 1938. L'année suivante, les Etats-Unis diffusent des émissions destinées au grand public. Après l'interruption de la guerre, la télévision commence réellement sa conquête de l'auditoire en 1945-1946. Celle-ci s'avérera rapidement victorieuse.

Sur quels principes la télévision repose-t-elle ? Le schéma général est comparable à celui de la radiodiffusion sonore. Comme l'explique M. Barroux : « Il suffit de remplacer le microphone par une caméra électronique. Cette caméra transforme l'image qu'elle recueille en un courant électrique, appelé *courant vidéo*, de même nature que le courant BF ; comme celui-ci, le courant vidéo est transmis par câble à l'émetteur ; il module le courant HF produit par l'émetteur ; les ondes rayonnées par l'antenne se propagent jusqu'au récepteur où le courant vidéo est extrait du courant HF modulé, et, grâce au tube cathodique (dont le rôle est analogue à celui du haut-parleur), reconstitue l'image provenant du studio. » La superposition du courant vidéo au courant HF est réalisée par un procédé analogue au système de modulation d'amplitude, décrit plus haut pour la radio.

La différence essentielle avec la liaison radio réside évidemment en ce qu'il faut capter, transmettre et reconstituer, non seulement des sons, mais une image mouvante. Une image est une juxtaposition de points, dont les luminosités s'étendent sur toute une gamme. Pour en donner une reproduction, il n'est pas nécessaire de reproduire tous ces points : en typographie par exemple, on utilise une trame, divisée en un certain nombre de points ; plus la trame est serrée, plus l'image est fine. En télévision, on utilisera un pinceau électronique très fin qui balaiera point par point l'image à transmettre ; à l'arrivée, le procédé inverse sera utilisé : un pinceau lumineux, dont l'intensité variera selon les variations de courant, balaiera à son tour l'écran et reconstituera l'image.

Le mouvement de point explorateur sur l'écran sera celui indiqué sur le schéma ci-dessous ; il se fait dans le sens A-B-A′-B′, le saut entre B et A′ passant inaperçu, car le mécanisme de « lecture électrique » est bloqué pendant ce temps de « retour de ligne ».

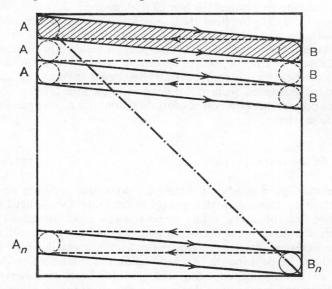

Source : P. Grivet, P. Herreng, *La télévision*, Presses Universitaires de France, coll. « Que sais-je ? », 1969.

Le temps de passage d'un point à l'autre est évidemment très court : quelques microsecondes. La finesse de l'image dépendra du nombre de lignes que le pinceau lumineux parcourra sur l'écran — c'est ce que l'on appelle la « définition » — et du nombre de points, de cases composant chaque ligne.

Pour que la succession d'images ainsi transmises ne donne pas au mouvement un aspect saccadé, il faut transmettre au moins 16 images par seconde. Mais, à cette cadence, on ne peut empêcher le « papillotement » : aux cadences inférieures à 50 images par seconde en effet, l'œil perçoit les intervalles qui séparent deux images successives. Il faudrait donc fixer la fréquence de transmission des images à 50 au moins par seconde. Mais on a trouvé un procédé qui permet de réduire de moitié cette fréquence d'images, c'est l'entrelacement des lignes : le pinceau balaie d'abord les lignes impaires de l'image, puis les lignes paires. Il en est de même à la réception, sur l'écran. Le papillotement disparaît ainsi à partir de 50 demi-images, donc de 25 images par seconde. Malgré sa complication, ce système a donc été universellement adopté et généralisé, les différents pays adoptant par ailleurs diverses fréquences de défilement des images (25 par seconde en France[1], 30 aux Etats-Unis).

Ce qu'on a dit plus haut de la « définition » de la télévision semble impliquer que, plus cette définition est haute, plus la qualité de l'image est élevée. Cela est assurément vrai, mais jusqu'à un certain point seulement. Tout d'abord en effet, à partir d'un certain degré, l'œil n'apprécie plus les progrès réalisés : c'est le cas à partir de 800 lignes environ ; l'expérience du « standard européen » de 625 lignes indique que celui-ci semble très suffisant pour assurer un bon confort de vision, qui ne soit pas gêné par les lignes de la trame.

B / En couleurs

Très vite, on a essayé de mettre au point des systèmes de télévision permettant de transmettre des images en couleurs. Dès juillet 1928, Baird présentait ses premiers essais réussis en Grande-Bretagne. Il fallut toutefois attendre l'après-deuxième guerre mondiale pour voir apparaître les premières réalisations industrielles, qui furent le fait de firmes américaines. Le principe de la reproduction des images en couleurs est le même en télévision que celui qui est utilisé en photographie : on reconstitue une image multicolore en superposant trois images d'une seule couleur représentant la même scène, les trois couleurs utilisées étant normalement le bleu, le vert et le rouge. L'idée de base d'une télévision en couleurs serait donc de filmer simultanément une scène avec trois caméras équipées respectivement de filtres colorés en bleu, vert et rouge, de transmettre en même temps, par trois ondes porteuses, les tensions électriques recueillies, et de les faire parvenir à trois oscillographes donnant trois images en noir et blanc, qui seraient ensuite projetées simultanément sur un écran, à travers des filtres bleu, vert et rouge.

Mais deux impératifs étaient imposés aux techniciens : d'une part il était nécessaire de produire des images en couleurs sans augmenter la

---

1. On produit donc à chaque seconde 50 trames de 312,5 lignes, soit 25 images complètes.

largeur du canal de fréquence (d'où l'impossibilité de transmettre simultanément trois images détaillées par trois ondes porteuses), d'autre part, il fallait réaliser la « compatibilité » de l'image en couleurs pour les récepteurs équipés pour recevoir seulement le noir et le blanc.

Trois grands systèmes sont aujourd'hui utilisés dans le monde : le système américain *NTSC* (National Television System Committee), adopté en 1952 par une trentaine de firmes américaines, le système allemand *PAL* (Phase Alternative Line), qui en est dérivé, et a été mis au point par W. Bruch aux laboratoires Telefunken, et le système français *SECAM* (Sequentiel Couleur A Memoire), conçu par H. de France.

Le principe commun à tous ces systèmes est le suivant : pour obtenir une image en couleurs, il faut transmettre un signal de luminance de chaque point (Y), comme en noir et blanc, et trois signaux de couleur, bleu, vert et rouge (B, V, R). Mais il n'est pas nécessaire en fait de transmettre *tous* ces signaux pour les reconstituer. Il existe en effet entre eux une relation connue qui est donnée par la formule $Y = 0,59 V + 0,30 R + 0,11 B$. Dans ces conditions, si l'on transmet Y, il suffira de transmettre deux des trois signaux R, B, V — par exemple le rouge et le bleu —, le troisième (le vert) sera déduit algébriquement par la formule ci-dessus.

Dans le système *NTSC*, on transporte les signaux de luminance Y comme en noir et blanc, et une sous-porteuse de chrominance transporte, en modulation d'amplitude et de phase, deux signaux Q et I, dont les valeurs respectives sont :

$$Q = 0,48(R\text{-}Y) + 0,41(B\text{-}Y)$$
et $$I = 0,74(R\text{-}Y) - 0,27(B\text{-}Y).$$

La modulation d'amplitude porte la saturation de la couleur, la modulation de phase porte la teinte.

Ces signaux I et Q sont transportés de manière que leur spectre s'intercale avec celui de Y.

Dans le procédé *PAL*, à chaque ligne est également transmis le signal de luminance Y et deux signaux de couleurs, mais au lieu d'avoir les valeurs I et Q, ces derniers sont ici B-Y et $\pm$ (R-Y) ; par ailleurs pour éviter les erreurs sur la couleur, on inverse la phase du signal de couleur à chaque ligne, et on fait la moyenne.

Dans le système *SECAM*, à chaque instant, un seul signal couleur est transmis par la sous-porteuse de chrominance. On admet, en effet, qu'en deux points voisins de deux lignes successives la couleur est pratiquement identique. Ces deux signaux de couleur transmis étant R-Y et B-Y, un seul d'entre eux est transmis, séquentiellement, une ligne sur deux, l'information transmise étant mise en mémoire pour être utilisée pendant la ligne suivante, durant laquelle elle ne sera pas transmise, puisque ce sera au tour de l'autre information d'être transmise, et ainsi de suite. Comme le note Robert Guillien, « Les signaux R-Y et B-Y sont donc transmis *séparément* et *séquentiellement,* ils ne peuvent réagir l'un sur l'autre. » Sans doute plus délicat à mettre en œuvre industriellement que ses deux concurrents, le procédé SECAM présente l'avantage de mieux se prêter à l'enregistrement magnétique ; il permet à l'utilisateur un usage plus aisé, puisque, l'onde sous-porteuse étant modulée en modulation de fréquence, il ne nécessite aucun réglage particulier à la couleur, alors que le récepteur NTSC doit comporter un bouton de réglage de la teinte et un bouton de réglage de la saturation (pour corriger les erreurs dues aux perturbations affectant la modulation d'amplitude et la modulation de phase), et que le récepteur PAL doit comporter un bouton de réglage de la saturation.

C / L'apparition de la vidéo-cassette

Les vidéo-cassettes représentent la possibilité, pour un téléspectateur, de se constituer son propre programme de télévision, soit en enregistrant lui-même — ou en faisant enregistrer automatiquement en son absence — des images diffusées sur les différentes chaînes, soit en achetant ou en louant des films ou des émissions. Les vidéo-cassettes ouvrent donc l'ère des programmes de télévision « à la carte ».

La première firme à avoir commercialisé magnétoscopes et vidéo-cassettes a été Philips (avec VCR, le *Video Cassette Recorder*).

Avec cette possibilité de stockage d'images à domicile — renforcée ensuite par le vidéo-disque — la télévision « en conserve » devient un concurrent potentiel permanent pour la télévision « en direct ».

D / Le son et l'image numériques

Le principe du son ou de l'image numérique — commercialisé au début des années 1980 — consiste à transmettre les signaux, sonores ou visuels, à partir d'une mesure de leur *intensité*. Il représente un progrès extrêmement important dans le domaine des médias, radio et surtout télévision.

Prenons l'exemple de la télévision. On a vu, plus haut, son principe de fonctionnement : le signal vidéo *analogique*, traditionnel, produit par le balayage électronique est modulé par la luminosité de l'image.

Le signal numérique, lui, mesure l'intensité des points constituant l'image. La tension électrique mesurée pour chaque point est proportionnelle à son intensité lumineuse. Une ligne d'image de télévision n'est plus représentée par une variation continue d'intensité produite par le balayage du spot, mais par une succession de 833 mesures d'intensité pour la luminance, et de moitié autant pour la chrominance.

La télévision numérique, non seulement révèle une transmission beaucoup plus fiable, mais restitue une image de beaucoup plus grande qualité, peu dépendante des altérations qu'elle peut subir lors de son émission.

La numérisation permet par ailleurs de traiter l'image (correction ou modification des couleurs, incrustations, etc.) et de produire des images de synthèse. Elle facilite aussi le transcodage d'un système de télévision à un autre (NTSC, PAL, SECAM), ou d'un système classique à un système « haute définition » (voir *infra*).

E / La télévision par câble

L'anecdote veut que la télévision par câble ait démarré, en 1947, en Pennsylvanie, à l'initiative d'un technicien local qui, pour dépanner les habitants d'un village situé dans une zone d'ombre (non arrosé par les ondes hertziennes), tira un câble depuis une antenne située en hauteur, jusqu'à leurs maisons.

Le principe du câble est en effet fort simple : il s'agit d'acheminer les signaux électriques constitutifs des images et de sons, non par ondes, mais au moyen d'un câble, comparable à celui du téléphone.

La première utilisation du câble — aux Etats-Unis comme en Europe — eut ainsi pour objet, pendant des années, de fournir des images aux communes situées dans des zones d'ombre.

Puis on s'orienta, progressivement, vers une utilisation générale, dans la mesure où :

— le câble fournit une image qui est évidemment insensible aux perturbations atmosphériques et autres obstacles à la diffusion des ondes hertziennes (tours, grands immeubles, effets d'écho...) ;
— les chaînes de télévision se multiplient, or l'espace hertzien est vite encombré ;
— les consommateurs souhaitent de plus en plus accéder à une multiplicité de canaux (télévision, mais aussi jeux, télétexte, etc.), avec un confort optimal d'écoute et de vision.

Le matériau constitutif du câble lui-même permet de distinguer deux grands systèmes de télévision par câble (avec des systèmes mixtes). Le premier — celui qui s'est développé dans l'ensemble des Etats-Unis par exemple — est celui du *câble coaxial*, en cuivre : il est constitué de deux conducteurs d'électricité, un fil électrique classique et une sorte de gaine métallique tressée autour de lui, un isolant séparant les deux.

Le second, celui de la nouvelle génération, utilise, à la place du cuivre, *les fibres optiques*, grâce à la mise au point du procédé, en 1972, par la grande firme américaine de l'industrie du verre Corning Glass. Outre les avantages d'extrême finesse de la fibre de verre, qui permet de transporter beaucoup de programmes avec un câble très mince, cette technique permet — contrairement au coaxial — de se servir du câble non seulement pour acheminer des programmes de télévision (télédistribution), mais pour promouvoir des activités interactives. Le consommateur peut dès lors se servir du câble pour demander des programmes de télévision spécifiques, mais aussi pour consulter des banques de données, effectuer des réservations, entrer en correspondance avec d'autres foyers, etc.

Une utilisation réellement interactive suppose que les réseaux câblés ne soient plus construits « en arbre » — le câble part de la tête de réseau, où sont captés les satellites ou les émetteurs hertziens, suivent les rues et desservent maisons ou immeubles, où sont installées les prises individuelles des abonnés — mais « en étoile » —, les émissions captées par la tête de réseau sont aussitôt transposées en vidéo ordinaire, acheminées à des commutateurs, et de là une fibre optique particulière aboutit à la prise de chaque abonné.

Le système des fibres optiques, s'il ouvre plus de potentialités, est à l'évidence plus coûteux que celui du câble axial. Il est aussi possible de mettre en place des systèmes mixtes : transport en fibre optique, puis distribution aux abonnés par canal coaxial en arbre (cas en France, par exemple, des réseaux câblés d'Angers ou de Niort) ; transport en coaxial et distribution en étoile en fibres optiques (Mantes-la-Jolie, Rennes) ; même si le système luxueux — transport et distribution en fibres optiques, réseau en étoile — commence à fonctionner depuis quelques années (Montpellier).

F / La transmission par satellite

Face aux problèmes nés de l'embouteillage de l'espace hertzien terrestre, la transmission satellitaire constitue un autre moyen de réponse — d'autant qu'elle peut fort bien se marier avec le câble (les têtes de réseau captant les signaux des satellites, et les acheminant par câble aux foyers abonnés).

Il existe deux familles de satellites : les satellites de télécommunication et les satellites de diffusion directe, qui se différencient par leur puissance d'émission, et donc par la complexité et le prix des installations nécessaires à leur réception au sol.

Ces satellites sont « géostationnaires », c'est-à-dire qu'ils sont placés en orbite (à 36 000 km environ) et accomplissent un mouvement synchrone à celui de la terre ; ils restent donc en position apparemment fixe par rapport au territoire terrestre considéré.

Les satellites de télécommunication sont de puissance faible. Ils ont d'abord été conçus pour la transmission des communications téléphoniques et des données informatiques, puis étendues aux transmissions radio-télévisées.

Le premier opérationnel fut, en 1962, l'américain Telstar, pour le compte d'ATT. On distingue deux types de satellites de télécommunication :

— les satellites de liaison point à point : satellites de très faible puissance (quelques watts), ils transmettent des signaux pour une ou deux stations de réception (comme celle de Pleumeur-Bodou en Bretagne). Ce mode de transmission est par exemple utilisé, pour les retransmissions télévisées internationales, dans le cadre du programme Intelsat ;
— les satellites de distribution : plus puissants (20 à 40 W), ils peuvent desservir un beaucoup plus grand nombre de stations de réception — y compris, moyennant des antennes paraboliques de bonne dimension, un certain nombre de foyers.

Le premier satellite français de télécommunication (Telecom 1, lancé le 4 août 1984 depuis la base de Kourou, en Guyane) appartient à cette catégorie, de même que la plupart des satellites utilisés pour la télévision : Kopernicus (RFA), Eutelsat (organisation européenne), Astra, etc.

Les satellites de diffusion directe, beaucoup plus puissants (jusqu'à 240 W), permettent d'atteindre directement les foyers munis d'antennes spéciales. Celles-ci sont d'un diamètre et d'un prix notablement inférieurs à celles que nécessitent les satellites de télécommunication. Le rêve de l'image arrivant directement du ciel jusqu'au petit écran est donc réalisé grâce à ces satellites de diffusion directe. Mais ces satellites sont fort coûteux, et leur rentabilité, comparée à celle des satellites de distribution, n'est nullement établie. C'est à cette génération qu'appartiennent TDF1, lancé par la France en 1989, TVsat, Olympus et BSB.

Il est clair qu'outre les problèmes technologiques et industriels posés par le développement de la transmission satellitaire, la diffusion directe soulève des questions politiques de première grandeur, dans la mesure où des Etats et des entreprises peuvent s'adresser directement à des téléspectateurs de pays étrangers sans contrôle des Etats nationaux.

G | *La télévision haute définition*

La télévision haute définition (TVHD) a débuté de manière expérimentale au Japon dans les années 1970, grâce aux recherches du Dr Fujio, de la chaîne publique NHK. C'est un système de télévision qui offre une définition d'image composée de plus de 1 000 lignes (contre 625 pour la norme européenne actuelle), et de plus de points par image : la qualité d'image est donc grandement améliorée. Le format de l'écran est élargi : on passe d'un rapport horizontal 4:3 des récepteurs classiques à un rapport 16:9, qui correspond à celui de la production cinématographique. Le son est également d'une qualité très supérieure, puisque le téléviseur est équipé de huit pistes, ce qui permet la stéréophonie (et le doublage). La TVHD supprime par ailleurs les interférences possibles entre luminance et chrominance. Elle annule tout papillotement de l'image, tout scintillement de luminosité. Bref, une qualité d'image et de son au moins égale à celle du cinéma (lorsque la projection est y réalisée de manière satisfaisante...) devient possible chez soi, avec des programmes transportés par satellite.

Le Japon a donc le premier mis au point sa TVHD — avec une norme de production de 1 125 lignes. Depuis juin 1989, NHK diffuse une heure quotidienne de programmes haute définition (rendus par ailleurs compatibles avec les téléviseurs actuels, de manière à être captés — sans les avantages de la TVHD — par tous les téléspectateurs) : le Japon a tenté d'imposer sa norme comme norme universelle, à la réunion de 1986 du CCIR. Mais les Européens, suivis par les Américains, s'y sont opposés, dans l'espoir d'imposer leur propre norme.

Celle-ci n'était alors pas prête, mais les recherches se sont poursuivies, dans le cadre du projet Eureka-95, avec le concours d'un pool d'entreprises animé par Bosch, Philips et Thomson. La chaîne prototype de TVHD européenne a été présentée à Brighton en 1988. Elle a adopté une définition de 1 250 lignes. L'Europe a décidé — contrairement au Japon — de procéder en deux temps.

La première étape — celle que nous vivons actuellement — est une étape intermédiaire, avec la norme D2 Mac Paquet (expérimentée depuis la fin 1989 *via* le satellite français TDF1) : c'est une norme qui reste en 625 lignes, mais avec une image de meilleure qualité, un son stéréophonique, l'utilisation possible de plusieurs langues (quatre à six pistes sonores) et de sous-titrages.

Dans une deuxième étape — lorsque le parc de récepteurs nouveaux et d'antennes de réception sera constitué — la norme définitive de TVHD, baptisée Mac HD, sera alors substituée à D2 Mac.

De leur côté, les Etats-Unis se sont engagés, depuis 1988, dans la recherche d'une voie autonome — qui, à l'image de l'Europe, se ferait en deux étapes.

Dans les trois régions du monde concernées — Japon, Europe, Etats-Unis — les chercheurs tentent en même temps de résoudre un problème posé par le TVHD, à une époque où les fréquences hertziennes sont devenues rares : la TVHD exige, pour sa transmission, une largeur de bande de fréquence quatre fois plus élevée que pour la diffusion d'un signal de télévision classique. Il est possible que la solution de ce problème réside dans l'adoption d'un nouveau mode de transport de l'information, le réseau numérique à intégration de services (RNIS).

On comprend l'acharnement de chaque région à imposer sa norme : l'enjeu industriel englobe la construction de matériels nouveaux sur toute la planète (récepteurs, caméras, magnétoscopes, vidéo-disques, équipements de montage, etc.), mais aussi le développement de l'industrie des semi-conducteurs et de la micro-informatique : on estime que, lorsque le marché de la TVHD sera mondialisé, 10 à 20 % des puces fabriquées dans le monde seront destinées aux téléviseurs haute définition...

Chapitre II

LES AGENCES DE PRESSE

Les journaux ou les stations de radio-télévision n'ont pas la possibilité matérielle d'assurer eux-mêmes dans le monde entier le recueil des informations qu'ils traitent dans leurs colonnes ou dans leurs émissions. Plus de 75 % des nouvelles diffusées dans la presse proviennent ainsi des *agences de presse*, dont l'objet est précisément de fournir aux entreprises de presse les matériaux à partir desquels il est possible (à la limite, même sans disposer de moyens propres de recueil d'informations) de confectionner des journaux.

On distingue parmi elles les *agences télégraphiques d'information*, dont l'objet est d'assurer en permanence la collecte et la diffusion de nouvelles, soit sur un plan mondial (agences mondiales), soit sur un plan strictement national (agences nationales), et des *agences spécialisées*, soit en ce qu'elles ont un domaine d'intérêt limité (religion, sport...), soit en ce qu'elles fournissent d'autres matériaux qu'un simple bulletin de nouvelles (textes, photos, articles entièrement rédigés, plans...).

Encore cette distinction tend-elle à s'estomper, dans la mesure où les agences télégraphiques d'information fournissent à des clients de plus en plus diversifiés, non seulement des dépêches faisant état de nouvelles, mais précisément des articles tout préparés, des photos, des banques de données, etc.

1 / Les agences télégraphiques d'information

1 | ORIGINE DES AGENCES DE PRESSE

En 1840, Balzac écrivait dans la *Revue parisienne* : « Le public peut croire qu'il y a plusieurs journaux, mais il n'y a, en définitive, qu'un seul journal... M. Havas a des correspondances dans le monde entier ; il reçoit tous les journaux de tous les pays du globe, lui le premier... Tous les journaux de Paris ont renoncé, pour des motifs d'économie, à faire, pour leur compte, les dépenses auxquelles M. Havas se livre d'autant plus en grand qu'il a maintenant un monopole, et que tous les journaux, dispensés de traduire comme autrefois les journaux étrangers et d'entretenir des agents, subventionnent M. Havas par une somme mensuelle pour recevoir de lui, à heure fixe, les nouvelles de l'étranger... Chacun teint en blanc, en vert, en rouge ou en bleu la nouvelle que lui envoie M. Havas... »

Charles Havas fut en effet l'inventeur de l'agence de presse. Sans doute a-t-il eu des ancêtres, avec les « nouvellistes », les informateurs privés qui alimentaient en nouvelles et en correspondances particulières certains princes ou certains banquiers. Ainsi peut-on citer les *Ordinari Zeitungen*, des Fugger, banquiers à Augsbourg au XVIᵉ siècle. Ainsi a-t-on affirmé que les Rothschild ont connu la fortune grâce à une correspondance privée leur ayant fait connaître la victoire anglaise à Waterloo huit heures avant que la nouvelle ne parvînt au gouvernement de Sa Majesté.

Mais Havas va innover, en systématisant cette pratique et en s'adressant non seulement à des clients privés auxquels il fournit un service vite apprécié pour sa rapidité — son « bureau de nouvelles » est installé dès 1832 rue J.-J.-Rousseau à Paris, tout près de l'Hôtel des Postes, de la Bourse du Commerce et de la Cour des Messageries —, mais aussi aux journaux — ainsi dès 1835, son bureau prend-il le nom d'*Agence Havas*. L'Agence Havas (qui, à partir de 1857 devient également agence de publicité) va connaître un développement constant. Pour mériter sa devise, « savoir vite, savoir bien », elle utilise tous les moyens pour accroître la rapidité de ses services : le pigeon voyageur (avec des liaisons quotidiennes entre Paris, Londres et Bruxelles), le télégraphe (inventé en 1837, et ouvert aux communications privées en 1850) ; le câble sous-marin (sous la Manche à partir de 1851, transatlantique à partir de 1866) ; le téléscripteur (à partir de 1880). L'AFP, qui prendra sa suite, sera de même la première, en 1950, à utiliser le radiotéléscripteur.

Les deux grandes agences créées en Europe, après l'Agence Havas, le seront d'ailleurs par deux stagiaires allemands que Havas avait formés à Paris : Bernhardt Wolff et Julius Reuter. Le premier crée à Berlin le *Wolffs Bureau*, juste après l'ouverture au public, en octobre 1849, de la ligne télégraphique de l'Etat prussien, reliant Berlin à Aix-la-Chapelle. Ce sera, jusqu'à la période nazie, l'une des grandes agences européennes d'information.

En 1851, le second (qui deviendra citoyen britannique en 1857) crée à Londres l'*Agence Reuter*, juste après qu'un câble sous-marin eut été posé entre Douvres et Calais. Les impératifs de vitesse dans la transmission des nouvelles augmentant toujours, Reuter mit en place des moyens ingénieux pour gagner du temps dans les transmissions. Ainsi obtint-il secrètement, au moment de la guerre américaine de Sécession, l'autorisation d'installer une ligne télégraphique entre Cork et Crookhaven, petit port situé à l'extrémité méridionale de l'Irlande. Partant de Crookhaven, des vedettes affrétées par lui allaient au-devant des paquebots d'Amérique, recueillaient les étuis à dépêches préparés par ses correspondants de guerre, et rejoignaient sa station télégraphique : le temps de transmission des dépêches était ainsi réduit de huit heures.

C'est (télégraphe en moins) une idée du même ordre qui fut à l'origine de la création de la première agence de presse américaine. Les grands journaux de New York concluaient, en effet, en 1848, un accord visant à fréter en commun des embarcations allant au-devant des transatlantiques pour recueillir plus vite les nouvelles en provenance de l'Europe. En 1857, leur association prend le nom de *New York Associated Press*, et crée par la suite des filiales dans diverses régions du pays ; elle devient finalement, en 1892, l'*Associated Press*.

Deux autres grandes agences sont par ailleurs créées aux Etats-Unis, l'une en 1907 par E. W. Scripps, *United Press*, l'autre en 1909 par W. R. Hearst, *International News Service*. La fusion de ces deux agences en 1958 donne naissance à *United Press International* (UPI).

Enfin, la cinquième grande agence à vocation mondiale est soviétique. Dès 1918, le nouveau régime avait créé une agence de presse, la *Rossijkoje Telegrafnoie Agenburo*, à laquelle succède en 1925 l'*Agence TASS (Telegrafnoie Agentstvo Sovietskovo Soïuza)*.

Avant la première guerre mondiale, de véritables « zones d'intérêt » furent établies entre les agences, qui réalisaient entre elles une sorte de partage du monde pour la recherche de l'information. Ainsi, les agences américaines se réservaient-elles le territoire nord-américain ; Havas, la France, la Suisse, l'Italie, la Belgique, l'Espagne, le Portugal, une partie du Moyen-Orient et l'Amérique du Sud ; Reuter, l'Empire britannique, les Pays-Bas, une partie des Balkans et du Moyen-Orient ; Wolff, les pays de langue allemande, la Scandinavie et la Russie.

Après 1918 — et surtout après la deuxième guerre mondiale —, la concurrence se développa plus librement, du fait surtout de la volonté des agences américaines d'étendre partout leur réseau. Néanmoins, il est clair — ne serait-ce qu'en raison de la répartition du personnel utilisé —, que l'une des grandes agences est souvent dominante par rapport aux autres dans une région donnée, l'Agence TASS étant bien entendu favorisée par rapport aux autres sur le territoire soviétique où elle a disposé, jusqu'à la *Perestroïka,* d'un monopole du recueil de l'information.

2 | CARACTÉRISTIQUES PRINCIPALES DES CINQ AGENCES MONDIALES

A | *L'Agence France-Presse (AFP)*

L'AFP est, à partir de 1944, la continuation de l'Agence Havas. En effet, la branche « Information » de l'Agence Havas avait été, sous le nom d'Office français d'Information (OFI), dès l'automne 1940, placée sous le contrôle de l'Etat français et d'un « groupe commercial allemand ». Les moyens techniques de l'Agence Havas seront donc, en 1944, remis à des équipes de résistants qui avaient créé plusieurs agences de presse à partir des bureaux Havas de Londres et d'Alger : ainsi était née, par le regroupement de ces initiatives, et à l'instigation du gouvernement provisoire d'Alger, l'*Agence française de Presse*, créée en mars 1944. Une ordonnance du 30 septembre 1944 donnait définitivement naissance à l'*Agence France-Presse* qui recevait la disposition des installations de l'OFI.

Après une longue période d'hésitations, de débats, et de contrôle de fait de l'agence par les autorités gouvernementales, l'AFP recevait finalement en 1957 un statut (voir p. 108-111) la garantissant théoriquement des empiétements de l'Etat.

L'AFP a été marquée pendant des années par la personnalité de son président, Jean Marin (1954-1975), gaulliste historique qui utilisa au mieux la latitude d'action rédactionnelle progressivement conquise sur le pouvoir politique — malgré des crises répétées au cours desquelles les gouvernements tentaient de reprendre le contrôle sur l'agence. Après Jean Marin, la succession des PDG, Claude Roussel (1975-1978), Roger Bouzinac (1978-1979), Henri Pigeat (1979-1987), Jean-Louis Guillaud

(1987-1990), Claude Moisy (1990-...), illustre la difficulté d'assurer la stabilité à la tête d'une agence à qui son statut confère une réelle indépendance, mais qui dépend financièrement des pouvoirs publics, et au sein de laquelle les organisations syndicales pèsent de tout leur poids.

Les années 1980 ont été pour l'AFP celles de la modernisation, avec notamment la généralisation de l'informatisation (dont la mise en place avait commencé en 1973), la création d'un service *Audio* (octobre 1984) et d'un service *Téléphoto international* (janvier 1985), le recours systématique aux transmissions satellitaires — bref l'émergence d'une agence d'information adaptée aux besoins des médias les plus divers du monde moderne. L'AFP compte en effet plus de 13 000 utilisateurs se répartissant en 1 150 médias abonnés directs (500 journaux, 350 radios, 200 chaînes de télévision, 100 agences nationales), 10 000 médias utilisateurs indirects (recourant eux-mêmes aux abonnés « directs » de l'AFP), et 2 000 abonnés non-médias (entreprises, administrations, organismes divers). L'AFP emploie aujourd'hui 950 journalistes permanents, et plus de 2 000 pigistes dans 160 pays. Sous diverses formes, elle distribue, dans 152 pays, près de trois millions de mots par jour — l'équivalent de 40 livres de 200 pages ! — par circuits satellitaires, télégraphiques (câbles terrestres et sous-marins) et radio-télégraphiques, aboutissant à des téléscripteurs débitant des informations à une vitesse pouvant atteindre 18 000 mots à l'heure. L'agence a mis au point pour ses clients des gammes de logiciels leur permettant de recevoir ses services sur micro-ordinateur. Ces services sont diffusés en français, mais aussi en anglais, espagnol, allemand, arabe et portugais. Ils comprennent non seulement un « service général », mais de nombreux services spécialisés, adaptés aux besoins de clientèles spécifiques : sports, économie, finances, bourse ; des banques de données (service *Agora*) consultables sur minitel ou micro-ordinateur ; des articles « magazine » tout préparés, illustrés de photos ou dessins ; des illustrations graphiques de l'actualité, visualisant les données économiques, électorales, politiques ; un centre permanent de documentation, etc.

Le développement de ces services modernes performants explique que l'AFP soit passée d'un chiffre d'affaires de 90 millions de francs en 1968 à 579 millions en 1983 et à 805 millions en 1988.

B / L'Agence Reuter

Créée à l'origine sous la forme d'une société commerciale ordinaire, l'Agence Reuter a ensuite connu deux changements de statut. En 1941, elle devenait ce que le droit britannique appelle un *trust*, c'est-à-dire une

Fondation indépendante, dont l'acte de création comporte des décisions irrévocables de la part de ceux qui la fondent. Etaient représentées dans ce trust, la *Newspaper Proprietor's Association*, association des journaux londoniens, la *Press Association*, association de la presse de province, l'*Australian Associated Press* et la *New Zealand Press Association*, coopératives des journaux australiens et néo-zélandais. C'est dire que Reuter était la propriété indivise de l'immense majorité des journaux du Royaume-Uni.

Elle est redevenue société commerciale privée en 1984, cotée à la Bourse de Londres sous le nom de Reuter Holding PLC — ses actionnaires majoritaires étant ses propriétaires précédents (le seul changement récent provenant de l'augmentation des parts détenues par le groupe *Murdoch* au sein de l'*Australian Associated Press*, sans toutefois qu'il y détienne une position de contrôle).

L'Agence Reuter, qui diffuse, à côté de son fil général (international, politique, économique, sportif), un remarquable fil économique et financier, a racheté en 1985 l'activité photo de UPI, et a pris la même année le contrôle de la principale agence d'images d'actualité de télévision, Visnews. Présente, avec plus de 1 100 journalistes, dans 113 bureaux répartis dans 80 pays, l'agence diffuse des services en anglais, français, allemand, espagnol et arabe.

L'une des spécificités de Reuter est, tout en restant une agence de presse performante pour les médias, d'être principalement devenue une agence spécialisée en direction des institutions financières (banques, établissements financiers, agents de change) à qui elle fournit des fils spécialisés (données financières, marché des matières premières, marché des valeurs), et l'accès électronique permanent à une banque de données financières et à un système de transactions boursières informatisées.

L'Agence Reuter est ainsi passée, des années 1970 au milieu des années 1980, d'une situation d'équilibre financier à une position d'excellente rentabilité.

C / Associated Press (AP)

Associated Press est la plus importante des agences de presse mondiales. Elle dispose de moyens techniques et financiers considérables. Son budget de fonctionnement annuel est de l'ordre de 230 millions de dollars. Elle entretient 119 bureaux permanents aux Etats-Unis, et 82 dans 65 autres pays (c'est en Afrique qu'elle est la moins présente, du fait de l'antériorité et du poids de l'AFP et de Reuter). Ses 15 000 clients reçoivent des services dans 115 pays, diffusés en six langues.

A son fil général, elle ajoute divers fils spécialisés, notamment un fil économique (réalisé, en *joint venture* avec la société Dow Jones, sous le nom « AP-Dow Jones »), un fil universitaire, un fil sportif, un fil médical, un fil radio et un fil télévision. Elle a créé en 1986 un service spécial d'information destiné aux entreprises et aux ambassades.

L'agence est constituée sous la forme d'une coopérative de journaux sans but lucratif : elle est contrôlée par près de 1 800 journaux et près de 8 500 stations de radio et de télévision américains. Chaque associé acquitte une quote-part proportionnelle à son importance respective. Le Conseil de direction de l'agence est élu par les associés, le nombre de voix accordé à chacun étant proportionnel au montant de sa quote-part. C'est dire que le Conseil de direction est majoritairement composé de représentants des grands journaux et des grands réseaux des Etats-Unis. Ce Conseil désigne le directeur général de l'agence, qui dispose des plus larges pouvoirs en matière de gestion et d'administration.

D | United Press International (UPI)

Constituée dès son démarrage sous la forme d'une société commerciale ordinaire, UPI, qui fut la première à utiliser la transmission satellitaire pour la diffusion de ses services à ses clients, a souffert, dans les années 1970 et 1980, de la concurrence d'Associated Press et, dans une moindre mesure, de Reuter. L'exploitation de l'agence se soldait chaque année par des résultats négatifs.

Cédant à Reuter son activité photo en 1985, UPI, après avoir été rachetée par un homme d'affaires mexicain, était en 1988 rachetée par un groupe américain, le World News Worldwide Inc., puis passait sous le contrôle d'Infotechnology.

UPI est à la tête d'un réseau de 180 bureaux, répartis pour moitié sur le territoire des Etats-Unis, moitié dans le reste du monde. Elle reconvertit progressivement son activité, passant, un peu à l'image de Reuter, d'une agence d'information classique destinée aux médias, à une agence polyvalente, offrant aux sociétés industrielles et commerciales un service synthétique d'informations mondiales. Sa situation financière demeure néanmoins précaire.

E | Telegrafnoie Agentstvo Sovietskovo Soïuza (TASS)

L'Agence TASS est une agence d'Etat : elle est organiquement rattachée au Conseil des Ministres de l'URSS ; son directeur est membre de la direction du Parti communiste de l'Union soviétique.

L'agence, qui collecte et diffuse de l'information dans plus de 60 pays, jouit de l'exclusivité de la diffusion des nouvelles officielles sur le territoire soviétique. Tous les journaux et chaînes de radio-télévision de l'URSS sont obligatoirement abonnés à ses services. L'Agence TASS diffuse au monde extérieur les nouvelles officielles et semi-officielles du régime soviétique.

3 | FONCTIONNEMENT
DES AGENCES MONDIALES D'INFORMATION

Les qualités des services d'une agence de presse sont, expliquait Jean Marin, président-directeur général de l'AFP, la rapidité, la sûreté, l'objectivité et la totalité (aucune forme de l'activité humaine ne devant lui échapper).

En ce qui concerne l'objectivité, dont on verra plus loin (cf. p. 444-447) que le concept est d'ailleurs contestable, il est clair qu'il faut mettre à part l'Agence TASS, agence officielle d'Etat, qui ne saurait avoir de l'information la même conception que les agences occidentales. La concurrence et l'idéologie de l' « information à tout prix » amènent en revanche ces dernières à diffuser le maximum de nouvelles, que celles-ci plaisent ou non au gouvernement de leur pays. En ce qui concerne la France, il a d'ailleurs fallu attendre 1957 pour que l'AFP soit dotée d'un statut qui assure à l'agence les conditions d'un fonctionnement indépendant. Encore faut-il noter, quel que soit le ferme désir des collaborateurs de l'AFP d'assurer leur mission en toute indépendance, que l'agence n'est pas à l'abri des pressions gouvernementales — ne serait-ce que parce que l'Etat concourt à son financement — comme on l'a vu clairement pendant la guerre d'Algérie.

Pour ce qui est des autres qualités énoncées par Jean Marin, tout dépend de la puissance de l'agence en moyens et en hommes. De ce point de vue, la qualité et l'intensité du réseau de *correspondants* à travers le monde sont l'élément primordial : ce sont en effet les correspondants qui sont à la source même de l'information.

Ceux-ci transmettent au siège central de l'agence les informations qu'ils recueillent. Au siège, les informations sont reçues par des *desks* (bureaux de réception des nouvelles), vérifiées, éventuellement commentées ou corrigées par des *services* spécialisés (politique intérieure, politique étrangère, économie, sports, etc.), puis données aux *desks* de diffusion, spécialisés par destinataires (par exemple à l'AFP *desk* France, *desks* espagnol, anglais, allemand, *desk* sportif, etc.). Ces derniers en assurent la retransmission aux abonnés. La transmission des dépêches se fait classiquement par téléscripteur, ou par radiotéléscripteur.

On a pu dire du *téléscripteur* que c'est un téléphone qui écrit. Le principe de son fonctionnement est le suivant, tel que l'a décrit Christian Latu : un opérateur tape les dépêches sur une sorte de machine à écrire sans chariot, d'où sort une bande perforée selon une clé à cinq trous. A chaque lettre correspond une série de un à cinq trous, dans un ordre donné. La bande perforée passe ensuite dans un transmetteur, qui la lit à l'aide d'une série de cinq pinceaux qui, lorsqu'ils se trouvent en face des trous, émettent une impulsion électrique semblable à celle de la membrane d'un téléphone. Cette impulsion permet à un nouveau jeu de cinq lamelles, placées dans un téléscripteur-récepteur, et excitées tour à tour, de commander les caractères qui, sur une machine à écrire, impriment la dépêche sur le papier. Le principe du *radiotéléscripteur* est identique, à cette différence que la transmission, au lieu de se faire par fil, se fait par radio. Les appareils fonctionnent pratiquement en continu dans les grandes agences : il y a toujours, quelque part dans le monde, un journal ou un bulletin radiotélévisé qui se prépare et qu'il faut alimenter en nouvelles fraîches.

A cet égard, la multiplication des circuits satellitaires et l'informatisation de la saisie et du recueil des dépêches ont constitué un progrès décisif pour les agences dans la dernière période. On tend à se rapprocher de plus en plus de la réalisation du vieux rêve d'*instantanéité* de la réception de la nouvelle par rapport à la transcription de l'événement. Quelques minutes seulement séparent désormais le moment où un journaliste, en Afghanistan, téléphone pour faire connaître le résultat d'un combat, et celui où l'un de ses confrères, à la Maison de Radio-France, lit sa dépêche sur l'écran du micro-ordinateur de l'AFP .

Journaux ou stations de radio-télévision (et éventuellement clients privés), acquittent aux agences un abonnement, qui leur donne le droit de recevoir les dépêches et d'en faire ce que bon leur semble : bien entendu, de les utiliser ou ne pas les utiliser, mais aussi celui de les reproduire telles quelles avec ou sans mention de la provenance d'origine, de les couper, de les remanier ou de les commenter.

L'Agence France-Presse ne pouvant vivre financièrement des recettes des seuls abonnements souscrits auprès d'elle par des entreprises de presse, l'Etat consent à acquitter des taux d'abonnements à l'AFP plus élevés que les taux normaux, pour certains ministères et administrations, de façon que le budget de l'Agence se trouve équilibré. Cette aide de l'Etat à l'AFP représente la majorité des ressources de l'agence française ; c'est elle qui lui permet de figurer parmi les cinq agences mondiales d'information. C'est elle qui entretient parfois une certaine suspicion à son égard, sur le thème « qui paie, commande... ».

2 / Les agences nationales d'information

Les agences nationales d'information sont des agences qui recueillent et transmettent des nouvelles à l'intérieur d'un seul pays. Dans de nombreux cas, elles ont d'ailleurs des accords avec les grandes agences mondiales, à qui elles fournissent les nouvelles de leur pays, et dont elles retransmettent les services par leurs propres réseaux.

Il convient ainsi de distinguer les agences nationales à vocation internationale — dont les nouvelles sont reprises et retransmises sur le réseau mondial — et les agences dont l'influence est strictement limitée au cadre national.

Parmi les premières — il en existe aujourd'hui 200, réparties dans 110 pays —, on peut citer, parmi les plus célèbres, l'Agence Chine Nouvelle (agence officielle d'Etat de la République populaire chinoise), DPA (Deutsche Presse Agentur, Allemagne fédérale), les deux agences japonaises, Kyodo News Service (de statut coopératif) et Jiji Press Service (de statut commercial) ; l'agence italienne ANSA, l'agence belge Belga, ou l'agence yougoslave Tanyoung.

Les secondes sont des agences qui s'adressent essentiellement à la presse provinciale de leur pays. Cela a été le cas, en France, de l'Agence centrale de Presse (ACP), créée à la Libération à l'initiative de personnalités socialistes et qui a poursuivi sa mission jusqu'en 1989, avant de réapparaître sous une forme nouvelle.

Notons par ailleurs que, pour améliorer la qualité de leurs services et examiner les problèmes communs, de nombreuses agences ont conclu des accords de coopération, au niveau d'un continent. C'est ainsi que sont nées l'Alliance européenne des Agences de Presse (dans laquelle se retrouvent notamment les agences importantes de 16 pays européens), l'Organisation des Agences de Presse asiatiques et l'Union des Agences de Presse africaines.

Il faut enfin signaler que, dans de très nombreux cas — par exemple dans la plupart des Etats du Tiers Monde —, les agences nationales d'information sont placées sous le contrôle étroit, quand ce n'est pas sous la dépendance directe, des autorités gouvernementales.

3 / Les agences spécialisées

Les agences spécialisées sont des agences qui fournissent aux entreprises de presse, soit des informations dans un domaine particulier (religion, sports, etc.), soit non pas des informations brutes, mais des articles élaborés ou des illustrations : on parle, alors, d'agences de textes ou d'agences photographiques. Certaines agences spécialisées ont une vocation mondiale. C'est le cas, par exemple, de l'Agence Fides (Vatican), de la Jewish Telegraphic Agency ou de l'Arab News Agency.

La plus ancienne des agences de texte est *Opera Mundi*, qui représente en Europe le King's Features Syndicate américain ; cette agence, créée en 1928 par Paul Winkler, diffuse en plusieurs langues des articles d'actualité, des reportages, des récits de voyages, des mémoires de personnalités. Elle s'est rendue surtout célèbre par la diffusion de bandes dessinées, qu'elle a fournies par exemple en France à *L'Aurore,* au *Parisien Libéré* et à *France-Soir.*

Un grand nombre d'agences — 70 environ en France — fournissent, selon les cas, une documentation dans tel ou tel domaine, parfois sous forme d'informations ou d'articles rédigés, parfois sous forme de « pages magazine » toutes prêtes — dans certains cas elles assurent même la composition et la préparation des flans ou des films.

Les agences photographiques assurent pour leur part la diffusion permanente de photographies d'actualité, ainsi que de photographies d'archives ou d'illustration générale. Les agences d'actualité organisent leur diffusion par abonnement : les entreprises de presse abonnées à leurs services reçoivent automatiquement toutes les photos de ces agences, et doivent, dans la plupart des cas, acquitter en outre des droits de reproduction pour les photos qu'elles retiennent et publient.

En France, depuis 1960, les agences se sont groupées en une Fédération nationale des Agences de Presse, à laquelle plus de la moitié des agences ont adhéré, par l'intermédiaire d'un des trois syndicats affiliés : le Syndicat des Agences de Presse d'Informations générales, le Syndicat des Entreprises de Presse télégraphiques, de

Radio et de Télévision, et le Syndicat national des Agences de Presse télégraphiques.

Il faut signaler enfin que les agences spécialisées connaissent depuis ces dernières décennies un grand essor, qui peut s'expliquer aisément étant donné la spécialisation croissante de la presse, et le goût du public d'aujourd'hui pour des informations plus précises dans les domaines scientifique, économique et technique.

Chapitre III

PRESSE ET PUBLICITÉ

« L'air est composé d'oxygène, d'azote et de publicité », a écrit Robert Guérin. Et il est vrai que la publicité fait de plus en plus partie intégrante de la vie quotidienne. Rappelons tout d'abord deux définitions de la publicité, qui reprennent d'ailleurs les définitions classiques :

— B. Giron définit la publicité comme « tout message oral ou écrit, ou tout procédé visant à diffuser une information en vue de développer directement ou indirectement la vente d'un produit ou d'un service régulièrement commercialisés » ;

— R. Leduc écrit pour sa part : « La publicité est l'ensemble des moyens destinés à informer le public et à le convaincre d'acheter un produit ou un service. »

Les deux éléments constitutifs de la publicité sont donc le contenu informatif des messages qu'elle émet (aspect sur lequel les publicitaires insistent volontiers), et la raison d'être de cette information : il s'agit de convaincre l'acheteur éventuel d'acquérir un bien ou un service. La publicité est en général au service d'une marque bien précise. Mais il arrive que plusieurs personnes ou entreprises se groupent pour promouvoir ce qui leur est commun (un produit, une activité) : on parlera alors de « publicité collective » (par exemple la publicité pour le poulet, pour les banques, ou pour les ananas).

1 / Le journal : un produit vendu deux fois

La publicité apparaît dans la presse au début du xixᵉ siècle : les historiens ont situé à 1804 la parution des premières annonces dans la presse britannique. En France, *Le Constitutionnel* et *Le Journal des Débats* semblent avoir été les premiers, en décembre 1827, à leur faire une place, immédiatement suivis par *La Gazette de France*. Mais l'idée révolutionnaire, c'est Emile de Girardin qui l'aura, en lançant, à partir du 1ᵉʳ juillet 1836, le quotidien *La Presse* avec l'objectif suivant : augmenter le nombre des lecteurs en diminuant le prix de vente en misant sur le concours de la publicité. Il écrit alors : « Tandis que l'abonnement doit payer le papier, l'impression et la distribution, la publicité paiera la rédaction et l'administration et fournira le bénéfice du journal. » La formule connut du succès : c'était vraiment une ère nouvelle qui commençait pour la presse. Yves L'Her commente très justement : « L'audience du journal devenait capitale : d'elle dépendaient le volume de la publicité et son prix. La course aux lecteurs était engagée. D'où le bas prix de vente pratiqué par le journal, mais aussi, dès lors, l'abandon des positions politiques trop tranchées et susceptibles de ne plus rallier le nombre. Il ne fallait déplaire à personne. Le quotidien de de Girardin ne fut-il pas le premier à se proclamer "au-dessus des partis" ? ».

On a pris l'habitude depuis lors de dire que le journal est un produit qui est vendu deux fois simultanément : au lecteur et à l'annonceur. On peut dire aussi que l'entreprise de presse vend son journal aux lecteurs et ses lecteurs (ou tout au moins leur pouvoir d'achat, le « capital-lecteurs »), aux annonceurs. Les annonceurs souhaitent évidemment toucher le plus grand nombre de consommateurs éventuels — c'est pourquoi la publicité ira en priorité aux journaux à fort tirage — mais aussi ceux dont les caractéristiques socio-économiques et le pouvoir d'achat sont les plus intéressants pour eux : ceci explique que *Le Figaro*, lu par des lecteurs appartenant à des catégories aisées, malgré un tirage inférieur, reçoive une manne publicitaire bien supérieure à celle dont bénéficie *Ouest-France,* lu par un public très divers, où les classes moyennes et populaires dominent ; ceci explique également que les grands magazines insistent, dans leur autopublicité, sur l'importance des cadres supérieurs dans leur lectorat.

2 / Les investissements publicitaires dans le monde

Les Etats-Unis apparaissent comme le pays de cocagne de la publicité, avec plus de 100 milliards de dollars de dépenses publicitaires en 1986.

Le schéma suivant illustre de manière éclatante la position dominante des Etats-Unis sur le marché mondial de la publicité : plus de la moitié des investissements publicitaires mondiaux se font aux Etats-Unis !

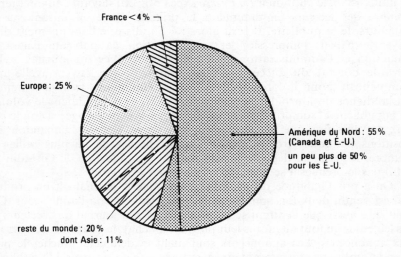

Source : B. Brochant, J. Lendrevie, *Le Publicitor*, 3ᵉ éd., Dalloz, 1989.

Tous les autres pays apparaissent un peu comme des nains, à côté des Etats-Unis. Consultons le tableau des principaux pays annonceurs (les chiffres recensent l'ensemble des dépenses publicitaires, qu'il s'agisse de publicité dans les grands médias — recettes hors commissions d'agence — ou de publicité directe).

On le constate : les Etats-Unis réalisent un investissement publicitaire plus de cinq fois plus élevé que son suivant immédiat, le Japon. Outre l'impressionnante progression en valeur des dépenses publicitaires dans ces vingt dernières années, on remarque aussi des modifications dans le

Les douze premiers pays annonceurs du monde
(en dollars US)

Classement 1986	Dépenses publicitaires 1986	Rappel 1966
1. Etats-Unis	102 140 000 000	16 601 000 000
2. Japon	18 309 000 000	1 072 000 000
3. Grande-Bretagne	8 222 000 000	1 677 000 000
4. Allemagne fédérale	8 093 000 000	3 350 000 000
5. Canada	4 797 000 000	712 000 000
6. France	4 475 000 000	704 000 000
7. Italie	3 074 000 000	534 000 000
8. Espagne	3 002 000 000	*
9. Australie	2 379 000 000	320 000 000
10. Brésil	1 978 000 000	*
11. Pays-Bas	1 721 000 000	*
12. Suisse	1 377 000 000	310 000 000

* Statistique non disponible sous la même forme.

Source : International Advertising Association.

classement des pays. Le Japon, quatrième investisseur publicitaire en 1966 (on dépensait alors dans ce pays plus de deux fois moins qu'en Allemagne fédérale) est passé à la deuxième place en 1986. La Grande-Bretagne est également passée devant l'Allemagne fédérale, et est devenue le plus « publiphile » des pays européens. La France est toujours à la sixième place, où elle talonne toujours le Canada, et devance l'Italie. On voit en revanche apparaître l'Espagne dans ce « hit-parade » des pays annonceurs, tant la découverte de la publicité a fait partie du nouveau paysage d'une Espagne découvrant en même temps la démocratie, le marché et la consommation.

Dans l'environnement international, la France apparaît plus réticente envers le phénomène publicitaire, si on rapporte ses dépenses non à leur valeur mais à leur part dans le produit national brut : avec 1,2 % du PNB consacré à l'investissement publicitaire, la France est fort loin des chiffres américains (2,4 %), ou de la surprenante Finlande, qui occupe la deuxième place mondiale (1,7 %).

Mais la référence la plus significative, pour rendre compte du poids des dépenses publicitaires dans un pays, est en fin de compte probablement le niveau des dépenses par tête d'habitant. C'est l'objet du tableau suivant.

Dépenses publicitaires par tête d'habitant
(en dollars US)

Classement 1986	Dépenses 1986	Rappel dépenses 1968
1. Etats-Unis	424	90
2. Finlande	242	23
3. Suisse	213	68
4. Danemark	203	45
5. Canada	187	37
6. Norvège	151	24
7. Japon	150	19
8. Australie	150	32
9. Grande-Bretagne	145	21
10. Allemagne fédérale	133	65
11. Suède	130	51
12. Pays-Bas	118	27
13. Nouvelle-Zélande	108	24
14. France	81	17
15. Belgique	78	17

On y relève, à nouveau, l'importance de la publicité dans la vie américaine : plus de 400 dollars dépensés par an, par habitant, sont consacrés à la publicité ! La France, avec ses 81 dollars, paraît décidément encore bien modeste, même en comparaison avec des pays européens comme la Grande-Bretagne, la RFA ou la Suède.

Enfin, certains pays à haut niveau de développement économique et culturel du nord de l'Europe dépassent non seulement les moyennes européennes, mais même les chiffres japonais : Finlande, Suisse, Danemark et Norvège apparaissent ainsi comme des pays où la pression publicitaire est fort élevée.

3 / Le prix de la publicité

Les annonceurs paient la publicité à des prix très différents d'un pays à l'autre. Pour ce qui concerne la presse écrite par exemple, l'Allemagne fédérale est le pays d'Europe où la publicité est la plus chère, la

Grande-Bretagne pratiquant des tarifs peu élevés, cependant que la France est en position médiane. Le coût des « spots » télévisés est également très variable, les prix suisses étant par exemple, en moyenne, le double des tarifs britanniques.

Mais, d'une manière générale, il faut constater que le coût des annonces dans les médias — c'est-à-dire le coût additionné de la confection des messages (typons destinés aux journaux, cassettes audio pour les messages radio, films destinés à la TV ou au cinéma) et surtout des inserts ou passages publicitaires (coût de l'insertion d'une annonce dans les journaux et magazines, ou de la seconde de message à la radio ou à la télévision) — augmente sans cesse, et de manière nettement plus élevée que le coût de la vie.

C'est ce que montre nettement, sur une décennie, à propos des spots télévisés, le schéma suivant.

L'augmentation du coût de la publicité à la télévision (1978-1988)

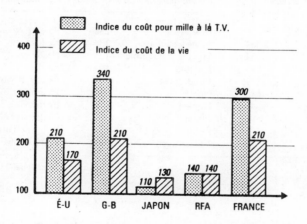

Le « coût pour mille » est le prix de revient d'une annonce, pour mille téléspectateurs atteints par cette annonce.

Source : Agence J. Walther Thomson.

On constate que cette augmentation des coûts a été particulièrement forte dans des pays, comme la Grande-Bretagne ou la France, où la relative pénurie des canaux de télévision disponibles, par rapport à la demande publicitaire, a permis une augmentation sensible des tarifs : les chaînes de télévision ont pu élever ceux-ci sans risque de décourager des annonceurs qui n'avaient guère le choix...

Il est bien sûr évident que le coût des annonces publicitaires se répercute sur le prix de vente des biens et des services. La part réservée à la publicité dans le prix de vente dépend assurément du volume global de publicité consenti par un produit. On sait que les produits pharmaceutiques, les produits de beauté et de parapharmacie, les cigarettes, l'industrie automobile, l'agro-alimentaire sont, dans l'ensemble du monde occidental — comme le montre le tableau suivant — les secteurs économiques qui consacrent les plus grosses sommes à leurs budgets publicitaires.

Principaux annonceurs aux Etats-Unis, au Royaume-Uni et en RFA (1987)

Etats-Unis (en millions de dollars)		RFA (en millions de DM)		Royaume-Uni (en millions de livres)	
Procter & Gamble	1 435	C & A	238	Procter & Gamble	43
Philip Morris	1 364	Jacobs Suchard	134	Kellogs	37
Sears	1 004	Procter & Gamble	128	Nestlé	31
RJR Nabisco	935	Karstadt	125	Ford	30
General Motors	839	Bundespost	119	Austin Rover	30
Ford	648	Opel	117	Electricity Coun.	30
Anhevser Busch	643	Henkel	116	British Telecom	30
Mac Donald's	592	Effem	109	Gallaher Tobacco	27
K. Mart	590	Ford	101	Pedigree Petfood	27
Pepsico	581	Volkswagen	99	Elida Gibbs	23

Source : International Media Booklet.

4 / Part de la presse et des différents supports dans les investissements publicitaires

Les dépenses des annonceurs ne se font bien sûr pas toutes par le canal de la presse, que celle-ci soit écrite, parlée ou télévisée. D'autres types de publicité existent en effet, et continuent à être abondamment utilisés.

Les publicitaires distinguent habituellement les annonces « médias » (qui comprennent pour eux, outre la presse écrite, la radio et la TV : l'affichage et le cinéma) et la publicité « hors média » (publicité sur le lieu de vente, *mailings* et envois à domicile, promotion des ventes, publicité directe, jeux, envoi de produits gratuits, éditions, expositions et démonstrations, insertions dans des annuaires...). Même si la mode de ces dernières années a tendu à insister sur le « hors média » — en raison d'un début de saturation des médias par la publicité, et d'une réticence croissante des consommateurs devant l'extension des volumes publicitaires dans les médias — la presse écrite et audiovisuelle continue à occuper une place de choix dans la répartition des dépenses publicitaires des annonceurs : entre 50 et 75 % selon les pays. En France par exemple, le « hors média » a représenté 37,5 % de l'investissement publicitaire global en 1987, et les « cinq grands médias » 62,5 % — *52,5 % étant consacrés à la presse écrite et audiovisuelle* (29,5 % presse écrite, 17,5 % télévision, 5,5 % radio), 9 % à l'affichage et 1 % au cinéma.

Centrons-nous sur les dépenses publicitaires dans les médias et observons l'évolution quant aux médias choisis par les annonceurs et publicitaires pour mener leurs campagnes de publicité (tableau suivant).

Dépenses publicitaires par média en Europe
(en 1968 et en 1987) (en %)

	Presse écrite		Radio		Télévision		Affichage		Cinéma	
	1968	1987	1968	1987	1968	1987	1968	1987	1968	1987
Grande-Bretagne	68	61,5	0,5	2	22,5	32	7,5	4	1,5	0,5
Allemagne fédérale	81,5	82	3	4	10	10	4,5	3	1	1
Italie	60	42,5	8,5	4	15,5	48	9	5	7	0,5
Belgique	71	66	2	2	0,5	16,5	24	14	2,5	1,5
Pays-Bas	83	83,5	2	2	9	11	5,5	3	0,5	0,5
France	67,5	57	15	7,5	3,5	22	11,5	12,5	2,5	1

Sources : IREP et International Advertising Association.

On le constate d'emblée : dans l'ensemble des pays d'Europe — sauf l'exception de l'Italie — la presse écrite continue de dominer le marché publicitaire médiatique, mais la télévision marque des points décisifs.

Partout où la télévision commerciale est apparue ou s'est développée dans les deux dernières décennies — Grande-Bretagne, France et bien sûr

Italie — ou là où des télévisions étrangères permettent à l'investissement publicitaire de se réaliser — cas de la Belgique —, partout la télévision a gagné en parts de marché publicitaire. Cette part reste faible — pour combien de temps ? — dans les pays — RFA, Pays-Bas — où le monopole de la télévision publique résiste encore à l'offensive de la télévision privée.

Partout où la télévision a progressé, la prépondérance de la presse écrite sur le marché publicitaire a été attaquée, voire même mise en cause, comme en Italie où l'explosion des télévisions commerciales a fortement entamé le gâteau publicitaire jusque-là dévolu aux journaux et magazines.

Partout, le cinéma est devenu un moyen publicitaire résiduel — la chute étant très sensible en Italie ; presque partout, l'affichage est également devenu un média d'appoint, sauf en France et en Belgique où il continue de jouer un rôle relatif non négligeable dans la panoplie publicitaire.

En définitive, cette évolution, à l'évidence non achevée, des pays européens tend à rapprocher notre continent de la situation des deux pays phares du monde capitaliste moderne, les Etats-Unis et le Japon.

L'investissement publicitaire dans les grands médias :
Etats-Unis et Japon (en %)

	Etats-Unis (1989)	Japon (1988)
Presse écrite	52	43,8
Radio	11,1	5,8
TV	35,5	40,7
Affichage	1,4	9,7
Cinéma		
	100	100

Sources : International Advertising Association et Dentsu.

La télévision attire donc les faveurs d'un nombre de plus en plus important d'annonceurs, qui préfèrent sacrifier des dépenses jusque-là consacrées à d'autres médias pour pouvoir s'adresser aux téléspectateurs. C'est que de nombreuses enquêtes ont attesté de l'impact profond, sur les ventes des produits, des messages publicitaires télévisés.

Dès la fin des années 1960 — où la publicité télévisée faisait son apparition dans l'hexagone — les annonceurs français ont pu méditer sur le succès de Playtex, la marque de soutiens-gorges dont les ventes se développaient de façon fulgurante à partir de la seule diffusion de « spots » télévisés.

Aux Etats-Unis, cette conscience de la puissance du média-télévision était alors déjà bien ancrée. Rappelons par exemple la grande enquête réalisée en 1960-1961 par le réseau cbs. L'objet de l'étude était de mesurer l'efficacité respective d'annonces parues dans des magazines et d'annonces diffusées par la télévision, à quatre niveaux : la notoriété de la marque, la crédibilité des caractéristiques mises en valeur, le prestige de la marque et le désir d'achat. L'enquête portait sur les annonces réalisées pour 13 produits de grandes marques et de forte consommation ; un échantillon de personnes fut interrogé avant et après exposition à la publicité des magazines ou de la télévision.

Les résultats, sous forme de « personnes convaincues par dollar dépensé », donnaient à la télévision par rapport aux magazines l'avantage suivant :

Notoriété	+ 25 %	Prestige	+ 100 %
Crédibilité	+ 42 %	Désir d'achat	+ 100 %

Depuis lors, dans l'ensemble des pays occidentaux, les mesures se sont multipliées, qui prouvent à l'envi l'efficacité du message publicitaire télévisé. Les scores de « notoriété » (connaissance de la marque ou du produit), d' « attribution » (identification du produit auquel correspond une annonce) ou d' « agrément » (en fonction du plaisir procuré par l'annonce publicitaire) calculés par les instituts de sondage plaident en permanence auprès des annonceurs en faveur de la « pub tv ». Celle-ci fait connaître rapidement les produits à une masse inégale de consommateurs potentiels, elle confère une image, elle fait vendre.

Connaît-on cette anecdote de M. Silvio Berlusconi ? Celui-ci, nouveau venu dans la télévision commerciale, à Milan, proposait avec succès à un industriel dirigeant une pme de l'agro-alimentaire de lui réaliser et de lui diffuser gratuitement des spots télévisés — contre un partage équitable de l'augmentation des bénéfices des ventes de son produit...

Toute possibilité d'avoir accès à des « écrans publicitaires » à la télévision est donc valorisée par l'ensemble des annonceurs de produits de grande consommation. Et cela est rapidement devenu vrai, non seulement pour les « spots » classiques, mais aussi pour le *sponsoring* (le patronage d'émissions) ou le *bartering* (formule mise au point aux Etats-Unis, où la conception même de l'émission de télévision est organisée en fonction des désirs de l'annonceur — sans que le téléspectateur en soit averti). Une étude réalisée pour TF1 a montré, par exemple, que le taux de mémorisation des marques patronnant « Intervilles » était supérieur à 80 % chez les téléspectateurs de cette émission.

Il est donc logique que la télévision publicitaire ait progressé aux dépens des autres médias. Est-ce à dire qu'il faille s'attendre à une poursuite indéfinie de ce média, et à la disparition progressive de toute dépense publicitaire dans les autres supports ? Peut-être, s'agissant de médias désormais marginaux, comme le cinéma (encore que celui-ci permette de toucher, à un coût modeste puisqu'on peut utiliser les « spots » tournés pour la TV, le public urbain des 15-30 ans). Mais l'indéniable victoire de la télévision peut aussi connaître des limites — notamment face à la presse écrite, si celle-ci sait bien se défendre (comme c'est le cas aux Etats-Unis et au Japon). Les publicitaires estiment en effet que la publicité à la télévision offre certes des avantages indéniables d'audience et d'efficacité auprès du public, mais qu'elle présente également des inconvénients ; les annonceurs américains de marques d'automobiles avaient par exemple été parmi les premiers à remarquer que les acheteurs éventuels aimaient pouvoir disposer d'annonces publicitaires détaillées (donc écrites) concernant les caractéristiques des véhicules présentés. Une importante agence française de publicité résumait, dès 1968, dans le tableau reproduit ci-après, les avantages et les inconvénients des différents médias.

Aux Etats-Unis, pays par excellence de la publicité télévisée, les annonceurs ne considèrent pas la télévision commerciale comme la panacée. Cela est d'ailleurs d'une certaine façon une conséquence de son succès. La publicité est devenue tellement envahissante sur le petit écran que d'une part elle lasse de plus en plus de spectateurs, et que d'autre part il n'y a presque plus de programmes financés par un seul annonceur : plusieurs films publicitaires sont regroupés dans une même séquence, et les séquences publicitaires se succèdent à des intervalles rapprochés. Dans ces conditions, l'efficacité même du spot publicitaire tend à décroître. M. Oskar Lubow, le président de la Société Daniel Starch, remarquait par exemple, après une enquête menée en 1971, que « pour un "commercial" de 10 s, 23,8 % des téléspectateurs se souvenaient avoir vu le spot. Mais sur ces 23,8 %, 9,7 % avaient correctement nommé le produit annoncé, et 6,1 % ne se souvenaient plus de la marque, tandis qu'un étonnant pourcentage de téléspectateurs — 8 % — attribuaient le spot à un produit concurrent : la publicité agissait presque autant contre le produit qu'en sa faveur ».

Dans le même sens, on peut relever qu'après une étude réalisée par la « General Foods » — l'un des plus grands annonceurs américains — en

TV	Affichage	Quotidiens	Magazines
Pénétration générale et homogène. Caractère concret, vivant authentique et persuasif. Concentration possible des messages (dans le temps). Haute valeur distrayante. Ambiance intime de détente. Caractère national (régionalisations non exclues). Moindre effort. Audience « captive ». Pas d'interférence immédiate d'autres annonces. Audience familiale. Intense participation.	Pénétration quasi universelle. Grandeur du message et permanence sur une durée donnée. Concentration maximale possible (dans le temps et dans l'espace). Souplesse d'utilisation (une ville, un quartier, etc.). Campagnes nationales ou régionales. Puissance. Couleur. Proximité du point de vente.	Pénétration générale et homogène (mais sélectivité possible : rubriques). Matérialité du message. Fréquence de publication. Rapidité d'utilisation. Précision et autorité d'information. Régionalisation et possibilités de publicité décentralisée en liaison avec la distribution. Autonomie et individualité de lecture. Possibilités de reprise en mains, de retour en arrière, etc. Moyen d'intégration sociale.	Sélectivité par sexe, âge, classe, etc. Matérialité et permanence du message. Duplications et cumulations. Variété d'utilisations. Couleur. Prestige, goût, ambiance délassante. Caractère national (régionalisation parfois possible). Autonomie et individualité de lecture. Possibilité de reprise en mains, ou de retour en arrière, etc.
Trous dans la couverture. Fugacité du message. Simplicité du message. Petit écran. Cherté de la production et délais de passage. Rareté des tranches publicitaires et heures fixes de passage. Ecrans publicitaires groupés. Pas de sélectivité. Pas de couleur (du moins pour le moment). Audience parfois secondaire.	Faible sélectivité par sexe, âge, classe. Simplicité du message. Complexité d'un affichage national (y compris rural). Audience réelle difficile à mesurer.	Couverture nationale difficile. Reproduction parfois discutable. Faible durée de vie.	Trous dans la couverture. Délais de fabrication et d'insertion. Saturation possible de numéros-album.

Source : Havas-Conseil, *Stratégie d'emploi de la télévision commerciale*, 1968.

collaboration avec le *Reader's digest, Life* et *Look*, sur huit grandes marques commercialisées par cette société, la « General Foods » avait décidé de transférer une importante partie de son budget de publicité télévisée dans les magazines, en particulier dans ces trois titres. Le complément d'annonces ainsi réalisé avait effectivement permis d'améliorer sensiblement les ventes dans des aires géographiques peu atteintes par les messages publicitaires télévisés.

Dans tous les pays, des préoccupations de ce type sont à l'ordre du jour. Elles tiennent toujours à cette question, que l'on devine angoissante pour les annonceurs et les publicitaires : *l'efficacité* du message télévisé ne rencontre-t-elle pas de plus en plus de limites, dans une époque où le téléspectateur est de plus en plus « bombardé » de spots, et où, simultanément, l'offre croissante de programmes de télévision lui permet d'*échapper* à ces spots, notamment grâce au *zapping* ?

Les études entreprises sur ces thèmes auprès des téléspectateurs donnent des résultats mitigés : sans doute les téléspectateurs sont-ils aujourd'hui moins « dépendants » de la publicité, mais cette évolution n'a pas encore vraiment conduit à un « nouveau téléspectateur » qui saurait s'affranchir des délices de la publicité.

Quelques clignotants méritent toutefois d'être allumés. Le premier concerne la capacité croissante du téléspectateur à changer de chaîne. Comme l'écrivent deux chercheurs français, Gisèle Bertrand et Pierre Alain Mercier, « l'usage répété de la télécommande peut s'interpréter comme une fragilisation de la relation du téléspectateur à tel ou tel programme (...). Avec la télécommande, le téléspectateur devient, d'un certain point de vue, plus exigeant, et d'un autre plus paresseux à l'égard du programme. Il y a, en quelque sorte, un abaissement du seuil à partir duquel on "décroche" d'un programme ; seuil d'ennui, de gêne, de tolérance à tout ce qu'on n'est pas précisément disposé à voir. Cette fragilisation du rapport au programme (...) est sans doute liée (...) à l'incessante conscience du fait qu'il y a ailleurs d'autres programmes sur lesquels aboutir ».

Sans doute le *zapping,* le fait de changer de chaîne — notamment pour échapper à la publicité — n'est-il pas devenu un phénomène massif. Mais il commence à compter. A la suite d'une recherche effectuée en France en 1988, Zysla Belliat et Georges Chryssostalis, adoptant une définition pourtant rigoureuse — un « zappeur » étant celui qui change au moins deux fois de chaîne en une minute — constataient que 5 % des foyers français étaient « zappeurs » en soirée (la proportion s'élevant à plus de 11 % à 22 heures).

En dehors même du *zapping,* le problème se pose de *l'attention* portée à la télévision publicitaire. Les mêmes auteurs notent par exemple que, si 62 % des téléspectateurs sont « très attentifs » pendant les émissions normales de télévision (c'est-à-dire regardent la TV sans rien faire d'autre), ils ne sont que 45 % à être également attentifs pendant les spots publicitaires. Ils constatent également que l'attention faiblit considérablement lorsque la durée de l'écran publicitaire dépasse deux minutes ; on comprend dans ces conditions qu'une chaîne comme TF1 ait décidé, en janvier 1988, de réduire la durée maximale de ses écrans publicitaires à quatre minutes (ce qui ne fait donc que réduire la baisse d'attention pour les spots qui ne sont pas placés en début d'écran publicitaire).

Pour toutes ces raisons, annonceurs et publicitaires sont circonspects à l'égard d'une politique qui miserait tout sur la publicité télévisée. La télévision est un moyen remarquable d'atteindre les consommateurs, ce n'est pas un moyen sans défaut et sans limites.

5 / Les mécanismes de la publicité-presse : annonceurs, agences et supports

La publicité met en jeu trois types d'acteurs : les annonceurs, les agences de publicité et les supports.

Les annonceurs sont les entreprises qui souhaitent faire connaître sur le marché, pour mieux les vendre, les biens ou les services qu'elles produisent.

Les supports sont les moyens techniques par lesquels le message publicitaire sera véhiculé en direction des consommateurs éventuels. La presse sous toutes ses formes (journal, radio, télévision) constitue, on l'a dit, le véhicule privilégié, mais non unique, de la publicité.

Les agences de publicité exercent l'activité d'intermédiaire entre les annonceurs et les supports. Avant leur apparition — il y a un siècle aux Etats-Unis, un demi-siècle en France — les courtiers en publicité se chargeaient essentiellement de l' « achat d'espace » — c'est-à-dire de l'achat d'emplacements publicitaires dans les journaux, ou ailleurs. Mais petit à petit, ce ne sont plus les annonceurs eux-mêmes qui ont rédigé leurs messages publicitaires et préparé leurs plans de campagne ; ce sont les intermédiaires qui s'en sont chargés. Ainsi s'explique le développement des agences de publicité. Celles-ci, écrit *Les Echos*,

« sont des organisations commerciales indépendantes composées de créateurs et de techniciens. Leurs fonctions et leurs buts sont de concevoir, d'exécuter, de contrôler la publicité et de la placer dans les supports publicitaires adéquats pour le compte d'entreprises qui cherchent à trouver des clients pour leurs biens et leurs services ». Ainsi, « une agence de publicité, si elle traite en son nom propre, n'agit pas pour elle-même mais pour l'annonceur dont elle est le conseil. Elle exerce donc une activité commerciale type d'intermédiaire. L'agence appréhende dans son ensemble tous les problèmes posés par l'élaboration et la réalisation d'une campagne publicitaire ».

C'est dire qu'une grande agence de publicité doit tout à la fois étudier les problèmes commerciaux et techniques posés par un projet de campagne publicitaire, élaborer et mettre en forme les messages publicitaires, choisir les supports les plus adéquats étant donné les objectifs recherchés par la campagne et établir les rapports avec ces supports, se livrer à des analyses et des enquêtes sur les motivations, les comportements et les réactions des consommateurs. Le problème du choix des supports par les agences de publicité est particulièrement crucial pour ce qui concerne la presse : il s'agit non seulement de déterminer quelle catégorie de média utiliser pour une campagne — presse écrite, radio, télévision, combinaison de plusieurs de ces éléments —, mais aussi à l'intérieur d'une catégorie — la presse écrite par exemple — de choisir les titres qui bénéficieront de l' « achat d'espace ». C'est ce qu'on appelle le « média-planning ».

Compte tenu des objectifs d'une campagne de publicité (augmenter la notoriété d'une marque ; modifier ou renforcer une image de marque ; faire valoir un certain type d'arguments en faveur de l'achat de cette marque), le choix des journaux dépendra d'abord des caractéristiques connues des lecteurs des différents titres. M. Hucliez, alors directeur des médias de « Publicis », l'expliquait ainsi en 1968 : « On a à déterminer en premier lieu la *cible* (qui est la partie de la population vers laquelle par définition est dirigé le tir publicitaire). Il est extrêmement rare qu'une campagne s'adresse à l'ensemble d'une population. L'étude du marché d'une marque, qui constitue la première opération, consiste à analyser la *position des marques* concurrentes, leur force et leur faiblesse. Pour cela, les critères les plus classiques sont le sexe, l'âge, le type d'habitat, le degré d'instruction, la catégorie socio-professionnelle. La deuxième opération consistera dans le *choix de marketing* ; on doit déterminer par exemple si on va s'adresser aux gens qui consomment beaucoup ou au contraire très peu. Selon la définition qui aura été faite de la cible, le classement des supports se modifiera. Par exemple, si l'on fait un tableau de quinze titres classés par ordre de coût croissant, en tenant compte de l'ensemble de leurs lecteurs, le journal *Modes de Paris* viendra en 3e position, *La Vie Catholique* en 5e position, le magazine *Elle* en 12e position et *Le Jardin des Modes* en 14e position.

« Mais si l'on introduit un critère de sélection qui consiste à ne considérer que les habitants des villes de plus de 10 000 habitants, *Elle* viendra en 9e position, *La Vie Catholique* passe en 11e position et *Modes de Paris* reste en 3e position. Si la cible est encore réduite par élimination des couches les moins aisées de la population, *Elle* passe en 4e position, *Le Jardin des Modes* en 6e, *La Vie Catholique* reste en 11e position et *Modes de Paris* passe en 15e position. »

Les agences de publicité ont d'ailleurs mis au point un certain nombre de modèles mathématiques raffinés de média-planning permettant de choisir les supports, en sachant avec le maximum d'exactitude qui sera atteint par la campagne, combien de fois, et par l'intermédiaire de quel support. Un autre élément est important dans le choix des titres, qui n'est plus quantitatif, mais qualitatif : il s'agit des caractéristiques psychologiques des lecteurs, à propos desquelles des enquêtes diverses fourniront aux agences des renseignements précis. Enfin, celles-ci tiennent compte des éléments intrinsèques au journal lui-même : qualité de reproduction des textes et des photographies, possibilité d'utiliser la couleur, mise en page, contexte rédactionnel : « Un annonceur, note M. Hucliez, n'a pas envie de placer une marque de prestige à côté de marques qui n'en ont aucun. Certains supports ont sur des milieux privilégiés une influence que d'autres n'ont pas : par exemple, pour les détaillants, *Elle*, *Paris-Match*, *France-Soir*. L'expérience montre que le détaillant est en général plus sensible à la publicité dans la presse quotidienne que dans les magazines. De même, un autre milieu privilégié, les lecteurs "leaders", ceux qui lisent beaucoup, qui ont une certaine influence sur leur entourage, sont sensibles à la publicité de *Elle* et de *L'Express,* par exemple. »

On voit donc quelle influence ont sur le contenu publicitaire de la presse — et par conséquent sur ses recettes — les analyses et les décisions des grandes agences de publicité, des médias-planners et, dans les pays où il s'en est constitué, des centrales d'achat d'espace (voir le chapitre consacré à la publicité dans la presse française).

6 / L'importance fondamentale de la publicité pour la situation présente et l'avenir de la presse

Il est clair qu'aujourd'hui, dans les pays occidentaux, la publicité est devenue vitale pour la survie financière de la presse. Il est non moins clair que la publicité impose de plus en plus de contraintes à la presse. On peut dans ces conditions s'interroger sur l'avenir de la liberté de la presse face à cette double constatation de la nécessité financière de la publicité-presse d'une part, et des contraintes que celle-ci impose aux supports d'autre part.

1 | PUBLICITÉ, ÉQUILIBRE FINANCIER DES ENTREPRISES DE PRESSE ET CONCENTRATION

Ces problèmes sont abordés avec plus de détails et des exemples chiffrés dans les chapitres consacrés à la France. Il faut cependant noter que, d'une façon absolument générale dans le monde industriel occidental, la publicité représente une part croissante des recettes des entreprises de presse. Dans tous les grands périodiques du monde et dans la plupart des grands quotidiens, la publicité représente la majorité des recettes, la vente n'assurant plus que le complément : ainsi, le journal est bien un produit vendu deux fois, mais le meilleur client n'est pas le lecteur, mais l'annonceur. Quant aux stations commerciales de radio et de télévision, les recettes publicitaires constituent pratiquement pour elles la source unique de leurs ressources. Concrètement, la disparition des recettes de publicité pour ces journaux ou ces stations représenterait la signification d'un arrêt de mort ; une diminution sensible de ces recettes leur causerait de graves difficultés.

On peut rappeler ici un simple exemple : celui du magazine américain *Look*, qui dut cesser de paraître en octobre 1971 malgré un tirage de 6 millions d'exemplaires, et cela parce que la publicité désertait ses colonnes. En revanche, il est vrai que l'apport des recettes publicitaires a permis de maintenir à un niveau peu élevé le prix de vente des journaux, ce qui permet la diffusion de masse de la presse écrite.

Par ailleurs, la publicité est à l'origine du fort mouvement de concentration des entreprises de presse. Tenant à toucher de gros tirages, souhaitant atteindre le maximum de consommateurs éventuels, la publicité va en priorité aux « grands » journaux, et ce faisant tend à renforcer encore la position des « grands » par rapport aux « petits ». Le mouvement de concentration qui résulte de ce processus — les petits étant progressivement amenés à disparaître ou à être absorbés par les grands — est l'une des caractéristiques les plus significatives de la presse d'aujourd'hui. C'est à bien des égards l'une des plus préoccupantes aussi, dans la mesure où la démocratie ne trouve guère son compte dans l'amenuisement progressif du pluralisme des moyens d'expression.

2 | INFLUENCE DE LA PUBLICITÉ SUR LA FORME DE LA PRESSE

La publicité est si importante pour l'équilibre financier de la presse que celle-ci a entériné, au niveau même de sa forme et de son contenu, l'influence de la publicité.

C'est par exemple la publicité qui a incité de nombreux périodiques — les magazines féminins par exemple — puis de nombreux quotidiens — *Le Figaro, Le Monde*... — à améliorer de façon sensible la qualité de leur papier et à adopter le recours à la couleur ; c'est elle qui a entraîné le changement de format de certains journaux.

C'est elle aussi qui détermine le volume rédactionnel des journaux : plus un journal se verra offrir de publicité, plus la rédaction elle-même pourra bénéficier d'un nombre de pages supplémentaires. C'est en raison des variations de la publicité que *Le Monde* oscille entre 14 et 48 pages, *Elle* entre 80 et 280 pages.

Les annonceurs et les publicitaires font d'ailleurs valoir que, grâce à la publicité, les lecteurs peuvent ainsi se voir offrir des journaux plus complets. Ainsi, d'après des chiffres cités par Robert Salmon, lorsque *Elle* comporte 80 pages, 25 % sont des pages de publicité, et la lectrice dispose de 60 pages de lecture ; lorsque *Elle* comporte 280 pages, il y a certes 55 % de surface couverte par la publicité, mais la lectrice dispose alors de 126 pages de lecture. La même constatation pourrait être faite pour l'ensemble des quotidiens et des périodiques.

L'argument est certes exact : la rédaction d'un journal, et par conséquent le lecteur, bénéficie de l'augmentation du nombre de pages de publicité. Il faut ajouter toutefois que cela conduit également à des phénomènes assez aberrants : en effet, l'importance des pages rédactionnelles d'un journal devrait être liée essentiellement à l'abondance et à la nature des nouvelles, donc à l'actualité générale et non pas au seul volume de publicité offert à ce journal. Les variations hebdomadaires de la publicité (baisse en France du samedi et du lundi, remontée dans la semaine avec apogée le vendredi) et les variations saisonnières (chute libre des mois de juillet et août) sont en effet indépendantes de l'actualité ; elles ne sont même pas toujours liées au tirage et à la diffusion des journaux. Dans ces conditions, ce n'est pas forcément dans les moments où l'actualité l'exigerait le plus qu'un journal peut augmenter sa pagination, mais dans ceux où la publicité le demande. Lorsque des événements inattendus contraignent un journal — malgré une stagnation de sa publicité — à augmenter sa pagination et sa diffusion, il se produit ainsi que ces numéros, qui sont les plus complets et les mieux vendus, sont en fait souvent vendus à perte...

3 | INFLUENCE DE LA PUBLICITÉ
SUR LE CONTENU DE LA PRESSE

Théoriquement, la publicité n'influe pas sur le contenu rédactionnel de la presse : les domaines sont censés être rigoureusement séparés. En fait, il est clair que la pression des annonceurs peut dans certains cas se faire très précisément sentir dans la rédaction.

Cette pression joue à deux niveaux. A un niveau global tout d'abord, de façon diffuse : un journal qui veut survivre, et si possible développer son influence et sa rentabilité, doit obtenir le maximum de publicité. Pour cela, il doit prouver que son audience s'élargit. Il est ainsi conduit à gommer de son contenu tout ce qui pourrait déplaire à un trop grand nombre de lecteurs et serait susceptible de les détourner d'une lecture régulière ; il est amené, selon le mot d'Alfred Grosser, à rechercher le « plus petit commun multiple » entre les lecteurs potentiels, quitte à ne pas dire tout ce qu'il croit être la vérité. Roger Priouret ne s'était trompé que sur le pronostic lorsqu'il écrivait en 1964 : « L'exemple de *L'Express* est symptomatique : il a jugé que la partie était compromise pour lui s'il persistait à être un grand journal politique. La tentative du *Nouvel Observateur* est sympathique. Mais ceux qui la font doivent savoir qu'ils auront des recettes publicitaires peu abondantes. » En fait, le *Nouvel*

Observateur a fini par obtenir des recettes publicitaires abondantes, mais précisément il n'a pu y parvenir qu'au prix d'une modification sensible de son contenu rédactionnel. Des exemples de cette nature foisonnent dans de nombreux pays. La pression de la publicité conduit en fait à ce qu'on a appelé une « dépolitisation » de la presse, surtout en créant des difficultés à ceux des journaux politiques dont les options sont minoritaires dans leur pays.

Le second niveau auquel joue la pression des annonceurs est celui dont le premier constitue la résultante : il s'agit des pressions individuelles de chacun des annonceurs, au nom de ses intérêts personnels ou catégoriels, sur les journaux dans lesquels il fait passer des annonces publicitaires. Tel chef d'entreprise n'appréciera guère qu'un journal auquel il verse d'importantes sommes pour y faire de la publicité se permette de relater une grève survenue dans ses usines — ce fut encore le cas en 1989 avec Peugeot, qui supprima le budget de publicité prévu dans *L'Evénement du Jeudi* ; tel autre, producteur de lessive et annonceur, ne sera guère enchanté qu'un article explique qu'au fond toutes les lessives se valent ; tel autre encore, constructeur d'automobiles, pourra ne pas goûter qu'on publie des articles mettant en cause l'automobile au nom de la lutte contre la pollution. Ainsi l'un comme l'autre seront-ils conduits à faire savoir aux responsables des journaux qu'ils souhaiteraient fort que de telles mises en cause disparaissent, et feront-ils peser la menace d'un non-renouvellement des contrats au cas où ce souhait ne serait pas compris. Daniel Toscan du Plantier, alors directeur commercial de « Régie-Presse », parlait ainsi, dans un entretien accordé à la revue *Communication et langages* en juin 1970, « d'annonceurs qui ont beau dire que le journal est libre de s'exprimer mais qui admettent difficilement que soient contestées leurs raisons d'être économiques... "puisque, moi, je vous fais vivre, Messieurs..." ». Il citait par exemple le cas des magazines féminins, où de surcroît la rédaction aborde continuellement les mêmes sujets que ceux dont traitent les pages de publicité : il est clair que dans ce type de journaux le travail pour préserver la liberté rédactionnelle du journal est quotidien. Mais il en est de même dans les journaux économiques et financiers, et d'une manière générale dans toutes les publications comprenant des rubriques où il est question des entreprises ou des marques ayant des budgets de publicité-presse...

Il est assurément difficile de mesurer la sensibilité des directeurs de journaux à toutes ces pressions. Il est clair néanmoins que si certains mettent d'une façon absolue la défense de l'indépendance de la rédaction contre toutes les intimidations au-dessus de tout, d'autres en revanche, soucieux de pouvoir continuer à paraître dans de bonnes conditions, acceptent, ici ou là, des concessions dont ils pensent d'ailleurs le plus souvent qu'elles ne compromettent pas l'essentiel. La variante extrême de cette attitude consiste à accepter de la « publicité rédactionnelle », c'est-à-dire une publicité non présentée comme telle au lecteur, mais dissimulée dans des articles de journal ; « certains le font, expliquait D. Toscan du Plantier dans l'entretien précité, et ils arrivent à commercialiser officiellement 60 % de leur espace, et officieusement 85 à 90 % » : tout peut en effet se payer dans certains journaux : des informations, des enquêtes, des illustrations, des photographies.

La presse saura-t-elle préserver son avenir devant ce type de pratiques ? L'enjeu paraît considérable. Lorsqu'on lit ce type de propos, prononcés par D. Toscan du Plantier : « A la vérité, si l'on voulait aller jusqu'au bout, puisqu'un journal est fait physiquement à peu près à part égale de publicité et de rédaction, il devrait y avoir un directeur du titre et, sous lui, un directeur de la rédaction et un directeur de la publicité, et les conflits devraient être tranchés par le directeur du titre », on le mesure mieux encore. La voie est en effet étroite pour la presse, dans les systèmes économiques capitalistes, entre la recherche effrénée d'une « manne » publicitaire qui seule semble en mesure d'assurer la rentabilité de ses entreprises, et la soumission aux sujétions qu'impliquent trop souvent les recettes publicitaires.

DEUXIÈME PARTIE

Les médias en France

Si, on l'a vu, la consommation de presse par les Français se situe à un rang relativement modeste à l'échelle mondiale, elle n'en demeure pas moins un phénomène de masse. Chaque année, plus de sept milliards d'exemplaires de journaux de toute sorte sont imprimés en France. En 1989, 52 % des Français lisaient au moins un quotidien national ou régional. 30 millions de récepteurs de radio et 19 millions de postes de télévision sont actuellement en service. Chaque soir, entre 20 h et 20 h 30, plus de 20 millions d'individus deviennent des téléspectateurs.

Phénomène de masse, la presse française connaît depuis quelques années de profondes mutations. Changements dans le contenu, changements dans la forme, qu'il s'agisse des moyens techniques mis en œuvre pour la fabrication des journaux ou des formules rédactionnelles des hebdomadaires. Des titres continuent de disparaître du marché, tant le mouvement de concentration est inexorable, tant la loi d'airain de la rentabilité et la souveraineté de la publicité s'exercent avec force et persévérance. La répartition interne des puissances en présence dans la presse écrite s'est progressivement modifiée avec le développement de la presse régionale, la régionalisation de la presse parisienne, le lent tassement de certains titres, la rare ascension de quelques autres, et la diversification de périodiques qui s'adressent de plus en plus souvent à une catégorie bien particulière du public ou traitent d'un domaine de plus en plus spécifique.

L'audiovisuel est en plein développement, et lui aussi en période de mutation. Après des décennies de fidélité au monopole du service public, la France a découvert, dans les années 1980, les poisons et les délices de la télévision commerciale.

Bref, les médias français vivent une époque de changements constants et profonds comme ceux de tous les pays capitalistes développés. Mais surtout, ils le savent, désormais.

A l'ère des tâtonnements et des surprises, caractéristique de l'après-guerre et des années 1960 et 1970, a en effet succédé celle de l'organisation, et de la prise de conscience des nécessités du marché mondial.

Chapitre premier

LE DROIT DE L'INFORMATION

La Constitution de 1958 ne fait pas mention de la liberté de la presse et de l'information. Néanmoins, son préambule se réfère « aux principes de la souveraineté nationale tels qu'ils ont été définis par la déclaration de 1789, confirmée et complétée par le préambule de la Constitution de 1947 ». C'est donc l'article 11 de la Déclaration des Droits de l'Homme de 1789 qui constitue aux yeux des juristes le principe général régissant le droit de l'information en France. Rappelons-en le libellé : « La libre communication des pensées et des opinions est un des droits les plus précieux de l'homme ; tout citoyen peut donc parler, écrire, imprimer librement, sauf à répondre de l'abus de cette liberté dans les cas déterminés par la loi. »

Pour garantir la liberté de la presse et sanctionner les abus éventuels, deux types de statuts doivent être définis : l'un régissant les structures et les modalités de fonctionnement des entreprises de presse, l'autre les règles portant sur le contenu même des journaux ou de la radio-télévision.

1 / Droit de l'entreprise de presse[1]

1 | LES AGENCES DE PRESSE

Parmi les agences de presse françaises, la plus importante, l'Agence France-Presse (qui est, rappelons-le, l'une des plus grandes agences

---

1. On ne traitera ici que de la presse écrite (agences et journaux). Les problèmes juridiques de la radio et de la télévision sont abordés dans le chapitre consacré à ces *médias* (p. 260-268).

mondiales, voir p. 75-76), a un statut d'une nature tout à fait particulière, qu'il faut donc distinguer de celui des autres agences.

A / L'Agence France-Presse (AFP)

Héritière de l'Agence Havas, créée par une ordonnance du 30 septembre 1944 qui la dotait d'un statut provisoire d'établissement public, l'AFP n'a reçu son statut définitif que par une loi du 10 janvier 1957 (et un règlement d'administration publique du 9 mars 1957 modifié les 22 juillet 1965 et 4 avril 1975). L'importance extrême s'attachant au fonctionnement de cette grande agence mondiale n'avait pas peu contribué à multiplier débats, consultations et retards. C'est que le problème à résoudre n'était pas simple : il fallait préserver l'indépendance de l'Agence par rapport aux pouvoirs publics, tout en assurant la participation de ceux-ci au financement de l'Agence, dans la mesure où le marché français de l'information était trop étroit pour laisser espérer un équilibre d'exploitation. Ceci se compliquait du fait que les gouvernements successifs n'étaient guère soucieux d'abandonner leur contrôle politique sur une agence de plus en plus considérée comme « officieuse ». Si d'ailleurs les pouvoirs publics ont finalement fait achever la mise au point du statut de l'AFP, c'est parce que la crédibilité de l'Agence auprès de ses clients (notamment à l'étranger) baissait sensiblement, et que, du simple point de vue de la rentabilité de l'affaire, il était préférable de garantir la neutralité de l'Agence, pour que les informations diffusées par elle puissent trouver suffisamment de preneurs. La loi de 1957 constitue à l'heure actuelle un modèle aux yeux de nombreux dirigeants d'organisations professionnelles. Elle fait de l'AFP une personne morale de droit privé, mais qui échappe à toutes les catégories juridiques habituelles ; un juriste a estimé qu'elle était, en fait, une coopérative de journaux en partie financée par l'Etat.

Le statut de l'Agence France-Presse prévoit (art. 1er) que celle-ci a pour objet de :

— rechercher, tant en France qu'à l'étranger, les éléments d'une information complète et objective ;
— mettre, contre paiement, cette information à la disposition des usagers.

Par ailleurs (art. 2), trois « obligations fondamentales » sont imposées à l'Agence :

— l'Agence France-Presse ne peut en aucune circonstance tenir compte d'influences ou de considérations de nature à compromettre

l'exactitude ou l'objectivité de l'information ; elle ne doit en aucune circonstance passer sous le contrôle de droit ou de fait d'un groupement idéologique, politique ou économique ;
— elle doit, dans toute la mesure de ses ressources, développer son action et parfaire son organisation en vue de donner aux usagers français et étrangers, de façon régulière et sans interruption, une information exacte, impartiale et digne de confiance ;
— elle doit, dans toute la mesure de ses ressources, assurer l'existence d'un réseau d'établissements lui conférant le caractère d'un organisme d'information à rayonnement mondial.

Pour veiller au respect de ces principes la loi du 10 janvier 1957 a institué un *Conseil supérieur* de l'AFP, composé de huit membres :

— un membre du Conseil d'Etat, élu par l'Assemblée générale du Conseil d'Etat, président ;
— un magistrat de la Cour de cassation, élu par l'Assemblée générale de la Cour de cassation ;
— deux représentants des directeurs d'entreprises de presse, désignés par les organisations professionnelles les plus représentatives ;
— un représentant du service public national de radio-télévision, nommé, depuis le décret du 4 avril 1975, par le Premier ministre ou le ministre délégué à cet effet, parmi les « personnalités hautement qualifiées » en matière de radio ou de TV ;
— deux personnalités cooptées par ces six membres du Conseil supérieur.

Ce Conseil supérieur, qui doit assurer une mission permanente de surveillance du respect par l'Agence de ses obligations fondamentales, a été doté de pouvoirs importants. Il peut être saisi par tout client de l'AFP, par une organisation professionnelle ou par la Commission financière de l'Agence de tout fait de nature à constituer une infraction aux obligations fondamentales prévues par le statut de 1957. Il peut adresser au Conseil d'administration et au président-directeur général de l'AFP les observations ou injonctions nécessaires. Il peut suspendre une décision, ou faire procéder à une seconde délibération, du Conseil d'administration, et peut même décider, en cas de faute grave, la révocation du président-directeur général de l'Agence.

L'AFP est administrée par un *conseil d'administration* de quinze membres :

— huit représentants des directeurs d'entreprises de presse, désignés par les organisations professionnelles les plus représentatives (les directeurs de journaux sont donc majoritaires au sein du Conseil) ;

— deux représentants du service public national de radio-télévision ; aux termes du décret du 4 avril 1975, ceux-ci sont nommés par le Premier ministre, ou le ministre délégué à cet effet, après consultation des présidents des sociétés nationales de programmes de radio et de TV ;
— trois représentants des services publics de l'Agence (c'est-à-dire de l'Etat), désignés respectivement par le Premier ministre, le ministre des Affaires étrangères et le ministre des Finances ;
— deux représentants élus du personnel de l'Agence (un journaliste et un agent appartenant aux autres catégories de personnel).

Le mandat des membres du Conseil est de trois ans. Le conseil d'administration, aux termes de l'article 8 de la loi, dispose des pouvoirs les plus étendus pour la gestion et l'administration de l'Agence. Il élit, pour une période de trois ans renouvelable, le *président-directeur général* de l'AFP, et il peut mettre fin à ses fonctions pour faute lourde de gestion ou acte incompatible avec l'accomplissement de sa mission.

Le président-directeur général prépare et exécute les décisions du conseil d'administration ; il assure en fait la direction effective de l'ensemble des services de l'Agence.

Enfin, la loi institue un dernier organisme, la *Commission financière*, composée de trois membres : deux membres de la Cour des comptes, désignés par son premier président, et un expert désigné par le ministre des Finances. Cette Commission est chargée de la vérification générale et permanente de la gestion financière de l'AFP. Elle dispose de tout pouvoir d'investigation et d'enquête, et peut adresser toutes observations utiles au président-directeur général et au Conseil d'administration. Elle peut même faire désigner un administrateur provisoire de l'AFP par le président du Tribunal de commerce au cas où elle constaterait que le conseil d'administration n'aurait pas pris les mesures nécessaires pour assurer l'équilibre financier de l'Agence.

A ce propos, il faut rappeler — elles expliquent d'ailleurs la nature même du statut juridique de l'AFP — ce que sont les modalités financières de la vie de l'Agence. Dans la mesure où le marché français de la presse est trop étroit pour assurer à l'AFP les conditions d'un équilibre financier, dans la mesure par ailleurs où l'on a voulu éviter un système de subventions étatiques directes, on a instauré un système dans lequel les administrations abonnées aux services de l'AFP versent à celle-ci un prix de location plus élevé que si elles étaient des clients ordinaires ; le montant de ces « abonnements spéciaux » représente en fin de compte la majorité des ressources totales de l'Agence.

On est, en définitive, en présence d'un statut qui garantit l'agence d'interventions extérieures trop pressantes, notamment de la part de l'Etat, et dont le fonctionnement a, dans l'ensemble, donné des résultats satisfaisants, malgré la tentation permanente des gouvernements d'agir sur la vie de l'agence, et de faire nommer à sa tête des PDG partageant leurs options politiques.

B / Les agences privées

Il existe par ailleurs en France un grand nombre d'agences privées, soit des agences télégraphiques d'information, telles que l'Agence centrale de Presse (ACP), soit surtout des agences spécialisées (documents, photographies, etc.). Ces agences sont régies par une ordonnance du 2 novembre 1945, qui donne des agences de presse la définition suivante : « Organismes qui fournissent aux journaux et périodiques des articles, informations, reportages, photographies et tous autres éléments de rédaction. » Cette ordonnance, modifiée par des lois du 26 décembre 1957, 19 octobre 1970 et 23 octobre 1984, prévoit par ailleurs que seuls pourraient être véritablement considérés comme « agences de presse » (et bénéficier des avantages réservés aux entreprises de presse) les organismes inscrits sur une liste établie par le Premier ministre (Service juridique et technique de l'information), sur proposition de la Commission paritaire des publications et agences de presse, composée à parts égales de représentants de l'administration et des entreprises de presse, et présidée par un magistrat. L'objet de cette protection du titre d'agence de presse est surtout de les distinguer des agences de publicité ou de relations publiques.

En vertu des mêmes textes, les agences de presse ainsi définies se voient appliquer les mêmes règles que les entreprises de presse ; elles jouissent des mêmes droits, sont soumises aux mêmes obligations, et bénéficient des mêmes aides de la part de l'Etat.

Le statut des agences de presse comporte néanmoins trois dispositions particulières (qui visent à renforcer la séparation entre information et publicité) :

— les agences photographiques ne peuvent inclure le droit de reproduction des photographies dans leur prix d'abonnement ;
— les agences ne peuvent fournir gratuitement des éléments de rédaction à leurs clients, ni leur adresser plus de huit envois par mois de spécimens gratuits d'épreuves photographiques, de clichés et de flans ;
— il est interdit à une agence de presse d'être en même temps une agence de publicité commerciale.

2 | LES ENTREPRISES ÉDITRICES DE JOURNAUX

« L'imprimerie et la librairie sont libres », proclame la loi du 29 juillet 1881.

Comme dans tout régime libéral, l'entreprise de presse constitue en France une propriété privée. Elle est donc d'abord régie par le droit commun applicable aux entreprises privées. La liberté d'entreprise suppose ainsi liberté de création (ni autorisation préalable, ni cautionnement) et liberté du choix de la forme juridique de l'entreprise. Cependant, en raison de leur objet même, ces entreprises sont soumises à des *dispositions particulières* venant s'ajouter ou déroger à ce droit ordinaire des entreprises privées. On ne citera ici que les plus marquantes parmi ces dispositions, qui découlent en général de la loi du 29 juillet 1881, en ce qu'elle vise les publications ; de l'ordonnance du 26 août 1944, qui s'applique à tous les journaux, magazines, cahiers ou feuilles d'information n'ayant pas un caractère strictement scientifique, artistique, technique ou professionnel et paraissant à intervalles réguliers ou à raison d'une fois par mois au moins ; et de la loi du 23 octobre 1984 sur la « transparence financière » des entreprises de presse.

A | *Règles concernant la constitution des entreprises de presse*

Pour rendre plus facile la constitution d'une entreprise de presse, le capital exigé pour les SARL exploitant des entreprises de presse est fixé à 2 000 F (au lieu de 50 000 dans le droit commun).

Tous les propriétaires, associés, actionnaires, commanditaires, bailleurs de fonds ou participants à la vie financière d'une publication doivent être de nationalité française, sauf en ce qui concerne les publications paraissant sur le territoire français et éditées par des personnes ou des sociétés étrangères, mais à condition dans ce dernier cas que ces personnes ou ces sociétés relèvent d'Etats dans lesquels les Français jouissent de ces mêmes droits.

Dans les cas où une entreprise de presse se constitue sous la forme d'une société par actions, l'ordonnance du 26 août 1944 disposait que :

— les actions devaient être nominatives ;
— les transferts d'actions devaient être approuvés par le Conseil d'administration.

Mais l'évolution du capitalisme de presse — symbolisé par la constitution de l' « empire Hersant » —, a progressivement mis en lumière les insuffisances des dispositions légales. M. Robert Hersant a pu en effet constituer un groupe de presse important au niveau national, en contradiction avec l'esprit, et sans doute le texte de l'ordonnance de 1944. Compte tenu du passé personnel de M. Hersant, à l'époque de l'occupation nazie, et de la limitation pratique que l'extension de son groupe a fait subir au pluralisme de la presse, compte tenu des interrogations doctrinales sur la nature exacte des obligations juridiques créées par l'ordonnance de 1944, le gouvernement de M. Pierre Mauroy a décidé de faire adopter une loi visant à « limiter la concentration et à assurer la transparence financière » des entreprises de presse. C'est la loi du 23 octobre 1984.

Cette loi est souvent baptisée « loi Hersant », tant il est manifeste que la majorité socialiste — alors dans une mauvaise passe dans l'opinion publique — avait d'abord souhaité resserrer les rangs de ses soutiens de gauche dans le pays en adoptant un texte très visiblement conçu pour créer des problèmes à M. Hersant. Certaines formulations porteront probablement à sourire les historiens de demain, tant elles sont étudiées pour ne viser que le groupe Hersant...

La loi de 1984 régit, par des dispositions spéciales, les quotidiens d' « information politique et générale », nationaux (c'est-à-dire ceux qui consacrent plus de la moitié de leur surface rédactionnelle à l'information nationale et internationale, et qui réalisent au moins 20 % de leur diffusion en dehors de leurs trois principales régions de diffusion), *et régionaux* (c'est-à-dire également départementaux et locaux). Dans un esprit « anti-trust », elle stipule que :

— dans chacune de ces deux catégories (nationaux et régionaux), une même personne physique ou morale ne peut posséder ou contrôler plusieurs journaux que si le total de leur diffusion n'excède pas 15 % de celle de tous les quotidiens de la catégorie ;
— une même personne ne peut contrôler à la fois des quotidiens nationaux et des quotidiens régionaux que si la diffusion globale des organes de chaque catégorie ne dépasse pas 10 % de l'ensemble des quotidiens de même nature.

La loi régit, par ailleurs, de manière générale, toutes les entreprises éditant une ou plusieurs publications d' « information politique et générale » (quotidiens et/ou périodiques). Il s'agit moins ici de limitation de la concentration que de la volonté de « transparence », c'est-à-dire de connaissance permanente par le public d'informations précises concernant le capital et la direction des entreprises de presse :

— les « prête-nom » sont interdits, autrement dit, il est interdit à toute personne ou groupement de se dissimuler derrière une autre, s'agissant de la possession ou du contrôle de l'entreprise ;
— non seulement les actions de la société propriétaire de l'entreprise de presse doivent être nominatives, mais doivent l'être également celles de toute société (même cotée en bourse) détenant, directement ou indirectement, un minimum de 20 % du capital de l'entreprise de presse (ou des droits de vote dans cette entreprise).

La loi porte enfin sur les entreprises éditant des publications paraissant au moins une fois par mois, mais qui sont consacrées à d'autres domaines que l' « information politique et générale ». Pour ces « autres » publications, le texte précise que :

— les « prête-nom » sont également interdits ;
— lorsque l'entreprise a la forme d'une société par actions, celles-ci doivent être nominatives, et leur transfert doit être agréé par le conseil d'administration.

Une « Commission pour la transparence et le pluralisme de la presse » a été mise en place par la loi du 23 octobre 1984, pour veiller à l'application de ces dispositions. Cette commission, composée de six membres (trois hauts magistrats, et trois personnalités qualifiées) a pour mission de recevoir les renseignements relatifs à la propriété, au contrôle et à la gestion des entreprises de presse, ainsi qu'aux cessions pouvant intervenir. Elle vérifie si les quotas fixés par la loi sont respectés. Elle peut prendre l'initiative d'enquêtes et de vérifications. Cette loi « anti-concentrations » et tendant à améliorer la « transparence » des entreprises de presse permet, au niveau des principes, de moraliser la situation française. On peut évidemment se demander pourquoi une telle loi n'a rien modifié à la situation du groupe Hersant, alors que c'était à l'évidence son objet conjoncturel. La réponse est sans doute d'abord politique : les années 1985-1986, qui ont suivi le vote du texte, constituaient sans doute un climat moins propice à déclencher une nouvelle « affaire Hersant », du côté du pouvoir politique. Elle est aussi juridique. L'article 13 de la loi de 1984 précisait, s'agissant des quotidiens, que les plafonds de concentration à ne pas dépasser (15 % et 10 %) devaient s'apprécier sur la période des douze derniers mois « précédant l'acquisition ou la prise de contrôle » ; s'appuyant sur cette disposition, le Conseil constitutionnel, dans une décision des 10 et 11 octobre 1984, a considéré que le dépassement des plafonds n'est interdit que lorsqu'il est le « résultat d'opérations d'acquisitions ou de prises de contrôle postérieures à la publication de la loi, sans que ces plafonds puissent s'appliquer en quoi que ce soit aux situations résultant de la création de nouveaux quotidiens ou de développement de la clientèle des quotidiens existants et [...] sans que soient remises en cause les situations existant lors de la publication de la loi »...

B / *Formalités préalables à la publication*

La publication d'un journal ou d'un périodique ne doit être précédée que d'une simple déclaration faite au parquet du procureur de la République, sur papier timbré, par le directeur de la publication, comportant le titre du journal et son mode de publication ; le nom et l'adresse du directeur de la publication ; l'indication de l'imprimerie où il doit être fabriqué.

C / *Règles concernant les dirigeants de l'entreprise*

Tout journal ou périodique doit avoir un directeur de la publication. L'ordonnance du 26 août 1944 stipule que cette dénomination de « directeur de la publication » doit remplacer le mot « gérant » dans tous les textes sur la presse. Cette règle a été imposée pour faciliter la poursuite des délits de presse.

Le directeur de la publication doit être Français, majeur, avoir la jouissance de ses droits civils et n'être privé de ses droits civiques par aucune condamnation judiciaire. On a par ailleurs voulu s'assurer que le directeur de la publication serait effectivement le responsable du journal, et en aucun cas un simple prête-nom. C'est ainsi que, lorsque la majorité du capital social d'une entreprise publiant un quotidien ou un hebdomadaire appartient à une même personne, celle-ci doit être obligatoirement directeur de la publication. Lorsque tel n'est pas le cas, le directeur doit être obligatoirement : s'il s'agit d'une société anonyme, le président du conseil d'administration ; s'il s'agit d'une SARL, l'un des gérants ; s'il s'agit d'une association, le président. On a vu que la loi de 1984 a entendu renforcer cette interdiction des prête-nom.

Le directeur de la publication peut déléguer tout ou partie de ses fonctions à un « directeur délégué », mais, même dans ce cas, les responsabilités civiles et pénales prévues par la loi restent attachées au directeur de la publication.

Il est même stipulé que, dans le cas d'un quotidien tirant à plus de 10 000 exemplaires, ou d'un hebdomadaire tirant à plus de 50 000, « nul ne peut exercer les fonctions de directeur ou de directeur délégué accessoirement à une autre fonction soit commerciale, soit industrielle qui constitue la source principale de ses revenus et de ses bénéfices ».

Aux termes d'une loi du 25 mars 1952 enfin, lorsque le directeur de la publication jouit de l'immunité parlementaire, il doit désigner un codirecteur de la publication, qui doit répondre aux mêmes critères que ceux qui sont exigés du directeur ; toutes les obligations légales imposées au directeur de la publication sont dès lors applicables au codirecteur.

En cas de contravention à ces stipulations sur les dirigeants de l'entreprise, le propriétaire, le directeur de la publication, ou à défaut l'imprimeur, sont passibles de peines d'amendes. De surcroît, à compter du prononcé du jugement, l'entreprise incriminée ne pourra continuer à faire paraître sa publication qu'après avoir rempli les formalités omises, et encourra une amende pour chaque numéro irrégulièrement publié.

D | Mentions devant figurer sur le journal

L'ordonnance du 26 août 1944 prévoyait de nombreuses mentions, que le directeur de la publication était tenu de faire figurer dans chaque exemplaire de son journal. Ces lourdes obligations n'étaient pas suivies d'effets, n'était-ce que pour de simples raisons de place. La loi du 23 octobre 1984 a désormais prévu les mentions obligatoires suivantes :

— dans chaque numéro de la publication : noms et prénoms du (ou des) propriétaire et gérant ; forme, durée, raison sociale, siège, capital, représentant légal, trois principaux associés de l'entreprise, directeur de la publication, responsable de la rédaction, tirage ;
— chaque année, dans un numéro paraissant en septembre : diffusion moyenne, résultats d'exploitation, propriété de l'entreprise ;
— dans le mois qui suit : cessions ou promesses de cessions d'actions (ou de parts) portant sur 20 % au moins du capital (ou des droits de vote) de l'entreprise.

E | Obligations de dépôt légal, judiciaire et administratif

Le *dépôt légal* consiste en l'obligation de remettre à un service officiel d'archivage un certain nombre d'exemplaires des journaux imprimés. Il vise à assurer une forme authentique à tous les écrits paraissant en France. Le texte de base en la matière est la loi du 21 juin 1943.

Le dépôt légal ne s'applique pas seulement aux journaux, mais aux œuvres imprimées de toute nature (livres, brochures, cartes postales...) ; ainsi qu'aux œuvres musicales, phonographiques et photographiques. Il existe deux catégories de dépôt légal : l'une incombe à l'éditeur, l'autre à l'imprimeur.

L'éditeur qui met en vente, en distribution, en location, ou qui cède en vue de sa reproduction, une œuvre du type de celles énumérées ci-dessus (par exemple des journaux) doit en déposer un exemplaire à la régie du dépôt légal (service du ministère de l'Intérieur) et quatre exemplaires à la Bibliothèque nationale (pour la région parisienne) ou dans une bibliothèque habilitée (en province).

En dehors de ce dépôt légal proprement dit, d'autres catégories de dépôt obligatoire sont prévues par le droit français :

— *dépôt judiciaire :* deux exemplaires, signés par le directeur de la publication, doivent être déposés au parquet du procureur de la République (ou à la mairie dans les villes où il n'y a pas de tribunal) ;
— *dépôt administratif :* des exemplaires, dix pour les quotidiens, six pour les hebdomadaires, quatre pour les autres périodiques, signés par le directeur de la publication, doivent être déposés au Service juridique et technique de l'information (pour la région parisienne), ou à la préfecture, sous-préfecture ou mairie (pour la province) ;
— *dépôt des publications destinées à la jeunesse :* outre les mesures de dépôt déjà énumérées, un dépôt supplémentaire est imposé à ces publications : celui de cinq exemplaires, dès leur parution, au ministère de la Justice, à l'attention de la Commission de contrôle.

3 | ENTREPRISES CONNEXES ET AUXILIAIRES DE LA PRESSE

On trouvera dans les développements consacrés au papier-journal (p. 180-181), aux imprimeries de presse (p. 181-183) et aux messageries (p. 183-188) des indications concernant le régime juridique des entreprises travaillant dans ces secteurs. Le problème du statut des journalistes et des sociétés de rédacteurs est abordé dans la section consacrée aux journalistes (p. 189-199).

2 / Réglementation du contenu de la presse

Le principe de la liberté de la presse est en France, comme dans tous les pays, assorti de la possibilité, pour les particuliers ou pour l'Etat, d'agir pour lutter contre ce que l'on juge être ses abus éventuels.

1 | LE DROIT DE RECTIFICATION

Prévu par la loi du 29 juillet 1881, le droit de rectification consiste pour tout fonctionnaire dépositaire de l'autorité publique (préfet, maire, procureur...) dans le droit d'obtenir l'insertion gratuite d'une rectification concernant les actes accomplis dans l'exercice de ses fonctions qui auraient été rapportés de façon inexacte.

Cette insertion doit être faite dans le plus prochain numéro du journal ayant commis l'inexactitude. Elle ne peut dépasser le double de la longueur de l'article incriminé.

2 | LE DROIT DE RÉPONSE

Prévu par la même loi, le droit de réponse consiste, pour toute personne nommée ou désignée dans un journal, dans le droit général et absolu d'obtenir l'insertion d'une réponse dans ce journal. Ce droit peut s'exercer même en l'absence d'inexactitude ou de critique dans l'article incriminé. Il suffit que la personne ait été désignée de façon suffisante pour que les lecteurs aient pu l'identifier pour que celle-ci puisse utiliser ce droit de réponse, et le faire à sa guise pour ce qui concerne la teneur et la forme de cette réponse.

Il peut s'agir aussi bien d'une personne physique que d'une personne morale. En instituant ces dispositions — qui n'ont pas d'équivalent en droit anglo-saxon — le législateur a voulu protéger la personnalité contre les excès d'une presse dont il savait qu'elle avait un pouvoir important sur l'image que le public se fait des gens. Avec l'existence du droit de réponse, un journal qui met en cause un individu quelconque sait qu'il peut être contraint, devant ses lecteurs, à un débat public avec lui.

La réponse est limitée à la longueur de l'article qui l'a provoquée. Elle doit être insérée aux mêmes lieu et place que cet article, trois jours au plus tard après sa réception s'il s'agit d'un quotidien, dans le numéro qui suit le surlendemain de sa réception s'il s'agit d'un périodique.

Notons qu'il a fallu attendre la loi du 3 juillet 1972, portant statut de l'ORTF — puis les textes législatifs modifiant cette loi — pour que le droit de réponse soit étendu à la communication audiovisuelle ; le décret réglementant en détail l'exercice de ce droit date du 25 mai 1983.

En matière de radio-télévision, le droit de réponse est également reconnu aux personnes physiques et morales. La demande de réponse doit être formulée dans les « huit jours suivant celui de la diffusion du message ». Le texte de la réponse ne peut dépasser trente lignes dactylographiées, la durée totale du message de réponse ne pouvant excéder deux minutes. Si dans un délai de huit jours, l'organisme responsable n'a pas fait connaître son acceptation, le demandeur peut saisir le président du tribunal de grande instance statuant en référé ; ce délai est réduit à vingt-quatre heures si, pendant une campagne électorale, c'est un candidat qui est mis en cause. Le juge peut alors ordonner la diffusion de la réponse. Celle-ci doit être diffusée dans un délai de trente jours à compter de la date de l'émission contestée.

Notons que la loi adoptée en juin 1990 par le Parlement à propos des actes racistes, antisémites ou xénophobes instaure une possibilité de droit de réponse dans les médias pour les associations antiracistes.

3 | LE PRINCIPE DE LIBERTÉ
PAR RAPPORT AUX POUVOIRS PUBLICS :
NI AUTORISATION NI CENSURE

En période normale, il n'existe aucune censure sur la presse. Il n'y a lieu à aucune autorisation préalable à une publication de la part de l'Etat, depuis que la loi du 28 février 1947 a redonné en la matière son plein effet à la loi du 29 juillet 1881.

Si des interventions de l'administration sont cependant prévues en matière de presse, c'est en vertu de textes particuliers visant à protéger certains intérêts collectifs : dans certains cas, les autorités administratives, on le verra, peuvent faire procéder à des mesures exceptionnelles d'interdictions ou de saisies. Par ailleurs, il existe des périodes exceptionnelles, qui sont des périodes de crise, pendant lesquelles la possibilité d'une intervention administrative sur la presse est renforcée.

A | *Interdiction de certaines publications
au nom des intérêts de la collectivité*

1) *Informations de nature à nuire à la Défense nationale.* — Le législateur a de tous temps entendu protéger les « secrets de la Défense nationale », et en interdire la publication, sans que ce concept ait reçu à ce jour une définition juridique stricte et précise. L'ordonnance du 4 juin 1960 se réfère ainsi à tout « renseignement, objet, document ou procédé qui doit être tenu secret dans l'intérêt de la Défense nationale ».

Les articles 75 et 76 du Code pénal punissent la divulgation de tels secrets. L'article 78 étend même cette notion en dépassant le cadre du « secret », puisqu'il concerne « une information militaire non rendue publique par l'autorité compétente et dont la divulgation est manifestement de nature à nuire à la Défense nationale ». Il est évident que beaucoup dépend dans ces conditions de l'interprétation donnée en la matière, et que l'appréciation de ces notions par l'administration et par les magis- trats n'a pas toujours été du goût des organes de presse.

L'article 79-6° du Code pénal interdit par ailleurs la publication d'informations relatives « soit aux mesures prises pour découvrir et arrêter les auteurs et les complices de crimes ou délits de trahison, d'espionnage ou d'atteintes à la Défense nationale, soit à la marche des poursuites de l'instruction, soit aux débats devant les juridictions de jugement ».

2) *Secret judiciaire.* — Le principe général du droit français est celui de la publicité des débats judiciaires, dont la presse peut donc rendre compte librement. Toutefois, le législateur a introduit un certain nombre d'exceptions à cette règle, en interdisant les comptes rendus de certains procès :

— procès en diffamation, lorsque la preuve des faits diffamatoires n'est pas autorisée ;
— procès en recherche de paternité, de divorce et de séparation de corps, d'avortement ;
— procès civils dont les tribunaux eux-mêmes ont interdit le compte rendu.

De même est interdite la publication d'informations sur les délibérations internes des tribunaux, ou du Conseil supérieur de la Magistrature.

On peut mentionner par ailleurs que la loi édicte certaines interdictions particulières, telles que : celle d'introduire à l'intérieur des salles d'audience des appareils d'enregistrement sonore ou des caméras de cinéma et de télévision (des lois de 1985 et 1990 autorisant toutefois, à l'issue des procès, la diffusion de débats judiciaires relatifs aux crimes contre l'humanité) ; celle d'organiser ou d'annoncer des souscriptions lancées pour acquitter des amendes ou des dommages-intérêts prononcés par des tribunaux ; celle de publier, avant l'intervention de la décision juridictionnelle définitive, des commentaires tendant à exercer des pressions sur les déclarations des témoins ou sur la décision des juridictions d'instruction ou de jugement ; celle de rappeler une condamnation effacée par l'amnistie ; celle de nuire gravement, par des informations, aux personnes qui ont des démêlés avec la justice, ou avec leur famille. Mais l'interdiction la plus importante pour la presse en matière judiciaire est celle qui provient de la rédaction donnée en 1958 à l'article 11 du Code de procédure pénale, aux termes de laquelle, « sauf dans les cas où la loi en dispose autrement et sans préjudice des droits de la défense, la procédure au cours de l'enquête et de l'instruction est secrète ». Ce secret de l'instruction s'applique aux magistrats instructeurs, à ceux du Parquet, aux officiers de police judiciaire, aux auxiliaires de la justice et aux avocats. Il a fait couler beaucoup d'encre, certains insistant sur les restrictions qu'il entraîne pour la liberté de l'information, d'autres mettant au contraire l'accent sur la nécessité de ne pas gêner la bonne administration de la justice en attirant l'attention du public sur certains faits ou actes dès la phase de l'instruction.

Le secret de l'instruction apparaît souvent, de fait, comme un principe réduisant la liberté d'information et de commentaire de la presse. Mais les excès nombreux, commis en la matière par certains journaux — même parmi ceux réputés les plus sérieux —, et qui nuisent gravement, de manière indélébile, à la réputation des personnes entendues dans le cadre d'instructions, conduit à regretter, dans l'absence d'une déontologie librement acceptée, que les dispositions du texte de 1958 ne soient pas rigoureusement appliquées aux organes de presse.

3) *Reproduction de crimes ou de délits*. — La loi du 29 juillet 1881 interdit la reproduction par l'image — photographies, dessins, portraits — de tout ou partie d'un des crimes ou délits suivants : meurtre, assassinat, parricide, infanticide, empoisonnement, menaces, coups et blessures volontaires ou involontaires, avortement, homicide, attentat à la pudeur, viol, proxénétisme, adultère.

Théoriquement, comme l'écrivent H. Blin, A. Chavanne et R. Drago, « toute reproduction de la maison du crime, de la pièce où il a eu lieu, des instruments ayant servi à le commettre, des moyens de transport utilisés, pourront tomber sous le coup de la loi. Quant aux motifs de l'infraction, dont la Cour de Paris affirme qu'ils peuvent être retenus, on peut imaginer qu'il pourrait s'agir, en cas de crime passionnel, de la photographie de celle pour laquelle le crime a été commis. En pratique, toute image se rapportant à l'infraction tombe sous le coup de la loi ».

On voit que, si cette loi était effectivement appliquée avec toute sa rigueur, un grand nombre des documents photographiques publiés par la grande presse quotidienne et périodique seraient visés.

4) *Informations relatives à des mineurs.* — Aux termes de l'ordonnance du 2 février 1945 et de la loi du 1er juillet 1965, il est interdit de publier un texte ou une illustration concernant l'identité et la personnalité d'un mineur délinquant, ou des comptes rendus de débats des tribunaux pour enfants.

Par ailleurs, depuis la loi de 1881, il est interdit de publier un texte ou une illustration concernant l'identité et la personnalité de mineurs de 18 ans qui ont quitté leurs parents ou la personne chargée de leur garde (sauf à la demande de ces parents ou de cette personne, ou avec l'autorisation du ministre de l'Intérieur, du préfet, du procureur de la République, du juge d'instruction ou du juge des enfants). Il est également interdit de publier tout texte ou illustration concernant le suicide d'un mineur de 18 ans.

5) *Protection de la santé publique.* — Un certain nombre de textes particuliers réglementent de façon stricte la publicité non autorisée en faveur de certains médicaments. Le Code de la santé publique réprime la provocation aux délits de production, détention, offre ou emploi de stupéfiants, et punit même (art. L. 630) la « présentation sous un jour favorable » des mêmes délits.

6) *Interdiction de publier de fausses nouvelles.* — L'ordonnance du 6 mai 1944 punit la publication de fausses nouvelles, faite de mauvaise foi, et susceptible de troubler la paix publique (et non plus, comme dans la loi du 29 juillet 1881, qui a *effectivement* troublé la paix publique).

Il doit s'agir de fausses *nouvelles* : c'est dire que le délit ne peut être constitué qu'à propos de faits, et en aucun cas d'opinions. La preuve de la mauvaise foi doit être apportée par le ministère public. Il est évident par ailleurs que l'expression « de nature à troubler la paix publique » peut prêter à des abus, et qu'une fois encore tout dépend de l'interprétation qui en est donnée par la jurisprudence ; mais il est clair que le texte actuel est moins libéral que celui de 1881.

Par ailleurs, depuis 1935, la loi a également prévu le délit de publication de fausses nouvelles « de nature à ébranler la discipline ou le moral des armées et d'entraver l'effort de guerre de la nation ».

7) *Provocation aux crimes et aux délits.* — La loi de 1881 a entendu proscrire les délits d'opinion ; mais elle sanctionne les *provocations* à certains crimes ou délits, soit lorsque ces provocations ont été suivies d'effets, soit, pour certains crimes, alors même qu'elles n'ont pas été suivies d'effets.

L'article 23 de la loi punit ainsi comme complices d'un crime ou d'un délit ceux qui auront provoqué l'auteur à commettre ce crime ou ce délit, si la provocation a été suivie d'effets : soit que le crime ou le délit ait été effectivement commis, soit tout au moins qu'une tentative ait été effectuée.

L'article 24 de la même loi punit par ailleurs la provocation directe à certains crimes ou délits, *même non suivie d'effets* dans les cas suivants : vol, meurtre, pillage, incendie, coups et blessures graves, sévices sur des enfants, destructions d'objets mobiliers ou immobiliers, crimes et délits contre la sûreté de l'Etat. Cette dernière mention conduit à s'interroger sur la réalité de la proscription du délit d'opinion dans le droit français, tant la notion de « sûreté de l'Etat » est vague et extensible. Fernand Terrou écrit fort bien à ce sujet : « A la vérité, si l'on peut bien distinguer entre les provocations directes à commettre des crimes et délits de droit commun et les manifestations d'opinion, la frontière est plus difficile à tracer entre certaines formes d'apologie ou de propagande ou de critiques qui doivent être interdites dans la mesure où elles peuvent produire des effets analogues et parfois plus intenses que des provocations, tout en constituant par nature des manifestations d'opinion. On glisse aisément de la répression des provocations à l'interdiction des opinions. Et il faut bien admettre que de plus en plus notre législation fait place à la répression d'opinions "subversives". »

Notons de surcroît que la loi punit la provocation à la désobéissance des militaires, ainsi que l'apologie des crimes et délits. Rappelons également que les fameuses « lois scélérates » du 12 décembre 1893 et du 28 juillet 1894, votées après l'assassinat de Carnot, s'attaquent particulièrement à la propagande anarchiste.

Enfin, un certain nombre de textes spéciaux répriment l'*incitation* à un certain nombre d'actes, tels que le refus ou le retard apporté au paiement de l'impôt ou le retrait de fonds de caisses publiques.

8) *Discrimination raciale.* — La loi du 1ᵉʳ juillet 1972 (contrairement à la loi de 1881, qui avait supprimé la répression des écrits « cherchant à troubler la paix publique en excitant le mépris ou la haine des citoyens les uns contre les autres », édictée par la loi du 11 août 1848), a entendu lutter contre la recrudescence des textes et articles incitant à la discrimination raciale. Elle punit :

— la diffamation envers toute personne ou tout groupe « en raison de leur origine ou de leur appartenance à une ethnie, une race ou une religion déterminée » ; les poursuites peuvent être intentées d'office par le ministère public ; les associations anti-racistes peuvent se constituer partie civile, après accord de la victime ;
— la provocation à la discrimination, à la haine ou à la violence pour les mêmes raisons ; les poursuites peuvent ici être intentées par le ministère public ou par une association anti-raciste, mais non par la victime elle-même.

Le Parlement a adopté, en juin 1990, une loi visant la discrimination raciale ou la provocation à cette discrimination. Cette loi institue un nouveau délit, relatif au « révisionnisme » concernant l'holocauste de la deuxième guerre mondiale.

9) *Outrage aux bonnes mœurs.* — Un certain nombre de lois punissent, lorsqu'il est perpétré par voie de presse et avec une intention coupable, le délit d'outrage aux bonnes mœurs. « Le terme même de "bonnes mœurs", notent H. Blin, A. Chavanne et R. Drago, apparaît de nos jours comme quelque peu suranné, reflétant par lui-même une certaine conception de la moralité bourgeoise du siècle dernier. Juridiquement, il ne correspond à rien de précis, de sorte que c'est, en définitive, aux magistrats, tant du siège que du parquet, qu'il appartient de déterminer les règles constitutives des bonnes mœurs, dont la notion revêt par là même un caractère éminemment subjectif. » Se fondant sur une étude de la jurisprudence, les mêmes auteurs pensent pouvoir préciser que « doit être comprise dans cette incrimination toute manifestation de la pensée ou de l'image qui, sans mériter la qualification d'obscène, et sans être spécialement licencieuse, fait appel par son caractère offensant pour la pudeur ou la recherche systématique d'une excitation érotique, aux instincts et aux appétits les plus grossiers de l'être humain ». Il est clair qu'en cette matière l'une des caractéristiques de la jurisprudence est de présenter un certain décalage par rapport à la réalité vécue de nombre d'individus ou de groupes sociaux.

B | *Régimes spéciaux à certaines publications*

En raison même de leurs caractères propres, certaines publications — celles qui sont destinées à la jeunesse et les publications étrangères —, se sont vu imposer des dispositions particulières.

1) *Les publications destinées à la jeunesse*. — La loi du 16 juillet 1949 vise en premier lieu « toutes les publications, périodiques ou non qui, par leur caractère, leur présentation ou leur objet, apparaissent comme *principalement destinées* aux enfants et adolescents ».

Elle précise que le contenu de ces publications ne doit « comporter aucune illustration, aucun récit, aucune chronique, aucune insertion présentant sous un jour favorable le banditisme, le mensonge, le vol, la paresse, la lâcheté, la haine, la débauche, ou tous actes qualifiés crimes ou délits ou de nature à démoraliser l'enfance ou la jeunesse ou à inspirer ou entretenir des préjugés ethniques ». On voit combien les interdictions qui sont faites à la presse des jeunes sont exorbitantes du droit commun : le mensonge, la paresse, la débauche, etc., ne constituent pas en effet en eux-mêmes des délits ; surtout, l'expression « de nature à démoraliser l'enfance et la jeunesse » est suffisamment vague pour que toutes les interprétations en soient possibles.

La même loi a institué une « Commission chargée de la surveillance et du contrôle des publications destinées à l'enfance et à l'adolescence », dont le rôle est d'attirer l'attention des autorités compétentes sur les manquements aux dispositions légales en la matière et de proposer des mesures pour que cessent ou pour que soient sanctionnés ces manquements. Cette Commission est présidée par un membre du Conseil d'Etat, désigné par le vice-président du Conseil d'Etat. Elle comprend des représentants : des administrations intéressées, de la presse des jeunes, des éditeurs de publications non destinées aux jeunes, des auteurs et des dessinateurs, des mouvements de jeunesse, des associations familiales, du corps enseignant, des magistrats pour enfants, des parlementaires. Tous ses membres sont nommés pour une durée de trois ans par le garde des Sceaux.

La Commission, qui se réunit au moins quatre fois par an, procède en fait aussi bien par recommandations directes aux éditeurs de publications que par suggestions au ministre de l'Intérieur (par exemple préconisant des mesures d'interdiction de vente aux mineurs de certains titres).

Par ailleurs la loi du 16 juillet 1949 traite des publications non pas spécialement destinées à la jeunesse, mais *présentant un danger* pour elle, alors même qu'il peut s'agir de publications n'ayant théoriquement aucun rapport avec un public d'enfants ou d'adolescents. L'article 14 de la loi interdit en effet de proposer, de donner ou de vendre à des mineurs de 18 ans « les publications de toute nature présentant un danger pour la jeunesse en raison de leur caractère licencieux ou pornographique ou de la place faite au crime ». Le ministre de l'Intérieur peut interdire l'exposition *et* la vente (ou n'interdire que l'exposition *ou* la vente) de ces publications aux mineurs. On sait que l'utilisation qui a été faite de ce texte en 1971 par

M. Marcellin à l'encontre du journal *Hebdo-Hara-Kiri* a fait renaître les controverses autour de la loi de 1949, dont un grand nombre d'éditeurs estiment qu'elle constitue une restriction inadmissible à la liberté de la presse, et dont beaucoup craignent tout à la fois qu'elle permette l'établissement d'un certain « ordre moral » et qu'elle autorise des interprétations abusives, comme précisément dans le cas précité.

Diverses dispositions ont par ailleurs, dans la période récente, visé à étendre les principes de protection de l'enfance et de la jeunesse à la communication audiovisuelle. Depuis la loi du 29 juillet 1982, l'organe régulateur de la communication audiovisuelle (aujourd'hui le Conseil supérieur de l'Audiovisuel) s'est vu reconnaître la mission de veiller au respect de la protection des enfants et des adolescents. Le règlement de la publicité radiophonique et télévisuelle, établi par la Régie française de publicité, impose aux annonceurs une particulière prudence en ce qui concerne les enfants, en interdisant l'emploi de procédés susceptibles de faire trop grande impression sur eux. On sait qu'au sein du Conseil supérieur de l'Audiovisuel, le comité spécial chargé de vérifier les publicités télévisées s'est montré à plusieurs reprises particulièrement sourcilleux en la matière.

2) *Presse étrangère.* — Théoriquement, les journaux étrangers sont soumis en France au droit commun, dans les mêmes conditions que les journaux français. En réalité, le régime n'est pas très éloigné de la censure de fait, puisque l'article 14 de la loi du 29 juillet 1881 (dont la rédaction actuelle est celle du décret-loi du 6 mai 1939) stipule que « la circulation, la distribution et la mise en vente en France des journaux ou écrits, périodiques ou non, rédigés en langue étrangère peut être interdite par décision du ministre de l'Intérieur. Cette interdiction peut également être prononcée à l'encontre des journaux et écrits de provenance étrangère rédigés en langue française, imprimés à l'étranger ou en France ». Dans la mesure où la juridiction administrative ne peut discuter des motifs invoqués par le ministre de l'Intérieur pour prononcer une telle interdiction, on voit que la possibilité pour des journaux étrangers d'être diffusés en France dépend de la seule appréciation du ministre.

En ce qui concerne l'audiovisuel, l'Etat français se réservant d'autoriser l'usage des fréquences radio-électriques sur le territoire national, et une convention internationale réglementant la répartition des fréquences entre Etats signataires (convention signée à Stockholm en 1961, modifiée en 1973 à Torremolinos et à Genève en 1975), l'administration dispose d'un moyen de contrainte matériel qui s'apparente à la saisie : le brouillage des émissions étrangères, considéré comme un acte de gouvernement, et que la jurisprudence considère comme licite, aussi bien en temps de paix qu'en temps de guerre.

C / Les saisies

En matière judiciaire, l'article 51 de la loi du 29 juillet 1881 prévoit que le juge d'instruction peut, dans les cas où le dépôt légal ou le dépôt judiciaire d'une publication n'a pas été effectué, faire saisir quatre exemplaires d'un journal, afin de s'assurer de son identité. C'est dire que le législateur a entendu limiter le plus possible le recours à la saisie.

Mais le problème se complique pour les journaux du fait de la pratique des saisies administratives. La saisie administrative des journaux est en général autorisée pour les cas où sont prévues des mesures d'interdiction. Elle est également prévue par l'article 702 du Code de procédure pénale, modifié par la loi du 15 janvier 1963 : « En vue d'éviter la divulgation d'un secret de la Défense nationale, il peut être procédé, même par voie administrative, à la saisie préventive des objets écrits, imprimés ou autres instruments de cette divulgation. »

La jurisprudence a par ailleurs admis les saisies dans la mesure où la diffusion des journaux présente un danger certain de trouble à l'ordre public.

Il faut enfin citer — ce sont celles qui ont été le plus souvent utilisées depuis la guerre d'Algérie — les saisies prévues par l'article 30 du Code de procédure pénale, qui ont souvent donné lieu à des pratiques abusives. Ce texte stipule que les préfets des départements (et le préfet de police à Paris) doivent, en cas d'urgence, requérir les officiers de police judiciaire pour faire tous actes à l'effet de constater les crimes ou délits contre la sûreté de l'Etat et d'en livrer leurs auteurs aux tribunaux. Le préfet qui fait usage de ce droit pour pratiquer une saisie doit aviser le procureur de la République. Il s'agit donc d'un acte de police judiciaire, qui ne devrait pas porter sur la totalité des exemplaires d'un journal, et qui devrait être suivi de poursuites judiciaires. On sait qu'en fait dans les années 1960 et 1970 un grand nombre de saisies irrégulières ont été pratiquées sous le couvert de cet article 30, utilisé en réalité pour interdire complètement la diffusion d'un numéro d'un journal, en l'absence de poursuites judiciaires.

D / Protection de personnes ou de groupements constitués

1) *Diffamation*. — Aux termes de l'article 29 de la loi du 29 juillet 1881, la diffamation consiste dans « toute allégation ou imputation d'un fait qui porte atteinte à l'honneur ou à la considération

de la personne ou du corps auquel le fait est imputé ». Lorsque la diffamation porte atteinte à une personne en raison des fonctions qu'elle exerce, elle n'est punissable que si son auteur ne rapporte pas la preuve des faits diffamatoires. Lorsqu'elle porte atteinte à la vie privée, la preuve des faits diffamatoires n'est pas admise ; elle est dans ce cas punissable même si ces faits sont exacts.

2) *Injures*. — D'après le même texte, l'injure consiste dans « toute expression outrageante, terme de mépris ou invectives qui ne comportent l'imputation d'aucun fait ». L'injure est punie plus sévèrement lorsqu'elle s'exerce envers les personnes publiques et les corps constitués que lorsque des particuliers sont visés.

3) *Offenses*. — L'offense au chef de l'Etat, qui englobe les injures et la diffamation envers le Président de la République, est prévue par l'article 26 de la loi du 29 juillet 1881. Ce délit est devenu plus courant sous la V⁰ République, sous les présidences du général de Gaulle et de G. Pompidou, étant donné le rôle politique important joué désormais par le chef de l'Etat, et étant donné que la Cour de cassation estime que l'offense adressée au Président de la République pour ses actes politiques atteint nécessairement sa personne.

Toutefois, la volonté personnelle de MM. Giscard d'Estaing et F. Mitterrand a pratiquement fait tomber ce délit en désuétude depuis 1974.

Par ailleurs, les articles 36 et 37 de la même loi punissent les offenses envers les chefs d'Etat et les ministres des Affaires étrangères étrangers, les outrages envers les représentants diplomatiques des Etats étrangers, et, depuis le décret-loi du 30 octobre 1935, l'offense envers les chefs de gouvernement étrangers.

4 | COMPÉTENCE ET RESPONSABILITÉ EN MATIÈRE DE DÉLIT DE PRESSE

En matière d'infractions de presse, la juridiction de droit commun est, depuis que l'ordonnance du 6 mai 1944 a donné une nouvelle rédaction à l'article 45 de la loi de 1881, le *tribunal correctionnel*. Notons que la cour d'assises est compétente, en vertu de l'article 23 de cette loi, pour ce qui concerne la provocation au crime, lorsque cette provocation a été suivie d'effets.

Le responsable à titre principal pour toute infraction de presse est *le directeur de la publication*, quelle que soit sa bonne foi personnelle en la matière. Peuvent être, de surcroît, poursuivis au titre de la complicité : les auteurs des articles incriminés, les imprimeurs, les vendeurs, les personnes auxquelles peut s'appliquer le droit commun de la publicité.

La loi de 1881 prévoit enfin un certain nombre de dérogations aux règles de procédure du droit commun (notamment interdiction de l'arrestation préventive, prescription de trois mois de l'action publique et de l'action civile). Mais ces dispositions spéciales ne sont applicables que dans le cadre des textes spéciaux sur la presse. Tous les autres délits, même s'ils sont commis dans la presse, se voient appliquer le droit commun.

3 / Périodes exceptionnelles

Un certain nombre de textes spéciaux prévoient la possibilité d'une intervention administrative directe pendant des périodes de crise. C'est le cas de l'article 16 de la Constitution de 1958, qui a une portée générale, puisqu'il permet au Président de la République, « lorsque les institutions de la République, l'indépendance de la nation, l'intégrité de son territoire ou l'exécution de ses engagements internationaux sont menacés d'une manière grave et immédiate et que le fonctionnement régulier des pouvoirs publics constitutionnels est interrompu », de « prendre les mesures exigées par les circonstances », après avoir recueilli un certain nombre d'avis. Il est clair que ces mesures, qui se traduisent par des « décisions », peuvent notamment concerner la presse, comme ce fut le cas en 1961 avec l'interdiction d'un certain nombre de feuilles ou de « lettres confidentielles ».

L'article 36 de la Constitution prévoit d'autre part un *état de siège* décrété en Conseil des Ministres, dont la prolongation au-delà de douze jours doit être autorisée par le Parlement. Cet état de siège, organisé par une loi du 9 avril 1949, permet notamment à l'autorité militaire d'interdire les publications qu'elle juge de nature à exciter ou à entretenir le désordre.

Enfin l'*état d'urgence* peut être décidé en Conseil des Ministres et prolongé au-delà de douze jours après un vote du Parlement, en cas de péril imminent résultant d'atteinte à l'ordre public ou en cas d'événements présentant par leur nature et leur gravité un caractère de calamité publique. Il permet notamment d'instituer un contrôle de la presse écrite, parlée ou filmée.

4 / Police de la diffusion des journaux

Les pouvoirs de police administrative sur la diffusion des journaux appartiennent aux maires sur le territoire de leur commune, aux préfets dans les communes où a été instituée la police d'Etat et aux préfets de police dans les collectivités territoriales où ils existent. Ces pouvoirs de police, qui doivent se faire dans un but d'ordre public, ne peuvent par ailleurs, selon la jurisprudence de la juridiction administrative, entraîner que des mesures qui soient proportionnées aux nécessités de l'ordre public.

L'une des mesures fréquemment prises par les autorités de police consiste à interdire la vente de toute publication dans certains lieux, ou à proximité de certains lieux (écoles, marchés, églises...).

Chapitre II

LA PUBLICITÉ
DANS LA PRESSE FRANÇAISE

La France est, on l'a vu (p. 86-88), un pays moyen, du point de vue publicitaire, si on compare sa situation avec celle des autres pays industriels modernes, même au niveau européen.

On examinera ici l'évolution et la répartition des investissements publicitaires réalisés en France, le volume de la publicité insérée dans la presse française et le rôle des organismes, agences et régies s'occupant du traitement et du contrôle de la publicité ainsi que de l'information des annonceurs et des publicitaires.

1 / Les investissements publicitaires en France

1 | L'ÉVOLUTION DES DÉPENSES PUBLICITAIRES GLOBALES

Depuis une trentaine d'années, d'après les données recueillies par l'Institut de Recherches et d'Etudes publicitaires, les dépenses de publicité ont augmenté de plus de 13 % par an. Le tableau suivant permet de constater l'importance de la progression en volume dans cette période.

Les dépenses de publicité sont évidemment liées à la conjoncture

Evolution des dépenses publicitaires françaises (1957-1988)
(en millions de francs courants)

1957	1 375
1960	2 055
1967	4 120
1970	5 700
1977	13 700
1980	20 300
1987	52 000
1988	58 300

Source : IREP.

Evolution de la pression publicitaire (1977-1987)

Années	Dépenses publicitaires (en millions de francs)	Progression annuelle des dépenses publicitaires (en %)	Evolution annuelle de l'indice des prix (en %)	Dépenses publicitaires		
				par tête (en francs)	par rapport au PIB (en %)	par rapport à la consommation des ménages (en %)
1977	13 700	+ 13,2	+ 9,3	258	0,83	1,19
1978	15 000	+ 9,5	+ 9,1	282	0,80	1,14
1979	17 400	+ 16	+ 10,8	326	0,81	1,16
1980	20 300	+ 16,7	+ 13,5	379	0,84	1,18
1981	23 200	+ 14,3	+ 13,4	430	0,86	1,17
1982	27 250	+ 17,4	+ 11,8	502	0,88	1,19
1983	32 300	+ 13,4	+ 9,6	591	0,95	1,28
1984	36 500	+ 13	+ 7,4	666	0,99	1,33
1985	40 000	+ 9,5	+ 5,8	726	1,01	1,35
1986	44 800	+ 12	+ 2,7	810	1,05	1,44
1987	52 000	+ 16	+ 3,1	935	1,18	1,68

Source : IREP.

économique générale du pays. Mais elles ont même connu, en France, une croissance supérieure à celle de la croissance économique générale. Le tableau précédent permet ainsi de comparer l'évolution de ces dépenses à celles d'autres séries statistiques.

On le constate : quel qu'ait été le niveau de l'inflation des dix dernières années prises en compte, la progression de la publicité a toujours été supérieure à l'augmentation du niveau des prix. Quel que soit par ailleurs l'indicateur de référence — que les dépenses publicitaires soient calculées par tête d'habitant, par rapport au produit intérieur brut marchand ou par rapport à la consommation des ménages —, l'investissement publicitaire a connu une hausse permanente. Celle-ci est particulièrement sensible dans les années 1980, et plus nettement encore dans la période 1983-1987 : l'investissement publicitaire passe de 1,28 % de la consommation des ménages en 1983 à 1,68 % en 1987 ; il passe de 0,95 % à 1,18 % du PIB ; dans le même temps, les dépenses par Français passent de 591 F à 935 F, en francs courants. On remarquera que cette période correspond, après une stagnation de la période 1981-1982, sensible également dans ces données, à un redémarrage de l'économie, et à la multiplication des canaux, notamment de télévision, offerts aux publicitaires.

Deux experts français, Bernard Brochant et Jacques Lendrevie, expliquent par six séries de facteurs la croissance des dépenses publicitaires — croissance qui devrait, pour les mêmes raisons, se poursuivre dans les années à venir :

— *développement de la concurrence :* les marchés de premier équipement (électroménager, automobile...) ne sont plus que de vieux souvenirs ; les derniers marchés qui paraissaient protégés ou peu concurrentiels (banques, assurances, transports aériens intérieurs...) sont désormais menacés par la déréglementation et la disparition des protectionnismes nationaux. La règle générale devient partout la concurrence. Les entreprises innovent et dépensent de plus en plus en communication pour lancer des produits nouveaux et défendre leurs marques. « Plus le bruit publicitaire est élevé, plus il faut dépenser pour se faire entendre » ;
— *banalisation des produits et services :* produits et services se ressemblent de plus en plus. Les entreprises ont besoin de faire opérer des distinctions par les consommateurs. La création de marques à image forte est ainsi une « différence ajoutée » par la publicité ;
— *saturation croissante des consommateurs :* les consommateurs sont de plus en plus indifférents et rassasiés. Pour mobiliser leur attention, il faut plus de créativité, plus de spectacle, plus de pression publicitaire ;

— *rôle de la distribution :* les marques peu connues sont mal acceptées par les grands distributeurs ; les marques fortes se vendent mieux, obtiennent rapidement une excellente couverture du marché et bénéficient d'un meilleur *merchandising* (emplacements, longueur des linéaires dans les grandes surfaces) ;

— *accroissement des coûts médiatiques :* les coûts de la publicité sont de plus en plus élevés, qu'il s'agisse du coût général d'accès aux médias (voir chap. III, section 3), ou du fait que la multiplication des chaînes fragmente les audiences et oblige à une dépense plus forte pour couvrir l'ensemble du marché ;

— *accroissement des coûts de création :* c'est surtout vrai de la télévision ; « la production d'un spot de trente secondes coûte en moyenne plus d'un million de francs. Il n'est pas rare d'atteindre trois ou quatre millions de francs, parfois beaucoup plus ».

2 | LES DÉPENSES PUBLICITAIRES PAR TYPE DE PUBLICITÉ

On dispose de statistiques permettant de suivre l'évolution des dépenses publicitaires en France, par type de publicité employée, depuis un demi-siècle (voir tableau suivant). Cette évolution est intéressante à plus d'un titre.

La part globale consacrée aux « grands médias », et plus particulièrement à la presse écrite et audiovisuelle, n'a finalement que peu varié au cours des décennies. Mais, au sein de ce relatif équilibre média/hors-média, que de bouleversements ! Seul l'affichage conserve, contre vents et marées, sa part de marché. Mais la presse écrite, stable jusque-là, a connu une chute spectaculaire dans la dernière période — au profit de la télévision bien sûr. La radio, dont la montée a été progressive jusqu'aux années 1970, a connu elle aussi, et pour les mêmes raisons, un effritement sensible ensuite. Le cinéma a, de son côté, joui peu de temps de son privilège de pouvoir montrer des images aux consommateurs...

Quant à la « vogue » du « hors-média », à l'ordre du jour chez les publicitaires depuis qu'ils ont découvert les effets de la saturation médiatique sur les Français, elle est encore timide (l'ensemble de ce secteur n'a gagné qu'un point en trente ans !), et renoue en fait avec... la tradition d'avant-guerre. Les contours du « hors-média » ont néanmoins changé, le sponsoring et les opérations de promotion publicitaire étant désormais privilégiés.

Evolution des dépenses publicitaires, par type de publicité (en %)

	1938	1959	1968	1987
Presse écrite	43	43,2	42,6	29,5
Télévision	—	0,3	2,1	17,5
Affichage	8,1	8,6	7,3	9
Radio	4	6,1	9,4	5,5
Cinéma	0,8	5,2	1,4	1
Total « grands médias »	55,9	63,4	62,8	62,5
(dont presse écrite, radio, TV)...	(47)	(49,6)	(54,1)	(52,5)
Promotions		7	10,6	17
Publicité directe, édition d'imprimés publicitaires	} 36,5	} 15,8	} 17,8	9 } 14,5
Publicité sur le lieu de vente (PLV)				5,5
Expos, foires, salons	1,8	7,4	3,6	1,5
Insertions, annuaires, programmes...	} 5,8	0,8	0,6	0,5
Autres, divers		5,6	4,6	4
(dont sponsoring, mécénat)...	(—)	(—)	(—)	(3,5)
Total « hors-média »	44,1	36,6	37,2	37,5
Total	100	100	100	100

Sources : B. de Plas, H. Verdier pour 1938 ; IREP pour les années suivantes.

S'agissant de la situation actuelle, et plus précisément des médias, le phénomène notable reste la part désormais réduite de l'investissement publicitaire qui arrose la presse écrite. Voilà bien la racine de la « crise de la presse écrite »... Encore convient-il de distinguer les différentes formes de presse écrite. A cet égard, notre tableau suivant est éclairant : l'évolution de ces dernières décennies a fortement favorisé la presse spécialisée, technique et professionnelle, dont on comprend qu'elle satisfasse les publicitaires : elle offre aux annonceurs des cibles de lecteurs particulièrement intéressés à certaines catégories de produits et de services, puisque chacune de ces publications est spécialisée par secteur d'activité.

Investissement publicitaire et presse écrite (1967-1986) (en %)

	1967	1971	1986
Quotidiens	33,6	36,8	29,3*
Magazines	63,3	53,6	38,7
Presse spécialisée	3,1	9,6	16,7
Journaux gratuits		**	15,3
Total	100	100	100

* Dont 7,6 % aux quotidiens parisiens et 21,7 % aux quotidiens de province.
** Non pris en compte en 1971.

Sources : Confédération de la publicité française (1967), SECODIP (1971), IREP (1986).

Les vingt-cinq dernières années ont également vu apparaître, et se développer, les « gratuits », financés par la seule publicité, qui empochent aujourd'hui plus de 15 % de l'investissement publicitaire se dirigeant vers la presse écrite.

En revanche, les quotidiens et la presse magazine voient réduire leur part comme peau de chagrin (encore convient-il d'être circonspect sur la presse magazine, dans la mesure où certaines publications, jadis étiquetées « magazines », sont aujourd'hui classifiées comme « spécialisées »). Pour être complet, il convient toutefois, en ce qui concerne la presse écrite, d'ajouter à la publicité proprement dite les recettes provenant des *petites annonces*. On verra, dans le tableau suivant,

Publicité et petites annonces dans la presse écrite (1986)
(en millions de francs)

	Publicité	PA	Total	PA : % total
Presse quotidienne Paris	1 125	830	1 955	10,9
Presse quotidienne Province	3 240	960	4 200	23,4
Journaux gratuits	2 285	355	2 640	14,7
Presse magazine	5 765	355	6 120	34,2
Presse spécialisée	2 495	510	3 005	16,8
Total	14 910	3 060	17 920	100

Source : IREP.

que ces « PA » représentent, en volume, un apport non négligeable pour la presse (puisqu'elles pèsent pour près de 17 % dans le total publicité + petites annonces).

En incluant les petites annonces, la part de la presse magazine — qui en publie évidemment moins — se voit encore réduite. On constate également, à la lecture de ces chiffres, combien la « manne » publicitaire totale est plus importante dans l'ensemble des quotidiens de province qu'elle ne l'est dans les quotidiens parisiens.

3 | LES DÉPENSES PUBLICITAIRES PAR SECTEUR D'ACTIVITÉ ÉCONOMIQUE

Selon l'IREP, la répartition des dépenses de publicité s'est opérée comme suit (en 1987), par secteur d'activité (dépenses médias et hors médias) :

	Milliards de francs	%
Alimentation, boissons	12	23,1
Equipement et entretien de la maison	8,1	15,6
Culture, loisirs, distractions	7,75	14,9
Hygiène, beauté	6	11,5
Transports, communication, tourisme	5,65	10,9
Services	5,35	10,3
Distribution	5,1	9,8
Habillement	2,05	3,9
Total	52	100

Source : IREP.

On constate que certains des plus gros secteurs annonceurs — alimentation, équipement et entretien de la maison, hygiène et beauté — sont précisément ceux dont les dépenses « médias » sont les plus importantes, et qui ont conçu le plus fort engouement pour la télévision dans les deux dernières décennies. On comprend dans ces conditions que l'inquiétude des entreprises de presse écrite ne puisse être que renforcée à la lecture de ces statistiques.

S'agissant des annonceurs individuels, le tableau suivant recense les plus importants. On y retrouve logiquement les grandes firmes automobiles, les conglomérats qui produisent et distribuent des produits de beauté, des produits alimentaires et des produits d'entretien (Henckel produit le fameux « Minimir »). On y trouve aussi deux organismes publics (Loterie nationale et France Télécom), et l'on y voit apparaître — tant la concurrence est vive dans ce secteur — deux stations de radio « périphériques » (Europe 1 et RTL).

Les principaux annonceurs (1987)
Dépenses publicitaires (cinq médias) (en millions de francs)

1.	Renault	655	11.	Fiat	213
2.	Nestlé	346	12.	Intermarché	185
3.	Procter & Gamble	341	13.	Volkswagen	184
4.	Colgate/Palmolive	320	14.	General Motors	183
5.	PSA/Peugeot	297	15.	Philips	180
6.	Loterie nationale	295	16.	Elida Gibbs	173
7.	Henckel	287	17.	Gervais/Danone	170
8.	PSA/Citroën	267	18.	France Télécom	158
9.	Ford	263	19.	Europe 1	157
10.	Unilever	262	20.	RTL	157

Source : SECODIP.

2 / L'importance de la publicité dans les recettes des entreprises de presse

La publicité représente une part souvent cruciale des recettes des entreprises de presse. Ce phénomène, rappelé ici pour mémoire, est analysé avec plus de détail à propos de l'équilibre financier des journaux (p. 170-175) et de la radio-télévision (p. 277-283 et p. 294-299).

3 / Organismes d'enquête et de contrôle sur la publicité et la presse

Un certain nombre d'organismes regroupent en France des représentants des annonceurs, des publicitaires et des entreprises de presse, aux fins de promouvoir des enquêtes ou des contrôles sur la presse et la publicité.

1 | L'OFFICE DE JUSTIFICATION DE LA DIFFUSION (OJD)

Créé en 1922, sous la dénomination « Office de Justification des Tirages », l'OJD, qui groupe essentiellement l'Union des Annonceurs, la Fédération française de la Publicité et la Fédération nationale de la Presse française, procède, à la demande des journaux, à l'homologation de leurs tirages et de leur diffusion réelle. Les journaux ont intérêt à adhérer à l'OJD et à acquitter les frais de tels contrôles, car cela leur permet de fournir aux annonceurs et aux publicitaires des renseignements précis et crédibles sur leur tirage et leur diffusion globale moyenne annuelle, la distinction entre les exemplaires vendus par abonnements, les exemplaires vendus par les dépositaires et les services gratuits, les variations saisonnières mensuelles et la structure géographique de leurs ventes. L'OJD contrôle la diffusion d'environ 750 publications — soit à peu près 80 % de l'ensemble de la presse écrite.

2 | LE BUREAU DE VÉRIFICATION DE LA PUBLICITÉ (BVP)

Créé en 1954 pour remplacer l'Office de Contrôle des Annonceurs, le BVP a reçu, en janvier 1971, de nouveaux statuts. Il s'agit d'une association patronnée par les organisations professionnelles des annonceurs, des publicitaires et de la presse, des entreprises de presse à titre individuel, du Conseil national du Commerce et de l'Institut national de la Consommation. Les objectifs sont triples : mener une action « en faveur d'une publicité loyale, véridique et saine » ; dire, chaque fois qu'on lui en adresse la demande, si une annonce publicitaire est conforme aux textes réglementaires en vigueur ; faire cesser les manquements constatés aux textes officiels régissant la publicité aussi bien qu'aux règles de la profession. La cotisation au BVP varie selon leur tirage pour les journaux, leur chiffre d'affaires pour les agences de publicité et leur budget de publicité pour les annonceurs. L'action du BVP ne semble malheureusement pas empêcher de nombreux écarts, de la part de nombreuses publications, par rapport à une déontologie élémentaire, voire même par rapport à la législation (qu'on pense par exemple aux publicités rédactionnelles clandestines, ou aux annonces payantes qui se confondent avec les pages rédactionnelles...).

3 | LE CENTRE D'ÉTUDES DES SUPPORTS DE PUBLICITÉ (CESP)

Travaillant avec l'aide d'instituts de sondage, le CESP, créé en 1954 par les organisations d'annonceurs, de publicitaires et de la presse, a pour mission d'étudier les lecteurs et les auditeurs. Les analyses du CESP, effectuées à partir de quatre grandes vagues d'enquêtes annuelles portant sur les lecteurs de la presse écrite (15 000 interviews au total) et des auditeurs de la radio et de la télévision (12 000 interviews), portent sur le sexe, l'âge et les catégories socio-professionnelles, l'habitat et des éléments du train de vie des consommateurs de presse en France, par titre.

Les méthodes d'enquête du CESP ont souvent fait l'objet de critiques, de même que la notion très extensive qu'il a du « lecteur » (des journaux qui traînent dans les salles d'attente des médecins ou dans les salons de coiffure sont ainsi crédités d'un nombre de « lecteurs » qui n'ont aucun rapport avec leur chiffre de diffusion). Il reste que, malgré de réelles imperfections, le CESP donne des résultats indispensables à une meilleure connaissance du public de la presse française. Il est considéré, dans les milieux professionnels du marketing et de la publicité de presse, comme une véritable « bible », à partir de laquelle sont effectués les plans-médias, et calculés les tarifs de publicité.

4 | MÉDIAMÉTRIE

Créée en 1985 sous forme de société anonyme pour succéder à l'ancien service d'études d'opinion de l'ORTF, *Médiamétrie* réunit, en son capital, le secteur public de radio-TV (Radio-France, A2, FR3, l'INA — au total pour plus de 40 %), le secteur privé de radio-TV (RMC, Europe 1, TF1, Canal Plus, La Cinq, pour plus de 24 %) et les publicitaires et annonceurs (UDA, Publicis, Eurocom, SGGMD, FCB, DDB-Needham, pour 35 %).

Cette société, sous-traitant le recueil des données à plusieurs instituts de sondages, gère de manière impartiale la mesure des audiences — et la radiographie sociologique des audiences de chaque chaîne de radio et de télévision — grâce notamment à l'*Audimat* (mesure de l'audience de TV par foyer), au *Mediamat* (mesure de l'audience individuelle de TV, grâce à de petites boîtes noires, équipées de boutons-poussoirs individuels, placées sur les récepteurs de télévision d'un échantillon national représentatif des téléspectateurs), et à « l'enquête 55 000 », étude de suivi permanent de l'audience de la radio, de l'équipement audiovisuel et de la réception des nouvelles chaînes.

5 | L'INSTITUT DE RECHERCHES ET D'ÉTUDES PUBLICITAIRES (IREP)

Le rôle de l'IREP est de rechercher et de diffuser toutes les informations qui apparaîtraient utiles pour améliorer la publicité, mettre en commun les expériences réalisées en ce domaine et promouvoir des études sur le phénomène publicitaire. Il a constitué des collèges d'études spécialisées par problèmes. Depuis 1957, il publie régulièrement d'indispensables statistiques — dont un certain nombre ont été citées plus haut —, concernant l'évolution et la répartition des investissements publicitaires en France.

6 | ORGANISMES D'ÉTUDES ET DE SONDAGES

Les budgets de publicité destinés aux médias ont pris une telle importance que les annonceurs et publicitaires ont par ailleurs recours à de nombreuses mesures de l'opinion, pour préparer ou tester leurs campagnes. La plupart des grands instituts — SOFRES, BVA, ISL, CSA, IPSOS, IFOP, Cofremca, etc. — conduisent ainsi d'innombrables travaux quantitatifs et qualitatifs, sur ce terrain. Des sociétés spécialisées — au premier rang desquelles la SECODIP — effectuent par ailleurs des « piges » systématiques, relevant toutes les insertions publicitaires dans les divers médias, de manière que chaque annonceur puisse connaître l'importance et la structure des budgets publicitaires de ses concurrents.

Signalons enfin que la publication bimestrielle *Tarif média* fournit le tarif détaillé de la quasi-totalité des supports de presse paraissant en France.

Chapitre III

LA CONCENTRATION
DE LA PRESSE FRANÇAISE

Le nombre de quotidiens paraissant en France est, depuis la Libération, en constante diminution. Avant 1939, 32 quotidiens d'information générale étaient édités à Paris ; on en retrouve 34 à la Libération. Petit à petit, beaucoup sont amenés à fermer leurs portes, et en 1989 la presse quotidienne parisienne ne compte plus que 8 titres, auxquels il faut ajouter trois quotidiens spécialisés dans l'économie ou le sport. Dans la presse de province, le mouvement est comparable. On passe de 172 quotidiens édités à la Libération à 70 aujourd'hui.

On assiste donc à un phénomène très net de concentration des titres, phénomène qui se manifestait d'ailleurs déjà avant la guerre, mais qui s'est depuis lors accéléré.

Ce mouvement n'a guère affecté les chiffres de tirage global de la presse. Celui-ci, malgré des variations épisodiques, est resté relativement constant depuis quarante ans. Cette constance — dont on peut estimer par ailleurs qu'elle est préoccupante, étant donné l'augmentation de la population pendant la même période — indique que les « grands » journaux se sont développés au détriment des petits. En province même, de plus en plus souvent, il ne subsiste plus qu'un journal régional à la disposition des lecteurs.

Ce mouvement, inexorable semble-t-il, vers une concentration toujours plus poussée est rendu nécessaire par des raisons essentiellement économiques ; il prend aujourd'hui des formes diverses.

1 / Les causes de la concentration

La concentration des entreprises de presse a des causes dont certaines sont générales et sont identiques à celles qui provoquent la concentration dans d'autres secteurs industriels, et dont d'autres sont spécifiques à la presse.

1 | RECHERCHE DE LA RENTABILITÉ

Comme dans toute entreprise, la concentration permet dans la presse d'opérer des réductions de coûts — salaires, frais de gestion et de production — et d'acquérir sur le marché une position plus concurrentielle — tant auprès des lecteurs que des annonceurs, des publicitaires que du réseau de diffusion.

Les opérations de concentration ont permis ainsi de sensibles diminutions de charges, au profit des entreprises qui en ont bénéficié, notamment dans les postes : production, transports et propagande ; elles ont permis aux journaux d'offrir aux annonceurs une surface publicitaire plus étendue. Dans certains cas, elles ont entraîné de substantielles économies de lignage et de rédaction.

C'est surtout au niveau de la fabrication et de la diffusion que les réductions de charges sont les plus nettes. Elles sont cependant importantes également dans certains cas au niveau de la rédaction. Ainsi, dans le cas de l'accord entre *Le Progrès de Lyon* et *Le Dauphiné Libéré*, conclu en 1966, le nombre des agences locales des deux journaux passait de 104 à 52, celui des imprimeries passant de 4 à 1 (130 employés ou salariés des services techniques étant licenciés).

Il faut noter toutefois que de tels types de concentration technique, fréquents à Paris, sont relativement rares en province à ce jour, étant donné les distances qui séparent les lieux de confection des différents journaux : il ne serait certes pas aisé d'opérer une concentration technique totale d'un quotidien lillois et d'un quotidien marseillais ! Aussi, si les accords de concentration au niveau des unités de production sont relativement rares en province, on y rencontre plutôt des accords plus souples, comportant notamment une rationalisation des zones de diffusion[1] ou une mise en commun des recettes publicitaires.

Toutefois, l'utilisation de services rédactionnels centralisés et de moyens modernes de composition et d'impression, notamment l'impression de pages à distance par *fac-similé*, permet à des entreprises de presse locales appartenant à des groupes de presse parisiens de réaliser de substantielles économies d'échelle, en termes de rédaction aussi bien que de fabrication. Qu'on songe par exemple aux luxueux suppléments « télévision » des titres du groupe Hersant, ou aux services de l'agence de presse Hachette.

2 | HAUSSE DES COÛTS ET PERSPECTIVES D'INVESTISSEMENTS

Guidées par la recherche d'un profit supérieur, les entreprises de presse ont été par ailleurs vivement incitées à se regrouper, étant donné l'augmentation importante de certains de leurs coûts de production : on sait que le prix du papier journal, les frais de distribution et les charges salariales notamment (voir chap. IV) ont connu dans la presse des mouvements de hausse difficiles à subir pour des entreprises petites ou moyennes.

Par ailleurs, dans ces dernières décennies, les perspectives d'investissements dans l'industrie de la presse devenaient considérables : à la mise en place de techniques nouvelles et coûteuses dans l'imprimerie correspondait en effet une préférence de plus en plus nette du public pour des journaux à pagination importante, d'une présentation plus luxueuse (offset, couleurs), cependant que les annonceurs eux-mêmes exigeaient de leurs supports des caractéristiques comparables (couleurs, qualité de reproduction des annonces).

On comprend aisément dans ces conditions qu'un certain nombre d'entreprises n'aient pas pu, pour des raisons purement financières, consentir à cet effort important et désormais indispensable d'équipement, et que cela les ait conduites, selon les cas, à la mort plus

---

1 Il existe par exemple des accords sur les aires de diffusion entre *Le Provençal* et *Nice-Matin*, entre *Sud-Ouest* et *La Dépêche du Midi*, entre *L'Est Républicain* et *Le Républicain Lorrain*. Aux termes d'un accord original conclu en 1988, *La Tribune - Le Progrès* s'est retirée de l'Allier ; en contrepartie, *La Montagne*, *Le Journal du Centre* et *Le Berry Républicain*, édités par le groupe Centre-France, ont pu vendre le supplément *TV Magazine* du groupe Hersant avec leurs éditions dominicales.

ou moins lente ou à l'absorption à l'intérieur d'un groupe plus puissant, lui-même désireux d'étendre sa surface.

3 | INQUIÉTUDES QUANT AUX RECETTES

En même temps qu'elle devait faire face à des dépenses nouvelles, la presse connaissait des préoccupations concernant ses recettes. Le prix de vente des journaux s'est en effet trouvé pendant longtemps limité par la puissance publique, cependant que les recettes publicitaires étaient à leur tour menacées par la perspective puis par la réalité de l'introduction de la publicité de marques à la télévision. Devant ces menaces, là encore, la solution consistait dans le regroupement.

4 | CONCURRENCE D'AUTRES LOISIRS

La presse informe, mais elle a aussi, on l'a noté, une fonction essentielle de distraction aux yeux des lecteurs. Or ceux-ci sont de plus en plus sollicités par d'autres types de loisirs, qui souvent laissent peu de goût et de temps pour la lecture des journaux : l'automobile, la télévision par exemple. Les journaux doivent donc faire un effort important pour « accrocher » le lecteur récalcitrant, effort qui doit porter aussi bien sur la qualité rédactionnelle, la présentation, les illustrations, que sur les moyens commerciaux à mettre en œuvre pour « aller chercher » ce lecteur. Là encore, cette volonté de résister à la concurrence coûte cher, et n'est guère à la portée que de grandes unités de production.

2 / Les formes de la concentration

La concentration de la presse écrite française a pris ces dernières années des formes diverses, depuis la disparition pure et simple de certains titres jusqu'au seul rapprochement de journaux jusque-là concurrents.

1 | DISPARITION DE CERTAINS TITRES

Les conditions d'exploitation modernes ont contraint certaines entreprises non rentables à faire cesser la parution de leur journal. Cela a été le cas, on le sait, de plusieurs organes de presse de formations politiques depuis la guerre : on a assisté ainsi à la disparition de *L'Aube*, quotidien du MRP, de plusieurs quotidiens communistes, du *Populaire*, organe du Parti socialiste, et de *La Nation*, quotidien de la formation gaulliste. Mais la presse de parti n'a pas été la seule à connaître ce sort cruel ; nombre de titres d'information générale ont également été amenés à disparaître, comme *Paris-Presse*, dont le dernier numéro parut en juillet 1970, *Paris-Jour*, disparu en janvier 1972, *Combat*, mort en août 1974.

On se rappellera aussi que certains nouveaux venus dans le paysage de la presse quotidienne n'ont pas réussi à s'installer durablement, pour des raisons financières : *L'Imprévu, La Tribune de Paris, J'Informe, Le Matin*.

2 | FUSIONS, ABSORPTIONS, RACHATS DE TITRES

Il existe depuis la Libération de très nombreux exemples de concentrations de titres allant jusqu'à la fusion complète de journaux jusque-là autonomes. On peut citer par exemple les étapes qui ont amené à la disparition de *L'Aurore* : les journaux *Paris-Matin* et *Résistance* fusionnaient en 1946 pour donner naissance à *Ce Matin*, lequel fusionnait en 1948 avec le journal *Le Pays*, pour donner naissance à *Ce Matin - Le Pays* ; et ce dernier était, en mars 1953, absorbé par *L'Aurore*, elle-même finalement absorbée, en plusieurs étapes, par *Le Figaro*. On peut citer également le cas de *L'Equipe*, racheté en 1965 par *Le Parisien Libéré*, ou celui de *L'Intransigeant*, racheté en 1948 par *Paris-Presse*, celui-ci entrant la même année dans le groupe *France-Soir*.

Le même type de processus s'est déroulé en province. *Centre-Presse* — devenu ensuite *Centre-France* — a ainsi été créé à partir de plusieurs quotidiens indépendants : *Limoges-Matin, Le Libre Poitou, Berry-Matin, Dordogne-Soir, Brive-Information, Creuse-Matin, Le Cantal Indépendant* et *Le Rouergue Républicain*.

La conséquence de ces absorptions diverses a été le renforcement constant des groupes de presse, et la disparition de la plupart des petits journaux indépendants.

Encore faut-il noter que la souplesse nouvelle permise par l'évolution de techniques moins onéreuses a permis le lancement de nouveaux titres durables sur le marché *(Libération)*. Mais cela est vrai de la presse nationale, ou des hebdomadaires de province, non de la presse *quotidienne* régionale.

3 | LES GROUPES DE PRESSE

La plupart des grands journaux français appartiennent à des « groupes » de presse, c'est-à-dire à des ensembles dépendant d'une même puissance financière. Yves L'Her a ainsi défini le groupe de presse comme étant « un faisceau de titres divers, soumis à une même puissance financière, qui peut être un homme, une société ou un jeu de sociétés animées par une même personne, dont l'influence est primordiale dans les conseils d'administration ».

Les cinq premiers groupes de presse français réalisent 55 % du chiffre d'affaires du secteur. Quatorze groupes ont, pendant l'exercice 1988, dépassé le milliard de francs en chiffre d'affaires (voir tableau). Mais, on le voit, deux de ces groupes font figure de super-grands : Hachette et Hersant.

A) *Hachette*. — La Librairie Hachette, fondée en 1826, a d'abord un très important secteur d'édition (Hachette, Grasset, Stock, Les Livres de Poche, Lattès, Guide Bleu, Trévise, Librairie des Champs-Elysées, participation aux Editions Dupuis, Rombaldi, Humanoïdes associés, etc.), de diffusion de livres (150 millions de volumes diffusés par an), et un réseau de tabacs, buralistes et marchands de journaux (notamment dans les gares et les aéroports). Ces activités d'éditeur et de diffuseur dépassent largement l'hexagone, pour s'étendre aux Etats-Unis (où Hachette a, en 1988, racheté les Editions Grolier), au Canada, à l'Espagne, à la Belgique.

Hachette possède également, par l'intermédiaire de diverses filiales, des intérêts dans des secteurs commerciaux très divers, mais liés à la communication (disques, papiers, imprimeries...). On sait par ailleurs (voir section sur « La distribution de la presse en France », p. 183-188) que Hachette possède 49 % des parts des NMPP (Nouvelles Messageries de la Presse parisienne).

L'ensemble des activités de Hachette a représenté, en 1988, un chiffre d'affaires de plus de 23 milliards de francs — dont la moitié a été réalisée hors de France. Dans ce total — où le secteur « livre » pèse pour 5,4 milliards, la distribution et les services pour 8 milliards — l'édition de presse écrite compte pour 8,4 milliards de francs et les autres médias, radio (Europe n° 1), affichage (Giraudy), télévision (Télé-Hachette, Hachette première) pour 1,4 milliard seulement. On comprend dans ces conditions — pour un grand groupe mondial de communication — combien Hachette, encore faible dans ce secteur, a enregistré comme un grave échec le fait de ne pas se voir attribuer de participation au capital de TF1, au moment de la privatisation de la grande chaîne française de télévision, et pourquoi le groupe a tenu à participer, à partir de mai 1990, au nouveau « tour de table » de La Cinq, puis à accroître sa participation de manière à en assurer la présidence, en octobre 1990.

Principaux groupes de presse
(dépassant un milliard de francs de chiffre d'affaires)

	Chiffre d'affaires 1988 (milliers de francs)	Résultats 1988 (milliers de francs)	Effectifs 1988
1. Hachette-Presse	8 375 000	+ 272 000	7 210
2. Hersant	7 200 000	− 400 000	9 800
3. Editions mondiales	2 000 000	n.c.	1 080
4. Ouest-France	1 777 300	+ 60 480	2 499
5. CEP Communication	1 761 000	+ 155 000	1 450
6. Prisma Presse	1 681 268	n.c.	436
7. Editions Amaury	1 642 000	+ 13 500	1 600
8. Publications Filipacchi	1 619 637	+ 106 667	860
9. Bayard Presse	1 336 708	+ 4 658	1 813
10. Le Monde	1 238 859	+ 36 290	1 174
11. Publications Vie catholique	1 155 915	− 1 714	1 147
12. Sud-Ouest	1 150 626	n.c.	2 171
13. Groupe L'Express	1 062 000	+ 25 600	480
14. Groupe Expansion	1 007 106	n.c.	632

n.c. = non communiqué.

Source : *L'Expansion*.

En ce qui concerne la presse écrite, la diffusion totale payée des journaux et magazines du groupe Hachette a représenté, en 1987, 8 720 450 exemplaires en France en moyenne mensuelle. Selon ce critère de diffusion, Hachette est le premier groupe de presse français, devançant Hersant.

Le groupe Hachette contrôle 75 titres en France et dans le monde, notamment : des quotidiens de province, avec le groupe *Le Provençal (Le Provençal, Le Méridional, Le Soir, Var-Matin, Nîmes-Matin), Les Dernières Nouvelles d'Alsace, L'Echo Républicain* — soit au total 9 % de la presse régionale ; des périodiques nationaux aussi divers que *Télé 7 Jours, Elle* (et ses éditions étrangères aux Etats-Unis, au Brésil, à Hong-kong, en Arabie Saoudite, en Allemagne, en Italie, en Suède...), *France-Dimanche, Le Journal du Dimanche, Parents, Vital, Première, Onze, Le Nouvel Economiste,* l'édition française de *Fortune* (en collaboration avec Time Inc.), *Vidéo 7, Le Journal de Mickey* — soit au total 20 % de la presse magazine française.

Hachette a racheté en 1988, aux Etats-Unis, le groupe de presse Diamandis et les Editions espagnoles Salvat. Elle contrôle 36,2 % des parts du groupe Amaury (voir ci-après), bénéficie d'une alliance, avec participations croisées, avec le groupe Filipacchi (voir ci-après) et possède 34 % de l'imprimerie du *Monde*.

B) *Hersant.* — Constitué dans l'immédiat après-guerre à partir du succès de *L'Auto-Journal,* ce groupe, principalement organisé autour de la société holding Socpress, est animé par M. Robert Hersant, personnalité fortement contestée pour son attitude pendant l'Occupation et les modalités de l'ascension de son « empire ».

Il comprend une trentaine de titres, totalisant en 1987 une diffusion globale mensuelle payée de 7 697 640 exemplaires : deux quotidiens parisiens, *Le Figaro* (et ses satellites, *Le Figaro Magazine, Le Figaro Madame* et *Le Figaro TV,* qui a donné naissance à *TV Magazine,* servant de suppléments aux quotidiens du groupe) et *France-Soir* ; des quotidiens de province, comme *Le Dauphiné Libéré, Le Progrès, Paris-Normandie, Nord-Matin, Nord-Eclair, Le Havre-Presse, La Liberté du Morbihan, L'Eclair, Presse-Océan, L'Union de Reims,* et des titres aussi variés que *Paris-Turf, Jours de France, L'Auto-Journal, Sport-Auto, L'Indicateur Bertrand, L'Ami des Jardins, Champagne Dimanche, France-Antilles, Les Nouvelles Calédoniennes, La Dépêche de Tahiti.*

Le groupe Hersant, qui gère aussi des participations dans *Le Havre Libre* et *Le Midi Libre,* et un accord avec le *Courrier de*

Saône-et-Loire, s'est depuis 1988 étendu à la Belgique (participation au *Soir*), à l'Espagne et à la Hongrie.

Sa diversification audiovisuelle a en revanche été moins bien réussie, avec une participation de 25 % (et la présidence) de *La Cinq*, qui lui a coûté 750 millions de francs de perte en 1988. On sait qu'en octobre 1990, le groupe Hersant a réduit sa part dans *La Cinq* à 10 % et cédé la présidence au groupe Hachette.

C) *Les Editions Mondiales*. — Totalisant une diffusion payée de 4 293 970 exemplaires par mois (en 1987), les Editions Mondiales — qui ont pris la suite du groupe Del Duca — publient pour l'essentiel de grands titres populaires, comme *Télé-Poche, Nous Deux, Intimité, Modes et Travaux*, et des périodiques comme *Tilt, Diapason*. Elles ont, en 1988, lancé *Auto Plus*, en collaboration avec le groupe allemand Springer. Les Editions Mondiales ont créé un secteur de production de télévision, et détiennent 2 % des actions de TF1.

D) *Ouest-France*. — Outre le premier quotidien français par sa diffusion, le grand groupe de l'Ouest possède des participations minoritaires dans certains titres du groupe Bayard-Presse. Il contrôle également le groupe de journaux gratuits Carillon (480 millions de francs de chiffre d'affaires en 1988).

E) *CEP Communication*. — Le secteur Communication des Editions CEP (dont le chiffre d'affaires total a été, en 1988, de 4,2 milliards de francs) édite, pour l'essentiel, des publications économiques et professionnelles, comme *L'Usine Nouvelle, Le Moniteur, Industries et Techniques, 01 Informatique, A pour Affaires économiques*, etc. On voit, à l'examen de notre tableau, que c'est le groupe qui dégage la marge la plus importante, par rapport à son chiffre d'affaires (8,8 %).

F) *Prisma*. — Ce groupe, qui a représenté en 1987 une diffusion mensuelle totale payée de 5 331 750 exemplaires, a prouvé l'efficacité en France de formules lancées avec succès en Allemagne fédérale par sa maison mère, Gruner und Jahr (groupe Bertelsmann). Il édite *Télé-Loisirs, Géo, Ça m'intéresse, Prima, Femme Actuelle, Voici*.

G) *Amaury*. — Ce groupe, toujours contrôlé par les héritiers du fondateur, malgré la présence du groupe Hachette avec minorité de blocage dans son capital (36,2 %), édite *Le Parisien, L'Equipe, Le Courrier de l'Ouest, Le Maine Libre* et *Liberté Dimanche*.

H) *Filipacchi*. — Ce groupe cousin du groupe Hachette (son fondateur, M. Daniel Filipacchi, est président-directeur général de Hachette-Presse) a commencé sa carrière en exploitant le succès de l'émission de radio « Salut les copains » (de MM. Filipacchi et Frank Tenot) qui, en 1962, lança en France, sur Europe 1, la mode « yé-yé ». Il a su faire de la presse de loisir une industrie rationalisée et prospère. L'examen de notre tableau permet en effet de constater que le groupe est — après CEP — celui qui dégage la marge la plus importante, par rapport à son chiffre d'affaires (6,6 %). il diffuse mensuellement 3 739 080 exemplaires (1987). Outre *Paris-Match*, il édite notamment *Lui* (et ses éditions étrangères, notamment américaine), *Newlook, Photo, Femme, Pariscope, OK Magazine, Podium, Salut, Jazz Magazine*.

I) *Bayard*. — L'héritier de la « Maison de la Bonne Presse », fondée par les Assomptionnistes, est le plus puissant des groupes de presse catholique dans le monde. Outre le quotidien *La Croix*, dont la gestion est déficitaire, il édite *Le Pèlerin Magazine*, des publications destinées au troisième âge *(Notre Temps, Vermeil)* ou à vocation religieuse *(Prions en Eglise)* et surtout des publications remarquables destinées à toutes les tranches d'âge de l'enfance et de l'adolescence : *Popi, Pomme d'Api, Youpi, Phosphore, J'aime lire, Je bouquine, I love English...* Sa diffusion mensuelle moyenne a atteint 2 543 140 exemplaires en 1987.

J) *Le Monde* est ici mentionné, grâce au tirage important de ses éditions quotidiennes et au succès de son imprimerie. Ses réflexions en matière de diversification ne permettent toutefois pas de considérer cette entreprise comme un véritable groupe de presse, quel que soit le succès relatif du *Monde de l'Education*, du *Monde Diplomatique*, du *Monde des Philatélistes* ou ses accords passés pour la production audiovisuelle.

K) *Publications de la Vie Catholique*. — Deuxième groupe de presse catholique en France, les PVC, qui ont représenté en 1987 une diffusion totale mensuelle payée de 1 566 800 exemplaires, édite notamment les hebdomadaires *La Vie* et *Télérama*, et des périodiques spécialisés comme *Prier, Notre Histoire, L'Actualité religieuse dans le monde, Croissance, Le Monde de la mer*. Ce groupe a racheté en 1989 le groupe Fleurus-Presse, éditant des journaux pour enfants *(Perlin, Fripounet, Triolo*, etc.).

L) *Sud-Ouest*. — Outre le grand quotidien régional *Sud-Ouest*, le groupe édite *La Charente Libre, La République des Pyrénées, L'Eclair des Pyrénées, La Dordogne Libre, La France*.

M) *L'Express*. — Outre l'hebdomadaire du même nom et ses éditions internationales (et *L'Express-Le Vif* à Bruxelles), le groupe publie *Lire, Biba* et *Enfants-Magazine*.

N) *Groupe Expansion*. — Ce groupe comprend *L'Expansion, La Lettre de l'Expansion, La Tribune de l'Expansion, Harvard-L'Expansion, Architecture d'aujourd'hui, L'Exemplaire, La Vie Française, L'Agefi, Haute Finance*.

4 | LES ENTENTES PUBLICITAIRES

Dans certains cas, le mouvement de concentration dans la presse régionale n'affecte nullement l'indépendance des unités de production ; elle ne joue pas au niveau rédactionnel ni à celui de la fabrication, mais au seul niveau de la publicité : il s'agit alors pour plusieurs supports qui restent par ailleurs autonomes de constituer entre eux un *pool* vis-à-vis des annonceurs et des publicitaires : désormais, la publicité leur sera commune. Le couplage publicitaire permet aux supports concernés de se situer en position de force sur le marché face aux annonceurs, d'amoindrir leurs concurrents restés isolés, d'augmenter leurs tarifs. Quant aux annonceurs, ils bénéficient grâce à ces couplages publicitaires d'une couverture géographique du territoire beaucoup plus satisfaisante : dans telle région, un annonceur saura qu'avec une annonce passée dans tel *pool* de journaux il atteindra 80 % des lecteurs de la région, alors que sans le *pool* il aurait dû passer sept ou huit contrats de publicité avec des journaux distincts, sans être toujours sûr d'aboutir au même résultat. Ces ententes publicitaires entre journaux régionaux n'affectent théoriquement pas, on l'a dit, l'indépendance des journaux concernés, sauf si elles s'accompagnent d'autres accords portant sur la rédaction ou l'impression. Mais, même dans les cas où seule la publicité est visée par les accords, étant donné que les recettes publicitaires représentent environ 50 % des recettes globales des journaux, il faut souligner que ces ententes publicitaires signifient plus qu'un banal rapprochement commercial : ce sont malgré tout la moitié de leurs recettes que les journaux en question décident de mettre en commun.

La création d'ententes publicitaires dans la presse régionale française s'est surtout développée dans les années 1960, et accélérée singulièrement à partir de 1966. Les quotidiens y ont alors été poussés par un ralentissement notable des investissements publicitaires. De surcroît, les annonceurs ont de plus en plus dirigé la « manne » publicitaire vers les seuls gros tirages, et cette tendance logique était encore renforcée par la relative pénurie globale des investissements publicitaires, d'où l'intérêt, d'où l'urgence même pour les journaux de se regrouper et de faire front commun.

Enfin, cette période était celle où l'idée de l'introduction de la publicité de marques à la télévision était à l'ordre du jour : devant cette prochaine concurrence, qui paraissait redoutable à la presse écrite, les journaux régionaux ont ressenti le pressant besoin d'augmenter leur efficacité en tant que supports de publicité, de façon à ne point trop souffrir de la perte globale d'investissement publicitaire que devait entraîner la montée des dépenses publicitaires à la télévision.

Ainsi depuis une vingtaine d'années la presse régionale présente-t-elle, face aux annonceurs et publicitaires, des « blocs » d'intérêt incontournables, ne laissant guère d'interstices permettant de créer de nouveaux titres offrant une surface crédible économiquement. Cette donnée, qui contribue à geler la situation de la presse régionale, et préoccupe ceux qui sont les plus critiques envers les « monopoles » régionaux, a en même temps le double avantage, pour les entreprises de presse de leur assurer un seuil satisfaisant de rentabilité, et pour les annonceurs de disposer d'une bonne couverture publicitaire du territoire.

3 / Les groupes français
dans la concurrence mondiale

La concentration des industries françaises de presse et de communication pose assurément des problèmes, dans la mesure où il peut apparaître difficile de préserver toutes les exigences du pluralisme démocratique. Il n'en demeure pas moins que la constitution de groupes puissants apparaît comme l'une des conditions de la survie et du développement d'une presse française indépendante, et de son succès sur les marchés européens et mondiaux.

Les deux grands groupes français de presse écrite — Hachette, Hersant — ont atteint une taille qui permet de les comparer à de grands groupes étrangers, comme les américains McGraw Hill, Reader's Digest, on Dow Jones, le suédois Bonnier, les britanniques Maxwell et Pearson, les italiens Mondadori ou Rizzoli, les allemands Springer ou Bauer (tous ces groupes ont réalisé en 1988 un chiffre d'affaires compris entre 6 et 13 milliards de francs français). Mais la concurrence se durcit, et ne connaît plus guère de frontières : le rachat des *Echos* par le groupe Pearson, l'intervention du groupe Maxwell en France (entrée dans TF1, participation dans l'ACP), le succès des publications de Prisma-Presse en sont autant d'indicateurs.

Or, les groupes français, qui ont fait pendant ces dernières années de louables efforts pour moderniser leur gestion, se diversifier, et attaquer les marchés extérieurs, sont encore loin d'atteindre la dimension de groupes tels que Bertelsmann en RFA (40 milliards de francs de chiffre d'affaires) Fininvest-Berlusconi en Italie (38 milliards), Murdoch ou New House aux Etats-Unis (respectivement 28 et 30 milliards de francs).

L'une de leurs faiblesses réside peut-être dans leur insuffisante diversification ; l'écrit et l'audiovisuel, fruits d'histoires économiques distinctes, ne sont sans doute pas suffisamment en France mis au service d'une synergie commune. Il faut donc s'attendre à de nouveaux rapprochements, de nouvelles mises en commun, de nouvelles fusions d'entreprises, dans le cadre français et dans celui de l'Europe. Le défi consistera dès lors, pour l'industrie française de la communication, à marier la défense du pluralisme de l'expression à la construction d'ensembles financiers qui soient à la dimension des enjeux, européens et mondiaux, de ce secteur d'activité.

Chapitre IV

GESTION
DES ENTREPRISES DE PRESSE
ET INDUSTRIES ANNEXES

On examinera dans ce chapitre les divers postes du compte d'exploitation d'une entreprise de presse, côté dépenses puis côté recettes, avant de voir dans quelle mesure l'Etat aide les journaux. On passera ensuite en revue les traits généraux des activités, annexes mais fondamentales, que sont la fourniture du papier journal, l'impression et la distribution des journaux.

1 / Les dépenses d'une entreprise de presse

Les principales dépenses d'une entreprise éditrice d'un quotidien sont constituées par les dépenses de personnel, qui représentent en général — salaires et piges, charges sociales — 40 à 50 % des dépenses totales de l'entreprise. Un quotidien national comme *Le Monde* a ainsi versé, en 1988, 41 436 600 F en dépenses de personnel — ce qui a représenté 41,5 % de ses charges. Un quotidien régional comme *La Nouvelle République du Centre-Ouest* y a consacré 22 503 900 F, soit 48,9 % de ses charges.

Les efforts de modernisation technique et de rationalisation de la gestion des entreprises de presse tendent à faire baisser le poids des dépenses de personnel dans les dépenses globales : de 1970 à 1988, ce poids est ainsi passé de 44,6 % à 41,5 % au *Monde*, de 51,8 % à 48,9 % à *La Nouvelle République*.

Dans les quotidiens, et d'une manière générale dans les entreprises qui possèdent leur imprimerie, le personnel est pour moitié environ composé d'ouvriers. En 1989, à titre d'exemple, le personnel du *Monde* était ainsi réparti :

Direction et cadres administratifs	144 (soit 11,4 %)
Employés	271 (soit 21,5 %)
Journalistes	233 (soit 18,5 %)
Cadres techniques	45 (soit 3,6 %)
Ouvriers	568 (soit 45 %)
	1 261

La structure du personnel et le poids des dépenses de personnel sont évidemment très différents dans un magazine qui ne possède pas d'imprimerie. Si l'on prend l'exemple de *L'Evénement du Jeudi*, celui-ci emploie (exercice 1988-1989) 146 collaborateurs (dont 88 journalistes, 41 employés et 17 cadres) ; ses dépenses de personnel pèsent pour 19 % dans ses charges d'exploitation.

Ces chiffres peuvent amener à réfléchir ceux qui imaginent des entreprises de presse uniquement peuplées de journalistes : ceux-ci ne représentent que moins d'un cinquième des effectifs, dans un grand quotidien, et 60 % dans un news magazine.

Mais le plus intéressant est la ventilation des dépenses totales de l'entreprise par secteur d'activité du journal. Il y a peu à dire sur les services administratifs, de gestion et de publicité, qui fonctionnent dans des conditions comparables à celles des autres types d'entreprise. Il faut en revanche examiner avec plus de détails les postes spécifiques que constituent la production du journal — fabrication technique et rédaction — et sa distribution.

1 | LA PRODUCTION DU JOURNAL

A) | *La rédaction*

Le coût de production intellectuelle du journal comprend essentiellement les frais de rédaction — salaires, piges, défraiements —, les frais d'illustration et les frais de liaison entre le siège du journal et ses correspondants en France ou à l'étranger. Ce coût — qui représente en moyenne moins de 20 % des charges d'une entreprise de presse — ne varie pas très sensiblement selon que le journal est national ou régional. En effet, si les journaux parisiens doivent entretenir des bureaux et des correspondants à l'étranger, la presse de province a besoin de nombreux bureaux et de correspondants régionaux et locaux.

Quant à la presse magazine, le coût de sa rédaction est fort variable, selon la nature de la publication : il faut évidemment une rédaction plus nombreuse (et mieux payée) pour rédiger un grand hebdomadaire politique parisien que pour préparer les articles d'un petit hebdomadaire local d'opinion. Nous verrons plus loin (§ 1.C) la répartition rédaction/fabrication dans le coût de revient des différentes catégories de presse.

A titre d'exemple, dans le prix de revient de chaque exemplaire vendu en moyenne par *Le Monde*, en 1988, la rédaction a représenté 1,33 F sur 8,47 F, soit 15,7 %.

B / La fabrication

Le coût de fabrication d'un journal comprend essentiellement l'achat de papier journal et d'encre, et les dépenses d'impression, qui comprennent l'amortissement des matériels d'imprimerie et les dépenses de main-d'œuvre destinées au personnel des ateliers d'imprimerie.

L'ensemble de ces dépenses représente une part très importante des dépenses d'une entreprise de presse, que cette entreprise édite un quotidien ou un périodique, un journal national ou un régional. On aurait pu penser pourtant que les régionaux seraient ici avantagés par rapport à leurs confrères parisiens, en raison du niveau plus bas des salaires payés aux ouvriers des imprimeries, et en raison d'une pagination inférieure (*Le Figaro* a deux fois plus de pages que *La Nouvelle République*). Mais il n'en est rien, car cette différence de pagination ne repose que sur une illusion : la presse de province doit faire paraître, pour répondre à tous les besoins locaux, de nombreuses éditions différenciées (souvent une vingtaine, parfois plus), ce qui augmente considérablement le nombre de pages effectivement tirées. « Le phénomène fondamentalement spécifique de la presse régionale, a pu dire F. Archambault, est le coût de sa composition. » Les frais de composition, de clicherie et de photogravure de la presse de province sont en fait, proportionnellement, souvent plus importants que ceux de la presse quotidienne de Paris.

— *Les dépenses de matières premières*

Les dépenses de papier journal et d'encre sont parmi les plus faciles à évaluer des dépenses d'une entreprise de presse : elles sont proportionnelles à la pagination du journal.

L'ensemble des quotidiens français et un grand nombre de périodiques utilisent un papier journal standard, d'un poids de 45 à 52 g par mètre carré. Le prix de ce papier, après avoir augmenté nettement dans les années 1960 et 1970, a eu tendance à se stabiliser depuis 1985 (voir ci-après, Section 4, les conditions de la vente du papier journal aux entreprises de presse). Cependant — n'oublions pas que les journaux achètent le papier non seulement pour leurs pages rédactionnelles, mais aussi pour leurs pages de publicité — les différentes catégories de presse, quotidiens et magazines, ont besoin de recourir à des qualités de papier de plus en plus variées. Aujourd'hui, le papier standard ne représente qu'un peu plus de la moitié de la matière première utilisée en France, comme le montrent les chiffres suivants, établis pour l'exercice 1986 :

Qualité de papier	*Tonnes achetées*	*Proportion (%)*
Papier journal standard	647 233	53,7
Papier magazine non couché		
Satiné	83 138	6,9
Non satiné	41 432	3,4
Papier magazine couché		
Mat	36 962	3,1
Brillant	395 993	32,9
Total	1 204 758	100

Pour l'achat de ces tonnages de papier, là encore, les diverses catégories de presse ont des besoins divers, comme le montre la répartition suivante des achats effectués (en %) :

Quotidiens nationaux		18,0
Quotidiens régionaux et presse locale		30,2
Presse magazine grand public		47,1
dont : Presse TV	11,5	
Presse féminine	9,9	
Presse sportive	3,8	
Presse de loisirs	3,7	
Presse technique et professionnelle		4,7
		100

Il est clair en effet que les besoins en papier ne sont pas les mêmes pour *Télé 7 Jours*, et pour *La Vie*. Ce que les spécialistes appellent « la main », l'impression que l'on a du journal en le prenant en main, varie considérablement d'une catégorie de magazines à une autre. Les chiffres suivants illustrent le phénomène, qui précisent le poids (en grammes) d'un numéro moyen de chacun de ces genres de magazines :

Presse TV	191	Presse enfants	165
Presse féminine		Presse maison	408
(généraliste)	248	Presse masculine	456
(mode)	370	Presse économique	162
Presse de loisirs (tourisme,		Presse confessionnelle	151
voyages, gastronomie)	559		

On le constate : les dépenses de papier d'un magazine de loisirs spécialisé dans le tourisme et les voyages seront, par numéro, 3,7 fois supérieures à celle d'un magazine de la presse catholique...

Il est important d'ajouter que les périodiques ont, surtout depuis les années 1960, accru leurs dépenses de papier. En effet, pour mieux répondre aux souhaits de qualité du public et aux exigences des annonceurs et des publicitaires, ils ont adopté des techniques d'impression et d'illustration (offset, couleur) et une présentation qui implique l'abandon du papier journal ordinaire pour les papiers dits « supérieurs » (satinés, couchés), des papiers plus lourds et plus luxueux. Le poids des exigences de la publicité étant selon toute vraisemblance destiné à se renforcer, il est plus que probable que cette évolution devrait se poursuivre.

Les achats d'encre sont à peu près proportionnels à ceux du papier ; l'encre coûte à peu près 4 % du prix du papier. Les dépenses de matières premières — papier journal et encre — représentent une part importante des dépenses des journaux. Au *Monde*, elles s'élèvent, par exemplaire vendu, à 0,99 F, soit 11,7 % du prix de revient de cet exemplaire.

— *Les dépenses de main-d'œuvre*

Les dépenses de main-d'œuvre représentent en moyenne entre un quart et un tiers du coût de fabrication d'un journal. Les patrons de presse se sont souvent plaints du caractère malthusien, organisé et pléthorique de la main-d'œuvre des imprimeries de presse. Il est assurément exact que les salaires de base des ouvriers de presse sont traditionnellement assez élevés, et que, de surcroît, ces salaires correspondent à des normes technologiques souvent dépassées du fait du progrès technique, ce qui permet à ces ouvriers (qui composent ainsi l'aristocratie de la classe ouvrière) de toucher fréquemment un bon nombre d'heures supplémentaires. Il est non moins vrai que le syndicat majoritaire des ouvriers de l'imprimerie de presse, la Fédération des Travailleurs du Livre (CGT) qui a d'ailleurs une longue et ardente tradition syndicale, est puissamment organisé et bénéficie d'un système tout à fait particulier : en fait, l'embauche d'ouvriers ne dépend pas directement des chefs d'entreprise ; ceux-ci doivent s'adresser au syndicat — qui dispose du monopole de l'apprentissage et de l'embauche —, lequel lui enverra les travailleurs recherchés. Enfin, il est vrai que le syndicat a souvent été amené depuis la guerre à défendre des positions malthusiennes face à un progrès technique qui constituait une menace de perte d'emploi pour certains de ses adhérents. Mais si le niveau des salaires, la puissance syndicale, le caractère défensif des positions des ouvriers posent incontestablement des problèmes du point de vue de la gestion des entreprises, n'est-il pas compréhensible aussi que les ouvriers de la presse reçoivent un salaire correspondant à des conditions de travail souvent difficiles ? N'est-il pas normal qu'un syndicat représentant l'ensemble des ouvriers d'une branche lutte pour préserver l'emploi de ses adhérents ? Les dirigeants des entreprises de presse n'ont-ils pas, de leur côté, bénéficié d'un système d'embauche qui leur permettait de n'employer à temps plein que les effectifs minimaux, le syndicat leur fournissant à la demande — telle une agence d'intérim — les ouvriers qualifiés utiles dès qu'une augmentation de la pagination le justifiait ?

Le seul véritable problème concerne l'influence du progrès technique sur l'emploi des ouvriers d'imprimerie. A cet égard, les partenaires sociaux se sont engagés depuis les années 1970 dans des solutions satisfaisantes : l'acceptation parallèle du progrès technique par le mouvement syndical, de la garantie d'emploi et du recyclage par les propriétaires des entreprises de presse. Chacun a dû en rabattre sur ses prétentions : le syndicat a dû renoncer au maintien indéfini d'avantages acquis exorbitants, à une époque de composition par ordinateur où une dactylo peut aisément accomplir le travail jadis demandé à un linotypiste qualifié ; le patronat de presse a dû accepter des phases de transition, de reconversion, de formation, et de départs négociés en préretraite. Dans les années 1970 et au début des années 1980, la presse française réussit ainsi sa modernisation sans trop de heurts, même s'il est vrai que la rapidité de cette modernisation est encore freinée par l'application des accords sociaux.

C / *Structure des coûts de production*

Ce qui vient d'être dit des dépenses de main-d'œuvre et de matières premières explique aisément que les dépenses de fabrication constituent le poste le plus important des charges dans le compte d'exploitation des entreprises de presse — de l'ordre de 40 % de leurs dépenses. Si l'on reprend l'exemple du *Monde,* elles entraient, en 1988, pour 39,8 % dans le prix de revient d'un exemplaire vendu du journal (y compris, on l'a vu, 11,7 % pour le papier et l'encre). A *Télérama,* en 1989, le chiffre est de 38,8 %.

Si l'on considère globalement les dépenses liées à la production des journaux — rédaction, papier et travaux d'impression — on constate que la structure de ces coûts de production — qui au total pèsent pour 71,5 % des dépenses totales d'un journal comme *L'Express* (budget de 1990) — varie sensiblement d'une catégorie de presse à une autre (voir tableau suivant).

Structure des coûts de production (en %)

	Papier	Impression	Rédaction
Quotidiens nationaux	29,1	42,7	28,2
Quotidiens régionaux	25,7	44,5	29,8
Magazines d'information politique (news magazines)	29,0	39,0	32,0
Presse de télévision	44,5	47,0	8,5
Presse féminine	40,0	51,1	8,9
Presse de loisirs : tourisme, voyage, gastronomie	33,1	56,7	10,2
Bandes dessinées	35,2	42,7	22,1
Presse pour enfants	33,8	51,6	14,6
Presse littéraire	32,5	38,8	28,7
Presse des beaux-arts	26,2	52,4	21,4
Presse sportive	29,6	44,2	26,2
Presse maison	34,5	46,6	18,9
Presse masculine	38,6	44,0	17,4
Presse économique	25,6	46,2	28,2
Presse confessionnelle	21,2	48,8	30,0
Presse informatique	28,0	41,1	30,9
Romans-photos	48,7	47,8	3,5
Mots croisés	62,3	34,6	3,1

Source : Calculs d'après données SJTI.

La proportion des frais de rédaction à l'intérieur des coûts de production va, on le voit, de 3,1 % pour les mots croisés (qui ne nécessitent guère de rédacteurs... et pas de reportages) jusqu'à 32 % pour les news magazines. Les quotidiens régionaux, la presse littéraire, la presse informatique et la presse confessionnelle sont des catégories où la rédaction pèse fortement sur les coûts de production (30 % environ). En revanche, dans la presse spécialisée en télévision, la presse de tourisme ou la presse féminine, la rédaction pèse assez peu, en regard du coût technique de la fabrication (autour de 10 %).

A l'intérieur même de ces coûts techniques, on voit à l'examen du tableau que les quotidiens régionaux dépensent une part plus grande pour l'impression : cela est dû au fait que les régionaux impriment plus de pages en quadrichromie (couleur) que leurs confrères parisiens. Parmi les magazines, la presse du loisir-tourisme, la presse pour enfants, la presse féminine, la presse consacrée aux beaux-arts consomment la majeure partie de leurs dépenses de production à l'impression : la qualité, le luxe se paient...

2 | LA DISTRIBUTION

Les nécessités impérieuses de rapidité et de simultanéité de la mise en place du produit en matière de presse impliquent un coût important de la fonction commerciale dans les entreprises éditrices de journaux.

On sait que les deux grands types de distribution de la presse écrite sont l'abonnement et la vente au numéro. Le coût de diffusion d'un journal aura une structure différente selon qu'il aura une proportion faible ou importante de vente par abonnements, selon qu'il s'agira d'un journal à vocation nationale ou d'un régional, et selon qu'il aura un faible ou un important taux d'invendus.

A | *Structure du coût de diffusion*

Les principaux éléments composant le coût de diffusion d'un journal sont les suivants :

— Pour les abonnements : les frais administratifs et la gestion du service « abonnements » du journal ; les frais techniques d'expédition, de transport et de postes ; les remises. Ce coût de la vente par abonnement représente jusqu'à 35 % du prix de vente du journal en province et 45 % à Paris.

— Pour la vente au numéro : un certain nombre de frais administratifs ; le coût de distribution : expédition, transports, commissions aux grossistes et aux détaillants ; les frais d'inspection et de surveillance des ventes ; les frais de prospection et de promotion du journal. L'ensemble de ces frais constitue le coût apparent de la vente au numéro, auquel il faut ajouter l'imputation des invendus pour obtenir le coût réel. Ce coût est de l'ordre de 45 % du prix de vente pour les quotidiens de province et 50 à 65 % pour les quotidiens parisiens.

B | *Vente par abonnements*

On vient de voir que l'abonnement revient en moyenne moins cher à une entreprise de presse que la vente au numéro. Malheureusement pour la presse française, il est relativement peu pratiqué en France. Pour l'ensemble de la presse quotidienne et périodique, le taux d'abonnements par rapport au tirage total est de l'ordre de 25 %. A l'exception de certaines régions qui ont une ancienne tradition d'abonnement ou de portage (Alsace), les quotidiens les plus heureux en la matière avoisinent tout au plus 30 % d'abonnements. Les chiffres sont plus bas encore pour les quotidiens parisiens qui, à l'exception du *Monde* et du *Figaro* ont des pourcentages d'abonnements très minimes (1 % à *France-Soir*, 6 % au *Parisien*, 22 % au *Monde*). Notons cependant que, dans certains cas, une extension du service abonnements d'un journal peut entraîner une pression sur les coûts de la distribution. C'est le cas par exemple de journaux dans lesquels la clientèle abonnée est peu nombreuse, mais répartie sur un espace géographique extrêmement vaste : ainsi *Le Figaro* a-t-il un coût de la vente par abonnements supérieur à celui de ses confrères ; de même un petit journal, qui n'a que quelques abonnés dans certaines villes lointaines auxquelles il doit régulièrement faire parvenir quelques exemplaires par avion, gagne-t-il peu sur ce genre d'abonnements. De même, les frais de voiture peuvent être assez différents d'un journal à l'autre, puisque par exemple, certains journaux de province portent directement leurs abonnements en gare ou bien, lorsque les horaires de train ne s'adaptent pas aux exigences d'un service rapide, à la gare la plus proche où un départ soit assuré pour que les abonnés soient servis au premier courrier du matin.

Enfin certains journaux, principalement des magazines, estiment que les frais de gestion de leur service « abonnements » ne sont guère inférieurs aux frais de diffusion de la vente au numéro, ou par ailleurs tiennent à promouvoir la vente au numéro au détriment de l'abonnement pour ne pas indisposer les dépositaires : ceux-ci pourraient voir d'un mauvais œil des journaux misant sur l'abonnement, et riposter en assurant une mise en place peu avantageuse des exemplaires de ces journaux dans leurs kiosques ou leurs magasins ; c'est ainsi que *Paris-Match*, ou *L'Evénement du Jeudi* pendant ses premières années, ont beaucoup favorisé la vente au numéro.

Mais on sait que, pour de très nombreux titres de la presse magazine, les *news magazines* notamment, la recherche de l'abonné s'est faite frénétique, de même que celle du réabonnement : cadeaux et rabais se multiplient, dans les *mailings* ou les appels téléphoniques directs auprès des abonnés potentiels ou des réabonnés potentiels récalcitrants, pour qu'ils acceptent de souscrire un (nouvel) abonnement. Il s'agit moins ici de bonne gestion ou de recherche de réserve de trésorerie (celle-ci tend d'ailleurs à s'effriter avec la pratique du prélèvement mensuel), que de la volonté de se constituer un *fichier* d'abonnés. Le nouvel abonné coûte, marginalement, aussi cher qu'il rapporte au journal. Mais l'existence d'un bon fichier est une arme utile auprès des annonceurs et publicitaires : en ces temps où la concurrence pour la vente au numéro est vive entre des titres au contenu souvent proche, le fichier d'abonnés est la preuve du lectorat et de sa bonne santé. Le fichier peut aussi être vendu à des entreprises diverses, pour leurs opérations de marketing direct auprès de la clientèle.

C / Vente au numéro

La vente au numéro coûte en général plus cher que l'abonnement à une entreprise de presse, non seulement parce que les frais d'expédition et de messageries sont, on l'a vu, plus élevés, mais aussi en raison du « bouillonnage » : le « bouillon » d'un journal représente le nombre de ses invendus, c'est-à-dire la différence entre le chiffre de son tirage et celui de sa diffusion. Le journal est en effet obligé de tirer des exemplaires pour « arroser » les points de vente, mais à l'évidence ne peut vendre partout les exemplaires distribués. Au reste, il serait dangereux pour lui de trop réduire son « arrosage », car certains jours un lecteur pourrait ne plus trouver d'exemplaires disponibles de son titre préféré, et pourrait se détourner de cette publication. Le bouillonnage est donc un phénomène normal de la vente au numéro, même si certaines améliorations de gestion sont envisageables dans certains journaux. Il coûte cher, car il représente en fait des journaux tirés pour rien. Les dépositaires, comme leur nom l'indique, ont seulement les journaux en dépôt, et n'achètent pas à compte ferme, ils renvoient donc les invendus aux entreprises éditrices, aux frais de ces dernières, qui peuvent tout juste les revendre au prix du vieux papier.

Qu'on songe au gâchis que représente, pour un magazine, le fait de devoir acheter pour rien un cinquième de son tonnage de papier (puisque ce taux d'invendus est fréquent, par exemple pour les grands hebdomadaires : 22,3 % à *Télérama* en 1989), payer pour rien un cinquième de ses frais d'impression, acquitter les frais de retour d'invendus et les commissions des messageries...

A ce niveau comme à celui de l'abonnement, on trouve un léger avantage à la presse de province par rapport à Paris : le taux d'invendus y est moindre, dans la mesure où il est plus facile de surveiller et de prévoir une vente régulière dans des limites géographiques bien connues. Le pourcentage d'invendus par rapport au tirage est ainsi en moyenne, pour les quotidiens du matin, de 9 % en province, contre 17 à 18 % à Paris.

Le coût de la vente au numéro dépend étroitement, cela est évident, de l'étendue de la zone de diffusion du journal : plus celle-ci est vaste, plus les frais de transport, d'expédition et de messageries sont élevés. On retrouvera donc ici le handicap des journaux à clientèle très étendue — cas du *Figaro*, dont la diffusion est à vocation mondiale — et l'avantage des journaux de province. Ceux-ci, qui n'ont pas recours aux services des messageries, mais organisent en général eux-mêmes la distribution et la mise en place de leur « papier », ont en effet par définition une aire de diffusion limitée : entre un et quinze départements.

D | Poids des dépenses de distribution

Il apparaît ainsi clairement que la fonction commerciale pèse très lourd dans les dépenses d'une entreprise de presse.

La diffusion représente en moyenne le tiers des dépenses totales de l'entreprise, pour les quotidiens — sauf ceux qui bénéficient d'un fort taux d'abonnement (à *La Croix*, en 1989, la distribution n'a représenté que 18,5 % des dépenses) ou de portage à domicile (20,6 % seulement des charges ont ainsi été consacrées à la diffusion, en 1989, à *L'Alsace*).

Les proportions sont voisines dans la presse magazine, et dépendent là encore du taux d'abonnement : à *L'Express*, 27,4 % des dépenses (budget 1990) sont consacrées à la diffusion (42 millions de francs pour les NMPP — vente au numéro — 45 millions de francs pour le routage — acheminement aux abonnés).

3 | LE PRIX DE REVIENT DU JOURNAL

Toutes ces dépenses additionnées font du journal un produit qui coûte cher — plus cher la plupart du temps que son prix de vente au public. Ainsi en 1989, *Le Monde* avait-il un prix de revient de 6,49 F par exemplaire fourni, et de 8,47 F par exemplaire vendu. Il était alors vendu 4,50 F au numéro...

Dans ces conditions, la vente ne peut à l'évidence permettre à un journal d'équilibrer ses comptes. La différence est comblée, on s'en doute, grâce aux recettes de publicité.

2 / Les recettes

1 | LE PRODUIT DE LA VENTE

On retrouve ici le phénomène noté à propos des dépenses du journal : l'essentiel de la vente en France, surtout pour les quotidiens, se fait au numéro. La seule exception notable au niveau des quotidiens nationaux est *La Croix* — dont 93 % des recettes de vente proviennent des abonnements.

Le Monde, dont on a vu qu'il figurait parmi ceux des autres journaux qui ont un taux d'abonnement significatif, a réalisé, en 1989, 20,3 % de ses recettes de vente au moyen des abonnements.

Les quotidiens de province jouissent d'un léger avantage sur leurs confrères parisiens, et le pourcentage de l'abonnement dans les recettes de vente, qui dépasse en général chez eux 20 %, atteint parfois 50 %. *La Nouvelle République*, qui représente en la matière un cas moyen parmi les grands régionaux, a, en 1989, réalisé 35,6 % de ses recettes de vente par l'abonnement. Evidemment, *Les Dernières Nouvelles d'Alsace* et *L'Alsace* font une nouvelle fois figure d'exception, grâce à la tradition régionale du portage, en réalisant 90 % de leurs recettes de vente par le seul produit des abonnements.

Par catégorie de presse — et mis à part la tradition alsacienne et catholique (des périodiques comme *La Vie* ou *Le Pèlerin* sont en effet logés à la même enseigne que *La Croix*) — on constate que les différences sont ici peu prononcées, avec un taux d'abonnement de l'ordre du quart, et que les années récentes ne permettent pas de déceler d'évolutions significatives.

Pourcentage de l'abonnement dans les recettes de vente

	1982	1988
Presse nationale d'information générale	26,2	27,2
Presse locale d'information générale	22,6	22,9
Presse magazine grand public	21,0	23,3
Presse technique et professionnelle	90,0	86,6

Source : SJTI.

Il reste que ces chiffres sont des moyennes et que, on l'a dit, certains hebdomadaires, comme *L'Express* et *Le Nouvel Observateur* parviennent à doubler cette proportion des recettes d'abonnement.

Il est évident, malgré le phénomène souligné plus haut de recherche d'abonnés à faible rentabilité, qu'un pourcentage important de vente par abonnements constitue un avantage appréciable pour une entreprise de presse ; cela lui apporte en effet une plus grande sécurité de trésorerie, une possibilité plus aisée de budget prévisionnel et un moyen d'éviter de trop grandes dispersions saisonnières des ventes.

Sur ce dernier point, on sait en effet combien, en France, les mois d'été, en particulier le mois d'août, constituent pour la presse écrite des mois de basses eaux. Cela est particulièrement vrai pour les quotidiens parisiens : un journal comme *France-Soir* perd en août entre le quart et le tiers de sa vente totale.

Le prix de vente des journaux au numéro constitue évidemment un élément important du problème de la vente, et donc des recettes des journaux.

Le XIXᵉ siècle et le début du XXᵉ siècle avaient constitué une période de diminution progressive du prix de vente des journaux, coïncidant tout à la fois avec le développement de l'instruction et la naissance d'une presse « populaire », l'amélioration des possibilités techniques d'imprimerie et de diffusion, et l'apport des recettes publicitaires. Après la seconde guerre mondiale, et, en ce qui concerne les quotidiens après une période de taxation des prix entre 1944 et 1950, un arrêté du 19 mai 1950 accordait théoriquement aux journaux le droit de fixer librement leurs prix. En fait cette période de liberté fut de courte durée, et à partir de 1954 fut institué un système dans lequel le prix des quotidiens était en fait fixé par un arrêté ministériel ; ce prix figurait d'ailleurs dans l'indice des 250 articles, indicateur du coût de la vie en France. Des arrêtés particuliers ont toutefois permis dans cette période à certains journaux de pratiquer des prix supérieurs à ceux de leurs confrères — ce fut le cas du *Monde* et, à partir de 1966, de plusieurs autres journaux (*L'Humanité, Le Populaire, Combat, Les Echos*, etc.). Enfin, un arrêté pris par le ministre de l'Economie et des Finances a rétabli, à compter du 1ᵉʳ octobre 1967, le système de la liberté des prix. Par conséquent, depuis cette date, après une longue période de contrôle étatique, les quotidiens sont libres de fixer leur prix de vente.

On sait qu'ils l'ont fait en l'augmentant en moyenne plus rapidement que le niveau général des prix, et que, comparé à celui des grands pays occidentaux développés, le prix des journaux français est élevé.

Les périodiques ont connu la même évolution et les mêmes blocages que les quotidiens de 1944 à 1957, puis ont bénéficié d'une liberté des prix, sous le contrôle cependant du gouvernement entre 1957 et 1963 ; leurs prix ont été bloqués autoritairement de 1963 à 1967 ; enfin, comme pour les quotidiens, la liberté de fixation des prix est redevenue totale pour eux depuis le 1ᵉʳ octobre 1967.

On sait que, là encore, les périodiques français ont, dans l'ensemble, par rapport à leurs confrères des autres pays, opté pour une politique de prix assez élevés. Il est vrai, au demeurant, que la France ne peut compter sur un marché publicitaire aussi actif que celui des Etats-Unis, de la Grande-Bretagne ou de la RFA.

Le problème du « juste prix » du journal soulève du reste des polémiques récurrentes chez les dirigeants des entreprises de presse : on se rappelle les reproches du *Monde,* adressés au *Figaro,* de procéder à des distributions gratuites ou à taux préférentiel (pour les étudiants, les jeunes mariés, les hôtels...), arguant que la presse ne saurait mériter l'estime de ses lecteurs sans renoncer à ces pratiques. Mais comme l'écrivait précisément dans *Le Monde*, le 26 avril 1971, son gérant d'alors, Jacques Sauvageot, « la voie est étroite, en effet, lorsqu'il faut arbitrer entre le puritanisme — le journal vendu à son prix quoi qu'il en coûte au lecteur — et le laxisme qui consiste à confier à la seule publicité le soin d'équilibrer les budgets ».

2 | LES RESSOURCES PUBLICITAIRES

Ce qu'on a dit du prix de revient et du prix de vente des journaux indique que le quotidien comme le périodique constituent des produits qui sont vendus moins cher que ne coûte leur fabrication.

L'appoint de recettes extérieures — celles de la publicité — est donc, sauf exception, indispensable aux journaux pour survivre ; il constitue même assez fréquemment la part majoritaire des recettes d'entreprises de presse. Les exceptions — journaux n'insérant pas d'annonces publicitaires — sont rares ; on cite toujours *Le Canard Enchaîné*, et par ailleurs des publications — politiques notamment — qui, elles, accepteraient sans doute volontiers de la publicité, mais ne s'en voient pas offrir, soit en raison de leur faible tirage, soit du fait d'un certain ostracisme à leur égard.

Pour les autres journaux, c'est-à-dire la grande majorité, la publicité intervient de façon importante dans les recettes, mais dans des proportions qui varient sensiblement d'un titre à l'autre.

Tous titres confondus, les recettes des grandes catégories de presse ont été constituées par des ressources publicitaires dans les proportions suivantes (les chiffres utilisés ci-après portent sur les recettes nettes, commissions d'agences incluses, hors TVA) :

	1982	*1988*
Quotidiens parisiens	44,7 %	45,8 %
Quotidiens régionaux	39,0 %	40,8 %
Magazines grand public	35,2 %	39,4 %

On mesure ainsi le poids de ces recettes ; on remarque aussi une légère tendance à voir même augmenter ce poids. On peut (en recourant au tableau suivant, constitué des données définitives, publiées en 1989 mais portant sur l'exercice 1986) affiner l'analyse des catégories les plus dépendantes, et les plus autonomes par rapport à la publicité. On le voit : la majorité absolue des recettes de la presse des voyages et du tourisme, mais aussi de la presse féminine, de la presse économique, de la presse technique et professionnelle, des magazines nationaux d'information, de la presse de la mode et de la presse familiale, leur viennent de la publicité. La vente, le lecteur, ne viennent qu'en second. Certes, il faut bien que ces

Part de la publicité dans le chiffre d'affaires (en %)

Catégorie de presse	En 1986
Presse loisirs (tourisme, voyages)	60,1
Presse féminine généraliste	58,8
Presse économique	56,0
Presse technique et professionnelle	53,9
Magazines nationaux d'information	53,3
Presse de la mode	50,9
Presse familiale	50,6
Quotidiens parisiens du matin	48,7
Presse informatique	45,0
Presse de la maison	43,5
Quotidiens parisiens du soir	38,5
Quotidiens régionaux	37,7
Presse de la télévision	37,4
Presse scientifique et technique	35,1
Presse littéraire	33,4
Presse masculine	27,5
Presse à sensation	7,4
Bandes dessinées	2,8
Presse pour enfants	0,5

Source : SJTI.

magazines vendent pour intéresser les annonceurs, mais il est significatif que ceux-ci pèsent plus que les consommateurs.

On remarquera que les sept catégories de supports réalisant ainsi la majorité de leurs rentrées avec la publicité sont des supports *ciblés* : ce ne sont pas toujours les plus forts tirages de la presse (les magazines de télévision arrivent par exemple bien plus loin dans la liste) ; mais ce sont des magazines qui s'adressent à une clientèle particulière, souvent à hauts niveaux de revenus (presse tourisme, presse économique, presse professionnelle) ; c'est une clientèle qui manifeste un intérêt particulier pour un domaine spécifique (le tourisme, les produits féminins, la mode...). Les annonceurs du secteur sauront ainsi qu'ils rencontreront des lecteurs motivés ; journaux haut de gamme pour public à haut pouvoir d'achat, ce sont de surcroît des journaux qui offrent aux annonceurs et aux publicitaires une qualité de papier et d'impression qui garantit une bonne reproduction de leurs annonces.

Les quotidiens parisiens du matin arrivent juste après, sur cette liste.

Comme leurs confrères du soir, comme les provinciaux, mais aussi comme la presse informatique, celle de la maison ou celle de la télévision, ils font partie de ces catégories de journaux pour qui la publicité est certes vitale, mais pas prédominante dans les ressources.

Si la presse pour enfants ne constitue guère un support de publicité, ni une presse à sensation trop populaire et au contenu peu idoine pour faire naître un désir d'achat, on constate que la presse masculine est un support beaucoup moins dépendant de la publicité que son homologue féminin : les hommes sont décidément moins consommateurs, moins décideurs dans les achats de consommation que leurs compagnes...

Encore faudrait-il relativiser ces données titre par titre. *Le Figaro*, selon les années, réalise entre 72 et 80 % de son chiffre d'affaires par la publicité — il est vrai qu'il constitue l'organe rêvé d'une bourgeoisie, féminine notamment, consommatrice, et cela est plus vrai encore depuis le succès du *Figaro Magazine* et de *Madame Figaro*. *Le Monde*, lui, en est à 51,3 % de recettes brutes et *La Croix* à... 8,7 %. On s'habitue ainsi à des structures dans lesquelles les journaux haut de gamme recueillent des fonds importants venant de la publicité, alors que les journaux populaires, *France-Soir* ou *Le Parisien* parviennent avec difficulté à financer le tiers de leur chiffre d'affaires avec les ressources publicitaires, que *Libération* se hisse peu à peu vers les 25 %, et que des journaux comme *La Croix* et *L'Humanité* (malgré la qualité du premier et d'ailleurs ses légers progrès en recettes de publicité) ne parviennent pas à la barre des 10 %.

Il en va de même dans les journaux de province, du petit quotidien politique départemental ne drainant que quelques annonces de libraires amis aux grands régionaux : la publicité constitue 39,3 % des recettes de *La Nouvelle République*, 43,6 % de celles de *L'Alsace*.

Même chose encore dans les périodiques : la publicité draine moins de 15 % des ressources de *France-Dimanche*, mais 46,6 % de celles de *L'Evénement du Jeudi*, et plus de 85 % de celles de *Marie-Claire*.

La publicité tend, en fait, à renforcer l'écart qui sépare les riches des pauvres. Sur la base par exemple des chiffres de l'exercice 1988, *Le Monde*, qui a eu en moyenne 387 500 acheteurs, a reçu 635 millions de francs de recettes de publicité ; *La Croix*, pour 103 800 acheteurs, a 10,8 millions. Autrement dit, *pour chaque lecteur, Le Monde a perçu 1 639 F de publicité*, et *La Croix* 104 F. Pour une vente 3,7 fois supérieure à celle de *La Croix*, *Le Monde* a empoché 15,8 fois plus de recettes publicitaires.

Souvent plus importante en recettes brutes que la vente, la publicité est d'ailleurs en général plus rentable que la vente, car les sommes prélevées par les services spécialisés de la collecte de la publicité — commissions d'agences, frais de régie — sont moins importantes que celles qui sont prélevées par les services de diffusion.

En ce qui concerne les rentrées de recettes publicitaires, il convient de noter par ailleurs l'existence (comme pour la vente, ceci étant la cause de cela) de variations saisonnières importantes. Là encore, on peut en effet noter la chute importante des rentrées pendant l'été, particulièrement au mois d'août. Cela est vrai dans tous les supports — presse quotidienne de Paris et de province, périodiques.

Exemples de prix d'insertion publicitaire : page entière (fin 1989) (en francs)

	Page verso	*Page recto*
Libération	79 000	99 000
Le Monde	185 000	248 000
Le Parisien	114 000	148 000
La Croix	39 000	45 800
Le Figaro	325 000	410 000
	Noir et blanc	*Quadrichromie*
Ça m'intéresse	58 200	77 200
L'Evénement du Jeudi	44 000	70 000
Le Figaro Magazine	135 000	210 000
Le Nouvel Observateur	59 300	114 000
Paris-Match	114 000	187 000
Elle	84 300	125 400
Marie-Claire	90 500	155 000
Prima	144 100	218 900
Télé 7 Jours	221 000	318 000
Télé Poche	106 450	175 910
Télérama	73 150	109 780

Les variations saisonnières sont plus sensibles pour la publicité extrarégionale que pour la publicité régionale et locale. Ceci constitue un avantage pour la presse de province ; de même, sur une plus longue période, alors que la publicité nationale est extrêmement sensible aux variations de la conjoncture économique, la publicité régionale et locale l'est moins — ce qui met par conséquent la presse de province un peu plus à l'abri des aléas de la conjoncture que les journaux à diffusion nationale.

Cela est d'autant plus vrai que la publicité locale et régionale représente, selon les titres, entre les deux tiers et les trois quarts des recettes publicitaires des quotidiens de province. Ce phénomène tend d'ailleurs à se renforcer sur le long terme, ce qui est également satisfaisant pour les journaux régionaux dans la perspective de la concurrence de la télévision : si la publicité nationale est moindre dans ces journaux, et étant donné que c'est celle-ci qu'absorbe en partie la télévision publicitaire, les régionaux sont, en proportion, moins touchés que leurs confrères « nationaux ». On comprend dans ces conditions que les journaux régionaux n'aient jamais été particulièrement enchantés par les perspectives d'arrivée de la publicité sur les écrans de la télévision régionale...

Le prix des insertions publicitaires est évidemment lié aux caractéristiques de chaque support — diffusion, type de public, etc. — et aux caractéristiques de l'insertion : des prix spéciaux sont calculés pour les emplacements spéciaux (pages de couverture, pages situées face aux éditos, pages des rubriques spectacles, etc. ; d'une manière générale, les emplacements en page « recto » — pages au numéro impair — sont préférés aux pages « verso », parce que plus visibles à l'œil), différents surcoûts ou rabais interviennent également (exclusivités, tarifs confraternels...). les prix varient aussi selon la surface achetée (au millimètre, à la page). Le tableau ci-dessus donne par conséquent une simple indication des tendances quant aux tarifs pratiqués par quelques supports. Il permet de mesurer les écarts importants entre tarifs (encore aucun journal modeste n'y figure-t-il) : on peut se payer six pages dans *La Croix*, pour le prix d'une dans *Télé 7 Jours*, ou une page en couleurs dans *Le Nouvel Observateur*, pour une en noir et blanc dans *Paris-Match*...

Il faut enfin signaler l'importance des *petites annonces*. Celles-ci pèsent en effet de manière importante, au sein des recettes de publicité — encore que cela soit plus ou moins marqué selon les catégories de supports :

Part des petites annonces dans la publicité (en % de recettes)

Hebdomadaires régionaux et locaux	45,7
Quotidiens parisiens du soir	40,5
Quotidiens parisiens du matin	34,8
Quotidiens régionaux	24,1
Magazines nationaux d'information	22,3
Presse technique et professionnelle	15,3
Presse économique	13,5

On le constate : ces petites annonces sont, dans beaucoup de journaux, beaucoup plus qu'une ressource d'appoint. Elles approchent même, dans certains cas, le montant des recettes apportées par la publicité commerciale : pour les hebdomadaires régionaux et les quotidiens parisiens, elles dépassent ainsi, parfois nettement, le tiers des recettes globales de publicité.

3 / L'aide de l'Etat à la presse

Dans la mesure où la presse assure une mission de service public — l'information du public — il a paru normal, dans un pays comme la France, que l'Etat vienne à l'aide des entreprises ayant la charge de ce service public.

L'aide de l'Etat à la presse se fait par plusieurs canaux : des déductions fiscales, des préférences en matière de tarifs postaux et ferroviaires, des subventions diverses. Il convient de mentionner dès l'abord que ces aides touchent toutes les catégories de journaux, et qu'il n'existe aucune possibilité officielle d'aide étatique à un journal particulier.

1 | LES AIDES DIRECTES

On appelle aides directes les aides à la presse qui sont directement supportées par le budget de l'Etat ; elles sont donc votées par le Parlement, dans le cadre de la loi des finances. Dans le budget 1990, ces aides totalisent 273,6 millions de francs, ainsi répartis (en millions de francs) :

Remboursement à la SNCF des tarifs préférentiels accordés à la presse	185
Remboursement au budget annexe des PTT des réductions de tarifs accordées à la presse	37
Fonds d'aide à l'expansion de la presse française à l'étranger	32,66
Fonds d'aide aux quotidiens nationaux à faibles ressources publicitaires	13,39
Fonds d'aide aux quotidiens de province à faibles ressources de petites annonces	5,56
	273,61

— *La réduction des tarifs SNCF* correspond à une réduction de 50 % consentie à la presse pour l'acheminement de ses publications.

— *Les réductions de tarifs PTT* sont également des réductions de 50 %, consenties sur les communications téléphoniques (et les transmissions par télécopie). Ces réductions ont par exemple, en 1989, fait gagner 2,2 millions à *Ouest-France* , 1,7 à *Sud-Ouest* , 1,5 au *Dauphiné Libéré*, 1,2 à *L'Est Républicain* , 0,8 au *Figaro*.

— *L'aide aux journaux à faibles ressources publicitaires* a été instituée en novembre 1980. Elle prend la forme d'une subvention d'exploitation aux quotidiens d'information générale et politique, de langue française, à diffusion nationale, dont le tirage et la diffusion payante sont respectivement inférieurs, en moyenne, à 250 000 et 150 000 exemplaires, dont le prix de vente est comparable à celui du marché (pas plus de 30 % au-dessus, ni plus de 10 % en dessous du prix moyen), et dont les recettes publicitaires n'excèdent pas 25 % de leurs recettes totales.

Le montant de l'aide accordée à ces journaux est proportionnel au nombre d'exemplaires vendus.

Libération a bénéficié de cette aide, en 1984-1986 et en 1988 (près de 4 millions de francs). En 1989, les trois journaux bénéficiaires ont été :

L'Humanité	6 865 394 F
La Croix	6 008 374 F
Présent	596 251 F

Cette aide a représenté 4,7 % des recettes annuelles totales de *La Croix*. Le financement de cette subvention originale est assuré par une partie du produit de la taxe sur la publicité télévisée, due par les régisseurs des écrans publicitaires des chaînes de télévision.

— *L'aide aux quotidiens de province à faibles ressources en petites annonces* a été instituée en juillet 1989. Elle concerne les journaux dont le tirage est inférieur à 70 000 exemplaires, et la diffusion à 60 000, dont les recettes de petites annonces sont au maximum égales à 5 % de leurs recettes publicitaires totales.

En 1989, sept quotidiens ont bénéficié de cette aide — conçue d'abord pour aider la presse communiste de province (*L'Echo du Centre, La Liberté de l'Est, La Liberté* (Lille), *La Marseillaise*, etc.).

— *Le Fonds d'aide à l'expansion de la presse française à l'étranger* apporte un soutien aux éditeurs, diffuseurs (NMPP) et journaux exportant une partie de leur production, notamment sous la forme d'un allègement des coûts de transport pour les ventes au numéro. En 1989, à titre d'exemple, *Paris-Match* a reçu 860 000 F de ce fonds, et *L'Express* 520 000 F.

2 | LES AIDES INDIRECTES

Les aides indirectes sont ainsi dénommées parce qu'elles ne sont pas *versées* par l'Etat ; ce sont des *moins-values* pour le budget de l'Etat, celui des PTT et celui des collectivités locales, en raison de *tarifs préférentiels* et d'*allégements* accordés aux entreprises de presse. Dans le système de l'aide indirecte, personne ne reçoit d'argent de l'Etat, ni le journal, ni une entreprise (comme la SNCF dans le cas précédent). Mais le journal *en dépense moins*, grâce aux avantages qui lui sont consentis. En 1989, ces aides indirectes ont représenté, d'après les services de l'Etat, 5,57 milliards de francs — beaucoup plus, par conséquent, que les aides directes, ainsi réparties (en millions de francs) :

Moins-values de recettes du budget annexe des PTT	3 195,3
Moins-values de recettes en raison d'allégements fiscaux :	
— allégement des taux de TVA	1 500
— exonération de la taxe professionnelle	592
— régime spécial des provisions pour investissements (art. 39 *bis* du CGI)	280
	5 567,3

— On le voit, *57 % de ces aides sont prises en charge* par les PTT. Il s'agit des tarifs préférentiels consentis par la poste pour les envois de presse — c'est-à-dire pour 85 % les envois aux abonnés et pour 15 % les paquets acheminés aux dépositaires (puisque le quart de ceux-ci — les plus difficiles à desservir — le sont par la poste et non par les messageries).

— L'exonération de la taxe professionnelle est très ancienne, puisqu'elle remonte à la loi de 1844.

— L'allégement de la TVA est le produit d'une longue histoire. Jusqu'en 1954 (instauration de la TVA), la presse était exonérée de la taxe sur le chiffre d'affaires. Elle est restée exonérée de la TVA jusqu'à 1976. Depuis la loi du 29 décembre 1976, la presse est assujettie à la TVA, mais à des taux réduits. Depuis la loi de finances de 1988, *le taux réduit de 2,1 %* (jusque-là appliqué aux quotidiens depuis 1976) s'applique à l'ensemble des publications de presse (sauf les publications pornographiques, soumises à un taux de 33,3 %).

— Un article très connu de la profession d'entrepreneur de presse, l'article 39 *bis* du Code général des impôts, adopté dans le contexte de l'immédiat après-guerre pour favoriser l'achat de matériel neuf, exempte d'impôts les provisions constituées sur les bénéfices réalisés par les entreprises de presse, si ces provisions sont utilisées pour le renouvellement du matériel de ces entreprises.

Ce texte a été prorogé d'année en année — avec cependant, à partir de 1969, une réduction de la part des bénéfices pouvant être ainsi provisionnée en franchise d'impôt. Depuis le 1er janvier 1981, la provision établie en franchise d'impôt est limitée à 30 % du bénéfice pour les périodiques, et à 60 % du bénéfice pour les quotidiens. Les provisions ainsi constituées ne peuvent être utilisées que pour le financement, au maximum, de 40 % du prix de revient des matériels et constructions pour les périodiques, 80 % pour les quotidiens : le système est donc nettement plus favorable aux quotidiens.

Cette exonération prévue par l'article 39 *bis* a été très importante pour la presse française : c'est elle qui lui a permis de réaliser, par autofinancement, des investissements importants, en matière de matériel d'imprimerie. Pour la SARL *Le Monde*, et pour l'exercice 1988, voici, telle qu'elle a été établie à notre intention, la structure comparée de l'actif du bilan réel de la société, et ce qu'elle serait sans le 39 *bis* (la provision 39 *bis* étant, précisons-le, de 89 127 000 F) :

SARL « *Le Monde* » : *actif* (en milliers de francs)

	Net (amortissements déduits, art. 39 bis)	Net (droit commun)
Terrains	3 341	3 341
Immeubles	69 228	2 604
Installations, matériels	73 998	5 501
Autres valeurs immobilisées	177 409	146 019
Stocks	11 917	8 318
Réalisables à court terme, disponible et divers	378 845	358 550
	714 738	524 333

3 | LES CRITÈRES D'ATTRIBUTION DE L'AIDE ÉTATIQUE

Il existe, on l'a vu, des cas spéciaux (quotidiens nationaux à faibles ressources publicitaires, quotidiens de province à faibles ressources en petites annonces). Mais pour l'essentiel, l'aide de l'Etat s'applique de manière indifférenciée à toute la presse. Encore fallait-il savoir ce que l'on entendait par « presse ».

Pour bénéficier des avantages fiscaux consentis à la presse, les journaux doivent, d'après le Code général des impôts :

— « Avoir un caractère d'intérêt général quant à la diffusion de la pensée : instruction, éducation, information, récréation du public » ;

— Satisfaire aux obligations de la loi sur la presse (indications concernant l'imprimeur et le directeur de la publication, dépôt légal...) ;

— Paraître régulièrement au moins une fois tous les trois mois ;

— Etre réellement vendus à un prix marqué, et ne pas constituer une fourniture gratuite déguisée ou non, ou être un simple accompagnement de fournitures payantes ; ne pas constituer en fait une forme particulière de publicité, ni une publication dont l'abonnement est compris dans le paiement d'une cotisation, ni une simple feuille d'annonces ou de publication d'horaires ou de programmes ;

— Avoir au plus les deux tiers de leur surface consacrés à la publicité.

En ce qui concerne l'article 39 *bis*, celui-ci précise par ailleurs qu'il s'applique « aux entreprises exploitant soit un journal, soit une revue mensuelle ou bimensuelle consacrée pour une large part à l'information politique ».

Enfin, l'aide postale — prévoit une loi du 8 août 1950 — est accordée aux journaux et périodiques « publiés dans un but d'intérêt général pour l'instruction, l'éducation, l'information du public », qui paraissent au moins une fois par trimestre, satisfont aux obligations de la loi sur la presse, ne constituent ni des feuilles d'annonces, ni une publicité déguisée, et ne comportent pas plus des deux tiers de leur surface consacrés à la publicité. On voit que, à des différences de formulation près, les critères sont de même ordre que ceux retenus pour les exonérations fiscales.

Cependant, il reste que ce ne sont pas les mêmes textes qui réglementent l'aide de l'Etat à la presse dans ses différents domaines, et que des oppositions entre textes pourraient être soulevées ; il reste surtout que ces textes sont parfois flous, et prêtent à interprétation : c'est le cas, par exemple, des notions précitées d' « intérêt général » ou de publications « constituant en réalité une forme particulière de publicité ». Pour examiner ces problèmes et harmoniser les interprétations, les pouvoirs publics ont créé un organisme consultatif — mais que la pratique a rendu essentiel. Il s'agit d'une commission paritaire entre représentants de l'Etat et représentants des entreprises de presse, la *Commission paritaire des Publications et Agences de presse* (qui a succédé, en 1958, à l'ancienne « Commission paritaire des Papiers de presse »).

Cette commission, auprès de laquelle doivent s'inscrire les

publications et agences candidates à l'aide de l'Etat, fournit des avis aux ministres intéressés (Finances, PTT), lesquels suivent habituellement ces avis. La Commission a en général donné une interprétation assez large de l' « intérêt général » que doivent présenter les journaux ; elle a fait respecter en matière de publicité deux normes impératives : les journaux ne doivent pas comporter plus de deux tiers consacrés à la publicité, ni avoir plus de 10 % de leur publicité financés par le même annonceur. La Commission examine chaque année de nombreux cas.

Un seul domaine échappe à sa compétence : les réductions de tarifs consentis sur les communications téléphoniques, qui sont examinées par une « Commission mixte des PTT », d'ailleurs organisée sur un modèle très voisin.

4 / Le papier journal et les imprimeries

1 | LE PAPIER JOURNAL

La France, avec 11,6 kg de papier journal standard consommés annuellement par habitant, est un assez petit consommateur au niveau mondial : elle n'arrive qu'au 13e rang, loin derrière les Etats-Unis (51,6), la Suède (44,5) et la Suisse (43), qui composent le trio de tête, mais loin aussi derrière la Grande-Bretagne (30,1), la RFA (24,8), la Belgique (22,3) ou l'Irlande (14,1). Si l'on prend en compte non pas le seul papier journal, mais tous les papiers utilisés pour des publications de presse, la France (avec 38 kg par habitant) arrive au 12e rang mondial.

Avec 700 000 t consommées en 1988, la France a absorbé 2,4 % de la consommation de la planète. L'industrie française — Beghin, La Chapelle-Darblay, Matussière et Forest — n'est pas à même de produire plus de 36 % des besoins en papier standard, et 42 % des papiers magazines. L'essentiel est donc importé des pays nordiques, d'Autriche et de RFA notamment.

Pendant longtemps, l'organisation du marché français du papier journal a été complexe et marquée par l'intervention de l'Etat. Une Société professionnelle des Papiers de Presse (SPPP), organisme coopératif professionnel de statut semi-public, avait pour rôle d'acheter le papier à l'industrie papetière, et de le revendre aux journaux, à un

« prix de péréquation » fixé par décret ministériel — prix d'autant plus compétitif que l'Etat versait une subvention à l'industrie française des pâtes à papier.

Pour faire suite aux nouvelles conditions du marché international du papier, la période 1987-1988 a vu de nouvelles structures se mettre en place. Les entreprises de presse demeurent libres de s'approvisionner directement sur le marché, français ou mondial (elles ont tendance à le faire de plus en plus, depuis la fin des années 1970). De son côté, la SPPP s'est réorganisée, en une union de quatre coopératives de presse (Presse quotidienne, Presse périodique, Presse non syndiquée, Presse utilisatrice de papiers magazines). Elle est passée d'une fonction de gestion du système de péréquation à une activité essentiellement commerciale : négociation avec les fournisseurs, mise en place de barèmes commerciaux, organisation d'un système de stockage du papier, vente aux entreprises de presse. Pour ses opérations d'achat, la SPPP passe par l'intermédiaire d'une centrale d'achat nouvelle, la Compagnie française des Papiers de presse (CFPP), filiale à 25 % de la SPPP, 75 % du capital étant réparti entre douze titres ou groupes de presse (Groupe Amaury, *Libération*, *Le Monde*, *Ouest-France*, *Sud-Ouest*, *La Nouvelle République*, *Le Midi Libre*, *La Montagne*, etc.).

Au cours de l'année 1988, 250 groupes ou entreprises de presse ont ainsi acheté leur journal par l'intermédiaire de la SPPP/CFPP. Le prix moyen du papier journal standard pratiqué en France (4 040 F la tonne en 1988) se situe à un prix un peu supérieur à celui de l'Italie (3 860), mais sensiblement inférieur à celui de la Grande-Bretagne (4 630) ou de la RFA (4 420).

2 | IMPRIMERIES

Ce que l'on a dit de l'évolution des techniques indique combien l'impression des journaux représente pour les entreprises de presse une charge extrêmement lourde. On est en présence d'un matériel coûteux. Par ailleurs ce matériel reste en partie inemployé : en effet, un journal doit pouvoir tirer certains jours à un grand nombre d'exemplaires un certain nombre de pages, mais ni l'actualité ni ses recettes ne lui permettent de tirer tous les jours (ni même très fréquemment) à ce fort tirage, et avec cette forte pagination ; par conséquent, la plupart du temps, une imprimerie de presse ne tourne pas « à plein » — sauf à savoir gérer subtilement ses propres travaux et ceux qu'elle effectue pour des clients extérieurs. Mais alors ceux-ci risquent parfois d'être médiocrement satisfaits : la nouvelle imprimerie du *Monde* n'a pu imprimer simultanément, dans de bonnes conditions, *Le Monde* et *Le Parisien*...

En général, les quotidiens possèdent en France leurs propres imprimeries. La plupart des périodiques s'adressent à des imprimeries de presse spécialisées ; certains magazines recourent à plusieurs imprimeries pour un même numéro, l'une, par exemple, se chargeant des pages en noir et blanc, une autre des pages en héliogravure, une dernière de la préparation de la couverture.

Les autorités de la Libération avaient souhaité, dans le cadre d'un projet général de moralisation de la presse, soustraire les imprimeries de presse au libre jeu du marché.

L'ordonnance du 30 septembre 1944 interdisait ainsi la publication des journaux ayant paru en zone nord après le 25 juin 1940, ou en zone sud après le 11 novembre 1942. Les biens des entreprises éditrices de ces journaux étaient placés sous séquestre ; leur gestion était confiée à l'Administration des Domaines. L'ordonnance en question n'établissant qu'un régime provisoire, une loi du 11 mai 1946 décidait de transférer à l'Etat les biens corporels ou incorporels constituant les éléments d'actif des entreprises de presse visées par l'ordonnance de 1944.

La loi créait une *Société nationale des Entreprises de Presse* (SNEP) chargée de gérer ces biens. Des mécanismes d'attribution des biens et d'indemnisation des entreprises étaient prévus. On était donc en présence d'un système tel qu'une véritable nationalisation des biens de presse — des imprimeries notamment — était possible.

Mais, après des projets d'origines diverses, la « loi de Moustier » (du nom de son rapporteur) du 2 août 1954 mettait fin à cette possibilité, et autorisait les journaux à se porter acquéreurs de leurs installations, ce qui a par conséquent provoqué un phénomène de reprivatisation des biens de presse. La SNEP, établissement public à caractère industriel et commercial, continue par ailleurs d'exister, avec pour mission de gérer un secteur public d'impression — bien sûr beaucoup réduit depuis l'application de la loi de 1954.

Les années 1970 et 1980 ont été marquées, on l'a évoqué plus haut à propos des retombées sociales de ce processus, par un mouvement de modernisation et de restructuration des imprimeries de presse en France. Chacun des grands titres régionaux s'est doté de matériel performant — souvent avant Paris, dans la mesure où le Syndicat du Livre y était moins puissant ou moins déterminé. Dans la région parisienne, avec notamment la nouvelle imprimerie du *Monde* à Ivry, celle du groupe

Hersant à Roissy, l'imprimerie Ricobono — au sein de laquelle le groupe *Expansion* et *Libération* ont acquis une participation, constituant une minorité de blocage — *(Libération, La Tribune de l'Expansion, Le Quotidien de Paris, L'Humanité)*, celle du groupe Amaury à Saint-Ouen *(L'Equipe, Le Parisien)*, ou l'IPSN rachetée par le Syndicat du Livre et offrant, avec l'aide de l'Etat, un centre d'accueil aux nouveaux titres, l'imprimerie de presse française est, malgré un certain retard, entrée à son tour dans l'ère moderne.

5 / La distribution de la presse

Pour assurer la distribution des journaux, c'est-à-dire la phase allant de la sortie des exemplaires à l'imprimerie jusqu'à leur arrivée dans les kiosques, seules les entreprises éditrices de journaux régionaux possèdent leurs propres services de diffusion. Les journaux parisiens, quotidiens et périodiques, ont presque tous recours à un intermédiaire rémunéré pour régler l'ensemble des problèmes de distribution : ce sont les Messageries.

Avant la guerre, les puissantes Messageries Hachette disposaient du monopole de la distribution des journaux en France. Le monopole s'était construit sur une longue période : en 1852, les Librairies Hachette avaient commencé par s'assurer l'exclusivité des bibliothèques de gare ; c'est après la première guerre mondiale que l' « empire Hachette » s'étendit progressivement à l'ensemble de la presse nationale. Cette situation de monopole n'avait pas été sans soulever de vives contestations politiques, dans la mesure où, par des exigences tarifaires différenciées, les Messageries Hachette avaient la possibilité de peser sur la vente et sur l'équilibre financier des journaux.

Pendant la guerre, cependant que les Messageries Hachette se repliaient en zone sud, les autorités allemandes réquisitionnèrent à Paris les installations Hachette, et les utilisèrent pour organiser la diffusion des feuilles de la collaboration. Dès la Libération, des représentants de la presse de la Résistance s'assuraient le contrôle des Messageries qui reçurent, par une ordonnance du 30 août 1945 (mais avec effet rétroactif à partir du 1er septembre 1944), le statut de Société nationale et la dénomination de « Messageries françaises de Presse ».

Pour des raisons tout à la fois financières — la gestion des Messageries françaises de Presse fut telle qu'en deux ans elles se retrouvaient avec un déficit d'exploitation de 500 millions de francs de l'époque — et politiques — la presse de droite appréciait peu que la direction des Messageries fût confiée à un communiste — l'expérience de la Société nationale se solda rapidement par un constat d'échec. Dès novembre 1946, un certain nombre de journaux quittent les MFP pour l' « Expéditrice », société nouvellement créée par Hachette, et, en février 1947, la faillite des MFP est consommée.

Une concertation s'engage alors entre les pouvoirs publics et les milieux professionnels, qui aboutit au vote de la loi du 2 avril 1947 — toujours en vigueur — qui réorganise complètement l'organisation de la distribution des journaux. Ses objectifs étant, d'une part, de sauvegarder l'équilibre financier des messageries, d'autre part, d'assurer une impartialité absolue dans la distribution de la presse, la loi pose deux principes essentiels :

— la diffusion de la presse imprimée est libre. Toute entreprise de presse est libre d'assurer elle-même la distribution de ses propres journaux par les moyens qu'elle jugera les mieux aptes à le faire ;
— lorsque des entreprises de presse estiment préférable d'effectuer le groupage et la distribution de plusieurs journaux par des messageries, ces groupages et cette distribution ne peuvent être effectués que par des *sociétés coopératives* uniquement constituées à cette fin. Et si une société coopérative de ce type n'a pas les moyens matériels de réaliser la tâche de groupage et de distribution, elle peut certes s'adresser à une entreprise commerciale, mais dans ce cas, elle doit s'assurer une participation majoritaire dans la direction de cette entreprise, de façon à garantir l'impartialité de sa gestion et la surveillance de sa comptabilité.

Le capital social des sociétés coopératives de distribution ne peut être souscrit que par les propriétaires des journaux qu'elles diffusent. Quelle que soit l'importance relative des différents journaux associés dans une coopérative, chacun ne dispose que d'une voix. Cela est particulièrement important puisque la loi prévoit par ailleurs que la détermination des tarifs de distribution est de la compétence des assemblées générales (chacun n'y ayant qu'une voix, les « grands » journaux ne doivent donc pas pouvoir *imposer* des tarifs aux plus petits, qui sont plus nombreux qu'eux), et qu'une coopérative de distribution n'a pas le droit de refuser l'adhésion d'une entreprise de presse qui accepte son contrat de transport et de distribution (pas de club fermé, par conséquent).

La loi du 2 avril 1947 a institué, par ailleurs, un *Conseil supérieur des Messageries de Presse*, composé de représentants de l'Etat et des milieux professionnels intéressés (entreprises de presse, distributeurs, transporteurs et vendeurs), qui dispose d'un secrétariat permanent et d'un commissaire (obligatoirement choisi parmi les représentants de l'Etat) dont le rôle est d'exercer auprès des coopératives de messageries un contrôle comptable et une surveillance de l'impartialité dans la distribution. Le commissaire dispose d'un droit de veto dans les conseils des coopératives contre toute décision qui pourrait mettre en cause l'équilibre financier de la société ou son caractère coopératif.

C'est sur ces bases que se sont notamment créées les *Nouvelles Messageries de la Presse parisienne* (NMPP) qui ont pratiquement reconstitué l' « empire Hachette ».

Le capital des NMPP est réparti comme suit (en %) :

Groupe Hachette	49
Coopérative des Quotidiens de Paris (25 titres)	12,54
Coopérative des Publications parisiennes (17 titres)	0,98
Coopérative de la Distribution de la presse (31 titres)	21,97
Coopérative de la Presse périodique (501 titres)	6,12
Coopérative des Publications hebdomadaires et périodiques (267 titres)	9,39

L'importance dominante du groupe Hachette dans le capital, le droit statutaire dont il dispose de désigner le gérant de la société, le fait qu'il a mis en place le dispositif technique de l'entreprise sont autant d'éléments qui indiquent que c'est lui qui contrôle la distribution de la presse, mais il le fait en coopération avec la profession.

Il convient d'ailleurs de mesurer la prouesse technique que représente pour les NMPP la diffusion des journaux en France. Il s'agit de fournir à 36 000 points de vente répartis sur tout le territoire national et à la quasi-totalité des pays du monde environ 2 500 titres français et 600 titres étrangers, de poids, de format, de périodicité et de prix différents, l'ensemble représentant 2,7 milliards d'exemplaires, et un poids de 450 000 t ; cela se traduit pour les NMPP par un chiffre d'affaires voisin de trois milliards de francs.

Les impératifs techniques essentiels qui s'imposent aux NMPP sont ceux de l'horaire (un journal en retard est un journal qui ne se vend pas) et de l'ajustement de l'offre et de la demande (puisque la charge des invendus incombe finalement aux entreprises de presse, les kiosquiers étant de simples dépositaires). Pour répondre à ces besoins et satisfaire à ces impératifs, les NMPP emploient 4 300 personnes.

Chaque jour, des wagons de trains spéciaux sont chargés directement à l'intérieur même des centres de tri des NMPP. D'autres colis remplis de journaux partent par le réseau routier ou, à destination de l'étranger, par avions-cargos ou par bateau.

Afin d'accélérer la transmission des quotidiens parisiens en province, et se libérer des aléas du transport et du train, les NMPP se sont dotés d'un système de *fac simulé*, permettant d'acheminer à distance — par satellite, désormais — les pages des journaux. Chaque soir, 1 200 pages sont ainsi transmises en direction de huit centres de réception situés dans les grandes métropoles régionales et aussitôt envoyées aux imprimeries locales. Les lecteurs de province peuvent ainsi lire les journaux de la capitale à la même heure que les Parisiens.

Les Messageries doivent par ailleurs joindre à chaque envoi de journaux à un dépositaire les factures correspondant à cet envoi. Elles doivent prendre avec la plus grande rapidité possible des mesures compensatoires en cas de modification de l'importance relative des points de vente : par exemple, a noté Georges Bouveret, « lorsque le soleil de Paris se transforme brutalement en pluie, le chiffre de vente dans les kiosques situés sur la voie publique diminue instantanément, parfois de moitié, au profit de la vente dans les bibliothèques de métro ».

Elles doivent surtout fournir des précisions statistiques suffisantes aux entreprises de presse pour que les rectifications du nombre d'exemplaires à distribuer lors de la prochaine parution se fassent au plus juste, compte tenu des résultats de vente.

La diffusion coûte cher ; les publications ont donc intérêt à ajuster très précisément, et en permanence, leur distribution. Les NMPP leur fournissent, avec leur service « Stratégies Presse », une banque de données contenant l'ensemble des éléments statistiques de la vie de la diffusion du titre, de manière à optimiser celle-ci.

Il faut, en outre, pouvoir tenir compte d'événements de l'actualité qui peuvent susciter des variations importantes dans la vente des journaux — la photo d'Armstrong marchant sur la Lune, publiée dans le numéro du 22 juillet 1969 de *France-Soir*, a entraîné une augmentation de vente de 75 000 exemplaires de ce journal — et des variations différentes selon les journaux : en 1989, les résultats des élections municipales ont constitué, le 13 mars, la meilleure vente du *Monde*, du *Figaro*, de *Libération* et du *Parisien* ; le 5 juin, la mort de Khomeiny et le carnage de la place Tien An Men à Pékin entraîne la deuxième vente de l'année de *Libération*, mais la quatrième du *Monde*, la onzième du *Figaro*, et la vingt-neuvième du *Parisien* ...

Pour faire face à ces problèmes techniques majeurs et mettre en place un système d'information, de prévision et de gestion des ventes efficace, les NMPP se sont dotées de moyens informatiques modernes. Elles ont, par ailleurs, animé un effort sensible pour moderniser et rendre plus attrayants les points de vente de presse en France, notamment les « Maisons de la Presse ».

Au total donc, il s'agit d'un système impressionnant et efficace, qui n'a son équivalent dans aucun pays du monde (le système coopératif suédois étant le seul qui s'en rapproche). Il est vrai que la situation propre à la France impose dans une large mesure une organisation de ce type. Certains ont parfois évoqué le fait qu'en France les vendeurs de journaux n'achètent pas les exemplaires à compte ferme, mais les prennent simplement en dépôt ; en fait, si l'on excepte la Grande-Bretagne, cette situation n'est pas propre à la France, mais générale dans les pays capitalistes développés. Mais d'une part la presse française est très centralisée : les quotidiens parisiens ont presque tous vocation à être diffusés nationalement, et presque tous les périodiques sont fabriqués à Paris ; d'autre part, les Français ont peu la tradition de l'abonnement, ni (sauf en Alsace, on l'a dit) celle du portage à domicile.

Dans ces conditions, les Messageries assurent un service utile et efficace. Elles n'en constituent pas moins la cible de critiques émanant des entreprises éditrices de journaux.

Certaines leur viennent de petits journaux qui leur reprochent d'utiliser en fait des techniques de discrimination (par exemple en leur communiquant avec retard ou avec un optimisme excessif des chiffres de prévision de ventes qui obligent ces journaux à maintenir un tirage trop élevé, donc à perdre en fin d'exercice, en frais de retour d'invendus, ce qu'ils ont gagné sur le produit de leurs ventes) ; d'autres, les plus importantes et qui sont fort répandues, portent sur le coût élevé que représentent les services des Messageries de presse : les coûts de diffusion sont en effet particulièrement lourds dans les dépenses des entreprises de presse.

En effet, pour vendre 100 F de journaux au public (prix de vente au numéro indiqué sur la couverture), il en coûte en moyenne 39 F de frais de distribution : 14 F rémunérant les frais de fonctionnement des NMPP, 25 F rémunérant les services rendus par les agents de la vente et dépositaires.

Ces derniers sont rétribués à la commission : la loi du 27 janvier 1987 fait même *obligation* de rémunérer les agents de la vente des journaux et périodiques en pourcentage du montant des ventes réalisées par eux. Un décret du 9 février 1988 est venu fixer des plafonds pour ces rémunérations : 15 % du prix de vente public du journal pour les marchands de journaux de province, 23 % pour les dépositaires.

Les NMPP font souvent valoir que, sur la longue durée, les coûts liés à la distribution seraient à la baisse. Il reste que, on le voit, ces coûts sont élevés : 40 % du prix de vente du journal consacrés à sa seule diffusion... Il ne suffit certes pas de produire des journaux, encore faut-il aller à la rencontre du lecteur potentiel. Et ce n'est pas la chose la plus facile...

Chapitre V

PATRONS ET JOURNALISTES

1 / Les journalistes

1 | LE STATUT DES JOURNALISTES

La loi du 29 mars 1935, révisée par la loi du 4 juillet 1974, et intégrée au Code du travail, a fixé en France le statut du journaliste professionnel, qu'elle définit ainsi (art. L 761-2) : « Celui qui a pour occupation principale, régulière et rétribuée, l'exercice de sa profession dans une ou plusieurs publications quotidiennes ou périodiques ou dans une ou plusieurs agences et qui en tire le principal de ses ressources. »

Au sens ainsi défini, les journalistes professionnels doivent posséder une carte d'identité professionnelle — fréquemment appelée « carte de presse » dans la profession. Cette carte, renouvelable chaque année, est délivrée par la Commission de la Carte d'identité des Journalistes professionnels, commission paritaire composée de sept représentants des directeurs de journaux (désignés par leurs organisations les plus représentatives) et de sept représentants des journalistes professionnels (élus par les journalistes titulaires de la carte), qui exerce un contrôle rigoureux sur les demandes présentées, en appréciant si les conditions prévues par la loi pour être considéré comme journaliste professionnel sont bien remplies. Les décisions de la Commission peuvent faire l'objet de recours devant une Commission supérieure, composée d'un conseiller à la Cour de cassation, de deux magistrats de la cour d'appel de Paris, d'un représentant des directeurs de journaux et d'un représentant des journalistes.

Pendant les trois premières années de leur vie professionnelle, les journalistes sont « stagiaires » et se voient attribuer une carte qui mentionne cette qualité.

La loi de 1935 accorde aux journalistes titulaires de la carte un certain nombre de garanties et d'avantages spéciaux. Le plus notable, car il constitue un droit exorbitant du droit commun, est constitué par la clause de conscience. L'article L 761-7 du Code du travail stipule en effet que l'indemnité de licenciement doit être versée au journaliste, même si la rupture du contrat de travail est due à la propre initiative de celui-ci, dans les cas où cette rupture est provoquée par un « changement notable dans le caractère ou l'orientation du journal ou périodique, si ce changement crée pour la personne employée une situation de nature à porter atteinte à son honneur, à sa réputation ou, d'une manière générale, à ses intérêts moraux ». Pour faire jouer la clause de conscience, par conséquent, c'est-à-dire toucher des indemnités de licenciement alors que c'est lui-même qui décide de s'en aller, le journaliste devra quitter un journal qui change réellement de nature ou d'orientation (par exemple politique), et montrer que ce changement l'affecte personnellement — mais en la matière la jurisprudence est assez large, admettant que le journaliste lui-même est le mieux à même d'apprécier ce qui porte atteinte à ses intérêts moraux. Le journaliste perçoit alors une indemnité d'un montant équivalent à un mois par année de présence dans ce journal, au taux des derniers appointements qu'il a perçus.

Outre le prestige accordé par certains à la possession d'une carte de presse, on rappellera que celle-ci permet par ailleurs de bénéficier d'allégements fiscaux. Ceux-ci sont sans cesse remis en cause, parfois rognés, mais jamais supprimés, dans la mesure où les hommes politiques hésitent pour des raisons évidentes à remettre en cause des avantages acquis par les journalistes...

Ceux des collaborateurs à la rédaction des journaux qui ne sont pas des journalistes professionnels au sens défini plus haut sont des « pigistes », c'est-à-dire des journalistes indépendants rémunérés « à la pige », pour chaque article (ou dessin ou photo) publié dans un journal. Les pigistes ne peuvent se prévaloir du statut de 1935 ; il existe d'ailleurs dans de nombreuses rédactions des « pigistes réguliers », c'est-à-dire des collaborateurs du journal qui, sans faire partie du personnel permanent de l'entreprise, apportent régulièrement (éventuellement même dans chaque numéro) leur contribution au journal. Ils présentent l'avantage pour les entreprises qui les emploient de ne pas entraîner pour elles — surtout si leur pige varie d'un mois à l'autre — les charges que la législation imposerait s'il s'agissait de salariés permanents.

2 | STATISTIQUE ET SOCIOLOGIE
   DES JOURNALISTES EN FRANCE

Il y a en France près de 25 000 journalistes professionnels. Au 5 janvier 1989 ils étaient, d'après la Commission de la Carte, répartis comme suit :

Titulaires	15 261
Stagiaires	2 657
Pigistes	1 891
Pigistes stagiaires	831
Reporters-photographes	769
Reporters-photographes pigistes	638
Reporters-dessinateurs	40
Reporters-dessinateurs pigistes	104
Reporters-cameramen	439
Sténographes-rédacteurs	256
Rédacteurs-réviseurs	127
Rédacteurs-traducteurs	65
Chômeurs, malades	868
	23 946
Directeurs (anciens journalistes)	505
	24 451

Comme cela s'explique aisément du fait du développement médiatique dans ce pays, ce nombre est en augmentation permanente (avec un taux de progression très fort dans les quinze dernières années) :

1945	6 692
1974	13 349
1981	18 041
1985	21 749
1989	24 451

D'après la même source, on dispose de renseignements sur le sexe (données 1989), l'âge et l'origine sociale (données 1983-1984) des journalistes français.

Le métier de journaliste reste majoritairement masculin, mais l'évolution en vingt ans est importante, qui a vu les femmes entrer en masse dans la profession. Qu'on en juge : les femmes ont représenté 14 % des journalistes français en 1966, 25 % en 1983, 29 % en 1985 et 32 % en 1989. Et cette évolution devrait se poursuivre, puisqu'en janvier 1989 les journalistes stagiaires (rappelons qu'il ne s'agit pas de personnes en stage, mais de journalistes débutants, pendant leurs trois premières années de carrière) étaient à 49 % des femmes... Encore la féminisation ne concerne-t-elle pas tous les métiers de la profession journalistique : à la même date, 29 % des journalistes titulaires étaient des femmes, mais seulement 6 % des reporters-photographes et 3 % des reporters-cameramen...

En ce qui concerne l'âge des journalistes, on constate que cette profession est jeune, puisque 41,9 % ont moins de 35 ans, ce qui s'explique par l'augmentation constante du nombre des journalistes.

Age	
Moins de 25 ans	3 %
25-34 ans	38,9 %
35-44 ans	30 %
45 ans et plus	28,1 %

L'origine sociale révèle un milieu majoritairement issu de couches aisées de la population, puisque plus de 60 % des journalistes en exercice ont, ou ont eu, un père industriel, commerçant, cadre supérieur, membre d'une profession libérale ou... journaliste lui-même.

Origine sociale (profession du père)	
Agriculteurs	3,5 %
Patrons de l'industrie, commerce	18,1 %
Cadres supérieurs, professions libérales, journalistes	42,1 %
Professions intermédiaires	15,1 %
Ouvriers, employés	21,2 %

3 | LA FORMATION DES JOURNALISTES

Une profonde évolution est en cours depuis les années 1960 pour ce qui est de la formation des journalistes : de plus en plus fréquemment, on exige en effet des journalistes une formation poussée avant leur entrée dans la profession. La proportion des journalistes ayant achevé des études supérieures a ainsi été en constante augmentation. Elle est passée de 36,9 % en 1960 à 66,2 % aujourd'hui.

Niveau d'études	
Primaire	17,9 %
Secondaire ou technique	15,1 %
Supérieur	66,2 %
Non précisé	0,8 %

En dehors du recrutement par les établissements universitaires et les Instituts d'études politiques, les entreprises font de plus en plus confiance à la formation donnée aux apprentis journalistes par des centres de formation spécialisés. A cet égard, les centres les plus sérieux, de niveau supérieur, et qui sont reconnus par la profession, sont, à Paris, le Centre de Formation des Journalistes (CFJ) créé en 1946 ; à Lille, l'Ecole supérieure de Journalisme (qui fonctionne dans le cadre des facultés catholiques), apparue dès 1925 ; à Strasbourg, le Centre universitaire d'enseignement du journalisme (CUEJ), né en 1967 ; les IUT-Presse de Bordeaux (fondé en 1969) et Tours (1972) ; enfin le CELSA-Paris, et le Centre transméditerranéen de la Communication (Aix-Marseille), derniers centres à avoir reçu, dans les années 1980 la reconnaissance de la convention collective des journalistes — qui devrait également être étendue à l'IPJ (Paris).

A l'entrée de ces centres de formation, le niveau exigé tend lui-même à s'accroître d'année en année — la pratique se généralisant ainsi d'une formation de niveau universitaire se conjuguant avec une véritable formation professionnelle.

Le métier de journaliste est d'ailleurs un métier qui attire beaucoup d'étudiants, qui sont souvent moins avertis des aléas de la profession que séduits par une image du journaliste-homme d'action et de vérité volontiers diffusée par le cinéma et les médias audiovisuels, quand bien même elle ne correspond que rarement à la situation concrète de la profession.

4 | RÉPARTITION DES JOURNALISTES
PAR TYPES D'ENTREPRISES DE PRESSE

Une petite majorité des journalistes (61,4 % en 1988) exercent leur profession à Paris — cette proportion étant en légère augmentation au fil des années (avec le succès croissant de la presse périodique nationale et la création de nouveaux canaux audiovisuels).

Par types d'entreprises de presse, la répartition est la suivante (chiffres de l'enquête de 1983 de la Commission de la Carte) :

Périodiques	40,8 %
Quotidiens de province	26,1 %
Radio, télévision	13,3 %
Quotidiens parisiens	10 %
Agences de presse	7 %
Non précisé	2,8 %

Notons que, selon les employeurs, les salaires versés aux journalistes varient dans des proportions souvent importantes.

D'après l'enquête précitée, la répartition des salaires mensuels bruts des journalistes était la suivante :

Moins de 5 000 F	4,2 %
5 000 à 7 999 F	23,6 %
8 000 à 10 999 F	29,5 %
11 000 à 13 999 F	14,4 %
14 000 à 16 999 F	2,9 %
17 000 à 19 999 F	6,4 %
Plus de 20 000 F	4,8 %
Non précisé	14,2 %

Mais on sait que certains journaux ou agences paient leurs journalistes fort mal — parfois en dessous des barèmes syndicaux — et pratiquent volontiers les « stages gratuits », alors que d'autres, parmi les journaux riches et les chaînes de télévision, versent de forts salaires (qui ont parfois défrayé la chronique) à leurs journalistes-vedettes. Les écarts sont donc considérables. Il reste que les gros salaires sont plutôt l'exception, et que les revenus de la majorité des journalistes les apparentent plutôt à des « professions intermédiaires » qu'à des cadres supérieurs.

5 | LES SYNDICATS DE JOURNALISTES

Le journaliste se veut souvent plus individualiste que soucieux de défendre des intérêts collectifs. Le syndicalisme y est donc assez peu prisé (même s'il demeure important à l'AFP ou dans l'audiovisuel public), et recrute rarement parmi les journalistes en renom.

L'organisation syndicale la plus représentative des journalistes français est une organisation autonome, le Syndicat national des Journalistes (SNJ).

Par ailleurs, les grandes confédérations syndicales de travailleurs (CGT, CFDT et FO) ont chacune un syndicat national de journalistes. En matière de revendications professionnelles d'ailleurs, l'unité d'action est en général la règle entre le SNJ et les syndiqués confédérés, qui se retrouvent au sein d'une Union nationale des Syndicats de Journalistes.

6 | LIBERTÉ DE LA PRESSE
ET LATITUDE D'ACTION DES JOURNALISTES

Le problème de la latitude d'action, de la liberté du journaliste est permanent, et périodiquement ravivé par les crises du monde de la presse et celles du fonctionnement de la démocratie française.

Il se pose d'abord vis-à-vis de l'entreprise de presse. Comme il se doit dans une société capitaliste de démocratie pluraliste, c'est la presse qui est libre, et non le journaliste. Celui-ci n'est que le salarié, comme un autre, de son entreprise. Ici comme ailleurs, les rêves d'autogestion ont fait long feu. Pourtant, on conçoit que les journalistes aient le sentiment d'une mission particulière à accomplir, eux qui engagent leur signature personnelle dans cette industrie spéciale qui produit de l'information pour le public. On comprend leur amertume lorsqu'ils ont le sentiment d'être « vendus avec les murs », lors d'opérations portant sur le rachat du titre auquel ils appartiennent. Cet état d'esprit a suscité, dans les années 1950-1975, de nombreux conflits et de nombreux mouvements, celui notamment des « sociétés de rédacteurs ».

Il faut ici rappeler le cas, demeuré à part, du journal *Le Monde*, tel qu'il est apparu lors de la crise de 1951. A cette époque les positions « neutralistes » fréquemment exprimées dans les colonnes du grand journal du soir suscitaient de vives réserves dans certains milieux, et notamment chez certains associés de la société à responsabilité limitée « Le Monde ». Deux de ceux-ci, MM. Courtin et Funck-Brentano, représentant 45 % des parts, dénoncèrent en juillet 1951 la ligne du *Monde*, contraignant M. Beuve-Méry, co-associé et directeur du journal, à démissionner. C'est là que se situe l'épisode essentiel : les rédacteurs du *Monde*, soutenus par les protestations de très nombreux lecteurs, refusèrent d'accepter la démission de M. Beuve-Méry et réclamèrent très vite, comme seul moyen de garantir l'indépendance du journal, le droit pour la rédaction d'accéder à la copropriété de l'entreprise de publication. Finalement, un compromis aboutit à la création d'une « Société des Rédacteurs du *Monde* » (c'est donc la première) en faveur de laquelle la SARL « Le Monde » décidait une augmentation de capital : la Société des Rédacteurs se voyait ainsi octroyer 28 % des parts de la SARL.

Ce chiffre est important. Car dans les SARL les décisions extraordinaires, qui risquent d'affecter gravement la marche de l'entreprise, doivent être prises à la majorité des trois quarts.

Autrement dit, les journalistes du *Monde* se voyaient, dès 1951, dotés d'un droit de veto sur ces décisions extraordinaires. Depuis lors, la Société des Rédacteurs du *Monde* a obtenu une évolution de la SARL telle que le journal soit aux mains d'une véritable société à but non lucratif. Au sein de cette société, à compter du 15 mars 1968, la Société des Rédacteurs détint 40 % du capital — chiffre ramené à 32,3 % en 1986.

L'expérience du *Monde* est donc intéressante à plus d'un titre et elle est, à ce jour, unique. Il s'agit de journalistes qui se sont rebellés contre les propriétaires d'une entreprise et qui, après des négociations avec ceux-ci, ont abouti à la création d'une formule originale, où la liberté de la rédaction est garantie par le fait que celle-ci détient une part importante de l'entreprise. De surcroît cette entreprise n'est pas considérée comme ayant un but avant tout lucratif : on retrouve ici l'idéologie du « service public » qui caractérise souvent *Le Monde* et ses collaborateurs.

Il reste que la formule du *Monde* a aussi fait couler beaucoup d'encre de la part des détracteurs du « pouvoir de la rédaction » sur une entreprise. En effet, les difficultés — on pourrait dire les soubresauts — survenues au sein de la rédaction de ce journal chaque fois qu'il s'est agi de procéder à la nomination d'un nouveau directeur ne prouvent pas à l'évidence les avantages du système, ni que des journalistes soient foncièrement les mieux à même d'apprécier toutes les composantes de la situation complexe d'une entreprise de presse...

C'est sans doute l'une des raisons qui ont limité l'ampleur des revendications des journalistes en la matière. Pourtant, le mouvement de constitution de sociétés de rédacteurs fut très accéléré en 1966-1968, c'est-à-dire dans une période générale d'insécurité pour la presse écrite : c'est l'époque de la signature d'accords publicitaires importants dans la grande presse régionale, c'est l'époque aussi où les problèmes de concurrence entre supports publicitaires sont relancés par la question de l'introduction de la publicité de marques à l'ORTF, bref où les rédactions se posent concrètement des problèmes d'avenir et s'interrogent sur leur rôle propre.

Le mouvement, parti de la presse écrite, gagnait aussi la radio et la télévision.

Le 1er décembre 1967 était constituée une Fédération française des Sociétés de Journalistes à laquelle participaient 17 sociétés de rédacteurs ou de journalistes de la presse écrite, radiodiffusée et télévisée. Cette Fédération se donnait pour président M. Jean Schwoebel, animateur de la société des rédacteurs du *Monde* depuis sa création, et apôtre infatigable de l'extension de la formule. L'objet premier de cette Fédération était de « renforcer l'autorité des sociétés et associations de journalistes, notamment par une action visant à obtenir le vote d'une loi-statut qui devra leur assurer une participation organique au sein des entreprises privées et des organismes publics ou parapublics dont la mission est d'informer l'opinion ».

Vingt ans plus tard, cette revendication a marqué le pas. Il y a sans doute à cela bien des raisons : les limites de la formule du *Monde*, déjà citées ; les insuccès rencontrés par les journalistes dans des batailles semblables, au *Figaro* ou au *Matin* par exemple ; la relève opérée dans le patronat de presse par des gestionnaires modernes et efficaces, remplaçant les directions de journaux héritées de la Résistance et de la Libération ; une évolution idéologique du milieu, se ralliant pour l'essentiel à un fonctionnement capitaliste efficace des sociétés. Toujours est-il que s'il est sans solution globale possible — on ne saurait porter atteinte au droit de la libre propriété dans le secteur de la communication, avec les prérogatives qui s'y attachent — le problème demeure posé, des limites de l'intervention des journalistes sur la vie de leur entreprise. Et ce problème renaît à chaque crise grave affectant un journal ou une station de radio-télévision. Le journaliste est un salarié comme un autre ; pourtant (voir chapitre I), la loi lui reconnaît, avec la clause de conscience, un droit particulier qui n'existe dans aucune autre profession et qui consacre le principe d'intérêts moraux spéciaux aux journalistes dans les entreprises de presse.

Notons que, s'il est sans solution possible au niveau national, ce problème a suscité, ici ou là — notamment dans les grands groupes de la presse catholique, comme Bayard-Presse ou les Publications de la Vie catholique —, la constitution d'organes formels de concertation, associant les journalistes à certaines décisions fondamentales pour la vie des entreprises.

Mais le problème des relations des journalistes avec « le pouvoir et l'argent », pour reprendre les références du livre de Jean Schwoebel, se pose également — et sans doute de plus en plus — à d'autres niveaux. Il est lié, pour les journalistes du secteur public de la communication, au statut de ce secteur et à la nature de ses rapports avec le gouvernement ; nous renverrons ici aux développements consacrés dans ce livre à la radio-télévision, en notant simplement que l'évolution de ces dernières décennies s'est à l'évidence faite « dans le bon sens », alignant pour l'essentiel les problèmes de la latitude d'action des journalistes du secteur public sur ceux de leurs confrères des organismes de presse privés.

Pour l'ensemble des journalistes, on évoquera ici, parmi d'autres, deux types de limites possibles à leur latitude d'action.

Le premier concerne l'indépendance à l'égard des institutions, groupes et personnes que le journaliste est chargé de « couvrir » selon le jargon du métier, c'est-à-dire à propos desquels il est chargé de fournir informations et commentaires. Le danger est ici le journalisme de *connivence*. Issu des mêmes processus de socialisation et des mêmes filières de formation que les personnalités dont il rend compte, partageant les mêmes modes de vie, le journaliste dépend, de surcroît, du bon vouloir de ces personnalités pour continuer à disposer d'informations puisées à la source. Qu'on songe aux journalistes politiques, aux journalistes économiques, aux journalistes des rubriques culturelles ou de spectacles, aux journalistes de faits divers. Dans un monde où les « relations avec la presse » ont pris tant d'importance, où rien n'est négligé pour s'attirer les bonnes grâces des informateurs, ceux-ci ont de plus en plus de mal — lorsqu'ils le souhaitent — à préserver leur latitude d'information et de jugement.

La seconde contrainte concerne la pression du public. Il est bon, il est salutaire que la presse soit tributaire des verdicts du marché. Mais la recherche du consentement du marché pousse à l'évidence — sans doute dans certains titres beaucoup plus que dans d'autres, mais qui pourrait s'en dire exempt ? — à des excès qui sont autant de menaces à la déontologie de l'information. On pense à la difficile protection du citoyen face aux rubriques de faits divers ; on pense à la faveur pour un « journalisme d'investigation » dont la presse se gausse volontiers sans vouloir toujours prendre garde à ses dangers : articles diffusant de fausses rumeurs, manipulation de journalistes par des services de police ou des responsables politiques, mise en cause injustifiée de personnes privées ou publiques...

Les problèmes rapidement évoqués ici — latitude d'action du journaliste par rapport à son entreprise, par rapport à son objet et par rapport à son public — n'appellent sûrement pas de réponse univoque, et sans doute moins encore de codifications réglementaires, en général inadaptées ou tournées, souvent attentatoires à la liberté de la presse. Mais ils supposent, puisque le rôle social du journaliste est amplifié à l'ère médiatique, un souci croissant de formation des informateurs à la responsabilité, et une réflexion collective approfondie pour faire, de manière permanente, progresser l'éthique de l'information.

2 / Les syndicats patronaux

Les chefs d'entreprise de presse se sont regroupés en France au sein de plusieurs organisations professionnelles. Les deux plus importantes sont la *Fédération nationale de la Presse française* et la *Confédération nationale de la Presse française*, née d'une scission de la première.

A la Fédération, fondée en septembre 1944, adhèrent les quotidiens parisiens, réunis dans un syndicat unique, le Syndicat de la Presse parisienne, ainsi que cinq autres syndicats représentant des entreprises de la presse régionale, départementale ou périodique, et la Chambre syndicale de la Presse filmée.

La Confédération regroupe de son côté l'important *Syndicat de la Presse quotidienne régionale* (SPQR) et la Fédération nationale de la Presse hebdomadaire et périodique qui est composée de trois syndicats : le Syndicat des Publications économiques et techniques, le Syndicat des Publications d'Informations générales et le Syndicat des Publications d'Informations spécialisées. La Fédération nationale de la Presse française, comme le SNPQR, est affiliée à la Fédération internationale des Editeurs de Journaux (FIEJ).

D'autres organisations de moindre importance existent également, notamment l'*Union syndicale de la presse périodique*, et des associations regroupant des entreprises éditant des titres appartenant à une même catégorie de publications.

Chapitre VI

ANATOMIE
DE LA PRESSE QUOTIDIENNE

Les Français sont, on l'a dit, de médiocres lecteurs de journaux quotidiens à l'échelle mondiale. Selon les chiffres rassemblés par le SJTI (Service juridique et technique de l'Information), et portant sur l'année 1986, les quotidiens français tirent, au total, 3 milliards 320 millions d'exemplaires, ce qui représente un tirage *quotidien* de 10 823 000 exemplaires (3 455 000 pour les quotidiens nationaux, 7 368 000 pour les régionaux) ; le quotidien pénètre dans 52 % des foyers français. Si sa lecture est relativement interclassiste — 48 % des employés sont lecteurs de quotidiens, 50 % des ouvriers, 54 % des patrons et cadres supérieurs — on remarque que la pénétration des quotidiens est plus forte chez les hommes (56 %) que chez les femmes. Surtout, la consommation croît nettement avec l'âge : 43 % seulement des 15/24 ans lisent un quotidien, contre 49 % des 25-49 ans et 61 % des personnes de plus de 50 ans.

1 / Les quotidiens à diffusion nationale

1 | TABLEAU GÉNÉRAL

Les quotidiens nationaux ne représentent donc que 31,9 % du tirage de la presse quotidienne française (se répartissant en 25,4 % pour les journaux d'information générale et 6,5 % pour les quotidiens spécialisés — économiques et sportifs).

C'est que, pour l'essentiel, ces quotidiens *nationaux* sont d'abord des journaux *parisiens*. La part de diffusion que les principaux titres réalisent en région parisienne (d'après les chiffres OJD 1988) est en effet de :

75,2 % pour *Le Parisien* (véritable quotidien régional de Paris)
62,2 % — *France-Soir*
59,5 % — *Les Echos*
53,9 % — *L'Humanité*
53,7 % — *Libération*
50,4 % — *Le Figaro*
44,9 % — *Le Monde*
40,0 % — *L'Equipe*
25,5 % — *La Croix* (seule exception à une forte surreprésentation de la région parisienne — mais à un niveau de diffusion total modeste)

D'après le SJTI, on connaît la répartition des tirages journaliers, d'une part par genre de quotidiens nationaux (matin, soir, ou spécialisés) et d'autre part par destination finale de ces tirages (vente au numéro, vente par abonnement, exemplaires diffusés gratuitement et... invendus).

Tirage quotidien moyen		% vente au numéro	% abon- nements	% gra- tuits	% inven- dus
Quotidiens du matin	1 627 000	59,9	11,9	2,1	26,1
Quotidiens du soir	1 127 000	55,7	15,5	4,6	24,2
	2 754 000	58,2	13,4	3,1	25,3
Quotidiens spécialisés	701 000	57,3	8,8	3,0	30,9
Total	3 455 000	58,0	12,5	3,1	26,4

L'examen des chiffres de diffusion des onze titres qui composent le panorama de la presse quotidienne parisienne d'information générale, politique ou économique, ainsi que leur nombre de lecteurs moyen par numéro montre (voir tableau) que la presse nationale française est faible par comparaison avec les chiffres de diffusion des grands journaux allemands, britanniques, américains, japonais ou soviétiques (voir les chapitres consacrés à ces pays). Il montre aussi que le nombre de pages de publicité et, partant, le chiffre d'affaires publicitaire n'est que partiellement lié au nombre d'acheteurs ou de lecteurs : la qualité du pouvoir d'achat de ces lecteurs est ici un facteur éminemment correctif. On se reportera à certains des chapitres précédents (chap. III et IV principalement) pour avoir une vue d'ensemble des problèmes et des difficultés de la presse quotidienne française, ce chapitre étant consacré à une description de l'univers des quotidiens de ce pays.

Les quotidiens parisiens : diffusion, lectorat, publicité

Titres	Diffusion (1988-1989)	Lecteurs (1989) (¹)	Nombre de pages de publicité (1989)	Chiffre d'affaires brut en publicité (1989) (²)
Le Figaro	432 225	1 159 000	2 205	1 114,3
Le Monde	387 449	1 094 000	2 495	674,0
Le Parisien	382 394	1 308 000	6 315 (³)	301,5
France-Soir	301 716	633 000	631	184,8
L'Equipe	230 524	786 000	767	187,6
Libération	195 098	791 000	1 914	242,1
L'Humanité	109 314	344 000	400	33,4
La Croix	104 043	197 000	437	26,2
Les Echos	96 233		2 485	294,3
Le Quotidien de Paris	75 000 (⁴)		625	33,5
La Tribune de l'Expansion	52 087		1 403	142,3

(¹) « Lectorat dernière période », CESP.
(²) En milliers de francs.
(³) Toutes éditions confondues.
(⁴) Estimation.

Sources : OJD, CESP, Décisions Médias.

2 | LES QUOTIDIENS « HAUT DE GAMME »

Faisant une large place à l'information politique et à l'actualité internationale, cinq quotidiens se partagent le marché de la presse d'information de qualité, s'adressant en priorité à des lecteurs d'un certain niveau d'instruction, que ne rebute pas l'utilisation d'un vocabulaire sophistiqué. Ce sont trois journaux du matin (*Le Figaro, Libération, Le Quotidien de Paris*) et deux journaux de l'après-midi (*Le Monde, La Croix*).

A) *Le Figaro* actuel, qui succédait à un *Figaro* hebdomadaire créé en 1826 dont la parution avait connu des à-coups, fut fondé comme hebdomadaire en 1854 par Hyppolyte de Villemessant, et devint quotidien le 16 novembre 1866. C'est donc l'ancêtre des quotidiens à diffusion nationale. Organe d'expression par excellence de la grande bourgeoisie, *Le Figaro* d'alors est sérieux et documenté, mais ne néglige ni le dessin ni la photographie. Conservateur, *Le Figaro* se veut libéral. Mais libéral, il est aussi volontiers polémique.

Ouvert à différents courants du conservatisme, et surtout à la droite classique, *Le Figaro* entend faire preuve d'une « sagesse » qui lui paraît la vertu politique dominante, ce qui le conduit du reste parfois à prendre des positions malaisées. Ainsi, en mai 1869, à la veille des élections, expliquait-il : « Sachez bien ce que vous voulez. Si vous voulez l'Empire tel que l'a fait le coup d'Etat, votez pour les candidats officiels ; si vous voulez la révolution sans programme pour le lendemain, votez pour les irréconciliables ; si vous voulez la révolution en permanence, conduisant le pays dans la voie du progrès réfléchi et sûr, votez pour les indépendants. » Ainsi en avril 1962, M. Louis-Gabriel Robinet présentait-il aux lecteurs les raisons qui militaient en faveur du vote blanc au référendum.

Très ouvert sur l'actualité mondiale, *Le Figaro* a toujours tenu à « couvrir » cette actualité en envoyant ses reporters aux quatre coins du monde : il l'écrivait le 27 août 1881 : « Toutes les fois que des événements importants se produisent loin de Paris, *Le Figaro*, qui a le premier inauguré en France la méthode anglo-américaine, ne manque jamais d'envoyer sur le théâtre de ces événements un de ses rédacteurs. »

Le Figaro a par ailleurs toujours su s'attirer la collaboration de grands noms de la littérature et de la politique, recrutés surtout, après la première guerre mondiale, parmi ceux qui appartenaient aux milieux modérés de la droite « éclairée ». *Le Figaro*, qui fut suspendu *sine die* le 10 novembre 1942, après s'être successivement replié à Tours, Clermont-Ferrand et Lyon, reparaissait dans le Paris de la Libération, le 23 août 1944.

Marqué par les figures du lainier Jean Prouvost (arrivé en 1950) et surtout du responsable de la rédaction, Pierre Brisson, le journal vit une histoire relativement paisible jusqu'à la mort de ce dernier, le 30 décembre 1964. *Le Figaro* vit alors quelques années mouvementées, la polémique faisant rage entre la rédaction et les propriétaires quant aux structures de décision du journal — les journalistes du très modéré quotidien allant jusqu'à déclencher une grève de quatorze jours, en mai 1969. Le conflit prend fin en 1971, avec la mise sur pied d'une société à conseil de surveillance et à directoire, J. Prouvost devenant le propriétaire quasi unique de l'entreprise (dont il possède 97,30 % des parts, après les cessions que lui consent le sucrier Fernand Béghin). Les controverses sur la direction du journal cesseront par la force des choses lorsque, âgé de 90 ans, Prouvost cédera ses parts, en juin 1975, à Robert Hersant. Celui-ci n'est pas homme en effet à transiger sur l'exercice du pouvoir. Il s'intitulera d'ailleurs dès lors « directeur politique du *Figaro* ».

Modernisant la gestion de l'entreprise, le groupe Hersant, qui récupérait un journal dont certains experts prédisaient alors la mort lente et inéluctable, réussit à faire remonter les ventes du quotidien à partir de 1982. Il mettait au point des formules extra-rédactionnelles pour relancer l'activité — avec par exemple l'emprunt à la Grande-Bretagne du jeu boursier *Portfolio* — et enrichissait systématiquement les pages du journal par la création de rubriques et de suppléments thématiques (des sciences et techniques aux médias, de *Fig-Eco* au *Figaroscope* et au *Figaro littéraire*).

Surtout, il inaugurait en France avec succès la politique des magazines vendus en supplément, à un prix modique, avec le numéro de fin de semaine du quotidien. *Le Figaro Magazine* est ainsi lancé le 7 octobre 1978 (faisant suite à un *Figaro-Dimanche*, lancé l'année précédente) ; *Madame Figaro* commence sa parution le 26 avril 1980 ; *Le Figaro TV*, après une tentative infructueuse de mars 1980 à avril 1981 est relancé le 7 février 1987.

La politique de modernisation et de diversification porte ses fruits — tant auprès des lecteurs que des annonceurs. Le quotidien passe d'une diffusion de 336 000 exemplaires en 1982 à 366 000 en 1985, et 432 000 en 1988. Il est, de loin (voir tableau) le quotidien qui intéresse le plus les annonceurs, tant en nombre de pages qu'en chiffre d'affaires.

Sur le plan du contenu, le quotidien ne cesse de s'adapter à l'évolution du pays : devenu « chiraquien » de manière peu nuancée, à l'approche des élections de 1986, puis pendant la cohabitation et la campagne présidentielle suivante, *Le Figaro*, tirant la conclusion de l'échec de la droite (et des critiques de la partie la plus modérée et la plus jeune de son public), a souhaité se rapprocher d'une formule plus proche de celle d'un « *Washington Post* à la française », sous l'autorité de Robert Hersant, de son vice-président Philippe Villin et d'un nouveau directeur de la rédaction, Franz-Olivier Giesbert, transfuge du *Nouvel Observateur*. Cette rénovation est aujourd'hui commencée, même si un certain chemin reste à l'évidence à parcourir.

B) Le premier numéro du *Monde* est paru le 18 décembre 1944. Il avait été préparé dans les locaux du *Temps*, dont il reprenait en partie la formule et le graphisme, sinon l'idéologie. Son directeur était Hubert Beuve-Méry, ancien directeur de la section juridique et économique de l'Institut français de Prague, homme d'une grande rigueur intellectuelle, et se faisant une haute idée de la mission du journalisme. Le « démarrage » du journal était par ailleurs facilité par le souhait du gouvernement de voir se créer en France un organe de prestige, sérieux et documenté.

Le Monde connut en 1951 une crise grave (voir chap. V), qui trouva finalement une solution dans l'adoption d'un système juridique permettant à la rédaction du *Monde* d'exercer un contrôle sur les décisions importantes prises par la SARL éditrice du journal.

En 1970, M. Jacques Fauvet, jusqu'alors rédacteur en chef, succédait à M. Beuve-Méry à la direction du journal. C'était la continuité pour un quotidien au sein duquel, toutefois, le poids de la direction tendait à décliner au profit de celui des divers « barons » de la rédaction. Cette division devait s'avérer dommageable lorsqu'en 1982 il fallut désigner un successeur à J. Fauvet. Dotée du droit de désigner son directeur, la rédaction sombra dans des querelles byzantines, avant de désigner, d'abord André Laurens, puis André Fontaine en 1985, Daniel Vernet en 1990.

Mais la situation n'était pas grave seulement du point de vue de la gestion des équilibres internes au journal : les temps avaient changé et le journal, immuable, ne l'avait pas suffisamment perçu. De 1980 à 1985, la diffusion était tombée de 445 000 à 357 000 exemplaires. Le déficit cumulé s'élevait à 110 millions de francs. Certains observateurs prévoyaient au *Monde*, pris sous les feux croisés de *Libération* et du *Figaro*, le plus sombre avenir.

Le plan de redressement du journal a été rude, et efficace. Suppressions de postes, augmentations de prix, renouvellement et rajeunissement de la rédaction et de la maquette du journal, vente de l'immeuble de la rue des Italiens (et installation rue Falguière) ont ainsi été décidés. Une société des lecteurs a été constituée, ainsi qu'une société « Le Monde entreprises », constituée de 23 personnes physiques et morales. A compter du printemps 1986, le capital du *Monde* était réparti en 1 240 parts, de la manière suivante : 400 parts aux fondateurs, 400 à la société des rédacteurs, 63 aux cadres du journal, 51 aux employés, 86 au gérant, 140 à la Société des lecteurs, 100 au « Monde entreprises ».

Par ailleurs, *Le Monde* se lançait dans une politique rédactionnelle faisant plus de place à l'investigation, au reportage, aux articles « magazine » et « société » ; il lançait des suppléments (« Affaires »,

« Campus », radio-télévision, etc., encartés, à la différence du *Figaro*, car, malgré plusieurs projets, *Le Monde* ne s'est pas décidé dans cette période à lancer une édition magazine autonome) et une édition spéciale Rhône-Alpes (27 janvier 1986). En dépit de difficultés financières persistantes, le succès s'ensuivait : la baisse des ventes était enrayée, puis laissait la place à une nouvelle hausse (30 000 exemplaires diffusés en plus, de 1985 à 1988).

Malgré la concurrence des autres quotidiens « haut de gamme », *Le Monde* a su ainsi rester le journal par excellence des catégories dirigeantes, des diplômés de l'enseignement supérieur et des étudiants.

Cette caractéristique s'explique probablement tout à la fois par le sérieux et la qualité de la plupart des articles du *Monde*, et par l'importance de sa pagination, qui lui permet de rendre compte de façon détaillée de l'actualité de nombreux pays, et de jouer un rôle de journal officiel des organisations : *Le Monde* publie en effet les communiqués, déclarations et prises de position d'un grand nombre de personnes ou de groupes qui sont, par la force des choses, ignorés par la plupart de ses confrères.

Le Monde, journal sérieux, ne publie normalement pas de photographies — ce que les trois quarts de ses lecteurs approuvent pleinement ; il s'est cependant ouvert au dessin politique, et ne dédaigne à l'occasion ni la vigueur ni l'humour dans le commentaire, même si ce dernier trait n'est pas ce qui caractérise le ton général d'un journal, qui, à bien des égards, est devenu, *volens nolens*, une véritable institution. *Le Monde*, journal auquel ses lecteurs sont fortement attachés, se satisfait d'ailleurs visiblement d'être tour à tour (et parfois simultanément) la cible favorite des milieux les plus opposés, de l'extrême gauche et de l'extrême droite.

Si *Le Monde* mérite — sans toujours bien le tolérer — de susciter des critiques et des interrogations (sa faveur pour la gauche suppose-t-elle que sa rubrique de politique intérieure soit le reflet des conflits internes au Parti socialiste ? Son goût de l'investigation s'accompagne-t-il de vérifications suffisantes, permettant de conserver la nécessaire indépendance par rapport aux sources : police, ministère de l'Intérieur, magistrature, avocats ?), il a su demeurer un journal indispensable dans la presse française. Et il est à bien des égards un journal exemplaire au niveau mondial, au même titre qu'un *Financial Times* ou un *New York Times*.

C) L'actuel *Libération*, héritier du titre célèbre d'Emmanuel d'Astier de La Vigerie, est l'émanation de *La Cause du Peuple* ; son premier numéro est paru le 18 avril 1973. C'est donc alors un journal maoïste, qui s'ouvrira peu à peu aux diverses tendances de l'extrême gauche et des mouvements protestataires issus de mai 1968. Outre cette ligne

« populaire », *Libération* entend alors défendre une autre conception du journalisme — suppression des hiérarchies, pouvoir de l'assemblée générale, intervention des correcteurs et des clavistes sur la ligne rédactionnelle, égalité des salaires...

Lié aux soubresauts de l'extrême gauche des années 1970, mais sachant aussi innover par sa capacité à être présent sur l'événement, et à regarder les faits divers et les faits de société, avec des lunettes lourdement teintées d'idéologie, *Libération* fait alors entendre une voix originale et marginale. Ses difficultés financières l'amènent à interrompre plusieurs fois sa publication, en 1980-1981.

Lorsque le journal reparaît en 1981, il a changé, à l'image des anciens « maos » et de Serge July (toujours au centre de gravité des assemblées générales). Il changera encore, au fil des années, pour prendre son visage actuel. Ses intuitions de départ sont toujours présentes. Le traitement de l'actualité « société » est toujours là, et la volonté de modifier de fond en comble la structure du journal chaque fois que l'actualité l'exige ; le ton, délibérément moderne et volontiers familier, chargé de références culturelles familières aux jeunes cadres des années 1970, rompt, parfois avec maladresse mais souvent avec bonheur, avec la presse environnante ; la mise en page, la vigueur et la drôlerie des titres et des « accroches » se singularisent ; les pages culturelles, où l'on tranche dans le vif — il y a ceux qu'on aime et ceux qu'on n'aimera jamais, comme au temps des maos — vont à la rencontre des branchés ; le sport est traité comme un domaine à part entière ; les petites annonces (relayées par un service télématique) permettent aux jeunes et à ceux qui se veulent culturellement marginaux de trouver un lieu propice d'échanges commerciaux, de petits boulots et de rencontres.

Progressivement, *Libération*, toujours sous la houlette talentueuse de Serge July, se transforme pendant ces années en une véritable entreprise — avec l'intervention de financements extérieurs, notamment de personnalités comme Antoine Riboud et Gilbert Trigano, avec aussi l'acceptation de hiérarchies de fonctions et de salaires au sein de l'entreprise — et devient le journal phare pour les publicitaires et les hommes de communication de moins de 40 ans ; il passe à leurs yeux, non sans quelque raison, pour être le porte-parole d'une génération : la leur.

Libération a mis longtemps pour franchir la barre des 100 000 exemplaires diffusés. Il dépasse 116 000 exemplaires en 1984, 138 000 en 1985, 165 000 en 1986, 195 000 en 1988. Ses recettes de publicité dépassent celles de *France-Soir* et avoisinent celles des *Echos*, ce qui atteste de la faveur des publicitaires à son égard.

En revanche, *Libération* a moins bien réussi ses tentatives de diversification : *Lyon-Libération*, lancé le 8 septembre 1986, n'a pas été un succès. Les essais tentés dans les domaines de la radio et de la télévision sont demeurés peu concluants.

D) Le journal *La Croix* (ou *La Croix-L'Evénement*) a été fondé comme mensuel en 1880 par deux ecclésiastiques appartenant à la Congrégation des Augustins de l'Assomption, les RR. PP. Picard et Vincent de Paul Bally, et un laïc, le comte de l'Epinois. Il devient quotidien à partir du 16 juin 1883. La période de création de *La Croix* est significative : comme l'a écrit Charles Monsch, « le catholicisme français sentait à la fois monter les dangers et ses rangs se resserrer. Les lois sur les Congrégations enseignantes étaient en vigueur depuis 1880. Les républicains avaient triomphé aux élections de 1881 à la Chambre et à celles de 1882 au Sénat. La loi sur la laïcité scolaire avait été promulguée le 29 mars 1882. On était à la veille du vote sur le divorce. A la conscience collective du catholicisme en éveil, il fallait une voix, un organe, un miroir ». C'est dire que la première période de *La Croix* sera celle d'un journal de combat, se situant résolument à droite de l'échiquier politique ; ce sera aussi celle d'un journal dont les liens avec la hiérarchie catholique, pour être subtils, n'en resteront pas moins étroits. Sur ces deux points, une nette évolution s'est fait sentir depuis, évolution qui n'est probablement pas achevée d'ailleurs : *La Croix* (qui a, depuis le 20 novembre 1956 supprimé le crucifix qui ornait sa première page) tente désormais de représenter, sur le plan politique comme sur le plan religieux, tous les courants qui traversent le catholicisme français ; elle y réussit de plus en plus remarquablement, même si son évolution est parfois jugée timide par certains, hasardeuse par d'autres.

Sur le plan de la formule, notons que *La Croix*, qui avait adopté un grand format le 2 octobre 1900, a publié le premier cliché photographique de la presse française, le 22 novembre 1904 ; après avoir émigré à Bordeaux, puis à Limoges, entre 1940 et 1944. *La Croix* a pu reparaître à Paris à partir du 1er février 1945. Le 18 mars 1968, elle a opté pour le format « demi-quotidien », et pour une formule visant à offrir une présentation claire et rapide de l'actualité, permettant de se former un jugement rapide mais complet sur les événements du monde.

Dans les années 1980, sous la conduite de Noël Copin, sa rédaction a pleinement réussi le pari, d'un journal de qualité qui présente et analyse l'actualité de manière condensée et néanmoins pénétrante. Mais *La Croix* — qui peut compter sur le soutien du puissant groupe Bayard auquel elle appartient — souffre d'une image liée à un milieu minoritaire, déclinant de surcroît, celui des catholiques pratiquants, et ne parvient pas à dépasser de beaucoup les 100 000 exemplaires quotidiens.

E) *Le Quotidien de Paris* a été lancé le 4 avril 1974 par Philippe Tesson. Il prenait la suite de *Combat* — l'organe fondé en décembre 1941 par le mouvement de Résistance dirigé par Henri Frenay. L'histoire de *Combat* avait été marquée par bien des vicissitudes, jusqu'à la dernière période, celle des années 1960 et du début des années 1970, où sa rédaction était dirigée par Philippe Tesson.

Celui-ci va reprendre au *Quotidien de Paris* certains éléments de la formule qu'il avait adoptée à *Combat*, avec une large place faite en permanence aux débats, aux commentaires, aux tribunes libres.

Toujours en butte aux difficultés financières, *Le Quotidien de Paris* — qui a dû interrompre sa publication pendant plusieurs mois en 1978-1979 — a connu une vague de renouveau de lectorat lorsqu'en 1981 il adopta un ton extrêmement virulent à l'encontre du nouveau pouvoir socialiste et de son allié communiste. Il gagna notamment des lecteurs transfuges d'un *Figaro* qu'ils trouvaient trop modéré.

Et puis, les années ont passé, et ces lecteurs eux-mêmes ont compris que le pouvoir socialiste n'allait pas spolier leurs biens. *Le Quotidien de Paris* est redevenu plus modéré, plus analytique, plus pluraliste, plus conforme à ses options originelles.

Faible financièrement, il peut compter sur le soutien d'un groupe constitué autour du *Quotidien du Médecin* — première diffusion de la presse médicale, avec 65 000 exemplaires environ, et donc un chiffre d'affaires publicitaire non négligeable des laboratoires pharmaceutiques — (et comprenant aussi *Le Quotidien du Pharmacien* et *Le Quotidien du Maire*).

3 | LES QUOTIDIENS « POPULAIRES »

Ce sont les quotidiens populaires qui ont le plus gravement éprouvé les effets de la crise de la presse et de la concurrence de la télévision des années 1970. Après *Paris-Presse* en 1970, deux grands journaux ont disparu : *Paris-Jour* en 1972 et *L'Aurore* (absorbé progressivement par *Le Figaro* après 1978-1979, avant de cesser de paraître en 1984). En 1970, *France-Soir*, *Le Parisien Libéré*, *Paris-Jour* et *L'Aurore* totalisaient une diffusion de 2 200 000 exemplaires. En 1990, les deux rescapés, *Le Parisien* et *France-Soir* n'atteignent pas 700 000 exemplaires à eux deux.

A) *Le Parisien* a fait paraître son premier numéro — c'était alors *Le Parisien Libéré* — le 21 août 1944. Rédigé dans les bureaux de *L'Excelsior,* il était tiré sur les presses du *Petit Parisien* d'avant-guerre, dont il allait tenter de regagner les lecteurs en adoptant un style voisin de celui-ci — aujourd'hui encore des lecteurs demandent *Le Petit Parisien* à leur kiosque ! Né d'un mouvement de Résistance de droite — l'Organisation civile et militaire — il a été fondé par Claude Bellanger et Emilien Amaury, ce dernier en prenant le contrôle en 1947.

S'attachant à toucher une clientèle populaire, *Le Parisien Libéré* se veut par ailleurs dès l'abord le régional de la région parisienne. C'est pourquoi il a essaimé autour de Paris, créant des éditions locales dans l'Oise (en 1960), dans la Seine-et-Marne (en 1962), rachetant au groupe Hersant *Oise-Matin* et *Seine-et-Marne-Matin* (en 1965), lançant de nouvelles éditions locales à Mantes et dans l'Eure (en 1968) et à Rouen (en 1969) avec *Normandie-Matin* — aujourd'hui 13 éditions au total.

Dès 1960, le tirage du *Parisien Libéré* atteignait 750 000 exemplaires.

Par ailleurs, *Le Parisien Libéré* a entendu lutter contre la concurrence de *Paris-Jour,* qui visiblement lui avait arraché une partie de ses lecteurs. Il se rallia, en février 1966, au format tabloïd. Mais n'osant pas aller jusqu'au bout de son expérience, pensant que le public lui-même trancherait finalement entre les deux formules, il maintenait par ailleurs des éditions avec le format traditionnel — s'imposant donc la composition de deux journaux différents. Malheureusement pour lui, le public n'a pas choisi : une part des lecteurs a préféré continuer à acheter le journal auquel elle était habituée, une autre a été séduite par la présentation tabloïd. Ainsi, de 1966 à 1975, on trouva chaque matin dans les kiosques deux versions *différentes* du *Parisien Libéré*. Contraint de poursuivre une expérience fort coûteuse pour lui, *Le Parisien Libéré* s'était résolu à faire un argument publicitaire du fait qu'il était le seul journal mondial à présenter un tel « doublé ».

La période 1975-1977 a été celle — observée avec le plus vif intérêt par l'ensemble des patrons de presse — des grandes grèves et des grands affrontements entre Emilien Amaury et le Syndicat du Livre. Entêtement de l'un et corporatisme de l'autre aboutirent en tout cas à ce que, lorsque le propriétaire du journal mourait, en janvier 1977, *Le Parisien Libéré* avait perdu la moitié de ses lecteurs...

Après la mort du fondateur, une querelle de succession intrafamiliale s'ensuivit, qui ne trouva sa solution qu'en septembre 1983, Philippe

Amaury prenant alors le contrôle du journal (dans lequel le groupe Hachette prendra une participation de 36,2 %).

Depuis lors, *Le Parisien* a su stabiliser ses chiffres de vente, puis les relancer. Il l'a fait en respectant son public âgé mais en faisant des efforts de renouvellement en direction d'un nouveau lectorat : modernisation de la maquette, renonciation à tout relent critique envers les immigrés, traitement de la vie économique et sociale régionale, politique de grandes signatures, d'enquêtes et de sondages, mais aussi jeux et « bingo » et opération de parrainage, tout en assurant une continuité dans le savoir-faire, quant au traitement vivant des faits divers et de l'actualité sportive et hippique.

La diffusion, après avoir encore baissé légèrement en 1984-1985 (340 000 exemplaires en 1984, 332 000 en 1985), est remontée depuis 1986 (339 000 en 1986, 357 000 en 1987, 382 000 en 1988). *Le Parisien* a par ailleurs été le premier quotidien à mettre en place un important service télématique.

B) *France-Soir* est le produit d'un double héritage : celui d'un mouvement de Résistance et d'un grand journal d'avant-guerre. Le 15 août 1941, sous l'impulsion de Philippe Viannay, était fondé le journal *Défense de la France*, organe d'expression du mouvement du même nom. *Défense de la France* publia 42 numéros dans la clandestinité, en zone nord d'abord, dans l'ensemble de la France à partir de 1943.

Le 14 octobre 1944, Pierre Lazareff, ancien directeur de la rédaction de *Paris-Soir,* de retour des Etats-Unis et de Grande-Bretagne, prend la direction de *Défense de la France* (dont les premiers numéros publics étaient parus à Rennes le 8 août et à Paris le 22 août 1944), qui devient *France-Soir* à partir du 7 novembre 1944. Ce nouveau quotidien sera par bien des aspects le continuateur du *Paris-Soir* d'avant-guerre qui avait constitué à partir de 1931, sous la responsabilité de J. Prouvost et l'animation de P. Lazareff, le cas type de la réussite commerciale (tirant régulièrement à plus de deux millions d'exemplaires). *Paris-Soir* avait révolutionné bien des aspects de la presse française, notamment en donnant à l'illustration, au document photographique une place de choix, et en conférant au fait divers ses lettres de noblesse.

France-Soir, on le sait, a continué dans cette voie, mais a essayé de faire se côtoyer le sang à la une, les amours célèbres et l'information économique et politique sérieuse.

Sans atteindre le niveau de diffusion de *Paris-Soir,* le succès de *France-Soir* a été rapide. En 1953, il devenait millionnaire (par le tirage), et poursuivait une progression régulière. Grand parmi les grands de la presse française, *France-Soir* n'a en fait connu de véritable concurrence dangereuse pour lui qu'avec le développement de la presse audiovisuelle. Dans la mesure en effet où les « flashes » radiodiffusés donnaient les nouvelles plus rapidement que lui, dans la mesure surtout où les images quotidiennes de la télévision rendaient moins indispensable le recours aux photographies pour visualiser l'actualité, *France-Soir* perdait aux yeux d'une fraction de sa clientèle une partie de son attrait. La diffusion de *France-Soir* a dès lors stagné, puis baissé : 1 070 000 exemplaires en 1959, 1 020 000 en 1967, 868 000 en 1971 (pourtant, entre-temps, *France-Soir* avait absorbé *Paris-Presse*), 460 000 en 1980, 301 000 en 1988.

En 1976, *France-Soir* avait été vendu par le groupe Hachette. Son nouveau propriétaire devenait le groupe Hersant, dont on constate qu'il n'a pas ici (contrairement au *Figaro*) réussi à renouer avec le succès, se laissant distancer par *Le Parisien.*

France-Soir, qui continue à privilégier l'émotion et le fait divers sur l'analyse, met en avant les faits divers. Mais le journal tente depuis quelques années de diversifier ses rubriques — avec des pages plus nombreuses consacrées aux loisirs, aux jeunes et surtout à la télévision — et de moderniser sa présentation (avec, depuis septembre 1988, le recours à la couleur). Surtout, à l'image du succès obtenu par cette formule en Grande-Bretagne et aux Etats-Unis, le groupe Hersant tente de positionner les éditions de *France-Soir* comme journaux de banlieue, commençant par l'ouest de la région parisienne, en fournissant un journal hebdomadaire gratuit aux lecteurs, pour les convaincre d'acheter ensuite le quotidien...

4 | LES QUOTIDIENS PARTISANS

Deux des trois grands journaux de parti à diffusion nationale édités à la Libération ont aujourd'hui disparu. C'est le cas de *L'Aube,* organe du MRP, qui cessa de paraître dès 1948 ; c'est le cas du *Populaire*, le quotidien du Parti socialiste SFIO, qui, après des avatars divers (réduction importante de la pagination, parution trois jours par semaine, etc.) finit par se saborder faute de moyens en 1969. Seule *L'Humanité* poursuit sa parution.

A) *L'Humanité* fut fondée en 1904 par Jaurès. Après le Congrès de Tours (1920), elle devient l'organe central du Parti communiste français.

Sa vie, son contenu, ses heurs et malheurs sont désormais liés à ceux du PCF.

Suspendue par décision gouvernementale le 25 août 1939, *L'Humanité* est réapparue clandestinement à partir du 26 octobre de la même année. Sa publication officielle a repris à la Libération, le 26 août 1944.

Ses directeurs successifs ont été Marcel Cachin (de 1918 à 1958), Etienne Fajon (1958-1974) et Roland Leroy.

Déclinant avec l'influence du PC, *L'Humanité* a dépassé 400 000 exemplaires de diffusion en 1946, pour tomber à 160 000 en 1968, et à moins de 110 000 en 1988.

Si « *L'Huma* » a toujours conservé, auprès du noyau militant du PC, une forte dimension d'adhésion émotionnelle, sa lecture permet aux non-communistes de suivre les positions officielles du Parti, mais aussi de découvrir souvent, dans les comptes rendus de luttes sociales et dans les pages culturelles, des aspects de la réalité ignorés par la plupart des autres journaux.

B) *Présent* est une feuille quotidienne proche du Front national. Sa lecture paraît exclusivement réservée à la fange la plus militante des sympathisants du parti de M. Le Pen, qui y trouvent, sans guère de nuances, l'alimentation permanente de leurs stéréotypes et de leur vision de la société.

5 | LES QUOTIDIENS ÉCONOMIQUES

A) *Les Echos*, passés depuis 1988 sous la coupe du groupe de presse britannique Pearson, continue à être le principal quotidien économique et financier en France depuis de nombreuses années. Consacré à la macro-économie, mais surtout à la vie des entreprises, à la finance et à la bourse, le journal est un bon exemple d'une analyse économique et financière sérieuse de l'actualité, sans développements excessifs, pour les dirigeants d'entreprise. S'il n'a jamais réussi à approcher les tirages de ses homologues américain, japonais, britannique ou italien, son contenu et sa cible spécialisés en font une excellente affaire, comme support de publicité.

B) *La Tribune de l'Expansion* est le seul vrai concurrent des *Echos*, puisqu'elle aussi entend se placer sur le double créneau de la macro- et de la micro-économie.

Elle fait, depuis 1987, partie du groupe *Expansion,* après avoir été lancée, sous le nom de *Tribune de l'Economie*, en 1985 (pour prendre la suite du *Nouveau Journal*, lui-même héritier de *L'Information*). Malgré des améliorations constantes à sa formule rédactionnelle, *La Tribune de l'Expansion* n'est pas parvenue à obtenir beaucoup mieux qu'une diffusion, modeste, à peine supérieure à 50 000 exemplaires.

C) *Quotidiens spécialisés :* outre *La Tribune de l'Expansion*, le groupe *Expansion* a également repris, à la même époque, deux quotidiens spécialisés qui contribuent à donner au groupe une surface significative dans le secteur : *L'Agefi* — avec une diffusion de l'ordre de 7 000 exemplaires — est vendue par abonnement. Elle est surtout spécialisée dans les nouvelles financières et boursières ; et *La Cote Desfossés*, spécialisée dans les cotations boursières et les avis des agents de change, organe quasi indispensable des professions de la Bourse.

6 | LES QUOTIDIENS DU SPORT ET DE L'HIPPISME

Malgré les essais récents — mais *Le Sport* a dû jeter l'éponge, et opter pour une parution hebdomadaire — *L'Equipe*, appartenant au groupe du *Parisien*, demeure le seul quotidien sportif généraliste en France.

Même si sa diffusion tend à stagner — 238 000 exemplaires en 1972, 230 000 en 1988 — *L'Equipe* reste le journal de référence des sportifs français, pratiquants ou amateurs ; sa diffusion fait un bond le lundi (plus de 312 000 exemplaires en moyenne, sur l'année 1988), grâce aux résultats et commentaires des matches et compétitions du week-end. Le samedi, le journal publie *L'Equipe-Magazine,* hebdomadaire en couleurs de l'actualité sportive.

A côté de ce seul journal de l'ensemble des sports, paraissent des journaux spécialisés dans l'actualité des courses de chevaux : *Week-end* (diffusion : 400 000 exemplaires environ), *Paris-Turf* (environ 108 000 exemplaires), *Tiercé Panorama* (environ 60 000).

7 | LE PUBLIC DES QUOTIDIENS NATIONAUX

11,7 % des Français lisent, d'après le CESP, un quotidien national (lecture dernière période, 1989), et ce chiffre est de 35,4 % si l'on ne considère que les habitants de la région parisienne : en tout état de cause, ces chiffres sont modestes, et montrent la faiblesse de la presse quotidienne de diffusion nationale en France.

D'un titre à l'autre, les lectorats sont évidemment assez différenciés. A titre d'exemple, le tableau suivant décrit la composition du lectorat de deux quotidiens « haut de gamme », *Le Monde* et *La Croix*, d'un quotidien « populaire », *Le Parisien*, et du quotidien sportif, *L'Equipe*.

Quotidiens parisiens : un lectorat diversifié (en %)

	La Croix	L'Equipe	Le Monde	Le Parisien
Sexe				
Homme	43,7	85,5	53,8	58,1
Femme	56,3	14,5	46,2	41,9
Total	100,0	100,0	100,0	100,0
Age				
15/24 ans	7,3	23,9	23,7	15,3
25/34 —	6,5	29,4	22,2	17,6
35/49 —	16,4	31,2	31,1	27,3
50/64 —	28,5	11,7	14,6	24,2
65 ans et plus	41,3	3,8	8,4	15,6
Total	100,0	100,0	100,0	100,0
Catégorie socioprofessionnelle				
Agriculteurs	5,6	1,7	1,4	1,6
Petits patrons	0,9	9,7	6,1	6,6
Cadres supérieurs	18,3	13,2	33,2	6,7
Professions intermédiaires	21,1	21,5	24,8	12,9
Employés	5,5	17,3	8,9	14,1
Ouvriers	2,3	22,1	6,8	27,6
Inactifs/retraités	46,3	14,5	18,8	30,5
Total	100,0	100,0	100,0	100,0

On le constate : *Le Monde* et surtout *Le Parisien* sont majoritairement masculins, contrairement à *La Croix* ; *L'Equipe*, elle, est massivement masculine : le sport est décidément une affaires d'hommes...

Par âge, on remarque la jeunesse du lectorat de *L'Equipe,* mais aussi de celui du *Monde* (23,7 % de moins de 25 ans, et au total 45,9 % de moins de 35 ans), la distribution équilibrée du *Parisien* à travers les classes d'âge, et le caractère âgé du public de *La Croix* (41,3 % de plus de 65 ans, et au total 69,8 % de plus de 50 ans).

Socialement, *Le Monde* est évidemment d'abord un journal qui fait recette chez les catégories dirigeantes (33,2 % de ses lecteurs appartiennent à la catégorie « affaires et cadres supérieurs », auxquels on peut ajouter 6,1 % de patrons et 24,8 % de « professions intermédiaires » — soit au total 64,1 % de cadres), même s'il n'est pas négligeable de constater qu'il recrute aussi 15,7 % de son public parmi les ouvriers et employés.

La Croix penche du même côté. Les inactifs y sont nombreux, étant donné le poids des personnes âgées dans son lectorat. Mais si l'on rapporte les chiffres aux seuls actifs, les cadres supérieurs composent 34 % de son public, et les professions intermédiaires 39,3 %, alors que l'ensemble ouvriers et employés ne pèse que pour 14,5 %. *La Croix* recrute en milieu catholique pratiquant, et celui-ci est aujourd'hui majoritairement féminin, âgé et socialement privilégié.

Si la lecture de *L'Equipe* est interclassiste, *Le Parisien* en revanche est lu à 41,7 % par des employés ou ouvriers actifs, et pour 6,7 % seulement de personnes appartenant à la catégorie « affaires et cadres supérieurs ».

Dis-moi qui tu es, je te dirai quel journal tu lis : l'adage reste largement vérifié...

2 / Les quotidiens régionaux

1 | TITRES ET GROUPES

La presse régionale est en France particulièrement vivante et prospère — malgré une relative stagnation depuis la fin des années 1960.

Il existe 70 quotidiens paraissant en province, du petit journal local au grand régional, en passant par les « départementaux ».

L'importance et la relative prospérité de la presse de province sont dues à plusieurs facteurs spécifiques : l'importance des nouvelles locales pour les lecteurs ; l'effort important tôt consenti sur le plan technique par la presse provinciale, qui dans le domaine de la composition et de l'impression a pris de l'avance sur la presse à vocation nationale ; les avantages dont elle bénéficie sur ses confrères parisiens en matière de

Les grands quotidiens régionaux : diffusion, lectorat, publicité

Titres	Dif-fusion (1988)	Lecteurs (1989) [1]	Péné-tration dans la région [2]	Nombre de pages de publicité (1989)	Chiffre d'affaires brut en publicité (1989) [3]
Ouest-France	765 195	2 278 000	40,3	14 763	310
La Voix du Nord	374 050	1 206 000	35,0	n.c.	228
Sud-Ouest	367 170	1 202 000	38,6	n.c.	280
Le Progrès	362 396	933 000	22,6	6 768	269
Le Dauphiné Libéré	294 200	1 268 000	26,9	n.c.	190
La Nouvelle République du Centre-Ouest	268 171	839 000	30,6	5 868	144
Nice-Matin	256 104	690 000	40,2	13 100	240
La Montagne	252 691	787 000	42,8	n.c.	175
L'Est Républicain	248 347	775 000	43,4	n.c.	239
La Dépêche du Midi	237 534	875 000	28,0	n.c.	197
Les Dernières Nouvelles d'Alsace	221 196	680 000	53,0	n.c.	205
Le Républicain Lorrain	194 178	524 000	39,9	10 700	246
Le Midi Libre	185 817	606 000	31,1	7 156	148
Le Télégramme de Brest	181 305	517 000	33,3	n.c.	140
Le Provençal	162 389	973 000	35,2	2 300	265
L'Alsace	124 488	310 000	32,0	4 173	130
Paris-Normandie	119 295	406 000	15,0	n.c.	75
L'Union	113 322	388 000	28,5	n.c.	70
Le Courrier de l'Ouest	108 423	414 000	47,1	1 880	63

n.c. = non communiqué.
[1] « Lectorat dernière période », CESP.
[2] En millions de francs.
[3] En % de la population de la région concernée.

Sources : OJD, CESP, Décisions Médias.

gestion ; la rationalisation qui s'est rapidement opérée par le phénomène de concentration et de constitution de *pools* publicitaires ; la force que lui donnent les recettes provenant de la publicité locale.

Le tableau qui précède donne des indications chiffrées sur les 19 régionaux dont la diffusion est supérieure à 100 000 exemplaires.

On voit que *Ouest-France* est, de loin, le premier quotidien français : il surclasse chaque jour *Le Figaro* de plus de 300 000 exemplaires vendus. Et derrière lui, dix autres quotidiens dépassent les 200 000 exemplaires diffusés journellement. La santé des régionaux apparaît éclatante, en comparaison avec la presse parisienne.

Ouest-France n'est pas seulement en tête, il réalise une progression continue : il a gagné 19 % d'acheteurs en vingt ans... A cet égard, pourtant, l'arbre ne doit pas cacher la forêt. Pour quelques rares quotidiens qui progressent, dans ces mêmes vingt années (*Nice-Matin :* + 17 % ; *Les Dernières Nouvelles d'Alsace :* + 9 % ; *La Montagne :* + 3 %), *la tendance générale est à la baisse*, soit faible (*L'Est Républicain* et *La Nouvelle République :* — 1 % ; *Sud-Ouest* et *La Voix du Nord :* — 3 % ; *Le Midi Libre :* — 4 %), soit prononcée (*Le Républicain Lorrain :* — 12 % ; *La Dépêche du Midi :* — 13 %), voire très forte (*Le Progrès :* — 19 % ; *Le Dauphiné Libéré :* — 22 % ; *Paris-Normandie,* *L'Union* et *Le Télégramme de Brest :* — 25 %, et même *Le Provençal :* — 44 %). Certains bastions tiennent bon, voire se renforcent, mais dans l'ensemble donc les positions s'effritent, même si elles sont encore solides.

Si l'on s'intéresse, non plus à la situation des différents titres, mais à celle des groupes et ensembles de quotidiens régionaux, on peut, à la suite de Louis-Guy Gayan, les classer en quatre catégories :

— les « poids lourds », avec les journaux du groupe Hersant d'une part (voir tableau, p. 219), les seuls à dépasser au total le million d'exemplaires et *Ouest-France* d'autre part, à près de 800 000 ;
— les « poids super-moyens », avec des groupes qui diffusent entre 450 000 et 550 000 exemplaires : le groupe Hachette *(Dernières Nouvelles d'Alsace, Le Provençal, Var-Matin, Le Méridional, Le Soir)* ; le groupe *Sud-Ouest* (avec *La Charente Libre, La République des Pyrénées, L'Eclair des Pyrénées, La France* et *La Dordogne Libre*) ; le groupe de *La Voix du Nord* (avec *Le Courrier Picard*) ; enfin le groupe Amaury — que L.-G. Dayan classe non sans raison dans la presse régionale (avec *Le Parisien*, régional de Paris, *Le Maine Libre* et une participation dans *Le Courrier de l'Ouest*) ;
— les « poids moyens » — entre 250 000 et 380 000 exemplaires : le groupe Centre-France *(La Montagne, Le Populaire du Centre, Le Berry Républicain)* ; *La Nouvelle République du Centre-Ouest* ; *Nice-Matin* ; *L'Est Républicain* ; *Le Midi Libre* (avec *L'Indépendant* et *Centre-Presse* de Rodez) ; *La Dépêche du Midi* (avec *La Nouvelle République des Pyrénées* et *Le Petit Bleu* d'Agen) ;
— les poids « welters », entre 100 000 et 200 000 exemplaires : *Le Républicain Lorrain, Le Télégramme de Brest, L'Alsace*.

Un chapitre étant par ailleurs consacré à la concentration dans la presse française (p. 143-155), on se contentera ici de noter que la presse régionale présente un panorama assez contrasté de journaux liés à des groupes, mais aussi de seigneurs, barons et hobereaux jaloux de leur indépendance.

Le groupe Hersant dans la presse quotidienne régionale

Le Dauphiné Libéré	*L'Action Républicaine*
Le Progrès	*La Voix	Le Bocage*
Lyon-Matin	*Le Courrier de l'Eure*
Lyon-Figaro	*La Presse de la Manche*
Vaucluse-Matin	*Presse Océan*
Loire-Matin	*L'Eclair*
*La Tribune	L'Espoir*	*La Liberté du Morbihan*
Les Dépêches	*Nord Eclair*
Le Courrier de Saône-et-Loire	*Nord-Matin*
Paris-Normandie	*L'Union*
Le Havre Libre	*Centre-Presse* (Poitiers)
Le Havre Presse	*France Antilles*
*La Renaissance	Le Bessin*	*France Guyane*
Les Nouvelles de Falaise	*Les Nouvelles Calédoniennes*
L'Orne combattante	*La Dépêche de Tahiti*
Le Pays d'Auge	

Encore les groupes sont-ils eux-mêmes fort divers. Au sein du groupe Hersant — constitué pour l'essentiel par les patients rachats d'entreprises créées à la Libération, animées souvent, jusqu'à leur absorption, par des équipes nées dans la Résistance — coexistent des journaux favorables à la gauche *(Nord-Matin),* à la droite *(Lyon-Matin)* ou au centre *(Paris-Normandie)*.

Au sein du groupe Hachette, il y a peu en commun entre *Les Dernières Nouvelles d'Alsace,* que Louis-Guy Gayan décrit justement comme « la fille modèle du groupe, améliorant un excellent taux de rentabilité tout en perfectionnant la qualité constante de la démarche rédactionnelle », et *Le Provençal*, confronté depuis quelques années aux affres de l'après-defferrisme.

Au total, qu'ils appartiennent ou non à des groupes constitués, les seigneurs de la presse de province — comme François-Régis Hutin à *Ouest-France*, Jacques Puymartin aux *Dernières Nouvelles d'Alsace,* Jean-François Lemoine à *Sud-Ouest*, Jacques Saint-Cricq à *La Nouvelle République du Centre-Ouest*, Michel Bavastro à *Nice-*

Matin — campent, chacun à sa manière, de fortes personnalités et incarnent fortement leur journal. Ce sont, au plan régional, des puissances avec lesquelles il faut compter, ou composer, puisque aussi bien les tentatives de faire tomber leurs monopoles respectifs ont, partout à ce jour, échoué et puisqu'ils impriment à leurs journaux une gestion efficace et moderne. Ce sont les animateurs d'une « *PQR* » (Presse quotidienne régionale) dont le rôle dans la profession est d'autant plus important que sa surface financière et ses moyens d'action (même déclinants) font rêver bien des entrepreneurs de la presse parisienne...

2 | PÉNÉTRATION ET PUBLICS

52,8 % des Français habitant hors de la région parisienne lisent un quotidien régional (CESP, 1989) : ce chiffre est à rapprocher des 35,4 % d'habitants de la région parisienne qui lisent un quotidien parisien. Il rend compte de la puissance relative de la PQR.

Cette pénétration varie toutefois assez sensiblement d'une région à une autre puisque, si l'on emprunte le découpage des régions de l'UDA (Union des Annonceurs), on constate qu'elle est de :

44,4 % dans le Bassin parisien ouest (Eure-et-Loir, Loiret, Loir-et-Cher, Indre-et-Loire, Indre, Cher, Orne, Manche, Calvados, Eure, Seine-Maritime) ;
47,8 % dans le Nord (Nord, Pas-de-Calais) ;
49,3 % dans le Bassin parisien est (Somme, Oise, Aisne, Ardennes, Marne, Aube, Haute-Marne, Yonne, Côte-d'Or, Nièvre, Saône-et-Loire) ;
50,0 % dans le Sud-Est intérieur (Allier, Puy-de-Dôme, Cantal, Haute-Loire, Loire, Rhône, Ardèche, Ain, Saône, Drôme, Savoie, Haute-Savoie) ;
51,1 % dans le Sud-Ouest (Creuse, Haute-Vienne, Corrèze, Lot, Dordogne, Gironde, Landes, Lot-et-Garonne, Tarn-et-Garonne, Pyrénées-Atlantiques, Hautes-Pyrénées, Gers, Ariège, Haute-Garonne, Tarn, Aveyron) ;
53,1 % dans la région méditerranéenne (Pyrénées-Orientales, Aude, Hérault, Lozère, Gard, Vaucluse, Bouches-du-Rhône, Hautes-Alpes, Alpes de Haute-Provence, Var, Alpes-Maritimes, Corse) ;
60,4 % dans l'Est (Meuse, Moselle, Meurthe-et-Moselle, Vosges, Bas-Rhin, Haut-Rhin, Haute-Saône, Territoire de Belfort, Doubs, Jura) ;
62,4 % dans l'Ouest (Finistère, Côtes-du-Nord, Morbihan, Ille-et-Vilaine, Loire-Atlantique, Mayenne, Sarthe, Maine-et-Loire, Vendée, Vienne, Deux-Sèvres, Charente-Maritime, Charente).

Certains quotidiens ont ainsi la chance de paraître dans des régions où les habitudes culturelles de lecture sont nettement supérieures à la moyenne nationale, comme ceux de l'Est ou de l'Ouest. Il est vrai aussi qu'ils contribuent en permanence, par leur adéquation à leur public, à conforter ces habitudes. Si l'on se reporte au tableau de la page 217, où nous avons fait figurer la pénétration de chacun des 19 grands quotidiens régionaux dans sa propre zone de diffusion, on constate que *Les Dernières Nouvelles d'Alsace* sont en tête de ce palmarès (la majorité absolue des habitants de la région le lisent), devant *Le Courrier de l'Ouest, L'Est Républicain, La Montagne, Ouest-France* et *Nice-Matin*. Ce sont là les journaux les plus profondément insérés dans le tissu de population de leur région.

Ceux qui ferment la marche — *L'Union, La Dépêche du Midi, Le Dauphiné Libéré, Le Progrès, Paris-Normandie* — le doivent en général, soit à une tradition régionale de lecture plus faible, soit à l'existence d'une concurrence venant d'autres régionaux ou d'une variété de journaux départementaux et locaux.

Le profil global des lecteurs des quotidiens régionaux vaut enfin d'être comparé à celui des quotidiens nationaux, car il explique où réside la faiblesse principale de ces solides bastions.

Structure du lectorat des quotidiens... (en %)

	Parisiens	Régionaux
Sexe		
Hommes	58,9	51,0
Femmes	41,1	49,0
Age		
15/24 ans	17,5	14,2
25/34 —	19,1	14,4
35/49 —	28,1	24,9
50/64 —	18,6	23,9
65 ans et plus	16,7	22,6

Si en effet les journaux régionaux arrivent, mieux que les parisiens, à attirer un public féminin, on voit qu'en revanche le bât blesse dès lors qu'on examine la structure d'âge des lectorats. Les lecteurs de la PQR sont plus âgés que ceux de la presse nationale. Les moins de 35 ans ne pèsent que pour 28,6 % dans leur public — contre 36,6 % pour les quotidiens de Paris (voire 45,9 % pour un journal comme *Le Monde*, voir tableau p. 215). Les quotidiens régionaux ont donc du mal à drainer vers eux le public jeune, en tout cas dans les mêmes proportions que le public plus âgé.

Sans doute l'attachement à une certaine forme de vie régionale est-il en déclin. Sans doute une partie du jeune lectorat estime-t-elle moins indispensable la consultation quotidienne des résultats de concours de pétanque ou de reines de beauté, les récits de banquets de sapeurs-pompiers ou de bals musettes, les communiqués d'associations de pêcheurs à la ligne ou de philatélistes. Sans doute les radios locales et les télévisions régionales satisfont-elles les attentes d'une fraction de ce public.

La PQR a évidemment commencé, depuis quelques années, à réagir, face à cette désaffection relative. Les plus dynamiques des journaux ont entrepris une couverture de qualité de la vie économique et culturelle de leur région. Le style de l'écriture a été revu, les maquettes des journaux modernisées. Il reste, c'est clair, du chemin à parcourir à un certain nombre de régionaux — tant il est assurément difficile de contenter à la fois les plus traditionnels des lecteurs fidèles et les plus exigeants des jeunes lecteurs récalcitrants.

La PQR française est, par la force des choses, au cœur d'un processus permanent d'ouverture et de changement, qui peut seul lui assurer la pérennité de sa puissance.

Chapitre VII

LA PRESSE PÉRIODIQUE

1 / Les périodiques d'information générale et politique

Un nombre assez restreint de périodiques font de l'actualité générale — politique, société, faits divers — la pâture de leur contenu. Au demeurant cette catégorie est-elle assez composite. Elle comprend des « magazines illustrés », comme *Paris-Match, VSD*, ou le supplément du week-end du *Figaro, Le Figaro-Magazine*, qui traitent d'une partie de l'actualité, celle en laquelle ils peuvent présenter à leurs lecteurs photos, reportages, rubriques d'échos et de commentaires qui permettent de prolonger et de compléter l'actualité télévisée de la semaine ; des « news magazines », tels *L'Express, Le Nouvel Observateur, Le Point* ou *L'Evénement du Jeudi*, qui reviennent, avec leur approche rédactionnelle et politique propre, sur l'ensemble de l'actualité de la semaine — mais dont le relatif essoufflement de la formule dans les dernières années a souvent tendu à les rapprocher des premiers ; des magazines confessionnels comme *La Vie* et *Pèlerin-Magazine* ; des titres affichant clairement leurs options militantes, comme *Politis* à gauche, *Minute* ou *Valeurs Actuelles* à l'extrême droite ; un journal satirique comme *Le Canard Enchaîné*...

A / Les principaux titres

Revenons brièvement sur les principaux titres de cette série [en renvoyant le lecteur à la presse quotidienne et à ses suppléments pour *Le Figaro-Magazine*, voir p. 203-204, et à la presse confessionnelle pour *Le Pèlerin* et *La Vie*, voir p. 246-250].

Périodiques d'actualité générale

	Editeur	Diffusion (OJD, 1988)	Diffusion payée France (1988)
Hebdomadaires			
Paris-Match	Filipacchi	875 400	647 500
Figaro-Magazine	Hersant	665 000	618 000
L'Express	Groupe Express	553 500	408 000
Le Canard Enchaîné	Le Canard	400 000 [1]	
Le Journal du Dimanche	Hachette	360 029 [2]	350 734 [2]
Pèlerin-Magazine	Bayard	364 700	353 600
Le Nouvel Observateur	Perdriel	364 300	330 200
Le Point	SEBDO	319 700	267 750
La Vie	Publications Vie Catholique	271 500	255 350
VSD	VSD	266 000	234 700
L'Evénement du Jeudi	EdJ	176 800	163 600
Valeurs actuelles	Bourgine	98 000	90 000
Minute	Minute	50 000 [1]	
Politis	Politis	25 000 [1]	
Mensuels			
Actuel	Actuel	206 611 [2]	189 836 [2]
Spectacle du Monde	Bourgine	92 000 [1]	
Rolling Stone	Perdriel	61 704	56 989
Globe	Globe	44 300	40 253

[1] Estimation.
[2] En 1987.

1 / Le plus fort tirage reste, de loin, *Paris-Match*, le grand magazine illustré du groupe Filipacchi, qui fut lancé le 2 mars 1949 par le groupe Prouvost. A bien des égards, le maintien de ce titre en tête des magazines d'actualité dans la dernière décennie a représenté un tour de force. En effet, le succès de cet hebdomadaire, avec une formule fondée sur la place accordée aux documents et aux reportages photographiques, et des articles réécrits par des *rewriters* pour leur conférer une homogénéité « maison », pouvait paraître problématique au milieu des années 1970 : à l'ère de la télévision, dans une période où chacun dispose désormais d'images d'actualité quotidiennes à domicile, cette formule ne risquait-elle pas d'être condamnée ? Et en effet, les oiseaux de mauvais augure pouvaient s'appuyer sur une courbe de ventes alarmante : entre 1960

et 1972, le tirage de *Paris-Match* avait décru de 650 000 exemplaires. Mais la rénovation de la formule par le groupe Filipacchi, sachant à partir de septembre 1976 rajeunir la présentation du périodique tout en restant fidèle à son identité originale, a permis d'enrayer la chute, et même de marquer de nouveaux points puisque la diffusion était en 1988 supérieure de 65 000 exemplaires à celle de 1973.

2 / Le premier numéro de *L'Express*, lancé par J.-J. Servan-Schreiber avec une petite équipe comprenant Françoise Giroud et P. Viansson-Ponté, parut le 16 mai 1953. *L'Express* fut pendant quelques années un journal d'opinion et de combat, notamment pendant la guerre d'Algérie où il s'engagea profondément dans la lutte pour la paix ; il représentait alors la « nouvelle vague » de la gauche « mendésiste ». Après une période de relatif essoufflement, il modifiait sa formule, à partir du 21 septembre 1964, pour passer au petit format, à l'impression en offset et à l'utilisation de la couleur pour ses pages de publicité, cependant que son contenu se diversifiait et que son orientation politique était sensiblement gommée. Le succès commercial a indéniablement suivi l'évolution du premier journal français à adopter la formule de *Time* ou de *Der Spiegel* : 140 000 exemplaires diffusés en 1960, 583 000 en 1972, 553 500 en 1988. L'une des forces de *L'Express*, qui procure l'efficacité de sa formule (et incite sans doute les journalistes à l'humilité) est sa capacité à avoir su résister aux graves crises qui ont régulièrement secoué sa direction et sa rédaction pendant ces vingt dernières années (entrée de « JJSS » dans la carrière politique, puis départ de Jean-Jacques Servan-Schreiber, démission de l'équipe Claude Imbert / Georges Suffert, prise de contrôle du journal par Jimmy Goldsmith en 1978, départ de l'équipe de J.-F. Revel en 1981, péripéties diverses autour de la propriété du journal, etc.).

Outre sa formule rédactionnelle, *L'Express* se distingue par une politique active en direction de l'abonnement, de manière à justifier auprès des annonceurs d'une masse importante de lecteurs fidèles (330 000 abonnés en 1988) ; certains seront d'ailleurs tentés de reprocher à *L'Express* — qui a été suivi dans cette voie par maints confrères — cette politique d'abonnements « à bas prix » (avec cadeaux offerts aux abonnés), qui tend à faire avant tout de l'hebdomadaire un produit à l'intention des annonceurs.

La publicité est, de fait, très présente, dans *L'Express* ; 3 000 pages en 1988, auxquelles il faut ajouter les annonces classées — autre originalité de *L'Express* ; introduite dès 1969 sous forme d'espaces publicitaires et fortement développée depuis lors —, 3 249 pages en 1988, et 1 077 pages de publicité dans *L'Express Paris* (supplément qui, depuis 1989, inclut également des pages de petites annonces). *L'Express* est ainsi un journal phare, non seulement pour son originalité en tant que produit de presse, mais pour son savoir-faire en termes de marketing et de publicité.

3 / *Le Canard Enchaîné*, fondé par Maurice Maréchal, sortit son premier numéro le 4 septembre 1915 : la naissance de ce journal, satirique et pacifiste, est liée à la Grande Guerre. Depuis lors, le *Canard* est resté l'expression d'une gauche laïque souriante mais rouspéteuse. La formule du *Canard,* faisant une large place au dessin politique, centrée sur les échos, connaît un succès qui ne se dément pas avec les années. Les échos du *Canard Enchaîné*, écrit justement Colette Ysmal, « veulent démontrer le jeu politique, et souvent, cherchent le "secret", le "dessous" des cartes. Si bien que la volonté de vérité du *Canard Enchaîné* dérive vers la quête d'une "histoire" qui révèle une conception particulière de l'information. Nous, nous savons tout et "on ne nous la fera pas" ». On doit d'ailleurs au *Canard* de nombreuses révélations dans le domaine politico-financier.

Bénéficiant d'un apport permanent de concours bénévoles — ceux des personnes qui ont intérêt à dévoiler informations, petits et grands secrets pour mieux nuire à leurs concurrents, supérieurs hiérarchiques ou collègues — *Le Canard*, dont les frais de fabrication sont limités, constitue une excellente affaire. Il est le seul journal de ce niveau de tirage à avoir pu ainsi rester fidèle à sa volonté de ne pas publier de publicité.

4 / *Le Journal du Dimanche* est apparu à la Libération comme édition dominicale de *France-Soir*. Lorsqu'en 1977 *France-Soir* a été vendu au groupe Hersant, le « JDD » est demeuré au sein du groupe Hachette. Il est, depuis lors, dans la presse française, le seul « quotidien du septième jour » indépendant des quotidiens de la semaine. Tout en se rattachant aux hebdomadaires, par l'importance de sa partie « magazine » et bien sûr par sa périodicité, *Le Journal du Dimanche* est en même temps un véritable quotidien du dimanche, traitant seul ce jour-là de l'actualité nationale de la fin de la semaine.

5 / *Le Nouvel Observateur,* apparu le 19 novembre 1964 sous la direction générale de Claude Perdriel (le directeur de la rédaction étant Jean Daniel), est le point d'aboutissement d'une histoire commencée le 13 avril 1950 avec la parution de l'hebdomadaire *L'Observateur,* devenu à partir du 1er avril 1954 *France-Observateur*. Journal politique de combat de la gauche et de l'extrême gauche, proche à partir de 1960 du PSU, mais aussi héritier de ses querelles intestines, *France-Observateur* qui joua, pendant la guerre d'Algérie notamment, un rôle politique important, ne devait pas survivre à ces querelles, et notamment à l'opposition qui se fit jour entre ses deux animateurs, Gilles Martinet et Claude Bourdet.

Finalement, l'équipe de Gilles Martinet se joignit à celle qui, autour de Jean Daniel, quittait *L'Express,* parce qu'en désaccord avec l'évolution politique de ce journal, déjà signalée plus haut : ainsi naquit *Le Nouvel Observateur.* Celui-ci ne tarda pas lui-même à évoluer, pour adopter à son tour l'offset et la couleur, atténuer ses options politiques (prenant ainsi une partie de la place laissée libre par le glissement de *L'Express*), et faire une place notable, dans un style visant un public cultivé, à l'actualité culturelle.

S'adaptant à l'esprit du temps, *Le Nouvel Observateur* a su progressivement s'ouvrir à de nouvelles rubriques (sciences, urbanisme, rock...), s'adjoindre un cahier spécial pour ses lecteurs parisiens, et (en février 1986) un supplément économique. Le succès commercial a accompagné sa progression, même si celle-ci a paru compromise au début des années 1980 ; 70 000 exemplaires diffusés en 1966, 226 000 en 1971, 364 000 en 1988. Un peu moins prisé par les annonceurs que *L'Express* ou *Le Point, Le Nouvel Observateur* a néanmoins frisé les 2 500 pages de publicité en 1988, et créé à son tour (en août 1989) une rubrique de petites annonces.

6 / *Le Point* a publié son premier numéro le 25 septembre 1972, lancé par une équipe démissionnaire de *L'Express*, avec Jacques Duquesne, Claude Imbert, Olivier Chevrillon, Georges Suffert et Philippe Ramond.

L'hebdomadaire fait alors partie du groupe Hachette, avant d'être repris, en 1982, par une société contrôlée par Gaumont, aux côtés des *Echos* et du groupe suisse Ringier. *Le Point* est, de tous les hebdomadaires français, celui qui est resté le plus fidèle à la formule des « news magazines » à l'américaine, revenant de manière synthétique et informative sur l'actualité de la semaine, tout en fournissant à ses lecteurs, se recrutant d'abord chez les cadres, des pages nombreuses sur l'économie (qu'il est le premier à avoir intégrée de manière systématique dans ses analyses), la société et aussi l'environnement, les transports, la communication. Il a su aussi — vite imité par ses concurrents — innover en matière de micro-économie (vie des entreprises), de conseils pratiques pour les consommateurs (dotés d'un certain pouvoir d'achat) et de « publi-reportages ».

Si *Le Point* n'a pas réussi à détrôner *L'Express* et *Le Nouvel Observateur* en termes de diffusion — 150 000 exemplaires en 1972, 319 000 en 1988 —, il est le deuxième de ce trio pour ce qui concerne la publicité : 2 882 pages en 1988.

7 / *VSD* (« Vendredi, samedi, dimanche ») fut lancé en 1977 par Maurice Siegel, après son départ forcé d'Europe 1. Conçu comme un magazine d'actualité centré sur la vie quotidienne et sur les grands de ce

monde, d'une lecture facile, pour les cadres supérieurs, il connut en fait le succès auprès des classes moyennes : 350 000 exemplaires en 1982, avant de commencer à décliner.

Placé depuis la mort de Maurice Siegel en 1985 sous la direction de son fils, François Siegel, *VSD* a modifié sa formule en octobre 1987, pour devenir ce que ses promoteurs appellent un « loisirs magazines », faisant une large place au tourisme, à l'automobile, à la télévision, à la cuisine, à la santé, et aussi aux révélations et indiscrétions sur les célébrités de l'actualité. Cette évolution a permis à l'hebdomadaire de retrouver une courbe de diffusion croissante : 215 000 exemplaires en 1987, 266 000 en 1988 ; et une courbe également croissante de pagination publicitaire : 1 500 pages en 1987, 1 900 en 1988.

8 / *L'Evénement du Jeudi* a été lancé en 1984 par Jean-François Kahn. C'est le plus personnalisé des hebdomadaires. Le journal ressemble à son directeur — fondateur-animateur permanent : aimant les tics, les coups de cœur et les coups de gueule, mais prisant aussi l'enquête en profondeur, s'intéressant à la politique mais aussi à la chanson, à la télévision ou à la philosophie, innovant dans le fond comme dans la forme, sans se refuser parfois de friser le « mauvais goût ». Journal d'un ton nouveau dans le paysage hebdomadaire français, *L'Evénement du Jeudi* a également innové en tant qu'entreprise de presse : actionnariat des lecteurs, prix de vente élevé (20 F dès son lancement, quand ses concurrents étaient vendus 12 F), surface publicitaire limitée à 40 % de la surface du journal, création d'un « Club de l'Evénement » permettant des relations interactives avec le lectorat (et offrant places de spectacles, organisation de voyages, divers débats, etc.), rachat d'un restaurant et d'une salle de cinéma. Si, notre tableau de chiffres l'atteste, *L'Evénement du Jeudi* n'a pas atteint le niveau de diffusion globale des trois « news magazines », il faut en revanche constater qu'en 1988 il les a, la plupart du temps, devancés en vente sur « Paris-surface ». Ce remarquable résultat — qui doit beaucoup à ses « unes » originales et accrocheuses — atteste du succès de la publication de J.-F. Kahn dans la vente au numéro, et de son écho à Paris (et aussi dans les grandes villes), les sondages montrant par ailleurs son impact sur les cadres de moins de 40 ans ; il éclaire aussi le chemin qui lui reste à parcourir — en termes de fidélisation du lectorat et d'abonnement — pour tenter de rattraper ses grands concurrents en tirage total.

B / *Les lecteurs*

S'adressant au « grand public », les hebdomadaires d'actualité recrutent évidemment dans toutes les couches de la société. Des

	Paris-Match	L'Express	JDD	Nouvel Observateur	Le Point	L'Evénement du Jeudi	VSD	La Vie	Pèlerin Magazine
Sexe									
Hommes	46,8	53,3	60,7	54,2	58,1	54,6	53,7	37,5	35,9
Femmes	53,2	46,7	39,3	45,8	41,9	45,4	46,3	62,5	64,1
Age									
15-24	17,8	14,9	20,5	17,9	18,2	24,1	23,7	17,9	13
25-34	15,3	22,6	20,1	22,5	18,5	27,5	25,1	12,9	12,2
35-49	20,4	33,8	31,1	38	33,4	32,1	27	25	18,6
50-64	24,1	17,4	18,4	14	18,3	12,2	16,3	24,8	24,2
65 et plus	22,4	11,3	9,9	7,6	11,6	4,1	7,9	19,4	32
Catégorie socio-professionnelle									
Agriculteurs	2,8	1,9	0,6	2,3	1,3	1,1	2,4	9,3	8
Petits patrons	9,4	7,2	8,1	6,2	7,6	5,2	10,5	4,8	5,1
Affaires, cadres supérieurs	13,5	26,7	15,4	30,3	28,2	33,4	17	13	6,7
Professions intermédiaires	18,2	20,7	17,8	24,4	19,9	26	19,9	17,9	12,2
Employés	11,2	10,1	14,1	10,2	9,7	8,7	13,6	6,2	7,7
Ouvriers	17,7	10,6	24,4	8,8	9,6	9,2	19,3	13,2	15,6
Inactifs/retraités	27,2	22,8	19,6	17,8	23,7	16,4	17,3	35,6	44,7

différences sensibles se manifestent cependant, d'un titre à l'autre (voir tableau, p. 229).

En ce qui concerne le sexe, on remarque par exemple que le plus proche de la répartition hommes/femmes nationale est le lectorat de *Paris-Match,* alors que *La Vie* et *Pèlerin-Magazine* — recrutement actuel du catholicisme pratiquant oblige — ont un lectorat presque aux deux tiers féminin, et que les news magazines, *L'Express*, *Le Nouvel Observateur* et surtout *Le Point* recrutent plus volontiers leurs lecteurs parmi les hommes, de même que *Le Journal du Dimanche.*

En termes de classes d'âge, si *Paris-Match* est, là encore, assez équilibré, on constate que les lectorats de *La Vie,* et surtout du *Pèlerin-Magazine* surreprésentent les plus de 50 ans, cependant que *L'Evénement du Jeudi* et *VSD* surreprésentent les moins de 25 ans, et que *Le Nouvel Observateur* et *L'Express* privilégient les catégories d'âge intermédiaires.

En ce qui concerne les catégories sociales, on constate que *L'Evénement du Jeudi* surreprésente les catégories aisées (patrons et cadres supérieurs totalisent 38,6 % de son lectorat — contre 17,9 % pour les ouvriers et employés), de même que *Le Nouvel Observateur* (36,5 % de patrons et cadres supérieurs, 19 % d'ouvriers et employés), *Le Point* (35,8 % de patrons et cadres supérieurs, 19,4 % d'ouvriers et employés), et à un moindre titre *L'Express* (33,9 % de patrons et cadres supérieurs, 20,7 % d'ouvriers et employés). *Paris-Match* apparaît une nouvelle fois au centre de gravité, très interclassiste. A l'opposé des news magazines, *Le Journal du Dimanche* (23,5 % de patrons et cadres supérieurs, 38,5 % d'ouvriers et employés) et *VSD* (17,5 % de patrons et cadres supérieurs, 32,9 % d'ouvriers et employés) surreprésentent les catégories populaires.

2 / Les périodiques
économiques et financiers

La France a été lente à s'inventer une presse économique, et même aujourd'hui, la diffusion de cette presse, très atomisée, reste limitée (on l'a noté déjà à propos des quotidiens). Cette catégorie regroupe au demeurant des titres fort divers. Les « généralistes », qui abordent, chacun à sa manière, l'ensemble des problèmes de l'actualité macro- et micro-économique, ont pour leader deux titres du groupe Expansion, le bimensuel *L'Expansion* (lancé en septembre 1967 par Jean-Louis Servan-Schreiber et Jean Boissonnat) et l'hebdomadaire *La Vie Française* (racheté par le groupe en mars 1987) ; ils comprennent également le mensuel *Dynasteurs,* l'hebdomadaire *Le Nouvel Economiste,* ou le mensuel *Fortune France,* adapté du fameux titre américain, ainsi que le mensuel *Science et Vie Economie,* créé en décembre 1984 pour transposer au monde économique les clés du succès de *Science et Vie,* c'est-à-dire la vulgarisation.

D'autres publications sont centrées sur la micro-économie, la vie des entreprises. On peut ranger sous cette rubrique *L'Entreprise, Entreprendre, Challenges, Créez,* ou les publications du groupe « Usine nouvelle » *(L'Usine Nouvelle, Tertiel...),* plus spécifiquement axées sur le monde de l'industrie.

Enfin, un troisième groupe de publications s'est développé dans la dernière période (et a eu un impact sur le contenu des périodiques précédents) : celles qui entendent fournir à leurs lecteurs des conseils judicieux pour gagner de l'argent, mieux investir en bourse, gérer leur épargne familiale, ou payer moins d'impôts. Le fleuron de cette presse est

Périodiques économiques et financiers

Titres	Groupes	Diffusion totale payée (1988)
L'Expansion	Expansion	181 125
Le Revenu Français		151 203
Science et Vie Economie	Excelsior	122 162
Mieux Vivre		118 000
Investir		103 804
La Vie Française	Expansion	103 707
Dynasteurs	Pearson/Les Echos	90 000 [1]
Le Nouvel Economiste	Hachette/Filipacchi	87 662
L'Entreprise	Expansion	63 756
Epargner		60 000 [1]
L'Usine Nouvelle	Usine nouvelle	51 000
Entreprendre		50 000 [1]
Challenges		50 000 [1]
Fortune	Hachette/Filipacchi	40 000 [1]
Tertiel (A pour Affaires)	Usine nouvelle	36 000
Créez		31 000
Business Bourse	Miguet	30 000 [1]

[1] Estimation.

Le Revenu Français (apparu en 1968 mais profondément modifié en avril 1987), mais on constate aussi le succès de *Investir, Mieux Vivre* (auquel participe le groupe Hachette), ou *Epargner*. A la limite de cette presse, mais s'adressant plutôt aux professionnels et aux milieux dirigeants, on peut citer *Business Bourse,* ou *Option Finance* (lancé en février 1988 par le groupe Excelsior — l'éditeur de *Science et Vie* — avec une participation du groupe Hachette).

3 / Presse s'adressant essentiellement à un public féminin

1 | LA PRESSE FÉMININE

Tous les spécialistes ne donnent pas la même définition de la presse féminine. Certains font surtout entrer en ligne de compte le contenu des journaux — mais de quelles rubriques peut-on dire qu'elles sont spécifiquement, ou exclusivement féminines ? —, d'autres la composition de la clientèle — mais *Le Figaro* est-il un journal féminin parce que, certaines années, le CESP lui attribue une clientèle à majorité féminine ? On considérera ici comme presse féminine les journaux qui se proclament eux-mêmes destinés à une clientèle féminine et dont les enquêtes montrent que leurs lecteurs réguliers sont effectivement des femmes. Il reste que certaines classifications demeurent sans doute arbitraires. Certains titres de la presse du cœur pourraient être classés sous cette rubrique, de même que certains titres de la « presse des jeunes ».

La tradition de la presse féminine remonte en France au XVIIIᵉ siècle. Il semble que les premiers journaux féminins aient été *Le Courrier de la Nouveauté,* fondé en 1758, et *Le Journal des Dames,* créé en 1759, et qui introduisit des pages de mode dans sa publication à partir de 1774.

L'ancêtre des grands journaux actuels fut *Le Petit Echo de la Mode,* créé en 1878 (devenu depuis lors *Echo de la Mode*), qui innova en introduisant dans la presse féminine le feuilleton — ce qui lui permit de passer de 5 000 à 100 000 exemplaires — et surtout (en 1893) le patron gratuit — ce qui lui assura un doublement de ce dernier tirage.

Comme l'a fait remarquer Jacqueline Boullier, à la fin du XIXᵉ siècle, les lignes de la presse féminine étaient tracées : pratique, avec *Le Petit Echo de la Mode,* sentimentale avec *La Veillée des Chaumières,* luxueuse avec *L'Art et la Mode.*

La presse féminine est aujourd'hui une presse prospère, même si sa progression a cessé depuis plusieurs années de suivre l'évolution démographique, et si même sa diffusion globale tend maintenant à stagner. Cette prospérité s'explique sans doute par une série de facteurs convergents. L'un d'eux est la relative régularité de la vente : la presse féminine, qui ne consacre qu'une faible part de sa pagination à l'actualité, est peu dépendante de celle-ci ; sans doute, certains numéros connaissent-ils un succès exceptionnel par rapport aux numéros courants — les numéros de *Elle* consacrés aux collections de printemps ou d'automne sont tirés à plus d'un million d'exemplaires —, mais ces exceptions mêmes sont aisées à prévoir. Par ailleurs, la presse féminine bénéficie d'une manne publicitaire importante. Annonceurs et publicitaires savent bien que c'est la femme qui fait les trois quarts des achats des ménages français, et accordent par conséquent un soin tout particulier pour atteindre cette cible tant convoitée. Les recettes publicitaires représentent ainsi très souvent plus des trois quarts des recettes globales des journaux féminins — 85 % environ à *Elle* (qui consacre 45 % de sa surface moyenne à la publicité). Les fluctuations de la publicité expliquent d'ailleurs les fortes variations de pagination des magazines féminins : un numéro de *Elle* peut osciller de 80 pages (dont 20 de publicité) à 280 pages (dont 154 de publicité).

Certains journaux féminins ont d'ailleurs tenté d'exploiter eux-mêmes une fonction commerciale : ainsi a-t-on vu apparaître le magasin de *Femmes d'Aujourd'hui,* les patrons sur mesure de *L'Echo de la Mode,* le shopping-club de *Marie-Claire,* le club-achats de *Marie-France,* le « bon magique » de *Elle* et les services de « Elle-Club », les « griffes » accordées par certains titres à des produits de consommation divers, ou, plus près de nous, les patrons de couture de *Prima* (puis de *Modes et Travaux*), ou les fiches à découper pour classeurs spéciaux d'*Avantages* (imitées ensuite par *Prima* et *Femme Pratique*).

Si elle a de fortes raisons de se satisfaire d'une telle situation, la presse féminine n'est certes pas sans problèmes.

Le premier est celui de sa raison d'être et de son avenir. Depuis trois décennies, spécialistes et entrepreneurs de presse ont eu maintes occasions de faire des pronostics erronés en la matière. La presse féminine est un secteur où les surprises ont en effet été nombreuses, semblant déjouer les analyses apparemment les mieux fondées.

Le gigantesque marché de la presse féminine est en 1990 dominé par huit titres, mensuels ou hebdomadaires, avoisinant, ou dépassant nettement le demi-million d'exemplaires (voir tableau, p. 235). Sur ces huit titres, six sont des créations des années 1980 : *Prima* (lancé en 1982), *Avantages* (1988), *Femme Actuelle* (1984), *Madame Figaro* (1980), *Maxi* (1986) et *Femme d'Aujourd'hui* (1988, qui n'a plus grand-chose à voir avec son prédécesseur *Femmes d'Aujourd'hui*).

Seuls parmi les anciens titres, *Modes et Travaux* (créé en 1919) et *Marie-Claire* (apparu en 1937) font encore partie du peloton de tête. Encore sont-ils loin des diffusions de leur gloire passée. Le tableau suivant montre qu'en effet les grands titres des années 1960 ont dû marquer le pas (pour ceux qui n'ont pas disparu).

Que s'est-il passé ? La société a changé, les femmes ont changé, les journaux féminins ont changé.

Presse féminine : la baisse des titres anciens

	Diffusion		
Titres	*1960*	*1971-1972*	*1988*
Elle	653 308	516 879	380 617
Femme Pratique	274 419	355 021	175 000
Marie-Claire	1 021 298	677 772	604 300
Marie-France	646 067	503 174	315 000
Modes et Travaux	1 041 095	1 735 228	1 073 000

Dans une société en mutation, la télévision s'est installée. Elle a rempli bien des fonctions occupées jusque-là par la presse féminine : fonctions d'information, de distraction et d'évasion, fonctions pratiques aussi. Moins de femmes ont eu besoin de « leur » périodique féminin ; ou bien elles sont devenues plus exigeantes, et la presse féminine n'a pas toujours su s'adapter à la concurrence de la télévision. Et puis, face à cette concurrence, ces titres chers à confectionner ont vu fondre comme neige au soleil leurs recettes publicitaires, les journaux généralistes de grande diffusion surtout, ceux que les gros annonceurs des produits de grande consommation — les lessiviers, notamment — pouvaient abandonner le plus facilement pour le petit écran.

Parallèlement à cette concurrence — lame de fond, des transformations plus insensibles, mais profondes, s'accomplissent. Rendant compte des étapes de l'évolution de la presse féminine, Samra-Martine

Bonvoisin et Michèle Maignien évoquent les changements de la condition des femmes : « L'industrialisation a pour effet principal d'arracher les femmes laborieuses (...) à la terre, à l'artisanat, au petit commerce pour les précipiter vers les usines et les bureaux, c'est-à-dire hors de chez elles. Elles ont aussi le quasi-monopole des fonctions de formation et de communication (administration et enseignement) (...). Leur temps de scolarité s'allonge et elles sont plus nombreuses à accéder à l'enseignement supérieur. Enfin, révolution des mœurs sans précédent, la légalisation de la contraception (loi Neuwirth adoptée en 1967) permet aux femmes de contrôler leur fécondité (...). La presse féminine se retrouve dépassée par une transformation en profondeur qu'elle n'a pas su intégrer. La crise des valeurs, ouverte par mai 1968, ne va pas arranger ses affaires. »

Principaux titres de la presse féminine

Titres	Groupes	Diffusion totale payée (1988)
Mensuels		
Prima	Grüner und Jahr	1 295 000
Modes et Travaux	Editions Mondiales	1 073 000
Avantages	Marie-Claire	620 000
Marie-Claire	Marie-Claire	604 300
Marie-France	Bauer	315 000
Cosmo	Marie-Claire	297 486
Biba	Groupe Express	266 000
Femme Pratique	Help	175 000
Glamour	Condé Nast	108 400
Dépêche-Mode	Editions Mondiales	90 700
Votre Beauté	SEMP	80 124
Vogue	Condé Nast	75 950
Hebdomadaires		
Femme Actuelle	Grüner und Jahr	1 915 300
Madame Figaro	Hersant	636 800
Maxi	Bauer	580 000
Femme d'Aujourd'hui	Help-Didot	450 000
Elle	Hachette	380 617
Voici	Grüner und Jahr	259 200
Jours de France Madame	Grüner und Jahr	205 462

Ajoutons que d'autres formes de presse — news magazines, journaux d'information générale, presse pour adolescentes — vont savoir, elles, soit capter ce changement, soit séduire des lectrices traditionnelles en empruntant aux journaux féminins les recettes de leurs succès passés (rubriques pratiques, santé, etc.).

S.-M. Bonvoisin et M. Maignien distinguent quatre étapes d'évolution depuis les années 1960. Autour de mai 1968, la presse féminine est « en état de choc », et les titres généralistes, dépassés par l'évolution rappelée plus haut, sont victimes du changement. La période 1973-1976 est celle des « années noires », où les périodiques à vocation populaire sont désormais touchés eux aussi. L'époque 1977-1980 marque « le redressement » — qui est plutôt d'ailleurs une stabilisation globale, au sein de laquelle les magazines « haut de gamme new-look » s'en sortent le mieux (*Elle* et *Marie-Claire* se repositionnent ainsi) de même que les magazines spécialisés *(Cosmopolitan, Biba, Modes et Travaux...),* cependant que se poursuit la lente érosion des magazines populaires et qu'éclosent de manière éphémère des journaux féministes. Enfin, les années 1980 constituent « un tournant », avec le virage des « haut de gamme » vers un retour à la féminité — ils « érigent en modèle une "nouvelle" femme qui a su réconcilier féminisme et féminité » — et l'explosion des magazines féminins populaires et pratiques.

Prima est en effet lancé par Axel Ganz, et son groupe Prisma, filiale du groupe ouest-allemand Grüner und Jahr. Sa formule permet de « couvrir méthodiquement tous les centres d'intérêt des femmes jeunes, actives, pragmatiques qui cherchent des solutions concrètes à des problèmes quotidiens ». A une formule « populaire » — longtemps synonyme de qualité médiocre — a succédé une formule populaire « multi-spécialiste », dans laquelle les différentes rubriques, pratiques ou rédactionnelles, concilient la qualité et l'accessibilité. Installé rapidement en tête de la presse féminine nouvelle, le groupe Prisma récidivera rapidement en se hissant très nettement en tête de la presse hebdomadaire, avec *Femme Actuelle*.

Ainsi, ce marché de la presse féminine, qui passait pour être encombré à l'excès s'est-il révélé, selon les termes utilisés par Christine Kowalsky dans un article de *Médias*, « élastique aux nouveaux titres ». « Chaque segment de marché, écrit-elle, peut accueillir deux ou trois titres très proches. Les hebdomadaires *Maxi* et *Femme d'Aujourd'hui* s'en sortent, loin derrière *Femme Actuelle* (...). Mais c'est l'arrivée d'*Avantages* qui a marqué le plus les esprits. Reprenant la formule anglaise du magazine à découper pour le classeur, ce lancement est la meilleure preuve que le marché n'est pas saturé, dès qu'une idée se révèle vraiment nouvelle. Après huit mois d'existence, le mensuel du groupe *Marie-Claire* atteint une diffusion moyenne de 600 000 exemplaires, alors que ses concurrents les plus proches, *Prima* et *Modes et Travaux* dépassent, chacun, le million (...). Or, aucune baisse sensible des concurrents n'a été enregistrée. »

Telle semble bien être la situation de cette période : dans un marché où la multiplication des chaînes de télévision offre de nouveaux écrans aux annonceurs publicitaires, les « féminins » sont condamnés, pour être à la hauteur, à être grands » (ou à mourir, comme, dans les années 1980, *Cent Idées, 7 Jours Madame,* ou *Aujourd'hui Madame,* disparus malgré des chiffres de diffusion de 400 000 exemplaires). Pour cela, ils doivent occuper un créneau précis — en termes de lectorat, et donc de formule ; dans chaque créneau, deux titres peuvent se faire concurrence, trois au maximum. Cela explique aussi que toute innovation sur un créneau soit immédiatement copiée sans vergogne par les concurrents...

2 | PRESSE FAMILIALE

Un certain nombre de périodiques, qui sont en fait lus par un public en majorité féminin, sont censés s'adresser à l'ensemble de la famille, et plus spécifiquement aux parents.

Titres	Groupes	Tirage
Bonheur	Allocations familiales	1 091 000
La Nouvelle Famille Educatrice	UNAPEL	830 000
Pour l'Enfant vers l'Homme	FCPE	550 000
Parents	Hachette/Filipacchi	450 300
Famille-Magazine	Publications Vie catholique	300 000
La Voix des Parents	PEEP (Fédération des parents d'élèves de l'enseignement public)	270 000
Enfants-Magazine	Express	200 000

Certains d'entre eux jouissent d'une grande audience, en raison de l'importance de l'association dont ils sont l'organe d'expression : c'est le cas par exemple de *La Nouvelle Famille Educatrice* (Association des Parents d'Elèves des Ecoles libres), de *Pour l'Enfant, vers l'Homme* (Fédération des Conseils de Parents d'Elèves), de *Bonheur,* la revue des allocations familiales, voire même, malgré sa chute dans les années 1988-1990, de *Famille-Magazine* (qui a succédé en janvier 1988 à *Clair Foyer*), bénéficiant du réseau de diffusion du Mouvement familial rural (Chrétiens dans le Monde rural). *Parents,* lancé en 1969 par le groupe Prouvost, puis repris par le groupe Hachette-Filipacchi, s'adresse essentiellement aux jeunes parents ; changeant plusieurs fois de formules, il a connu des hauts et des bas (tirant jusqu'à plus de 700 000 exemplaires en 1975-1976). C'est la même cible — dans un milieu social en moyenne un peu plus élevé — que vise *Enfants-Magazine,* apparu sur le marché en septembre 1976.

On peut ajouter à cette catégorie des titres qui visent la clientèle des retraités (dix millions de personnes en 1990...), comme *Notre Temps,* leader sur ce marché (publication mensuelle du groupe Bayard-Presse, avoisinant le million d'exemplaires diffusés) ou *Le Temps Retrouvé,* lancé en novembre 1988 (300 000 exemplaires mensuels).

3 | LA PRESSE DE LA MAISON,
    DE LA DÉCORATION ET DU JARDIN

La presse consacrée à la maison, à sa décoration et au jardin, est un secteur en forte expansion, malgré un tassement dans la période 1980-1988. Cela s'explique assurément par le développement des résidences secondaires et par l'accroissement de la part consacrée, dans le budget des ménages, à l'aménagement et à l'entretien de l'habitation. Par ailleurs, les annonceurs et les publicitaires ont été conduits à s'intéresser à cette forme de presse, dans la mesure où sa clientèle se recrute essentiellement dans une population disposant de hauts revenus ; de surcroît, le coefficient de lecture de ces journaux est en général assez élevé dans la mesure où l'on conserve souvent leur collection, où on les consulte fréquemment : ainsi le taux de lecture des annonces publicitaires qu'ils insèrent est-il lui-même élevé. Les trois quarts de la pagination publicitaire de ce secteur sont constitués par l'ameublement.

Titres	Groupes	Diffusion (1988)
Hebdomadaires		
Rustica Hebdo	Dargaud	283 039
Mensuels		
Mon Jardin, ma Maison	Bonnier	217 262
Le Journal de la Maison	Bonnier	210 260
La Maison de Marie-Claire	Marie-Claire	200 871
Système D Pratique	Ventillard	153 477
L'Ami des Jardins et de la Maison	Hersant	150 500
Maison Bricolages	Bonnier	115 267
Maison et Jardin	Condé Nast	90 604
Maison Française	CEP	90 044
Vivre au Jardin	Burda	(lancé en 1989)
AD	Mondadori/Editions Mondiales	33 725
Bimensuels		
Art et Décoration	Ch. Massin	384 344 (1987)
Maison et Travaux	J. Massin	254 094 (1987)
Votre Maison	Croissant	253 041 (1987)
Maison Individuelle	CEP	131 200
Elle Décoration	Hachette	124 030
Vogue Déco	Condé Nast	

4 | PRESSE DU CŒUR, PRESSE D'ÉVASION, PRESSE A SENSATION

Cette presse, d'une assez médiocre qualité technique et rédactionnelle, distille du rêve à destination d'un public populaire qu'il s'agit de faire s' « évader » de ses soucis quotidiens. Il s'agit soit de journaux à sensation fondés sur l'actualité, réelle ou supposée, du monde des princesses et des vedettes, comme *Ici Paris* ou *France-Dimanche,* soit de journaux astrologiques, comme *Horoscope* ou *Astres,* soit des inénarrables publications offrant la lecture de récits « sentimentaux » à l'eau de rose, que ce soit sous forme de romans-photos ou de mini-romans, comme *Bonne Soirée, Nous Deux* ou *Intimité.* La liste de ce dernier type de publications — dont une bonne part est importée d'Italie — serait longue, qui comprendrait, outre les publications recensées dans le tableau qui suit, des titres de romans-photos mensuels, aussi évocateurs que

Charme-Color, Lucky Color, Monte-Carlo Color, Riviera Color ou *Sogno Color*...

La recette du succès de ces publications est connue, elle est immuable : on en trouve un exemple dans cette vieille publicité pour un numéro de *Toi et Moi,* parue dans *Le Dépositaire de France* (avril 1968) : « Sujet dans la pure tradition sentimentale. Drame de deux êtres qui s'aiment d'un amour qui leur est interdit. L'ambiguïté des situations entraîne des retentissements astucieux. Les héros lutteront pour se libérer d'un destin qui les écrase. Leurs renoncements, leurs espoirs soulèvent chez le lecteur-spectateur l'angoisse et l'admiration. Bon roman sentimental. »

A vrai dire, si les tirages de cette presse sont toujours élevés, sa grande époque est révolue, depuis la fin des années 1950 ou le début des années 1960.

Titres	Groupes	Tirage (1988)
Hebdomadaires		
Nous Deux	Editions Mondiales	970 000
France-Dimanche	Hachette/Filipacchi	928 603
Ici Paris	Hachette/Filipacchi	600 000
Intimité	Editions Mondiales	447 200
Point de Vue	Point de vue	330 000
Nouveau Détective	Nuit et jour	320 000
Bonne Soirée	Editions Mondiales	300 000
Mensuels		
Astres	F. de Villac	105 000
Horoscope		100 000

France-Dimanche est par exemple passé d'un tirage de 1 580 000 exemplaires en 1968 à 1 325 000 en 1971, et à 928 000 en 1988. *Ici Paris* est passé de 1 200 000 exemplaires en 1965 à 600 000 en 1988. Même si cette presse a donc de forts beaux restes, qu'exploitent, à côté de petits éditeurs spécialisés, de grands groupes comme Hachette ou les Editions Mondiales, son irrémédiable déclin renvoie à l'accroissement du niveau culturel du public, au changement du statut de la femme et à... la concurrence de l'audiovisuel sur le créneau du rêve et de l'évasion.

4 / La presse des enfants et des jeunes

La presse qui s'adresse aux moins de 20 ans est évidemment une presse très segmentée — dans l'enfance et l'adolescence, chaque année compte, et les classes d'âge s'enchaînent très rapidement. Dans une période historique où les éditeurs ont compris qu'il fallait cibler leur public, le public des journaux de jeunes doit ainsi être très étroitement défini. Et puis, les modes changent vite, pour les plus jeunes : les journaux s'adressant à eux doivent donc être capables de s'adapter en permanence à l'évolution de leurs goûts.

Il faut bien sûr distinguer, à l'intérieur de la presse destinée au jeune public, la presse enfantine et la presse pour adolescents.

1 | LA PRESSE ENFANTINE

La presse pour enfants constitue un univers à part dans la presse. Voici des journaux qui s'adressent à des lecteurs éphémères — ils ne pourront rester fidèles à leurs titres préférés que deux ou trois ans, avant de... grandir, et d'acquérir d'autres centres d'intérêt, et d'autres aptitudes de lecture.

Voici des journaux pour qui la publicité n'apporte guère de ressources : il leur faut compter, pour l'essentiel, sur leurs seuls lecteurs pour vivre... Et les lecteurs potentiels sont déterminés par la démographie : une variation de 50 000 naissances par an représente une hausse ou une baisse non négligeable dans le public potentiel des publications enfantines.

Eudes de La Potterie a expliqué de façon convaincante les raisons du succès et de l'importance de la presse pour enfants par trois séries de facteurs :

— L'illustré a sans doute aux yeux de l'enfant des qualités que d'autres médias — notamment la télévision — ne possèdent pas : la télévision est un spectacle familial alors que l'illustré appartient à l'enfant, c'est un bien qui n'existe que pour lui et dont il peut disposer à son gré (sécurité) ; la télévision a des horaires et des programmes imposés alors que l'illustré est accessible à tout moment et en tout lieu, l'enfant peut y choisir ce qui lui plaît, le lire et le relire à loisir (liberté) ; la télévision présente des images captivantes mais éphémères, rapides mais dispersées, alors que l'illustré reste à la portée de l'enfant, qui peut l'assimiler à son rythme, et selon son tempérament (adaptation) ; la télévision est toujours là mais les rendez-vous changent selon la série des émissions et celles-ci ne durent qu'un temps, alors que l'illustré revient régulièrement retrouver l'enfant, c'est pour lui un ami, un compagnon de jeux (fidélité).

— L'illustré est un moyen d'expression qui a su trouver sa place dans la civilisation audiovisuelle, intégrant et combinant harmonieusement textes, images, bandes dessinées, photos, dessins.

— L'illustré, comme le livre, appartient au domaine de la lecture et joue donc un rôle dans le développement de l'imagination, l'apport d'information, la stimulation de la réflexion, le développement du sens critique ; si le livre fournit des modèles plus complets et apporte une expérience plus profonde, le journal peut, par la diversité de ses rubriques, faciliter le développement global de la personnalité de l'enfant. Il peut, par sa périodicité, suivre les thèmes et les événements que rencontre l'enfant au fil des semaines. Il touche au même moment beaucoup d'enfants qui peuvent partager les mêmes intérêts et les mêmes jeux : c'est réellement un moyen de communication de masse.

La presse enfantine contribue ainsi à remplir des fonctions essentielles : la contribution à l'épanouissement et au développement de la personnalité de l'enfant, la contribution à l'information sur le monde, condition d'une adaptation progressive aux dimensions de notre époque, et le rôle d'intégration sociale. Cette dernière fonction, remplie notamment en proposant des centres d'intérêts, des idées, des héros et des activités, en faisant découvrir aux enfants le sens de différentes communautés (famille, école, église, mouvements, camarades, loisirs...), en cultivant en eux un certain nombre de valeurs sociales, est particulièrement importante : le journal pour enfants n'est pas seulement un instrument neutre de divertissement, il tient aussi sa place dans la socialisation politique et culturelle des jeunes Français.

On remarque d'ailleurs qu'aux côtés d'éditeurs commerciaux — Hachette depuis longtemps, Milan depuis une période plus récente — les grands groupes à vocation idéologique de la presse française, Vaillant - Miroir-Sprint, lié au Parti communiste français, et surtout les deux groupes catholiques, Bayard-Presse et les Publications de la Vie catholique (celles-ci par l'entremise de Fleurus-Presse, Produca ou Junior-Presse dont elles se sont assuré le contrôle), sont les groupes significatifs sur le marché, Bayard-Presse se signalant par une remarquable capacité à innover, et dominant le marché de la presse « éducative ».

Il convient en effet de distinguer, même s'il existe des passerelles entre les deux, les journaux de pure distraction (type *Journal de Mickey*) et les titres qui entendent, tout en distrayant les enfants, contribuer à leur éveil et à leur éducation.

L'évolution de la société — et les choix des parents — a tendu, dans la dernière décennie, à privilégier les seconds. L'évolution des chiffres globaux de diffusion a ainsi été la suivante :

	Journaux de distraction	*Journaux éducatifs*
1980	1 800 000	750 000
1985	1 600 000	1 000 000
1987	1 500 000	1 500 000
1989	1 200 000	2 100 000

En ce qui concerne les journaux pour tout-petits — à qui il s'agit d'offrir de belles images en couleurs et des jeux en même temps qu'une incitation à la lecture — J. Lefebvre a noté une évolution en trois étapes. La première est proche des journaux pour enfants plus grands : on présente en général, sous forme de bandes dessinées, de véritables histoires, et l'on insère des travaux manuels (découpages, coloriages) : elle a vu notamment la création de *Roudoudou* (1950), *Riquiqui* (1951) ou *Perlin* (1956). Une deuxième étape a vu se créer des titres directement transposés d'émissions enfantines télévisées : *Nounours* (Noël 1962), *Le Journal du Manège Enchanté* (octobre 1965), etc. Enfin, une dernière étape a vu le journal pour enfants emprunter également leur technique aux livres d'enfants, en accordant notamment à l'illustration un soin accru : le prototype est ici *Pomme d'Api*. Il est d'ailleurs intéressant de noter que les formules héritées de ces trois étapes coexistent aujourd'hui sur le marché, toutes ayant désormais opté pour une formule mensuelle (sauf *Perlin* et, depuis l'automne 1990, *La Semaine de Babar*). La création de *Pomme d'Api* avait fait sensation en 1966, non seulement par la volonté de qualité, mais par la mise sur le marché d'un journal s'adressant à des enfants ne sachant pas encore lire. Depuis lors, le groupe Bayard (imité par d'autres) s'est même adressé, avec succès, aux bébés, avec *Popi* (créé en 1986), et en créant des publications destinées à chaque âge de l'enfance et de l'adolescence (voir tableau page suivante).

En ce qui concerne les 7-15 ans, le marché reste dominé par les grands titres Hachette-Filipacchi (voir tableau), l'hebdomadaire *Journal de Mickey* ou les mensuels *Super Picsou*, *Picsou-Magazine*, etc., qui ne sont

Principaux titres de la presse enfantine

Titres	Périodicité	Age	Editeurs	Diffusion
Moins de 7 ans				
Pomme d'Api	Mensuel	3/7	Bayard	153 000
Toboggan	Mensuel	4/7	Milan	130 000
Winnie	Mensuel	3/7	Hachette	130 000
Popi	Mensuel	0/3	Bayard	110 000
Toupie	Mensuel	2/4	Milan	110 000
Coulicou	Mensuel	3/8	PVC	100 000
Belles Histoires de Pomme d'Api	Mensuel	3/7	Bayard	75 000
Perlin	Hebdo	3/7	PVC	70 000
Journal des Petits Malins	Mensuel	3/7	Groupe de la Cité	70 000
Youpi	Mensuel	3/7	Bayard	65 000
Bussi l'Ours	Mensuel	3/7	Bauer	60 000
Bambi	Mensuel	1/3	Hachette	50 000
Wakou	Mensuel	3/7	Milan	40 000
Le Journal de Bisounours	Mensuel	2/4		40 000
Blaireau	Mensuel	3/7	PVC	30 000
Abricot	Mensuel	1/4	PVC	25 000
De 7 à 15 ans				
Journal de Mickey	Hebdo	7/14	Hachette	300 000
Super Picsou Géant	Mensuel	7/12	Hachette	230 000
Pif-Gadget	Hebdo	7/13	Vaillant	215 000
Picsou-Magazine	Mensuel	7/12	Hachette	210 000
Mickey Parade	Mensuel	7/12	Hachette	160 000
J'Aime Lire	Mensuel	7/10	Bayard	145 000
Wapiti	Mensuel	7/13	Milan	130 000
I Love English	Mensuel	10/15	Bayard	120 000
Okapi	Mensuel	10/15	Bayard	113 000
Astrapi	Mensuel	7/10	Bayard	90 000
Hi! kids	Mensuel	11/15	Milan	90 000
Image Doc	Mensuel	7/10	Bayard	85 000
Triolo	Bimensuel	11/15	PVC	75 000
Diabolo	Mensuel	7/9	Milan	70 000
Fripounet	Hebdo	7/11	PVC	65 000
Mikado	Mensuel	9/12	Milan	62 000
P'tit Loup	Mensuel	7/10	Hachette	62 000

concurrencés que par un autre phénomène original de la presse enfantine, *Pif-Gadget,* apparu en 1969 (mais c'est l'héritier de *Vaillant* et de *Pif)* et offrant chaque semaine un objet ludique à ses petits lecteurs. Toutefois, dans cette tranche d'âge aussi, Milan, les PVC et Bayard ont réussi à s'implanter.

2 | LA PRESSE POUR ADOLESCENTS

Jusqu'au mois de juillet 1962, la presse pour adolescents attendait un hypothétique âge d'or. Dans cette phase pré-yéyé, on pensait qu'il était fort risqué de lancer des magazines pour adolescents. Le public semblait peu sûr — il brûle rapidement ce qu'il a adoré —, peu homogène — ni enfant, ni adulte —, en renouvellement trop rapide.

La bombe éclata avec le lancement, en juillet 1962, de *Salut les Copains,* par Daniel Filipacchi et Franck Tenot, qui reprenaient ainsi le titre de leur émission d'Europe n° 1. *Salut les Copains (SLC)* connut rapidement un succès phénoménal. La phase yéyé avait enfin son organe de liaison et sa bible. Avec une mise en page recherchée et des photos d'une très grande qualité, *SLC* faisait mensuellement entrer ses lecteurs dans l'intimité des idoles.

Et puis, la vague yéyé déclina peu à peu. Aujourd'hui, *Salut,* devenu bimensuel, ne diffuse que 170 000 exemplaires, ce qui n'est certes pas négligeable, mais ne peut évidemment se comparer avec les 700 000 du début des années 1970.

Il est vrai que des publications censées s'adresser à tous les âges remplissent une partie des fonctions de la « presse des idoles ». Ainsi *Première,* magazine du cinéma (groupe Hachette, 350 000 exemplaires diffusés) s'adresse-t-elle principalement aux jeunes, qui composent majoritairement le public des salles obscures. Il en va de même des journaux de musique rock (voir section 6).

Il est vrai aussi que d'autres publications pour tous les âges recrutent une large partie de leur lectorat parmi les jeunes, notamment les magazines de vulgarisation scientifique ; l'étude CESP sur le public de *Ça m'intéresse* révèle par exemple que 41 % des lecteurs de ce mensuel ont entre 15 et 24 ans.

Les autres titres destinés spécifiquement aux 15-20 ans (voir tableau page suivante) appartiennent soit à la veine « idoles » — comme *Podium* ou *OK !* (héritier de *Mademoiselle Age Tendre),* du groupe Hachette —, soit à des univers aussi divers que la science, la politique, la musique, ou le monde des lycéens *(Phosphore)* et des étudiants (*L'Etudiant, L'Après-Bac,* etc.).

Adolescents et jeunes : principaux titres

Titres	Périodicité	Editeur	Diffusion
Podium Hit	Mensuel	Hachette	240 000
OK !	Hebdo	Hachette	230 000
Salut	Bimensuel	Hachette	170 000
Science et Vie Junior	Mensuel	Excelsior	160 000
Super	Mensuel	Avent et voyages	145 000
Avant-Garde	Mensuel	MJC	110 000
Phosphore	Mensuel	Bayard	95 000
L'Etudiant	Mensuel	Génération	80 000
L'Après-Bac	Mensuel	Presse Inter	80 000

5 / La presse confessionnelle

Un certain nombre de publications paraissent en France dont la principale raison d'être réside dans l'appartenance religieuse. Souvent, il s'agit de titres qui ne sont pas organiquement liés à des églises, mais de journaux créés et animés par des groupes et personnalités, surtout protestants, juifs ou catholiques, avec pour perspective de se situer en tant que tels par rapport aux problèmes du monde et de l'actualité ; il s'agit aussi souvent de représenter un « courant », une tendance de la confession concernée, qui entend défendre sa position particulière au sein de son église.

Les juifs de France comptent une quarantaine de publications, dont la plupart ont une audience limitée, sinon confidentielle. Parmi les plus notables, il faut citer l'hebdomadaire *Tribune Juive* (diffusion : 11 000 exemplaires), et les mensuels *L'Arche,* revue du judaïsme français publiée par le Fonds social juif unifié (20 000 exemplaires), et *Information Juive* (11 000). Une revue mensuelle d'actualité et de débats dépasse le cadre de la presse confessionnelle, mais se réclame de l'appartenance à la communauté juive : *Passages* (40 000 exemplaires).

L'audience globale de la presse protestante n'est guère plus étendue, bien qu'elle compte près de 300 publications. Mais la plupart sont de simples bulletins paroissiaux, et beaucoup d'autres de petites feuilles locales.

Les plus connus des périodiques sont sans doute l'hebdomadaire *Réforme*, créé en mars 1945 par le pasteur Finet avec un petit groupe de résistants (diffusion actuelle 7 000 exemplaires environ — contre 12 000 en 1970 et 16 000 en 1960 : la baisse d'audience est constante) ; et, hebdomadaire également, *Le Christianisme au XXᵉ siècle,* fondé il y a plus d'un siècle — en 1872 (qui diffuse aujourd'hui moins de 5 000 exemplaires).

Il faut signaler par ailleurs que certaines personnalités protestantes collaborent régulièrement à des organes majoritairement catholiques, mais qui se veulent « chrétiens » au sens plein du terme : ainsi trouve-t-on par exemple des protestants parmi les fondateurs de *Témoignage Chrétien* ou de *Notre Histoire.*

Mais à l'évidence la presse confessionnelle la plus importante et la plus vivante en France demeure, de très loin, la presse catholique.

L'idée de journaux confessionnels a toujours particulièrement tenu à cœur aux autorités catholiques. Le pape Paul VI déclarait ainsi, le 2 mai 1963 : « Le journal catholique, aujourd'hui, n'est pas un luxe superflu ou une dévotion facultative, c'est un instrument nécessaire pour être dans le circuit des idées que notre foi alimente et qui, à leur tour, rendent service à la profession de notre foi. Il n'est plus permis, aujourd'hui, de vivre sans avoir une pensée continuellement alimentée et mise à jour sur l'histoire que nous sommes en train de vivre et de préparer. Il n'est pas possible pour cette pensée de rester conforme aux principes chrétiens sans l'aliment, la suggestion, le stimulant du journal catholique. »

De fait, la presse catholique a beaucoup évolué ces dernières décennies. Le comportement social et politique des catholiques tendant de plus en plus à se diversifier, la presse catholique a de plus en plus reflété cette pluralité des courants, des pratiques et des sensibilités traversant l'Eglise. Un journal catholique, écrivait en 1968 le R.P. Gabel, alors secrétaire général de l'Union catholique internationale de la presse, ne peut plus être seulement le porte-voix de l'autorité hiérarchique ; il doit se faire « l'expression des problèmes, des préoccupations, des besoins, des aspirations, des sensibilités du peuple fidèle... Il faut que la communauté catholique tout entière témoigne par la presse ».

La « palette politique » des journaux se réclamant du catholicisme est en effet très large, de l'intégriste *L'Homme Nouveau* au journal de gauche *Témoignage Chrétien,* en passant par *La France Catholique* (droite) et *La Vie* (centre gauche).

De même, la diversification est frappante pour ce qui concerne les centres d'intérêts des différents titres ; la présence au monde des catholiques se veut présence à l'ensemble des phénomènes de la vie sociale. Et le marketing a ici utilement relayé l'idéologie : les groupes de la presse catholique ont compris que la presse proprement confessionnelle risquait, dans un pays de pratique catholique régulièrement déclinante, de se faire peau de chagrin ; ils ont préféré intégrer la « sensibilité » chrétienne, ou en tout cas des préoccupations d'humanisme et de respect des valeurs fondamentales, dans des publications n'ayant pas de rapport direct avec la religion. Ainsi ont-ils fort bien réussi, notamment le groupe Bayard dans des journaux pour enfants comme *Pomme d'Api,* ou pour adolescents comme *Phosphore* (voir p. 241-246) et le groupe des Publications de la Vie catholique avec un hebdomadaire de télévision comme *Télérama* (voir p. 252-255).

Dès lors, si l'on veut aujourd'hui faire un panorama de la presse catholique en France, il faut, comme l'ont fait G. Halbout et V. Delarue dans un rapport du groupe Bayard, distinguer, en dehors même des organes institutionnels de l'Eglise (de faible diffusion), la presse paroissiale, la presse de mouvement et la presse commerciale.

La diffusion totale de la presse catholique peut, d'après les mêmes auteurs, être évaluée à 12 500 000 exemplaires, dont 42 % pour la presse des mouvements catholiques, 20 % pour la presse paroissiale et 38 % pour la presse commerciale (en incluant dans celle-ci la presse pour enfants).

La presse des mouvements catholiques connaît souvent une diffusion importante — à la mesure du nombre d'adhérents ou de sympathisants des organisations considérées. On peut citer par exemple celles qui dépassent un tirage de 100 000 exemplaires :

Titres	*Mouvement*	*Périodicité*	*Tirage*
Messages	Secours catholique	Mensuel	1 065 000
Nouvelle Famille Educatrice	UNAPEL	Mensuel	830 000
Bulletin des Œuvres Hospitalières	Ordre de Malte	Trimestriel	400 000
Faim et Développement	CCFD	Mensuel	400 000
A L'Ecoute	Orphelins d'Auteuil	Bimestriel	380 000
L'Œuvre d'Orient	Œuvre d'Orient	Trimestriel	220 000
La Vie Montante	Vie montante	Mensuel	200 000
Annales	Œuvres pontificales missionnaires	Mensuel	120 000
De Saint-Joseph	Institut Saint-Joseph	Bimestriel	100 000
Cahiers d'Evangile	Evangile et Vie	Trimestriel	100 000

La presse paroissiale comprend beaucoup de titres locaux de très faible diffusion, mais aussi des publications dont le tirage global est important dans la mesure où un organisateur central — cas par exemple du groupe des Publications de la Vie catholique (PVC) — prend en charge la confection d'une multitude de publications paroissiales effectuées selon le même modèle — en l'occurrence *Images du Mois,* pour les PVC. Citons ainsi, parmi les publications paroissiales : *Images du Mois* (550 000 exemplaires), *Le Journal Paroissial* (500 000), *Présence* (420 000), *Dimanche* (150 000), ou encore en Normandie *Actualités de Notre Temps* (175 000), dans le Loir-et-Cher *Notre Vie* (85 000) ou dans les Ardennes *Chez Nous* (47 000).

La presse commerciale catholique est principalement éditée par deux grands groupes : Bayard-Presse (l'ancienne « Maison de la Bonne Presse »), leader incontesté du marché, groupe dynamique et entreprenant, qui contrôle 57,5 % de la diffusion globale (y compris les journaux non confessionnels, mais d'inspiration chrétienne, comme la presse pour enfants) ; les Publications de la Vie catholique (PVC) qui contrôlent — après leur prise de participation majoritaire dans la SPER, Fleurus et Produca — 31 % de cette diffusion. Le reste du marché est occupé par l'Association nationale des Périodiques catholiques de province (ANPCP), 8,2 % ; le groupe Assas, 1,4 % ; le groupe Ampère, 1 % ; Témoignage Chrétien restant à part (42 000 exemplaires, soit 0,9 %).

Bayard-Presse (voir p. 152), outre le quotidien *La Croix* (voir p. 208-209 et 214-217) et un ensemble remarquable de journaux pour enfants et adolescents (voir p. 241-246), édite notamment un important mensuel pour le troisième âge, *Notre Temps* (970 000 exemplaires), auquel s'ajoutent *Les Jeux de Notre Temps* (120 000), *Vermeil* (pour les retraités, 38 000), *Prions en Eglise* (280 000), *Pèlerin-Magazine* (375 000), *Points de Repère* (40 000), *La Foi Aujourd'hui* (26 000), *Documentation Catholique* (25 000), *Signes d'Aujourd'hui* (15 000), etc.

Les PVC ou leurs filiales éditent notamment, outre *Télérama* (490 000) et des journaux pour enfants (voir p. 241-246), *La Vie* (280 000), *Famille-Magazine* (l'ancien *Clair Foyer,* 220 000), *Prier* (65 000), *L'Actualité Religieuse dans le Monde* (25 000), *Croissance* (20 000), *Notre Histoire* (30 000).

Le groupe Ampère est notamment l'éditeur de *France Catholique* (23 000), *Famille Chrétienne* (65 000) et *30 Jours dans le Monde* (7 500). Le groupe Assas publie le bimensuel *L'Homme Nouveau* (24 000) et plusieurs revues, notamment les revues jésuites *Etudes* (12 000) et *Projet* (3 500).

Parmi les publications de l'ANPCP, on peut citer les hebdomadaires *L'Ami du Peuple* (53 000), le groupe de titres du *Courrier Français*

(70 000), *Le Tarn Libre* (22 000), *La Voix de l'Ain* (22 000), *L'Essor* (20 000), etc.

Au total, au sein de la presse commerciale catholique, une double évolution s'est produite dans les dix dernières années : la presse directement confessionnelle s'est effritée, passant d'une diffusion globale de 2,7 millions d'exemplaires en 1979 à 2,3 millions en 1988 ; en revanche, dans la même période, la presse non confessionnelle éditée par les groupes catholiques passait de 1,6 à 2,5 millions d'exemplaires.

Cela pose le problème de l'avenir de ces groupes — qui poursuivent, Bayard-Presse en tête, leur effort de modernisation, de diversification (notamment audiovisuelle) et d'internationalisation. Ces groupes seront peut-être conduits à concentrer sur un petit nombre de titres spécialisés leurs publications d'intérêt religieux, et à augmenter leurs efforts commerciaux dans les divers domaines de la vie sociale. Et le problème se pose de savoir si la pluralité des groupes sera encore réduite — il est possible par exemple que des rapprochements puissent s'esquisser entre Bayard et les pvc, voire avec des journaux autonomes d'inspiration chrétienne, comme *Ouest-France,* voire encore avec des participations d'entreprises de presse extérieures au catholicisme — ou si les diverses sensibilités du monde chrétien pourront continuer à s'exprimer à travers des groupes de presse concurrents.

6 / La presse des sports et des loisirs

1 | LA PRESSE SPORTIVE

Outre les quotidiens (*L'Equipe* et les journaux hippiques, voir p. 214), la presse sportive comprend en France de nombreux titres, dont un très grand nombre appartiennent à l'univers de la presse automobile.

L'Action Automobile et Touristique, vétéran du secteur puisque apparue dès 1946, continue de dominer le marché, malgré un tassement régulier de ses ventes (555 000 exemplaires diffusés en 1972, 360 000 en 1989). Elle est talonnée par *Auto-Moto*, créée en 1982. *L'Auto-Journal,* fondé par Robert Hersant en 1951, fait toujours partie du tiercé de tête, même si elle a un peu tendance à s'essouffler (307 000 exemplaires vendus en 1972, 280 000 en 1989).

Cette presse automobile, dont on constate que les tirages sont importants, s'enrichit sans cesse de nouveaux titres. Elle correspond en effet, non seulement au goût évident de consommateurs nombreux dans un monde de consommation où la voiture occupe une place de choix, mais à une demande constante d'investissements publicitaires de la part des constructeurs automobiles et des fournisseurs annexes. Au succès de la presse auto s'est ajouté, depuis la fin des années 1960, le développement de la presse moto.

La presse sportive (principaux titres)

Titres	Périodicité	Diffusion (1988)
Presse auto-moto		
L'Action Automobile et Touristique	Mensuel	361 352
Auto-Moto	Mensuel	344 763
L'Auto-Journal	Bimensuel	280 807
L'Automobile-Magazine	Mensuel	193 657
Echappement	Mensuel	150 693
Sport-Auto	Mensuel	104 883
Moto-Vente	Mensuel	92 391
Auto-Défense	Bimensuel	85 000 ([1])
France-Routes	Mensuel	75 836
Moto-Journal	Hebdo	70 144
Rétroviseur	Mensuel	70 000 ([1])
Moto-Revue	Hebdo	66 829
Option-Auto	Bimestriel	66 785
Auto-Vente	Mensuel	63 512
Moto-Crampons	Mensuel	59 995
Auto-Hebdo	Hebdo	56 597
Auto-Plus	Hebdo	(créé en sept. 1988)
Sports divers		
L'Equipe-Magazine	Hebdo	263 980
Onze	Mensuel	175 187
France-Football	Hebdo	159 859
La Voix des Sports (Lille)	Hebdo	75 611
Bateaux	Mensuel	73 448
Tennis-Magazine	Mensuel	69 970
Voiles et Voiliers	Mensuel	65 527
Tennis de France	Mensuel	55 203
Ski Français	Mensuel	54 079
Miroir du Cyclisme	Mensuel	50 000 ([1])

([1]) Estimation.

Les autres sports donnent — avec les fluctuations des modes : ski, tennis, golf... — naissance à des publications qui bénéficient moins souvent d'une manne publicitaire comparable à celle de l'automobile. Soit que le lectorat populaire des titres ou la nature du sport considéré (football, rugby) en fasse par nature des magazines peu intéressants pour les publicitaires. Soit que, dans des secteurs plus « porteurs » (ski, tennis), les annonceurs leur préfèrent souvent les news-magazines ou les journaux masculins pour leurs insertions publicitaires.

Parmi les grands de la presse périodique sportive, le tiercé de tête est constitué de *L'Equipe-Magazine,* supplément du samedi de *L'Equipe,* qui diffuse hebdomadairement plus de 260 000 exemplaires (et a publié en 1988 750 pages de publicité), de *Onze* (qui a fusionné en 1989 avec *Mondial*) et de *France-Football.* La présence de ces deux derniers titres, et la place prise par le football dans les colonnes de *L'Equipe,* attestent de l'importance de ce sport dans la société française.

La presse automobile et sportive reste une presse assez atomisée, même si les groupes de presse y sont très présents : Amaury (qui outre *L'Equipe,* contrôle *France-Football   Vélo-Magazine* et *Tennis de France,* titre repris en 1987 à la Fédération française de tennis), Hachette *(Ski-Magazine, Neptune Yachting, Tennis-Magazine, Onze),* Hersant *(L'Auto-Journal, Sport-Auto),* les Editions Mondiales (lancement en 1988 de *Auto-Plus,* à partir d'une formule allemande à succès). De petits groupes sont plus spécialisés sur ce secteur : la SETTF *(Moto-Journal, L'Automobile-Magazine, Moto-Crampons),* ou Larivière *(Auto-Vente, Moto-Revue, Moto-Vente* ; cet éditeur publie également des titres comme *Connaissance de la Chasse* et *Connaissance de la Pêche).*

2 | LA PRESSE DE TÉLÉVISION

Cette catégorie de presse est, sur le plan commercial, celle qui a représenté, au cours des trois dernières décennies, la progression la plus importante. Dans une presse française bien pauvre en « millionnaires » par la diffusion, les hebdomadaires traitant des programmes de télévision comptent sept titres dont la diffusion dépasse le million d'exemplaires.

Ce phénomène est évidemment lié au développement d'une télévision de masse depuis les années 1960. Au fur et à mesure qu'ils sont devenus téléspectateurs, puis que l'offre de chaînes de télévision s'est accrue, les Français ont souhaité disposer de magazines leur offrant tout à la fois une présentation claire et détaillée des programmes, et des informations sur

« l'autre côté de la caméra », les vedettes, les problèmes, les émissions de télévision. Le premier titre lancé en France fut, en octobre 1955, *Télé-Magazine,* fondé par Marcel Leclerc. Conçu pour un public populaire, il comprenait des pages de roman, de mode, des jeux, des concours.

Télé 7 Jours a fait son apparition le 26 mars 1960, réussissant alors l'exploit d'atteindre une diffusion de 200 000 exemplaires dès son premier numéro (un chiffre que *Télé-Magazine* avait mis quatre ans à atteindre). En tant que journal autonome — et non pas supplément d'un organe quotidien — *Télé 7 Jours* reste, de loin, l'hebdomadaire spécialisé qui domine le marché, et d'ailleurs l'ensemble de la presse française.

La véritable surprise de ce marché a été son extension et la capacité pour les investisseurs à y introduire de nouveaux titres à succès, sans pour autant voir s'effondrer les leaders existant avant eux.

Télé-Poche — le premier en France à utiliser le format « guide de poche », importé des Etats-Unis — a été lancé le 26 janvier 1966 par Cino del Duca. Il est rapidement devenu le deuxième « millionnaire » des hebdos TV (1 325 000 exemplaires en 1971).

De son côté, *Télérama,* fondé en 1950 sous le titre *Radio-Cinéma* par le groupe de *La Vie Catholique* en collaboration avec les Editions du Cerf et plusieurs groupements et personnalités du monde catholique, prenait son titre actuel en 1961, et absorbait *La Semaine Radio-Télé* (110 000 exemplaires diffusés) en 1973. Il entend constituer un « news culturel » englobant la télévision et ses programmes, mais couvrant un

La presse de télévision

Titres	Groupes	Diffusion (1988)
TV-Magazine (supplément)	Hersant	4 094 000 ([1])
Télé 7 Jours	Hachette	3 197 821
TV-Hebdo (supplément)	Hachette	2 060 447 ([1])
Télé-Poche	Editions Mondiales	1 771 669
Télé-Star	Télé-Star - RTL	1 762 272
Télé-Loisirs	Gruner und Jahr	1 138 520
Télé Z		
Télé-Journal (couplés)	EPM 2000	1 135 247 ([2])
Télérama	Publications Vie Catholique	498 059
Télé-Magazine	Editions 83	374 510

([1]) Estimation.
([2]) Au 1er trimestre 1989.

champ allant du cinéma à la musique, en passant par le théâtre, le disque, la BD, avec une exigence de qualité à l'intention d'un public plus cultivé.

Les années 1980 ont vu se diversifier l'offre de magazines spécialisés : après *Télé-Star* (apparu dès 1976), exploitant la vedettisation des personnalités du petit écran, se sont affirmées les réussites de *Télé Z* (lancé en septembre 1982), petit guide de programmes à l'imitation du *TV Guide* américain, et *Télé-Loisirs,* abordant, au-delà de la télévision, l'ensemble des loisirs familiaux, jardinage, bricolage, cuisine, jeux... Aujourd'hui les

Les hebdomadaires de télévision et leurs lecteurs

	Télé-Loisirs	Télé-Poche	Télé 7 Jours	Télé-Star	Télérama
Nombre de lecteurs*	3 088 000	6 892 000	11 770 000	5 266 000	2 106 000
Sexe					
Hommes	45,2	47,4	45,8	45,1	46,2
Femmes	54,8	52,6	54,2	54,9	53,8
Age					
15-24	28	30,6	25,1	30,7	22,2
25-34	28,2	22,1	16,7	23,8	26
35-49	23,5	25,6	24,4	23,8	28,4
50-64	12,5	13,9	18,7	12,6	13,2
65 et plus	7,8	7,8	15,1	9,1	10,2
Catégorie socio-professionnelle					
Agriculteurs	2,2	3,3	2,5	3	1,3
Petits patrons	5,7	6,6	7,3	7,2	4,2
Affaires, cadres supérieurs	6,7	6,2	10	5,5	32,8
Professions intermédiaires	20,1	14,3	16,2	15	27,1
Employés	16,3	11,5	17,1	14,6	8,1
Ouvriers	31,5	36,7	14,4	33,4	8,3
Inactifs/retraités	17,5	21,3	32,5	21,3	18,2
Répartition Paris/Province					
Région parisienne	non communiqué		21,7	18,1	41,2
Province	non communiqué		78,3	81,9	58,8

* CESP 1988, « Ont lu dans les huit derniers jours... ».

titres des hebdos TV, d'un niveau rédactionnel très variable, ont des prix de vente (1990) s'étageant de 2 à 10 F.

Ces années ont surtout vu les deux plus grands groupes de presse — Hachette et Hersant — réagir en créant des suppléments hebdomadaires luxueux à leurs publications quotidiennes. En février 1987, Hersant lançait ainsi *TV-Magazine,* à partir des éditions du samedi de *France-Soir* et du *Figaro,* et progressivement de tous les quotidiens régionaux du groupe et de certains groupes de presse associés (25 quotidiens au total, en 1990). Vendus à bas prix grâce à un prix de vente couplant, le samedi ou le dimanche, le quotidien et le supplément, bénéficiant grâce à sa couverture exceptionnelle du territoire d'un lectorat alléchant pour les annonceurs (un millier de pages en 1989), *TV-Magazine* est devenu, avec plus de quatre millions d'exemplaires diffusés, le n° 1 de la presse française.

Hachette n'a pas tardé — malgré l'existence de *Télé 7 Jours* au sein du groupe — à suivre cet exemple, et à lancer (en avril 1987) son supplément *TV-Hebdo,* pour les quotidiens du groupe et des journaux associés (*L'Est Républicain, Le Provençal, Les Dernières Nouvelles d'Alsace, Le Républicain Lorrain,* etc., au total 12 quotidiens en 1990), s'installant en deuxième place de cet énorme — et décidément extensible — marché.

En 1990, avec plus de 15 millions d'exemplaires diffusés chaque semaine, la presse de télévision pénètre dans 80 % des foyers français équipés de télévision. Les analyses sur les lectorats (disponibles pour les hebdos spécialisés, et non pour les suppléments — mais ceux-ci reproduisent pour l'essentiel les caractéristiques des quotidiens régionaux) font apparaître (voir tableau) les nombres impressionnants de lecteurs des divers titres — près de 12 millions de personnes pour *Télé 7 Jours* ! —, et les différences de cibles d'un hebdomadaire à l'autre.

Si *Télérama* s'adresse à un public de cadres, *Télé-Poche* est fort chez les ouvriers et employés, de même que *Télé-Star* et *Télé-Loisirs,* alors que *Télé 7 Jours* est le plus interclassiste. L'hebdomadaire du groupe Hachette est à l'évidence celui qui, en termes de sexe, d'âge, de professions ou de répartition géographique sur le territoire, reproduit le mieux la structure sociale de la population française.

3 | LA PRESSE DE LECTURE ET DES LOISIRS CULTURELS

On appelle traditionnellement « presse de lecture » une presse qui, peu préoccupée de l'actualité immédiate, apporte à ses lecteurs des éléments de distraction et de réflexion, et des textes émanant de divers auteurs.

Presse de lecture et des loisirs culturels

Titres	Périodicité	Diffusion (1988)
Lecture générale		
Sélection du Reader's Digest	Mensuel	1 035 096
Littérature		
Lire	Mensuel	151 129
Lu	Mensuel	60 000 (¹)
Magazine Littéraire	Mensuel	60 000 (¹)
Histoire		
Historia	Mensuel	87 025
Historama	Mensuel	65 190
L'Histoire	Mensuel	58 815
Archéologia	Mensuel	51 000 (¹)
Notre Histoire	Mensuel	33 000 (¹)
Musique		
Top 50	Hebdo	194 796
Backstage	Mensuel	150 000 (¹)
Hard Rock	Mensuel	80 000 (¹)
Best	Mensuel	72 120
Rock and Folk	Mensuel	71 078
Rock News	Mensuel	60 000 (¹)
Diapason	Mensuel	46 748
Paroles et Musique	Mensuel	40 000 (¹)
Arts		
Beaux-Arts Magazine	Mensuel	50 999
Connaissance des Arts	Mensuel	43 948
Gazette de l'Hôtel Drouot	Hebdo	40 000 (¹)
Spectacles		
L'Officiel des Spectacles	Hebdo	181 789
Pariscope	Hebdo	103 475
7 à Paris	Hebdo	45 000 (¹)
Allo Paris	Hebdo	33 479

(¹) Estimation.

Sélection du Reader's Digest reste le prototype de ce genre ancien, aujourd'hui peu renouvelé. L'édition française de ce grand magazine mensuel, dont le siège est aux Etats-Unis, n'atteint plus les chiffres de diffusion de son heure de gloire (elle a perdu 300 000 exemplaires en vingt ans), mais elle demeure, sans grand battage, l'un des « millionnaires » de la presse française.

Les périodiques liés aux activités culturelles ont des difficultés visibles à trouver des publics qui dépassent les cercles étroits des pratiquants réguliers de ces activités. Encore le tableau précédant ne recense-t-il que les plus gros tirages de cette catégorie...

4 | LA PRESSE DES LOISIRS ET PASSE-TEMPS

Sans doute toute forme de presse constitue-t-elle, en elle-même, une forme de loisir ; sans doute de nombreuses publications font-elles une place dans leurs colonnes à telle ou telle forme de loisir. Mais ces dernières décennies ont vu se développer, souvent à l'intention de celui que les annonces publicitaires appellent « l'homme moderne », des magazines spécialisés liés à un loisir spécifique.

Le tableau suivant (où auraient pu figurer aussi des titres classés dans les rubriques « Décoration », « Loisirs culturels », ou d'autres encore) permet de mesurer les succès publics, parfois forts importants de ces publications très diverses, qui jouissent de surcroît, dans nombre de cas, de la faveur des annonceurs, dans la mesure où très souvent elles s'adressent à des publics jeunes, se recrutant en milieu cadre et urbain, et sont consacrées à des sujets ciblés.

Presse des loisirs

Titres	Groupes	Périodicité	Diffusion
Tourisme, voyages, bien vivre			
Géo	Grüner und Jahr	Mensuel	549 303
Expression	American Express	Trimestriel	450 000 (¹)
Gault-Millau Magazine	Le Point	Mensuel	111 789
Saveurs	Bonnier	Bimestriel	100 000 (¹)
Grands Reportages	Editions Mondiales	Mensuel	91 724
Signature	Dîner's Club	Mensuel	79 151

Presse des loisirs (suite)

Titres	Groupes	Périodicité	Diffusion
Cuisine			
Guide Cuisine	Nuit et jour	Mensuel	161 591
La Bonne Cuisine	Hersant	Bimestriel	126 587
Cuisine Actuelle	Nuit et jour	Mensuel	95 137
Chasse, pêche			
Le Chasseur Français	Bayard	Mensuel	578 689
Photo			
Chasseur d'Images		Mensuel	103 692
Photo		Mensuel	100 665
Photo Magazine		Mensuel	60 190
Photographies Magazine		Mensuel	52 974
Vidéo			
Actua Vidéo	BALM	Mensuel	200 300
Vidéo 7	Hachette/Filipacchi	Mensuel	175 528
Télé K 7	GELT	Hebdo	117 113
Caméra	Editions Mondiales	Mensuel	37 010
Presse masculine			
New Look	Hachette/Filipacchi	Mensuel	270 890
Lui	Id.	Mensuel	220 817
Penthouse	Id.	Mensuel	200 000 (¹)
Homme n° 1	Id.	Mensuel	100 000 (¹)
Vogue Homme	Condé-Nast	Mensuel	48 648
Sexualité			
Union	Can/Hachette/Filipacchi	Mensuel	300 000 (¹)
Jeux			
Télé 7 Jeux	Hachette/Filipacchi	Mensuel	436 439
Jeux de Notre Temps	Bayard	Mensuel	128 669
Jeux et Stratégie	Excelsior	Mensuel	59 120
Philatélie			
Le Monde des Philatélistes	Le Monde	Mensuel	35 957
Généraliste/Sciences			
Ça m'intéresse	Grüner und Jahr	Mensuel	372 484

(¹) Estimation.

On remarquera que les grands groupes de presse — Prisma, Grüner und Jahr, Hachette-Filipacchi, et à un moindre titre Editions Mondiales, Hersant, Bonnier, etc., dominent ces différents marchés.

5 | PRESSE DE VULGARISATION SCIENTIFIQUE ET MÉDICALE

Un certain nombre de mensuels tentent de faire bénéficier le public du progrès des connaissances scientifiques et médicales. La presse de vulgarisation scientifique est portée par l'évolution du monde moderne : de 1971 à 1988, le très sérieux *La Recherche,* édité par Le Seuil, est passé de 29 000 à 95 000 exemplaires diffusés, *Science et Vie* (du groupe Excelsior), de 200 000 à 345 000, *Sciences et Avenir* (du groupe du Nouvel Observateur), de 55 000 à 175 000.

Dans le domaine de la santé, les mensuels spécialisés visent avant tout un public féminin préoccupé de sa forme et de son bien-être. Le leader du marché est *Santé-Magazine,* lancé en 1976 par André Giovanni, l'ancien directeur de la rédaction de *Guérir.* Signalons l'originalité du mode de diffusion de *Bien-être et Santé,* distribué dans les pharmacies sur abonnement de celles-ci. Et relevons la présence du groupe Hachette-Filipacchi dans ce secteur, avec deux titres : *Vital* et *Prévention Santé.*

Titres	*Tirage*
Santé-Magazine	403 546
Science et Vie	344 170
Bien-être et Santé	300 000 (¹)
Vital	198 430
Sciences et Avenir	174 974
Prévention Santé	119 164
La Recherche	94 847
Pour la Science	60 123

(¹) Estimation.

Chapitre VIII

LA RADIO ET LA TÉLÉVISION

1 / Le cadre général : du monopole à la concurrence public/privé

En France, depuis Louis XI, l'Etat s'est, jusqu'à une période récente, réservé le monopole des communications. En matière de télé-communications, le monopole de l'Etat a été réaffirmé à propos de la correspondance par signaux (décret du 23-30 juillet 1793), des transmissions télégraphiques (loi des 2-6 mai 1837) puis de la radiodiffusion (loi du 30 juin 1923). Néanmoins, avant la deuxième guerre mondiale, le monopole étatique n'entraînait pas une exploitation exclusive de la radio par l'Etat : celui-ci, par la voie d'une autorisation du ministre des PTT, pouvait concéder à des postes privés le droit d'émettre. Toutes les autorisations de ce type furent résiliées après la guerre (ordonnance du 23 mars 1945), et le monopole de diffusion s'entendit désormais comme un monopole des installations, de l'exploitation et de la programmation en matière de radiodiffusion, sonore comme visuelle.

L'exercice de ce monopole a été confié à la « Radiodiffusion-Télévision française » (RTF), instituée par décret le 8 novembre 1945, qui devient établissement à caractère industriel et commercial en vertu d'une ordonnance du 4 février 1959, reçoit le 27 juin 1964 un statut législatif en même temps que sa dernière dénomination : « Office de Radiodiffusion-Télévision française » (ORTF). Lors de chacune des discussions à propos de la modification du statut de l'ORTF (1959, 1964, 1968, 1972, 1974), des partisans de l'abandon du monopole étatique tentèrent, sans succès, de faire prévaloir leur point de vue. Le 7 août 1974, la loi adoptée à l'initiative du Président de la République nouvellement élu faisait éclater l'ORTF en sept sociétés indépendantes — TF1, A2, FR3, Radio-France, TDF, la SFP et l'INA — mais ne portait pas atteinte au monopole de l'Etat.

A vrai dire, ce monopole d'exploitation et de diffusion confié à l'ORTF était souvent assez illusoire, surtout dans le domaine de la radio : du fait que, jusqu'en 1968 pour la télévision (et aujourd'hui encore pour la radio), la radio et la télévision d'Etat ne s'étaient pas vu reconnaître l'autorisation de diffuser de la publicité commerciale, des postes se sont rapidement créés pour exploiter les ressources du marché publicitaire, à partir de stations « périphériques » — c'est-à-dire émettant depuis la périphérie du territoire national. Il serait inexact de dire que l'Etat français a fermé les yeux devant de telles créations, puisqu'il a même participé — et souvent de façon importante — à leur capital. Ainsi Europe n° 1, RTL, Radio-Monte-Carlo, Sud-Radio ont-elles sollicité quotidiennement, et depuis des décennies, malgré le monopole, l'attention des auditeurs sur tout ou partie du territoire français, cependant que les téléspectateurs des régions proches des frontières peuvent recevoir des émissions de télévisions étrangères (Allemagne, Italie, Belgique, Grande-Bretagne), et surtout de Télé-Luxembourg ou Télé-Monte-Carlo.

Il faut attendre 1982, et, paradoxalement, l'arrivée d'une majorité socialiste aux affaires, pour que le législateur abatte un monopole à vrai dire de plus en plus menacé par l'arrivée annoncée du câble et du satellite. La loi du 29 juillet 1982 — qui proclame joliment en son article 1er que « la communication audiovisuelle est libre » (formulation maintenue dans les textes ultérieurs) — supprime donc le monopole étatique sur la radio-télévision — quitte à encadrer la liberté reconnue par un système de concessions de service public ou d'autorisations préalables.

La loi de 1982 prévoit en effet un système complexe, concernant les différents services de communication audiovisuelle et télématique :

— Ceux qui sont soumis à simple « déclaration préalable » de la part des utilisateurs, sans avoir besoin d'autorisation : ce sont essentiellement les réseaux câblés à usage privé et l'accès direct aux banques de données.

— Ceux qui sont soumis à des concessions de service public : ce sont les chaînes et stations, nationales ou locales, de télévision transmettant par voie hertzienne. Ces concessions sont donc consenties par l'Etat ; les chaînes en bénéficiant doivent de surcroît obtenir une fréquence — dont la maîtrise appartient également à l'Etat.

— Ceux qui sont soumis à « autorisation », soit de la part d'une nouvelle « autorité administrative indépendante » (la Haute Autorité de la Communication audiovisuelle) : radios locales hertziennes et radio-télévisions locales par câble, soit de la part du gouvernement : autres services. La loi entend donc permettre la liberté, tout en assurant à l'Etat, non seulement le contrôle de la gestion des fréquences (par l'établissement public Télédiffusion de France, TDF) et la construction des réseaux du câble (par la Direction générale des Télécommunications), mais par la concession de service public, le choix des opérateurs privés de télévision hertzienne, au niveau local comme au niveau national. Par ailleurs, le système de la loi de 1974 est maintenu, par lequel le gouvernement fixe, par cahiers des charges, les obligations de service public qui s'imposent aux chaînes publiques. Tout au plus l'Etat se dessaisit-il, au profit de la « Haute Autorité », des autorisations à accorder en matière de radios locales privées et de télévisions locales par câble.

La création de la « Haute Autorité » — composée de neuf membres, trois désignés par le Président de la République, trois par le président de l'Assemblée nationale, trois par le président du Sénat — constitue une autre innovation notable de la loi. Outre le pouvoir d'accorder les autorisations déjà mentionnées, cette Haute Autorité se voit reconnaître une mission générale d'orientation et de contrôle sur le service public de radio-télévision ; elle se voit investir du pouvoir de nommer les présidents des sociétés nationales de programmes (trois chaînes de télévision et Radio-France) ; elle se voit confier les décisions concernant les émissions électorales, l'expression des familles de pensée et des groupes politiques, le droit de réplique aux communications du gouvernement, bref tout ce qui concerne la mise en œuvre du pluralisme dans le service public de radio-télévision.

La mise en place de cette Haute Autorité a constitué une étape importante dans la voie du desserrement du contrôle direct du pouvoir politique sur l'audiovisuel, même si sa composition, calquée sur celle du Conseil constitutionnel (celle-ci avait pourtant été jadis vertement critiquée par M. François Mitterrand...) assurait à la majorité politique la nomination de six de ses neuf membres, et ne la mettait donc pas à l'abri de la critique de connivence avec le pouvoir...

La période 1981-1986, pendant laquelle le président Mitterrand peut s'appuyer sur une majorité de gauche à l'Assemblée nationale, est par ailleurs marquée par de nombreuses décisions — dont la cohérence a pu être discutée — affectant l'organisation du système audiovisuel français :

— Le 9 novembre 1981, une loi autorise la création de radios locales privées, en dérogation au monopole. Ces radios ne peuvent être créées que par des associations, et ne doivent pas recourir à la publicité. Une loi du

1ᵉʳ août 1984 vient ensuite autoriser les ressources publicitaires, et l'intervention d'individus et de sociétés privées : les radios privées sont dès lors pleinement légalisées.

— Le 3 novembre 1982 est lancé le plan-câble, plan ambitieux visant à faire réaliser, sous l'autorité de la Direction générale des Télécommunications, une couverture d'ensemble du territoire par un câblage en fibres optiques ; la loi du 1ᵉʳ août 1984 prévoit, pour l'exploitation des réseaux câblés au niveau local, des sociétés d'économie mixte incluant les municipalités, baptisées Sociétés locales d'exploitation du câble.

— En novembre 1984, est lancé Canal Plus, première chaîne hertzienne cryptée au monde.

— Le 4 janvier 1985, le Président de la République se prononce pour « l'ouverture de l'espace audiovisuel ». Des concessions de service public sont dès lors très vite établies, pour une cinquième chaîne, « La Cinq », le 20 novembre 1985 (au profit d'une alliance entre Silvio Berlusconi — jusque-là symbole, honni des socialistes, d'une télévision commerciale bas de gamme —, Jérôme Seydoux (les Chargeurs réunis) et Christophe Riboud (IFOP)) et pour une sixième chaîne musicale, TV6 (avec un noyau composé de Publicis, Gaumont et NRJ).

— Le 13 décembre 1985, une loi vient compléter le dispositif général sur l'audiovisuel, limitant notamment la concentration dans l'audiovisuel local (une même personne ne peut assurer le contrôle de plus de trois services locaux de même nature — radios, télévisions, réseaux câblés) et faisant passer les télévisions locales sous le régime de l'autorisation par la Haute Autorité.

— Le 21 février 1986, est fondée la SEPT (Société d'édition de programmes de télévision), société publique dont le capital est réparti entre FR3 (45 %), l'Etat (25 %), l'INA (15 %) et Radio-France (15,5 %), chargée de préparer, produire et coproduire des programmes pour la « chaîne culturelle à vocation européenne » destinée à « monter » sur le satellite TDF1.

— Le 5 mars 1986, l'Etat — en l'occurrence la SOFIRAD, qui gère la participation étatique dans les radios périphériques — vend, pour 500 millions de francs, sa participation dans Europe n° 1 (34,19 % des actions, mais 47 % des droits de vote, donc le contrôle de la station) au groupe Hachette.

La loi du 30 septembre 1986 — dite « loi Léotard », intervenue après un nouveau changement de majorité politique — a entendu supprimer définitivement les derniers lambeaux du monopole public (sans renoncer à l'existence d'un secteur public de radio-télévision, mais en le restreignant).

Il faut accorder une particulière attention au régime instauré par la loi de 1986, car un grand nombre de ses dispositions ont été maintenues en vigueur après 1988. L'esprit de la loi de 1986 a été de dépasser le cadre de la communication audiovisuelle, pour consacrer plus largement le principe de liberté en matière de télécommunications et de diffusion — la mode est alors à la déréglementation, ou à la « dérégulation » comme on dit en franglais.

En ce qui concerne les télécommunications, et dans le domaine qui nous occupe ici, notons qu'à partir de la loi de 1986, la Direction générale des Télécommunications (DGT, puis « France-Télécom ») perd le monopole de la maîtrise d'ouvrage du câble, les collectivités locales ayant désormais la possibilité de faire appel à d'autres opérateurs. Et pour tout service de télécommunications nouveau, France-Télécom se trouve désormais en concurrence avec les autres opérateurs, publics ou privés.

S'agissant de la diffusion, la loi de 1986 transforme TDF d'établissement public en société d'économie mixte, qui n'assure désormais plus la police des fréquences (transférée à la CNCL — voir ci-après), et qui n'est théoriquement plus qu'un opérateur parmi d'autres — même s'il reste le diffuseur exclusif des sociétés nationales de programmes de radio-télévision.

Changement politique oblige, la loi de 1986 modifie l'instance de régulation de l'audiovisuel : la CNCL (Commission nationale de la Communication et des Libertés) succède à la Haute Autorité. Elle est composée de treize membres nommés pour neuf ans : deux désignés par le Président de la République, deux par le président de l'Assemblée nationale, deux par le président du Sénat, trois membres élus en leur sein respectivement par le Conseil d'Etat, la Cour de cassation et la Cour des comptes, un membre élu en son sein par l'Académie française ; trois « personnalités qualifiées » (choisies respectivement dans les secteurs de la création audiovisuelle, des télécommunications et de la presse écrite) cooptées par les dix membres précédents.

Cette CNCL — dont la pratique montrera rapidement qu'elle sera aussi douce à l'égard des souhaits de la nouvelle majorité politique que la Haute Autorité l'avait été à l'égard de la majorité précédente — se voit doter de pouvoirs renforcés.

Le système de 1986 simplifie en effet le régime juridique de la communication, par rapport à celui de 1982. Il maintient le système de la « déclaration préalable » pour les réseaux câblés à usage privé et les services télématiques. Et, pour la diffusion de programmes au public, un seul régime existe désormais : celui de l'autorisation, délivrée par la CNCL. Celle-ci autorise donc seule l'établissement et l'utilisation des installations de télécommunications pour la diffusion au public des services de communication audiovisuelle, par voie hertzienne ou par satellite, et l'exploitation des réseaux câblés.

La vieille formule de la « concession de service public » pour les télévisions hertziennes nationales disparaît ainsi, et avec elle la dernière trace du monopole du service public en matière de programmation. Ainsi est créé un système simple, qui rapproche la France du système nord-américain et dans lequel la CNCL délivre désormais seule (au niveau national comme au niveau local) l'autorisation d'utiliser des fréquences de radio et de télévision, et d'exploiter le câble.

En ce qui concerne toutefois le câblage, c'est-à-dire l'installation du câble, ce sont les communes ou groupements de communes qui autorisent cet « établissement », la CNCL se bornant à définir les « spécifications techniques d'ensemble ». Quant à l'exploitation des réseaux câblés, elle n'est plus, à partir de 1986, liée à la formule des sociétés locales d'économie mixte ; toutefois, les SLEC existantes sont maintenues.

Le régime de la loi de 1986 a par ailleurs profondément innové en étendant le secteur privé de l'audiovisuel, essentiellement par la privatisation de TF1. On sait combien cette privatisation — combattue par la gauche (le chef de l'Etat s'élevant contre le projet lors du Conseil des Ministres du 11 juin 1986 en dénonçant une telle « amputation du service public ») et refusée, d'après les sondages, par une nette majorité de l'opinion — a soulevé de polémiques. La droite elle-même fut longtemps hésitante et divisée sur le choix de la chaîne à privatiser (les services de M. Chirac penchant pour A2, ceux de M. Léotard pour FR3, la direction du RPR suggérant finalement TF1). Cette privatisation a constitué une innovation mondiale, aucune chaîne publique n'ayant été jusque-là privatisée ; l'émotion fut sans doute d'autant plus forte qu'il s'agissait de la première chaîne de l'histoire de la télévision en France, et qu'elle touchait quotidiennement 40 % en moyenne de l'auditoire national. On sait qu'à la suite de la décision de privatisation, un appel fut lancé aux candidatures pour l'achat de 50 % du capital de TF1, l'évaluation officielle du prix de rachat de la chaîne étant fixée à 4,5 milliards de francs, et que — estimant qu'il était le « mieux disant culturel » — la CNCL retint, en avril 1987, le projet animé par le groupe Bouygues, à qui elle accorda une autorisation d'exploitation de dix ans.

Par ailleurs, les concessions accordées par l'Etat à La Cinq et à TV6 ont été résiliées par décrets du 30 juillet 1986. Aux termes d'une autre procédure d'appels d'offres de la CNCL, ces chaînes furent réattribuées, pour La Cinq à un groupe d'actionnaires dominés par MM. Robert Hersant et Silvio Berlusconi (25 % chacun), M. Jérôme Seydoux figurant comme partenaire minoritaire ; et pour la sixième chaîne — M6 succédant à TV6 — à Métropole Télévision, contrôlée par la Compagnie luxembourgeoise de Télédiffusion, propriétaire de RTL, et La Lyonnaise des Eaux (25 % chacun).

Le processus devait également comporter la vente par l'Etat, en l'occurrence par la SOFIRAD qui gère les participations étatiques dans ce secteur, de ses parts dans Radio-Monte-Carlo, mais ce processus ne put être mené jusqu'à son terme. Il a comporté également, en 1987, la cession de Sud-Radio.

Quant au domaine de la production, la Société française de Production (SFP) s'est vue ouverte à l'entrée d'actionnaires privés. Elle a surtout perdu son privilège des « commandes obligatoires » que devaient jusqu'alors lui passer les chaînes de télévision (système remplacé par des contrats négociés avec les chaînes publiques et, pour TF1, par l'obligation, pendant une période transitoire, de lui passer un certain montant de commandes).

Au sein du service public lui-même, la loi Léotard a fait accéder au statut de sociétés nationales de programmes à part entière RFO (Radio-France Outre-Mer, qui n'est plus ainsi une filiale de FR3 et de Radio-France) et RFI (Radio-France internationale, jusque-là filiale de Radio-France).

Elle a maintenu, pour les organismes du secteur public comme du secteur privé, le système des « Cahiers des charges » fixés par décret, dans lesquels le gouvernement impose des obligations minimales à chaque chaîne. Et elle a transféré à la CNCL le choix des présidents des sociétés nationales de programmes, donc de Radio-France et des chaînes publiques de télévision (ce choix étant restreint à RFI, où la CNCL ne peut désigner à la présidence qu'un représentant de l'Etat au conseil d'administration de la chaîne). Toutes les prérogatives concernant le respect du pluralisme de l'information et la réglementation des campagnes électorales à la radio-télévision ont également été rattachées à la CNCL.

Enfin, le système institué en 1986 a mis en place deux mécanismes importants, qui entendaient constituer (à côté des Cahiers des charges), des garde-fous à un libéralisme trop conquérant :

— Les dispositions concernant l'honnêteté et le pluralisme de l'information, mais aussi la création cinématographique (nombre, nationalité, grille horaire, délai d'exploitation des films) s'appliquent de la même manière aux chaînes privées et aux chaînes publiques. Une exception cependant : les chaînes privées (sauf Canal Plus) se voient reconnaître le droit de procéder à une interruption publicitaire pendant la diffusion d'un film, mais cela n'est pas autorisé aux chaînes publiques.

— La loi du 30 septembre, complétée par la loi du 27 novembre 1986, établit les bases d'une législation antitrust :

● *Participations et cumuls d'autorisation :* une même personne, physique ou morale, ne peut détenir plus de 25 % du capital d'une société de télévision hertzienne nationale, desservant une zone habitée par plus de 6 millions de personnes. Un même groupe peut détenir au maximum 25 % dans une chaîne, 15 % dans une deuxième, 5 % dans une troisième, moins de 5 % dans un nombre de chaînes illimité.

Ces limites sont fixées à 50 %, 33 % et 5 % pour les sociétés de télévision hertziennes par satellite. Pour les TV hertziennes régionales (entre 200 000 et 6 millions d'habitants), les participations sont plafonnées à 50 % du capital. Il n'y a pas en revanche de plafond pour les radios et pour l'exploitation d'un réseau câblé. Une même société peut cumuler : le contrôle d'un réseau national de radio et de radios locales, si celles-ci ne desservent pas au total plus de 15 millions d'habitants ; diverses autorisations régionales de TV si elles ne desservent pas plus de 6 millions d'habitants ; deux services différents de satellite.

● *Concentration multi-médias :* au niveau national, un même groupe ne peut dépasser simultanément que *deux des quatre* seuils suivants : 20 % de la diffusion de la presse écrite quotidienne, 4 millions d'habitants desservis par TV hertzienne, 30 millions d'habitants desservis par radio, 6 millions d'habitants desservis par réseaux câblés.

La loi du 17 janvier 1989 — il fallait bien qu'une nouvelle majorité installât une nouvelle réforme de l'audiovisuel — a remplacé, comme autorité de régulation, la CNCL par un *Conseil supérieur de l'Audiovisuel,* composé à l'image de la Haute Autorité de la loi de 1982 : trois membres sont désignés par le Président de la République, trois par le président de l'Assemblée nationale, trois par le président du Sénat. Les membres du Conseil supérieur sont nommés pour six ans, par décret du Président de la République, les mandats des membres de la première « fournée » étant cependant de deux, quatre ou six ans, de manière à assurer ensuite un renouvellement par tiers tous les deux ans. Le Président de la République nomme le président du Conseil supérieur. Le Conseil supérieur de l'Audiovisuel se voit, pour l'essentiel, reconnaître les prérogatives de la CNCL (celles-ci étant toutefois restreintes sur le plan réglementaire et étendues en termes de contrôle et de sanctions).

En ce qui concerne la réglementation juridique des autorisations d'émettre, notons que la loi de 1989 maintient les dispositions, décrites *supra,* de la loi de 1986, mais qu'elle y ajoute, pour les services de radio-télévision diffusés par voie hertzienne, l'obligation de conclure une *convention* entre le Conseil supérieur de l'Audiovisuel et la personne qui demande l'autorisation. Sans que cela change grand-chose dans la pratique, cette obligation de contractualisation entre l'organe régulateur et le bénéficiaire de l'autorisation est censée assurer le strict respect des engagements pris par les opérateurs des stations et chaînes de radio et de télévision.

La loi de 1989 étend par ailleurs aux « œuvres audiovisuelles » et non plus aux seules œuvres cinématographiques (sont donc désormais concernés, non seulement les films, mais les téléfilms, feuilletons et séries) les obligations des chaînes concernant les pourcentages d'œuvres d'expression française, ou produites dans la Communauté européenne. Elle précise que cette obligation de diffusion doit désormais s'appliquer « en particulier aux heures de grande écoute ». Elle étend également à toutes les œuvres audiovisuelles la règle de l'interruption publicitaire unique imposée aux films pour les chaînes privées (voir p. 288-290).

2 / Taux d'équipement et d'écoute

D'après les statistiques de la redevance, la France compte un parc de près de 19 millions de récepteurs de télévision, dont 77 % sont des postes couleur. Ces chiffres sont le résultat d'une évolution qui a vu la France se

Equipement en récepteurs de télévision

Année	Récepteurs noir/blanc	Récepteurs couleur	Total
1950	3 794		3 794
1955	260 508		260 508
1960	1 901 946		1 901 946
1965	6 489 014		6 489 014
1968	9 250 000		9 250 000
1975	11 072 000	3 090 000	14 162 000
1980	8 503 500	7 474 500	15 978 000
1985	4 913 900	12 149 900	17 063 800
1988	2 796 000	16 011 000	18 807 000

Source : Comptes de la redevance et rapports parlementaires.

lancer assez tardivement dans la consommation de masse de télévision : en 1965, la première élection présidentielle au suffrage universel est pour la première fois marquée par l'importance de la télévision dans la campagne ; pourtant la France ne compte alors que 6 millions de téléviseurs...

Ce sont les années 1970-1980 qui voient la généralisation de l'implantation de la télévision dans les foyers français. Encore chaque série de chiffres est-elle sujette à des marges d'approximation parfois importantes. Si, en 1988, les comptes de la redevance ne recensent que 19 millions de postes, l'INSEE en comptait 22 800 000 dès 1987 et la société Simavelec en dénombre 28 millions (dont 21 800 000 en couleur) en 1988...

En termes de pourcentage de foyers équipés, la progressions retenue par l'INSEE est frappante.

L'évolution du taux d'équipement

Date	Total	TV couleur
31 décembre 1973	79,1	7,7
31 — 1976	85,8	20,5
31 — 1979	89,3	38,1
31 — 1982	91,0	56,3
31 — 1985	91,6	69,7
31 — 1988	94,3	81,7

Source : INSEE.

On constate que l'on est presque arrivé à une couverture totale de la population en téléviseurs, la couleur étant arrivée à la disposition d'un Français sur deux en 1982, de deux sur trois en 1985, et de huit sur dix en 1988 (voire même 87,3 % en 1989 d'après le CESP). On est en fait arrivé à l'heure du multi-équipement, c'est-à-dire de la présence d'au moins deux téléviseurs par foyer, dans près du tiers des ménages français. Ceux-ci, dans plus d'un cas sur deux, possèdent également, dès 1988, une télécommande, dont on sait combien programmateurs et publicitaires redoutent qu'elle facilite le *zapping* ...

Couleur, télécommande, magnétoscope dans le quart des foyers, possibilité dans la majorité des ménages de recevoir correctement au moins cinq chaînes : la plupart des Français des années 1990 sont véritablement entrés, à l'exemple des Américains ou des Britanniques,

Equipement des foyers français (4ᵉ trimestre 1988)

Equipement	% des foyers
TV à télécommande	55,4
Multi-équipement en TV	29,0
Magnétoscope	24,7
Décodeur Canal Plus	13,6
Chaînes reçues dans de bonnes conditions	
Canal Plus	44,4
La Cinq	53,5 (¹)
M6	41,0 (²)
RTL-Télévision	3,0
Télé-Monte-Carlo	4,5
Autres chaînes	9,5

(¹) 61,2 en décembre 1988 d'après Médiamétrie.
(²) 48,9 en décembre 1988 d'après Médiamétrie.

Source : CESP.

dans l'ère de la consommation massive de la télévision. Et, de fait, ils en consomment de plus en plus. On le constate aisément à la lecture du tableau suivant, qui fait état de la progression de la durée moyenne d'écoute de la télévision, depuis 1976.

Sans doute faut-il, là encore, prendre en compte les marges d'erreurs de telles enquêtes. Par exemple, pour l'Institut Nielsen, en novembre 1988, la durée moyenne d'écoute s'établit-elle, pour un jour de

Evolution de la durée moyenne d'écoute TV par individu

Date	Durée en minutes
1976	135
1980	131
1984	140
Sept. 1987	159
Nov. 1988	187

Sources : CEO, Médiamétrie.

semaine, à 295 minutes, et le CESP avance pour sa part le chiffre de 216 minutes au premier trimestre de 1989. Toujours est-il que le sens des courbes est le même pour tous les instruments de mesure, et qu'un Français passe, en moyenne, plus de trois heures par jour devant son petit écran...

Pénétration de la radio et de la télévision
(en % des foyers, audience cumulée, 1er semestre 1989)

Tranches horaires	Du lundi au vendredi	Samedi	Dimanche
7 h - 9 h			
Radio	43,2	37,2	26,9
TV	8,3	5,1	4,3
9 h - 12 h			
Radio	32,6	35,1	38,6
TV	10,0	11,2	12,3
12 h - 13 h 30			
Radio	26,4	24,8	17,4
TV	42,7	42,9	39,4
13 h 30 - 18 h			
Radio	27,5	25,0	15,2
TV	35,7	35,5	38,2
18 h - 20 h			
Radio	20,4	17,0	10,6
TV	49,7	41,8	41,3
20 h - 22 h 30			
Radio	11,0	8,5	7,2
TV	76,1	70,7	68,8
22 h 30 - 24 h			
Radio	5,2	4,0	4,9
TV	30,2	30,4	27,5
Ensemble de la journée			
Radio	68,4	63,7	55,6
TV	85,6	82,0	81,7

Source : CESP.

La télévision a ainsi, progressivement, supplanté la radio. Ou plutôt, elle s'y est superposée. A certaines heures de la journée — de la matinée, plus précisément —, la radio reste en tête des audiences ; puis elle laisse la prépondérance à la télévision. Cette prépondérance se fait même écrasante après vingt heures. C'est ce que montrent sans ambiguïté possible les chiffres de notre tableau précédent, calculés à partir de l'audience cumulée de la radio et de la télévision (dans l'audience cumulée, est considéré comme auditeur toute personne ayant déclaré écouter une station de radio ou une chaîne de télévision à un moment quelconque de la période horaire de référence, quelle que soit la durée de ce moment).

Ainsi la télévision n'a-t-elle pas tué la radio en France. La durée moyenne d'écoute de la radio s'établissait, au premier trimestre de 1989, à 181 minutes par jour et par individu, selon le CESP (contre, rappelons-le, 216 minutes pour la télévision). Mais les deux grands médias se partagent désormais les moments de la journée des auditeurs-téléspectateurs, la radio bénéficiant évidemment du fait qu'elle peut plus aisément être pratiquée comme activité secondaire (en prenant son petit déjeuner, en faisant sa toilette ou son ménage, en conduisant sa voiture, etc.).

3 / Les stations de radio

On vient de le voir, la radio a bien résisté à la progression de la télévision. A une concurrence ancienne entre radios d'Etat et radios « périphériques » s'est ajoutée depuis quelques années l'entrée en lice des radios locales privées (voir *supra* les textes les autorisant) : c'est dire que la compétition est fort vive dans ce secteur.

1 | LES RADIOS DU SERVICE PUBLIC

A | Radio-France

Issue de l'ORTF lors du démantèlement de celui-ci en 1974, *Radio-France* a su diversifier ses stations, avec sa chaîne généraliste et de divertissement, *France-Inter,* ses chaînes thématiques *France-Musique, France-Culture, France-Info, Radio Bleue, FIP,* ses 47 radios locales (qui ont diffusé en 1989 quelque 392 125 heures de programmes), et ses programmes spécifiques à l'intention d'auditoires particuliers (universités, immigrés...).

En 1989, 10 millions d'auditeurs ont, à un moment quelconque, écouté au moins une fois une station de Radio-France, dans une journée moyenne.

Le budget d'exploitation de Radio-France s'est établi, la même année, à 1 936,1 millions de francs, dont 49,9 % de charges de personnel. Radio-France emploie plus de 3 000 agents permanents.

Ses ressources proviennent à 92 % de la redevance (taxe parafiscale sur l'usage de récepteurs de radio-télévision — les comptes séparés radio et télévision ayant été supprimés en 1959), et à 6 % de la publicité (plus 2 % de recettes diverses). Cette dernière n'est que de la publicité collective, les ressources de la publicité de marques étant interdites à Radio-France.

B / Les radios destinées à l'étranger

RFI (Radio-France internationale) occupe le 8e rang des radios internationales. Emettant, pour l'essentiel sur ondes courtes, en treize langues, avec des programmes souvent de bonne qualité, elle est dominante sur le continent africain, mais dispose de moyens au total assez faibles, en comparaison des grandes chaînes internationales américaines, ou même européennes, comme la BBC britannique ou la Deutsche Welle ouest-allemande. Son personnel permanent est de 555 personnes (3 000 au service mondial de la BBC), son budget de fonctionnement de 422,5 millions de francs (1 100 au service mondial de la BBC) — assuré à 94 % par la redevance. RFI dispose, en Europe, d'un canal sur le satellite TDF1.

La SOFIRAD, qui gère par ailleurs les participations de l'Etat dans les radios périphériques, déploie également son activité vers l'action internationale en matière de télévision et de radio — notamment en direction de l'Afrique et des pays arabes — donc en concurrence avec RFI, dans le cadre d'une stratégie dont la cohérence peut paraître discutable.

2 | LES RADIOS PÉRIPHÉRIQUES

Les radios « périphériques » tiennent leur appellation du fait que, formellement tout au moins, elles émettent depuis des Etats étrangers situés à la périphérie du territoire français. Cette situation a été créée, depuis 1945, du fait de la législation sur le monopole public en matière de radio-télévision (voir *supra*). Elle a permis à ces stations de bénéficier de la manne publicitaire refusée à la radio d'Etat. Cet état de fait, dans lequel, participant au capital de plusieurs de ces radios, l'Etat violait sa propre légalité, s'est trouvé validé par la législation de 1982, abrogeant le monopole étatique. Depuis un arrêté du 7 mars 1986, les radios périphériques se sont vues reconnaître l'accès à la bande en modulation de fréquence pour diffuser leurs programmes.

A / RTL

Radio-Luxembourg est le plus ancien des émetteurs périphériques, puisque c'est le 11 mai 1929 que fut créée la Société luxembourgeoise d'études radiophoniques, et que cette société obtint, le 29 décembre 1930, le monopole de la radiodiffusion dans le Grand-Duché, sous l'appellation de Compagnie luxembourgeoise de radiodiffusion (devenue entre-temps la Compagnie luxembourgeoise de télédiffusion, CLT).

Le capital de la CLT est, en 1990, réparti entre plusieurs groupes : Audiofina (29 %), Fratel (28 %), Paribas (22 %), Audiolux (7 %), UAP (5 %) et divers (9 %).

Après avoir, dans la période 1945-1966, imposé un style de radio populaire et familiale (« La famille Duraton », Zappy Max, les feuilletons sentimentaux...), Radio-Luxembourg, devenue RTL, a su demeurer, presque tous les ans, en tête de l'audience française, en sachant marier l'information et les variétés à une incontestable veine populaire.

Le plus puissant des émetteurs périphériques, RTL, dont les antennes sont installées près d'Echternach, arrose également la Belgique, la Grande-Bretagne et l'Allemagne.

B / Europe n° 1

Avant le rattachement de la Sarre à la République fédérale d'Allemagne, la France avait autorisé la constitution d'un poste émetteur sur le territoire sarrois. C'est ainsi qu'Europe n° 1 fonctionne, depuis le mois de janvier 1955, avec des antennes installées au Fellsberg. Depuis 1956, ces installations ont été tolérées par le Land sarrois de la République fédérale, puis ont reçu la concession officielle de la radiodiffusion sur le Land jusqu'en 1998. Mais, bien qu'émettant depuis la Sarre, Europe n° 1 appartient à une société anonyme de droit monégasque, dont le siège social est fixé à Monaco et dont les actions « Europe n° 1, Images et Son » ont été introduites à la cote officielle des changes de Paris le 17 mars 1964. Les principaux actionnaires en sont

Hachette qui a racheté en 1986 les parts de la SOFIRAD (voir *supra*) et détient 39,8 % des actions (mais 50,3 % des droits de vote), la Société centrale d'études Dassault (20,01 % des actions), la principauté de Monaco (4,91 %), le reste étant réparti dans le public.

Les programmes d'Europe n° 1 ont incontestablement constitué une innovation dans le domaine de la radio. Le style d'Europe n° 1 a d'ailleurs rapidement été imité par toutes les stations, aussi bien pour les journaux parlés et les « flashes » d'information que pour les programmes de variétés enregistrées présentés par des meneurs de jeu ou les émissions de jeux ouvertes aux auditeurs.

En 1987, Europe n° 1 a lancé Europe 2, sur la bande FM, et créé une régie publicitaire commune avec Skyrock.

C / Radio-Monte-Carlo

Radio-Monte-Carlo est exploité par une société anonyme de droit monégasque, créée en mars 1942, sous la dénomination de Société Radio-Monte-Carlo. Après quelques mois d'expérimentations, c'est en 1945 que cette station commença ses émissions, depuis des émetteurs situés à proximité du territoire monégasque, sur un terrain militaire français situé sur le flanc du mont Agel. Le capital social de la Société Radio-Monte-Carlo a été depuis 1945 réparti entre la SOFIRAD (83,84 %) et le Trésor monégasque. Le conseil d'administration comprend 18 membres, 13 représentant la SOFIRAD et 5 la principauté de Monaco. Disposant du monopole des émissions depuis la principauté, RMC paie au Trésor monégasque une redevance annuelle égale à 7 % de ses recettes brutes.

RMC gagne beaucoup d'auditeurs l'été, lorsqu'elle est « la radio du soleil ». Sur l'ensemble de la saison, elle se bat avec difficulté, depuis les années 1980, contre la montée des radios locales privées et l'incertitude de ses autorités de tutelle, avec un programme souvent hybride (mais où le « populaire bas de gamme » l'emporte), pour défendre un pré-carré minimal de part de marché.

RMC (qui a racheté une station FM, Radio-Nostalgie) a aussi une vocation internationale, au Moyen-Orient et en Afrique du Nord, par l'intermédiaire de la SOMERA, filiale créée en 1969 avec Radio-France et la SOFIRAD.

D / Sud-Radio

Créée au départ par l'Etat français, sous le nom d'Andorradio, sur le territoire de la principauté d'Andorre, cette station connut des péripéties diverses. En 1958, sous le nom de « Radio des Vallées » (puis « Radio des Vallées - Andorre n° 1 »), elle était censée contrebalancer politiquement l'influence de *La Dépêche du Midi*.

En 1964, fut installé un nouvel émetteur, le plus haut d'Europe, situé au pic Blanc, près du sommet du col d'Envalira. Le nom de *Sud-Radio* est adopté en août 1966.

Sud-Radio, dont le capital, cédé par la SOFIRAD, est aujourd'hui réparti entre la Société Sud Communication (52 %), et les laboratoires pharmaceutiques Pierre Fabre (5,92 %), le reste étant réparti dans le public, entend jouer pleinement la carte régionale, envers les auditeurs de Midi-Pyrénées (et accessoirement du Languedoc-Roussillon).

3 | LES RADIOS LOCALES PRIVÉES

Les radios locales privées ont modifié le paysage radiophonique français des années 1980 ; elles ont, elles-mêmes, beaucoup changé depuis l'arrivée des premières « radios libres ».

L'évolution juridique a consacré (voir *supra*) ces changements ; l'Etat, au départ favorable aux seules radios associatives locales sans publicité, ayant progressivement accepté les radios appartenant à des sociétés commerciales, faisant de la publicité, et constituant entre elles des réseaux nationaux.

Ces radios ont ainsi pullulé. En 1989, par exemple, on comptait 108 radios autorisées sur la bande FM en Ile-de-France, 158 en Nord-Picardie, 235 en Rhône-Alpes. Ce sont au total quelque 3 000 radios qui émettent sur le territoire français.

Les plus importantes (voir ci-après, § 5) sont évidemment celles qui sont constituées en réseaux (NRJ, RFM, Nostalgie, Kiss, Fun, Europe 2, Skyrock). Ces radios ne sont plus vraiment des « radios locales privées », et constituent pratiquement, sur la bande FM, des concurrents fort comparables aux radios « périphériques », elles-mêmes présentes sur cette bande.

L'Etat a néanmoins souhaité favoriser les véritables radios locales. D'après la loi du 17 janvier 1989, celles-ci peuvent ainsi bénéficier d'une aide financière publique, à condition d'être titulaires d'une autorisation de diffusion du Conseil supérieur de l'Audiovisuel, de respecter les obligations qui lui ont été fixées par le Conseil supérieur, et de ne pas recourir pour plus de 20 % de leur chiffre d'affaires à des ressources publicitaires.

4 | LES RESSOURCES DE LA RADIO

Le principe « à radio publique fonds publics, à radio privée fonds privés » est, dans l'ensemble assez bien respecté : on l'a vu, Radio-France est, à 92 %, financée par la redevance, et ne peut recourir à la publicité commerciale.

Les radios privées tiennent, elles, leurs ressources de la publicité (à l'exception minime des aides publiques accordées aux radios locales non publicitaires : voir *supra*). L'évolution des recettes publicitaires au cours des dernières années montre d'une part que la radio résiste bien, en volume, malgré le développement des investissements publicitaires à la télévision, d'autre part que les radios locales privées occupent une place croissante sur le marché de la publicité radiophonique.

Précisons que les recettes publicitaires des radios locales proviennent, pour 70 %, de la publicité locale.

Recettes publicitaires de la radio (en millions de francs)

	1984	1985	1986	1987	1988
Stations nationales et périphériques	2 075	2 070	2 120	2 055	2 240
Radios locales privées	125	410	510	600	725
	(5,7 %)	(16,5 %)	(19,4 %)	(22,6 %)	(26,9 %)
Total	2 200	2 480	2 630	2 655	2 695

Source : Rapport Cluzel, Sénat, 1990.

5 | L'AUDIENCE DES STATIONS DE RADIO

On a vu plus haut (section 2) ce qu'est l'audience de la radio en général. Examinons maintenant l'audience des différentes stations.

Celle-ci est évidemment sujette à de constantes modifications, la lutte pour l'audience constituant le lot quotidien des stations en compétition.

Le tableau ci-après illustre la répartition des audiences, à la fin de 1989, entre les stations de Radio-France, les périphériques et les radios locales privées. Il représente des « parts de marché » sur l'écoute radio, c'est-à-dire que, pour toute tranche horaire de la journée, le chiffre de 100 % se rapporte au total des personnes écoutant la radio à ce moment (que ce chiffre soit très important ou très faible).

Ces histogrammes permettent de visualiser l'importance prise par l'écoute des radios locales privées — mais aussi les limites de cette écoute : très minoritaire jusqu'à neuf heures du matin (où les actifs, les cadres notamment, pèsent beaucoup dans l'auditoire), minoritaire quoique plus importante entre neuf heures et midi (où les ménagères prennent le relais), l'écoute des radios locales s'accroît fortement, en proportion, dans l'après-midi et la soirée (où la radio est moins écoutée, mais où les jeunes deviennent l'auditoire le plus important).

Radios : parts de marché (lundi-vendredi) — nov./déc. 1989

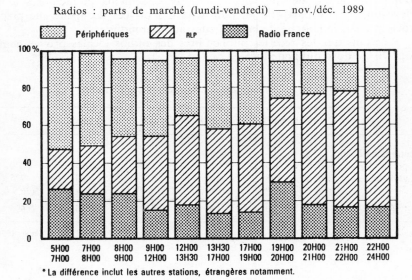

* La différence inclut les autres stations, étrangères notamment.

Source : Décisions Médias.

En ce qui concerne les diverses stations, les scores d'audience sont évidemment encore plus fluctuants d'un mois à l'autre — RTL se situant toutefois continuellement en tête, pendant toute la décennie 1980-1990, cependant que France-Inter et Europe n° 1 se battaient pour la deuxième place, que RMC tendait à voir son audience s'effriter, et que les radios locales privées affirmaient leur progression, NRJ se taillant, en leur sein, la meilleure part.

Audience des stations (octobre-décembre 1989)

Radios périphériques		36,7
dont : RTL	20	
Europe 1	13,4	
RMC	6	
Radios locales privées		36,7
dont : NRJ	10,8	
Nostalgie	5,8	
Europe 2	5,7	
Fun	3,7	
Skyrock	3,2	
Radio-France		22,8
dont : France-Inter	13,6	

Note : Il s'agit d'audiences cumulées, ce qui explique que l'addition des sous-totaux ne restitue pas le total d'une catégorie : par exemple, un même auditeur peut, dans la même journée, avoir écouté RTL *et* Europe n° 1.

4 / Les chaînes de télévision

On présentera ici, tour à tour, les caractéristiques principales des chaînes publiques puis des chaînes privées, avant de préciser, de manière comparative, les structures de programmation et d'audience de l'ensemble des chaînes de télévision, et les conditions de fonctionnement du marché de la publicité.

1 | LES CHAÎNES DU SECTEUR PUBLIC

Depuis la privatisation de TF1 (voir *supra*), le service public de télévision comprend A2, FR3, la SEPT et RFO (cette dernière étant à la fois chargée de la télévision et de la radio outre-mer). La fin de la période du monopole étatique a ouvert une véritable crise d'identité du service public, désormais peu assuré de la nature de sa mission et des fonctions spécifiques dévolues à chacune de ses chaînes. Cette crise s'est d'autant plus développée que le service public a trouvé peu de réponses à ces interrogations, que ce soit du côté des responsables politiques, de son autorité administrative indépendante de tutelle ou de ses dirigeants.

Si l'exacte ambition de la mission de service public reste problématique, on notera qu'en revanche, au fil des années, les débats de la société française autour du secteur public de télévision se sont déplacés. Naguère centrées sur le thème des pressions du pouvoir politique — à juste titre, puisque la France constituait presque un « modèle » d'intervention gouvernementale permanente sur la TV publique monopolistique — les critiques se sont — à non moins juste titre — axées sur la difficulté à établir une frontière entre le public et le commercial, sur le rôle de l'argent, la nature de la programmation, et les lourdeurs bureaucratiques ou syndicales de la gestion des chaînes.

A | Repères historiques

On sait que l'ORTF a, en 1964, succédé à la « Radiodiffusion Télévision française », avant d'être lui-même démantelé en 1974 pour céder la place aux nouvelles sociétés publiques indépendantes (voir *supra,* Section 1).

Les débuts de la « deuxième chaîne » datent du 18 avril 1964 (elle diffusait alors vingt-trois heures de programmes par semaine) ; cette chaîne a commencé à émettre en couleurs en octobre 1967. Elle est devenue Antenne 2 après la loi de 1974.

FR3 a démarré, comme « troisième chaîne », le 31 décembre 1972. Elle a dépassé un taux de 90 % de couverture de la population (téléspectateurs pouvant capter ses émissions) en 1978. La publicité a été autorisée sur FR3 (programme national) en 1983, et l'année suivante dans les programmes régionaux.

RFO a été créée en juillet 1982, pour gérer les missions de service public de radio et de télévision outre-mer. Elle a été autorisée en 1984 à faire de la publicité (Antilles, Guyane). D'abord filiale de FR3 et de Radio-France, RFO est devenue une société indépendante en 1986.

La « SEPT » tient sa dénomination d'un jeu de mots (son sigle signifie Société européenne de Programmes de Télévision, après avoir été créée comme Société d'Edition de Programmes de Télévision). Elle a été fondée le 21 février 1986, avec un capital, entièrement public, partagé entre FR3 (45 %), l'Etat (25 %), l'INA (15 %) et Radio-France (15 %). Sa vocation est de constituer une chaîne culturelle « haut de gamme », européenne. En novembre 1988, les gouvernements français et ouest-allemand ont décidé de constituer une chaîne franco-allemande bilingue, à diffuser sur le satellite TDF1, au sein de laquelle la SEPT détiendra 50 % du capital.

Comme prévu lors de sa création, la SEPT s'est vue confier en 1989 un canal sur TDF1 par le Conseil supérieur de l'Audiovisuel. Compte tenu des faibles audiences réalisées en France, par ce satellite et par les réseaux câblés, et d'un certain élitisme dans sa conception d'une programmation culturelle, le public de la SEPT restait confidentiel, en 1990. Tout au plus dispose-t-elle en 1990 de « fenêtres » sur FR3 (tous les samedis, en après-midi et en soirée), élargissant son audience (mais n'améliorant certes pas celle de la chaîne hôtesse).

B | Le financement des chaînes publiques

Le budget des chaînes publiques est principalement alimenté par deux sources : la redevance à laquelle sont assujettis les téléspectateurs et la publicité ; auxquelles s'ajoutent des recettes commerciales propres (provenant par exemple de la vente des émissions à l'étranger, ou des gains des sociétés de télévision en tant que coproductrices de films).

La redevance est considérée en France, d'après une décision du Conseil constitutionnel (11 août 1960), comme une taxe parafiscale. Le gouvernement en fixe donc le montant par décret, mais le Parlement doit chaque année, au moment du vote de la loi de finances, en autoriser la perception.

Depuis juillet 1959, il existe un compte unique pour les possesseurs d'un poste de radio et d'un poste de télévision. Le montant de cette redevance unique (valable aussi pour ceux qui n'ont que la télévision) a été fixé à 75 F en 1959, 120 F en 1971, 221 F (pour les postes en noir et blanc) et 331 F (pour les postes couleur) en 1980, 355 F (noir et blanc) et 553 F (couleur) en 1990.

Quant à la publicité, la décision de lui ouvrir les antennes de la télévision publique fut officiellement annoncée par le gouvernement à l'Assemblée nationale le 10 novembre 1967. Cette décision souleva de très vives protestations, portant sur le principe même de l'introduction d'une publicité commerciale à l'ORTF. Les dirigeants des entreprises de presse écrite ne furent bien sûr pas les derniers à s'opposer à la création de la publicité télévisée, étant donné le danger évident de ponction qu'elle représentait sur leurs recettes publicitaires. Pierre Archambault résumait les arguments de ses collègues : « On peut ainsi prévoir avec certitude que de nombreux quotidiens, tant parisiens que provinciaux, seraient contraints à disparaître. D'autres ne trouveraient leur salut qu'en acceptant d'être rachetés par de puissants groupes financiers. Chacun voit bien ce qu'aurait à y perdre la démocratie, qui suppose indépendance de l'information et pluralité de ses organes »[1].

La Fédération nationale de la Presse française et la Confédération de la Presse française publiaient, le 27 janvier 1968, une note critique[2], citant notamment l'opinion de six des sept professeurs de droit public consultés[3] par la Commission spéciale créée par l'Assemblée nationale, selon lesquels la publicité commerciale irait à l'encontre de l'objet statutaire de l'ORTF, M. Duverger estimant, notamment, que « la publicité télévisée aboutit au conditionnement des citoyens », cependant que M. Hauriou soulignait que, « si on institue la publicité de marques, l'ORTF paraît destiné, tout au moins partiellement, à devenir un support de promotion des ventes », et que M. Vedel affirmait que « la notion même d'établissement public est touchée ». Le Conseil constitutionnel ayant considéré que les dispositions soumises à son examen « sont réglementaires, mais seulement en tant qu'elles n'ont rien de contraire aux règles constitutives de cette catégorie d'établissements publics », la décision d'introduire la publicité était formellement confirmée le 31 juillet 1968 par le Conseil des Ministres. La publicité commerciale pouvait faire son apparition sur les petits écrans à partir du 1er octobre 1968. La répartition des sources de financement du secteur public a depuis lors beaucoup évolué.

Sources de financement des chaînes publiques (en %)

	1980	1985	1990
Redevance	72,6	65,9	58,8
Publicité	16,8	20,3	18,9
Autres recettes	10,6	13,8	22,4

Comme le montre le tableau, la redevance pèse de moins en moins fortement, au sein des recettes des chaînes publiques, alors que la part de la publicité, et dans la dernière période celle des « autres recettes » ont nettement progressé (ces dernières étant pour l'essentiel constituées, non seulement des recettes commerciales propres, mais aussi des

1. *La Nouvelle République du Centre-Ouest,* novembre 1967, citée par *Presse-Actualité,* février 1968, n° 40.
2. Voir *Cahiers de la Presse française,* janvier-février 1968, n° 49. Voir aussi le n° 47, d'octobre 1967, sur les débats à l'Assemblée nationale.
3. MM. Duverger, Hauriou, de Laubadère, Rivero, Vedel et Weil.

remboursements de services rendus aux administrations et des concours de l'Etat).

L'évolution des trois derniers exercices disponibles, chaîne par chaîne, montre pourtant que, dans la plus grande chaîne du service public, Antenne 2, le poids relatif de la redevance tend désormais à gonfler, dans une période où la concurrence des chaînes privées a souvent drainé les fortes audiences — et les recettes publicitaires qui les accompagnent — vers TF1 et les chaînes commerciales.

Part de la redevance dans les ressources des chaînes publiques (en %)

	1988	1989	1990
A2	32,6	33,5	40,0
FR3	82,3	82,2	80,7
SEPT	88,3	85,5	77,3
RFO	91,2	89,0	88,8

Les recettes publiques reprennent donc, en proportion, plus d'importance, mais au sein de budgets globaux d'A2 assez médiocres, dans la perspective de la concurrence avec TF1. C'est ce que montre notre dernier tableau de cette série, présentant la structure des budgets 1990 des chaînes publiques.

Les recettes des chaînes publiques de télévision : budget 1990

	A2	FR3	SEPT	RFO (¹)
Budget (en millions de francs)	3 306,1	3 341,9	540,1	799,9
dont (en %) :				
Redevance	40,0	80,7	77,3	88,8
Publicité	54,4	13,6		6,2
Parrainage	1,2	0,3		
Recettes commerciales	1,4	3,0	22,7	2,4
Subventions	3,0	2,4		2,6

(¹) Radio et télévision.

2 | LES CHAÎNES PRIVÉES

A | TF1

TF1 est l'héritière de la première chaîne de télévision publique, devenue société nationale de programme après la loi de 1974. Sa diffusion en couleurs a débuté en décembre 1975. La chaîne a été privatisée après la loi Léotard (voir *supra*). L'appel aux candidatures pour l'achat de 50 % du capital de cette chaîne a été lancé en janvier 1987, et le prix de rachat a été fixé à 4,5 milliards de francs. Le 4 avril 1987, la CNCL retenait la candidature du groupe constitué autour de Bouygues, à qui elle accordait une autorisation d'exploitation de dix ans. En juillet 1987, l'action TF1 était introduite sur le second marché boursier, à 165 F (au 24 octobre 1989, elle atteignait 329,5 F).

Début 1990, après diverses cessions, le capital de TF1 était réparti de la manière suivante (en %) — plusieurs actionnaires (dont la GMF) ayant alors annoncé leur intention de céder leurs parts :

Groupe cessionnaire		61,2
dont : Bouygues	25	
Maxwell (¹)	12,6	
Banque Worms	7,4	
GMF	6,1	
Indosuez	3,3	
Société générale	2,6	
Editions Mondiales	2	
Crédit Lyonnais	1,7	
Le Point	0,3	
Autres	0,2	
Personnel de TF1		*4,1*
dont : Actions achetées par le personnel	2,5	
Syalis (²)	0,8	
Etat (actions gratuites)	0,8	
Autres actionnaires		*34,7*
dont : Berlusconi	4,0	
BNP	0,6	
BUE	0,6	
Cholet-Dupont	0,6	
La Réservée (³)	0,6	
Divers (dans le public)	28,3	

(¹) Pergamont Media Trust + Maxwell Media SA.

(²) La société Syalis conserve ces actions, réservées aux salariés de TF1 pendant une période de deux ans, à compter d'août 1989.

(³) Actions destinées aux salariés de TF1 et de ses filiales.

Sur l'ensemble des exercices 1987 et 1988 (l'exercice 1987 n'ayant concerné que six mois, celui de 1988 dix-huit mois), le chiffre d'affaires hors taxes de TF1 s'est élevé à 8 031,7 millions de francs (soit environ 4 milliards de francs par an), et les bénéfices après impôts, amortissements et provisions, à 146,4 millions de francs.

B / Canal Plus

Canal Plus a diffusé ses premières émissions, par voie hertzienne et cryptées, le 4 novembre 1984. Il a été autorisé en mars 1985 à diffuser de la publicité, dans ses programmes « en clair » (non cryptés).

Lors du vote de la loi du 30 septembre 1986, la concession accordée à Canal Plus a été maintenue, jusqu'au 6 décembre 1995.

Canal Plus a été introduit sur le second marché boursier en novembre 1987.

Au début de 1990, son capital est ainsi constitué (en %) :

Havas (¹)	24,72
Compagnie générale des Eaux	21,35
L'Oréal	6,92
Caisse des Dépôts et Consignations	6
Geneval	5,93
CCF	5,18
Autres	29,90

(¹) Canal Plus est lui-même actionnaire, à 7 %, de Havas.

Le chiffre d'affaires de Canal Plus est de 4,3 milliards de francs (1988) — 93 % provenant des recettes d'abonnement, 5 % de la publicité. Son résultat d'exploitation s'élève à plus d'un milliard de francs (1,069), ce qui illustre combien Canal Plus est une bonne affaire.

Le nombre d'abonnés est passé de : 186 000 à la création, en novembre 1984, à 682 000 au 31 décembre 1985 ; 1 563 000 au 31 décembre 1986 ; 2 221 233 au 31 décembre 1987 ; 2 646 683 au 31 décembre 1988 ; 2 760 000 au 31 décembre 1989.

Canal Plus — fortement encouragé par l'Etat — a de surcroît une politique de développement dynamique :

— participation au satellite TDF1, avec un canal pour la duplication de son canal terrestre, un canal pour la diffusion d'un programme crypté de cinéma dans le cadre de son association avec le groupe allemand Bertelsmann, et la participation à 10 % dans Canal Enfants ;

— présence sur la câble, notamment par la participation à la société

Visicâble, commercialisant un système de câblage permettant
l'utilisation de la norme D2 Mac ;
— développement de chaînes cryptées à l'étranger, avec Canal Plus
Belgique, Allemagne, Espagne, Afrique...

C | *La Cinq*

A La Cinq version Berlusconi-Seydoux née de la concession de 1985 a
succédé (voir *supra,* section 1), le 25 février 1987, par attribution de la
CNCL, une « Cinq » version Hersant-Berlusconi. Depuis avril 1988, La
Cinq diffuse vingt-quatre heures sur vingt-quatre.

En mai 1990, à la surprise générale, le groupe Hachette a fait son entrée
dans le capital de La Cinq — cependant que les Chargeurs SA (M. Jérôme
Seydoux) s'en retiraient, après avoir tenté sans succès d'en prendre le
contrôle quelques mois plus tôt en s'alliant avec M. Berlusconi, et que le
groupe Vernes augmentait sa participation. Le capital de la chaîne était
désormais ainsi réparti :

TVES (groupe Hersant)	25 %
Rete-Italia (groupe Berlusconi)	25 %
Groupe Vernes (SCI et SPM)	22 %
Hachette	22 %
Expar (M. de Roquemaurel)	3,1 %
Clinvest (Crédit Lyonnais)	2 %
SMA Sofil (Banque UIC)	0,9 %

Nouvelle surprise en octobre 1990 : on apprenait la réduction à 10 %
de la participation du groupe Hersant, et à 4 % celle de Vernes, celle de
Hachette — devenant l'opérateur principal — étant en revanche portée
à 25 %.

En 1989, le chiffre d'affaires de La Cinq s'est élevé à 1 361,5 millions de
francs, et le résultat d'exploitation s'est soldé par une perte de
425,7 millions de francs. On aboutit ainsi à une perte cumulée de
2,3 milliards de francs, de la création de la chaîne à sa prise charge par le
groupe Hachette.

D | *M6*

A TV6 a donc succédé M6 (voir *supra,* section 1), la CNCL attribuant à
Métropole TV la nouvelle concession de la sixième chaîne, le
26 février 1987. La nouvelle chaîne a démarré le 1er mars 1987. En
mai 1988, un accord a été signé entre M6 et Télé-Monte-Carlo, en vertu

duquel, pour l'essentiel de ses programmes, TMC relaie les émissions de M6, permettant à celle-ci d'étendre son réseau de diffusion.

En mai 1990, après diverses cessions, le capital de M6 est ainsi réparti (en %) :

Compagnie luxembourgeoise de Télévision (CLT)	25
Lyonnaise des Eaux	25
Union d'études et d'investissements	10
Paribas	8,18
UAP	8,18
Compagnie financière de Suez	8,17
Parfinance	4,98
MK2 (M. Karmitz)	2,50
L'Alsace	2,50
Groupe Bruxelles-Lambert	2,49
Sedeco	1
Atlantel	1
Editions Amaury	1

En 1989, le chiffre d'affaires de M6 s'est élevé à 500 millions de francs (les prévisions pour 1990 s'établissant à 750 millions), et le résultat d'exploitation s'est soldé par une perte de 230 millions (prévision 1990 : perte de 40 millions de francs) — la perte cumulée 1987-1989 s'élevant à 1 milliard de francs.

E / Les télévisions locales et périphériques

Desservant, comme le veut la loi, une zone de population inférieure à six millions d'habitants, des télévisions locales privées émettant par voie hertzienne peuvent obtenir une autorisation du Conseil supérieur de l'Audiovisuel. Les télévisions locales émettant ainsi à la fin 1989 — « Télé-Toulouse », « Télé-Lyon-Métropole », ou « Canal Europe Mont-Blanc » (Haute-Savoie) — rencontrent à l'évidence des difficultés à boucler leur budget (14 à 17 millions de francs par an).

Parmi les télévisions périphériques, dans la mesure où TMC est, on l'a vu, surtout le relais de M6, la seule télévision qui connaisse un certain succès est RTL-Télévision, jouissant d'une certaine popularité dans l'est de la France. L'avenir de la télévision locale en France paraît à l'évidence lié au développement du câble, dont on sait qu'il a connu un démarrage très lent (1 462 000 prises raccordables en 1989, et 175 000 abonnés seulement, sur l'ensemble du territoire, voir p. 300-303).

5 / La programmation

Les chaînes changent évidemment trop souvent de grille de programmes pour qu'il soit utile ici de s'y arrêter. On voudrait cependant noter deux aspects liés à la gestion des chaînes et à leurs rapports avec l'Etat et la société tout entière.

D'abord, si l'on rapproche la structure des programmes d'une chaîne avec la répartition de ses coûts, comme on l'a fait ci-dessous avec TF1, on note des décalages significatifs.

Grille des programmes et structure des coûts de TF1
(année 1988, en %)

	Place dans la grille	Place dans les coûts
Fiction, films, séries	29,5	28,6
Magazines, documentaires	17,6	7,7
Variétés	15	27,3
Information	14,2	17,5
Jeunesse	10	9,4
Sports	5,7	9,1
Divers (et publicité)	8	0,4
	100	100

On le voit sur ce tableau : les sports, l'information et les variétés sont surreprésentés dans les coûts, par rapport au poids qu'ils représentent en heures d'antenne. En revanche, les émissions pour la jeunesse (au sein desquelles figurent les dessins animés japonais achetés à bas prix), la fiction (grâce aux séries et sitcoms réalisées à peu de frais) et surtout les magazines et documentaires (dont les budgets de production sont bien moindres, et les prix d'achat sur le marché mondial extrêmement inférieurs à ceux de la fiction) pèsent moins, en proportion, dans la structure des coûts que dans celle des programmes.

Un autre phénomène fondamental est, lui, spécifiquement français. Il s'agit des très nombreuses obligations réglementaires qui s'imposent aux chaînes de télévision, en matière de programmation.

Obligations des chaînes de TV

	A2	FR3	TF1	La Cinq	M6
Nombre de films autorisés (par an)	192	192	170	192	192
Nombre de films autorisés entre 20 h 30 et 22 h 30 (par an)	104	104	104	104	104
Droit de diffuser un film le samedi à 20 h 30	non	non	non	non	non
Délai de diffusion des films après sortie	18 mois	18 mois	18 mois	18 mois	18 mois
Quotas de films d'expression française	50 %	50 %	50 %	50 %	50 %
Quotas de films Communauté européenne	60 %	60 %	60 %	60 %	60 %
Interruptions publicitaires autorisées pendant un film	0	0	1	1	1
Volume horaire annuel minimal d'œuvres d'expression originale française	300 h	120 h	550 h	300 h	300 h
Quotas d'œuvres fiction TV d'expression française	50 %	50 %	50 %	50 %	50 %
Quotas d'œuvres fiction TV de la Communauté européenne	60 %	60 %	70 %	60 %	60 %
Minimum à consacrer à la production d'œuvres d'expression française	—	—	360 h	15 % du CA*	15 % du CA*
Temps de publicité maximal par heure d'antenne (moyenne par journée)	6 mn	5 mn	6 mn	6 mn	6 mn
Temps de publicité maximal pour une heure donnée d'antenne	12 mn	10 mn	12 mn	48 s	48 s

* CA : chiffre d'affaires.

Le tableau de la page 289 résume les principales, parmi ces obligations, en 1990.

On constate notamment que :

— certaines de ces dispositions ont pour objectif de protéger l'industrie du cinéma, en tentant de préserver le cinéma en salle face au petit écran (délai de diffusion avant d'avoir le droit de diffuser un film, nombre de films autorisés, par an et en *prime time*) ;

— certaines entendent protéger en particulier la production *européenne* et d'abord *française*, qu'il s'agisse de films de cinéma ou d'œuvres originales de télévision : c'est la politique des quotas, dont les autorités françaises sont si fières, mais qui ont fort mauvaise réputation, parce qu'ils sont une entrave à la liberté, dans des pays (Grande-Bretagne, pays scandinaves) qui ont pourtant mieux que la France perpétué sur leurs antennes la prédominance de leurs œuvres nationales ;

— d'autres dispositions concernent la restriction apportée à un envahissement de la publicité (durée maximale, par jour et par heure, interdiction d'interruption des films par des écrans publicitaires sur les chaînes publiques, ou limitée à une pour les chaînes privées) ;

— ces dispositions contraignantes (dont parfois le non-respect par les chaînes privées a conduit la CNCL ou le Conseil supérieur de l'Audiovisuel à intervenir, voire à saisir le Conseil d'Etat) ne concernent pas Canal Plus, décidément privilégié dans le système audiovisuel français. Tout au plus Canal Plus est-il limité, en crypté, à 364 films par an en première diffusion (entre midi et une heure du matin, le nombre étant illimité pour les rediffusions), et doit-il respecter, pour les seuls films, les quotas (60 % européen, 50 % français). Le délai de diffusion des films après leur visa d'exploitation est, pour lui, ramené à un an. En revanche, Canal Plus est tenu de consacrer au moins 25 % de ses ressources annuelles à l'acquisition de droits de diffusion de films (dont la moitié d'expression originale française).

6 / La production

L'évolution de la production d'émissions de télévision s'est traduite par la baisse constante de la production interne — émissions produites par les chaînes elles-mêmes — et au contraire le développement de la production privée indépendante, à qui les chaînes achètent des émissions, quitte parfois à les coproduire avec elle.

Parmi les sociétés extérieures à qui les chaînes peuvent avoir recours, figure la Société française de Production (SFP), issue de l'ORTF, devenue autonome en 1974, et société anonyme de droit commun depuis le 5 janvier 1988. La SFP ne bénéficie plus, depuis la loi de 1982, du système de « commandes obligatoires » de la part des chaînes publiques. Cela s'est traduit par une baisse importante de son chiffre d'affaires (1 005,6 millions de francs en 1986, 518,8 en 1988). Lors de la privatisation de TF1, cette chaîne s'est néanmoins vu imposer, jusqu'à 1990, un montant minimal de commandes à la SFP, mais n'a tenu que très imparfaitement ses engagements (par exemple, 274 millions en 1989 au lieu des 419 prévus). Ces conditions nouvelles expliquent les difficultés de la SFP, société publique jusque-là protégée et désormais confrontée aux dures réalités du marché.

Ainsi la SFP a-t-elle perdu 180 millions de francs en 1989, et ne peut-elle rester concurrentielle que par des subventions étatiques.

Pour soutenir le développement d'une production audiovisuelle française indépendante, l'Etat a par ailleurs mis sur pied un ensemble de mesures d'aide et d'encouragement. On ne citera ici que les plus importantes :

— le compte de soutien aux industries de programme, alimenté pour l'essentiel par un prélèvement sur les recettes des chaînes, fonctionne sous la forme d'une *aide automatique* apportée aux émissions de fiction et d'animation, versée à tout producteur délégué d'une œuvre audiovisuelle ayant été diffusée sur l'antenne ; s'y ajoute une *aide sélective,* soit pour les producteurs de fiction et d'animation ne bénéficiant pas de l'aide automatique, soit pour les producteurs de documentaires de création ou de magazines culturels. Ce compte de soutien a représenté, en 1989, un budget de 922 millions de francs ;
— un fonds de création audiovisuelle apporte une aide à l'écriture et à la production d'œuvres audiovisuelles de création ;
— la loi du 11 juillet 1985 a créé les SOFICA (sociétés de financement des industries cinématographiques et audiovisuelles), dans lesquelles particuliers et entreprises sont encouragés à investir par un système de déductions fiscales. Les SOFICA ont, en 1988, contribué pour 235,2 millions de francs à la production audiovisuelle (200 pour le cinéma, 35,2 pour la télévision) ;
— l'Etat, par l'intermédiaire notamment de l'IFCIC (Institut pour le Financement du Cinéma et des Industries culturelles), octroie des prêts

à taux préférentiel pour aider à l'exportation de la production audiovisuelle française ;
— l'Etat a, à diverses reprises, accordé des subventions exceptionnelles à la création audiovisuelle en général, ou à la production de dessins animés, ou d'émissions destinées à la jeunesse ;
— différentes administrations (surtout le ministère de la Culture et celui des Affaires étrangères) apportent leur concours financier à des émissions, dans le cadre de leurs actions de communication ;
— les producteurs peuvent également avoir recours à diverses formes d'aide, mises en place dans le cadre de la Communauté européenne (aides à l'écriture de scénarios, aide aux dessins animés, aide à la coproduction entre sociétés européennes, etc.).

Il faut enfin mentionner que les chaînes françaises de télévision participent de plus en plus à la production des films de cinéma. En 1988, TF1, La Cinq et les trois chaînes du service public (A2, FR3, SEPT) ont participé à la coproduction de 73 films, pour un montant total de 152 millions de francs. Canal Plus, de son côté, qui a besoin de programmer 183 films français par an, participe à la production cinématographique en « pré-achetant » la plupart des films français en production, pour leur première diffusion sur le petit écran.

7 / Les audiences

On a vu plus haut (section 2) ce que représente l'audience globale de la télévision, aux différents moments de la journée. On ne saurait ici s'attarder sur l'audience des diverses émissions, dans la mesure où celle-ci, très volatile, dépend de la chaîne considérée, de l'horaire précis de diffusion, du genre de l'émission, de la nature de l'émission qui la précède et de celle qui la suit, du jour dans la semaine, de la saison, etc.

On peut noter en revanche, en termes de parts de marché de chaque chaîne que, s'agissant de l'ensemble de la journée comme de presque toutes les tranches horaires, TF1 se taille la part du lion de l'audience française.

Derrière le « mastodonte » TF1 (qui obtenait déjà 39,5 % des parts de marché avant sa privatisation), A2 — avec (sauf le dimanche) à peu près moitié moins d'audience, domine un marché assez éparpillé, dans lequel

FR3 est au coude à coude avec La Cinq, cependant que Canal Plus talonne (et parvient parfois à dépasser) M6. Cette situation traduit l'effritement du marché des chaînes publiques (A2 et FR3), passé de 43,6 % en 1987 à 36,7 % en 1988 et 31 % en 1989.

Parts de marché d'audience des chaînes de TV
(1er semestre 1989, en %)

	TF1	A2	FR3	Canal +	La Cinq	M6	Autres
Ensemble de la journée							
Lundi → Vendredi	44,4	21,2	9,8	4,2	12,9	6,1	1,4
Samedi	45,3	23,8	6,9	4,4	10,5	6,6	2,5
Dimanche	38,9	30,2	6,3	2,9	12,9	7,2	1,1
Par tranche horaire (en semaine)							
7 h - 9 h	27,0	50,6		1,9	12,7	6,2	1,6
9 h - midi	41,0	20,7	3,0	5,4	16,2	10,5	3,2
12 h - 13 h 30	55,0	26,2	3,2	2,9	4,5	7,4	0,8
13 h 30 - 18 h	37,3	22,4	5,7	4,1	20,0	8,3	2,2
18 h - 20 h	54,6	15,9	13,1	4,8	6,7	3,8	1,1
20 h - 22 h 30	40,9	20,1	13,4	4,2	14,0	6,1	1,3
22 h 30 - minuit	39,5	19,3	6,7	5,9	23,1	4,0	1,5

Source : CESP.

Si l'on observe, dans le tableau suivant, les audiences des diverses émissions « vedettes » (en recourant au « palmarès » pour 1988), on constate que :

— la domination de TF1 est pratiquement sans partage : les dix plus gros scores d'audience sont atteints par elle ; sur les vingt plus gros, seule A2 place deux émissions — deux films — à la 17e et 20e place, TF1 réalisant tous les autres succès ;
— les genres préférés du très grand public sont les films — et d'abord les films comiques, d'aventures ou à grand spectacle — le sport, le journal télévisé et... le Bébête Show ;
— Canal Plus parvient, exceptionnellement, à atteindre près de 10 % d'audience, non pas grâce au cinéma, mais grâce au football.

Meilleurs scores d'audience (1988) (en %)

	Chaînes	Genre	Titre	Date	Au-dience
Toutes chaînes confondues					
	TF1	JT	20 h	29-9	42,6
	TF1	JT	20 h	28-9	42,4
	TF1	JT	20 h	26-9	41,9
	TF1	JT	20 h	27-9	40,5
	TF1	Variétés	Bébête Show	26-9	40,2
	TF1	Variétés	Bébête Show	29-9	40,0
	TF1	Variétés	Bébête Show	28-9	39,5
	TF1	Film	*La 7e Compagnie au clair de lune*	13-12	38,0
	TF1	Sport	JO Séoul	26-9	37,7
	TF1	Film	*Cours privé*	11-12	37,6
A2	A2	Film	*Tir groupé*	6-9	35,5
FR3	FR3	Film	*Le retour de l'inspecteur Harry*	21-1	28,0
Canal +	Canal +	Sport	Football (France-reste du monde)	23-5	9,9
La Cinq	La Cinq	Film	*Les Aventuriers de l'Arche perdue*	27-11	19,0
M6	M6	Film	*Rambo*	28-2	10,8

Source : Médiamétrie.

8 / Publicité télévisée et achat d'espace

On a vu plus haut l'importance de la publicité dans les recettes des chaînes de télévision. Ce marché étant hautement placé sous le signe de la concurrence entre chaînes — privées et publiques — on précisera ici les conditions communes d'achat par les annonceurs de l' « espace publicitaire » à la télévision.

Cet achat est évidemment basé sur un prix. Le prix des écrans publicitaires, fixé par les chaînes et leurs régies, dépend en tout premier lieu, comme cela se comprend aisément, de l'audience obtenue par la chaîne, chaque jour, dans chaque tranche horaire. A titre d'exemple

— puisqu'il y a des écrans de publicité à toute heure ou presque, et puisque les spots de publicité ont une durée variable, généralement comprise entre 3 et 90 s — on donnera ici, comme ordre de grandeur, les tarifs officiels en vigueur au 1er janvier 1990 pour des spots d'un format standard de 30 s.

Exemples de tarifs bruts des écrans de publicité, pour 30 s
(au 1-1-1990, en francs*)*

	Lundi *11 h*	*Mardi* *12 h 30*	*Mer-* *credi* *17 h*	*Jeudi* *20 h*	*Ven-* *dredi* *20 h 30*	*Samedi* *20 h 35*	*Dimanche* *21 h 15 / 21 h 30*
TF1	15 000	110 000	60 000	350 000	400 000	420 000	470 000
A2	5 000	64 300	30 000	92 000	179 400	185 000	257 800 (¹)
FR3		20 000	10 000	90 000	60 000	70 000	30 000
Canal +		12 000		50 000	42 000	38 000	
La Cinq	9 000	10 000	25 000	60 000	155 000	120 000	205 000
M6	5 000	18 000	20 000	75 000	80 000	72 000	90 000

(¹) A 20 h 40.

On le voit : les tarifs, pour un même spot, d'une même durée, varient dans une proportion de 1 à 100 — par exemple 5 000 F pour 30 s, sur M6 le lundi à 11 heures, et 470 000 F pour le même spot, à 21 h 30, le dimanche, sur TF1. Mais on ne touche pas le même public...

Encore s'agit-il là de tarifs « officiels » — lesquels constituent un prix de base pour les négociations (les « négos », comme on dit dans le jargon de ce métier). En dehors même des pratiques plus ou moins occultes de « prix d'ami » et de « ristournes » qui ont caractérisé le marché publicitaire français de ces dernières décennies, les chaînes, pour attirer le chaland, ont multiplié les avantages et systèmes d'appel pour attirer les annonceurs.

Ces systèmes sont trop variés et complexes pour qu'on puisse en donner plus qu'un aperçu. Aussi existe-t-il des « prix dégressifs » : en 1990, sur TF1, un annonceur apportant un budget de 2 à 5 millions de francs bénéficie d'un abattement de 1 % ; pour 100 à 150 millions de francs, d'un abattement de 4 %.

Il y a aussi des « primes » : sur Antenne 2, si un annonceur, présent sur la chaîne en 1989 et 1990 investit plus de 1,5 million de francs en 1990, il bénéficie d'un « avoir d'espace » de 2 % en 1991, pour peu que la progression de son investissement publicitaire de 1991 soit en progression de 6 à 10 % par rapport à ses dépenses de 1990. Il y a également les « remises gracieuses » : sur La Cinq, cette remise est de 9 % pour les annonces passées exclusivement sur la chaîne, elle est de 8 % si le budget publicitaire 1990 d'un annonceur est supérieur aux budgets 1988 et 1989, de 5 % si la part d'investissement publicitaire consacrée à La Cinq par un annonceur dépasse 20 % de ses dépenses publicitaires télévisées, de 3 à 7 % si son investissement en *day time* (publicité diffusée entre 6 heures du matin et 19 h 30) représente 15 à 25 % de ses dépenses publicitaires sur la chaîne. On pourrait citer encore les « abattements » pour les publicités collectives, qui, pour les publicités émanant du gouvernement, peuvent atteindre 30 % sur M6, 35 % sur TF1, ou 65 % sur les chaînes publiques. Ou encore les « abattements saisonniers » qui atteignent, par exemple, au mois d'août, 30 % sur A2, 35 % sur FR3, 50 % sur TF1.

Il y a les « blocs d'écran », où l'on négocie des « packages » à des heures diverses, pour des écrans diffusés à plusieurs moments de la journée, par exemple à l'occasion d'événements sportifs (Roland-Garros, Tour de France, Coupe du monde de football).

Il y a en revanche des surcoûts, pour « emplacements préférentiels » (par exemple en tête d'écran publicitaire, lorsque l'écran vient juste après un film, mais avant un documentaire, ou en fin d'écran publicitaire, lorsque c'est l'inverse), ou pour le passage de deux spots du même annonceur au cours d'un même écran...

C'est dire que la loi du marché joue pleinement entre les chaînes, face aux annonceurs, et qu'aucune n'hésite à pratiquer des « prix d'appel », pour tel emplacement dans sa grille, surtout si à la même heure les annonceurs l'ont jusque-là désertée pour des chaînes concurrentes.

La nécessité pour chaque produit étant de se vendre, l'art du « media-planning » des agences de publicité (à qui les annonceurs confient leurs campagnes) est donc de sélectionner, non seulement les « supports » adéquats pour une campagne (presse écrite, radio, TV, cinéma, affichage, etc.), mais aussi les écrans publicitaires précis des différentes chaînes de télévision, qui vont « optimiser » la campagne, c'est-à-dire permettre au produit de rencontrer au meilleur coût le maximum d'acheteurs potentiels de la cible visée.

Les media-planners feront ainsi intervenir, parmi les variables guidant leur choix :

— les objectifs liés au produit ou à la marque : les « lessiviers » joueront d'abord les heures de *prime time* (19 h 30 à 22 h 30) des chaînes généralistes, certains produits ou marques différenciés jouant au

contraire plutôt des chaînes spécifiques ou des émissions spécifiques, plus porteuses pour l'image de la marque ou du produit ;
— les objectifs liés à la cible de clientèle recherchée : les études d'audience permettant de connaître la structure du public des différentes chaînes aux divers moments de la journée, on adaptera la campagne à cette connaissance ; ainsi une campagne s'adressant aux jeunes ménagères intégrera-t-elle une part de *prime time* supérieure à une campagne s'adressant à des ménagères plus âgées, qui inclura une part plus importante de *day time* ;
— les objectifs liés au message publicitaire lui-même : on tranchera entre des seuils minimaux et maximaux de répétition du message à l'antenne, on jouera sur la vitesse d'accumulation du message dans le temps ;
— la sélection des écrans publicitaires considérés comme les plus performants : on évaluera les audiences potentielles des émissions précédant et suivant le message (ou de l'émission spécifique : un film n'a pas la même audience qu'un autre, une émission de variétés du samedi soir sur TF1 n'a pas la même « valeur » selon qu'elle est, ou pas, animée par Patrick Sébastien), on mesurera aussi, selon les émissions, la valeur d'attention portée à la publicité par les téléspectateurs (cette valeur n'est pas la même dans un magazine d'information et dans une retransmission sportive), on prendra en compte l'emplacement possible du spot dans l'écran publicitaire, et la durée globale de cet écran (la valeur d'attention, et donc l'efficacité du message, tendant à décroître avec la longueur de l'écran) ;
— les tarifs : puisque, on l'a vu, ils sont fort variés, on appréciera les opportunités offertes par les chaînes aux différentes heures ;
— les stratégies d'occupation de l'espace : d'une forte concentration de l'investissement publicitaire à un endroit clé de la programmation jusqu'à une présence distillée à tous les moments de la journée, tous les choix sont possibles.

On mesure combien les choix du media-planning gagnent à s'appuyer sur des études précises, et sur un maniement de plus en plus sophistiqué de modèles informatisés. On mesure aussi combien les recettes des chaînes de télévision — et donc leur programmation, dans la mesure où « qui paie, commande » — sont indépendantes de ce choix, ou plutôt vont en permanence à leur rencontre.

A titre d'exemple simple, on résumera dans le tableau suivant les conseils donnés par une agence, fin 1989, pour toucher au meilleur rapport qualité/prix, en *prime-time,* le dimanche, les ménagères de moins de 50 ans.

Ménagères de moins de 50 ans, le dimanche, en prime time

Chaîne	Heure	Emission avant	Emission après	Audience (en millions)	Coût du GRP (¹)
TF1	20 h 00	7/7 - Loto	Journal	11,5	22 600
	20 h 40	Météo	Film	18,1	23 200
	21 h 30	Film	Film	20,1	23 400
A2	19 h 30	Stade 2	Série : Maguy	6,1	16 100
	19 h 55	Série : Maguy	Journal	7,1	18 900
	20 h 30	Journal	Météo	9,8	15 800
FR3	20 h 00	Flash	Benny Hill	7	11 400
	20 h 35	Benny Hill	Documentaire	5,6	11 500
La Cinq	20 h 30	Journal	Film	8,3	17 500
	21 h 35	Film	Film	9,4	21 800
	22 h 20	Film	Film	3,6	22 200
M6	19 h 50	Série	Flash	3,5	18 800
	20 h 05	Sitcom	Sitcom	3,4	19 400
	20 h 15	Sitcom	Sitcom	3,9	18 400
	22 h 00	Film	Sport 6	3,3	12 700

(¹) Le GRP — Gross Rating Point — évalue le « coût du contact » des téléspectateurs. Il donne ici le coût d'une campagne pour un million de téléspectateurs touchés.

Source : Mediapolis.

La limite du « qui paie, commande » à la télévision est le *bartering,* système dans lequel l'annonceur finance entièrement une émission de télévision jugée performante pour sa clientèle potentielle, et y inclut ses spots de publicité. Ce système, développé aux Etats-Unis et introduit en France par TF1, est proscrit sur les chaînes de service public.

Si dans ce domaine la France s'est en effet contentée d'imiter l'exemple américain, elle a en revanche innové, avec les frères Gilbert et Francis Gross (Carat Espace), en développant les *centrales d'achat d'espace.* L'idée de départ est aussi simple qu'ingénieuse : défendant les intérêts d'un certain nombre d'annonceurs, une centrale d'achat d'espace peut obtenir, en négociant avec les chaînes de télévision (mais aussi avec les régies publicitaires des organes de la presse écrite), des tarifs avantageux pour les annonceurs qui lui confient leurs intérêts. Rapidement devenu leader sur le marché de l'achat d'espace, Carat

Espace (qui a acheté, pour le compte de ses clients, près de 20 % du total de l'espace publicitaire français dans l'ensemble des grands médias en 1988 et qui s'est allié avec le groupe britannique WCRS) a suscité, de la part des agences de publicité, la constitution d'autres centrales d'achat, comme Concerto Media et Mediapolis (groupe Eurocom, 18 % du marché à eux deux en 1988), Empir'Media et Idémédia-Interplans (liés à Publicis, près de 13 % à eux deux), Interpublic (agences Lintas, 6,5 %), Club Media (Saatchi et Saatchi, 6 %), Horizons Média (agences CLM-BDDO, J. Walter Thomson, BDDP, Opéra, Grey, 6 %), etc.

9 / L'INA

Issu de l'ORTF, l'INA (Institut national de la Communication audiovisuelle) est un établissement public de l'Etat à caractère industriel et commercial. La loi du 30 septembre 1986 lui confère une mission obligatoire — la conservation et l'exploitation des archives audiovisuelles des sociétés nationales de programmes — et des missions facultatives (qu'il assume toutes) : formation des personnels des sociétés de l'audiovisuel, étude et recherche dans le domaine de l'audiovisuel, production d'œuvres audiovisuelles.

De fait, les années récentes ont vu évoluer profondément les fonctions, et les sources de financement de l'INA. Celui-ci a vu en effet disparaître progressivement les « contributions forfaitaires » qui lui étaient, jusqu'à l'année 1987, versées par les chaînes publiques pour assurer leur archivage. Ces contributions ont été remplacées par des recettes contractuelles, avec rémunération à l'acte des prestations fournies (pour l'archivage ou la mise à la disposition des chaînes des émissions archivées) ; l'INA entretient par ailleurs des relations, évidemment elles-mêmes contractuelles, avec les chaînes privées (vente de droits de diffusion sur les émissions archivées).

On est donc en présence d'un établissement public désormais confronté à la loi de l'offre et de la demande. Ainsi la part des « recettes administrées » — redevance et contributions forfaitaires des chaînes publiques, fixées par l'Etat — a-t-elle représenté 71 % des revenus de l'INA en 1986, mais 50 % en 1987, et 23 % en 1988.

Dans son budget 1990 (481,7 millions de francs), l'INA ne peut plus compter sur la redevance que pour 25,8 %. Les recettes contractuelles venant des chaînes publiques pèsent désormais pour 25,4 % et les recettes commerciales pour 41,6 %.

10 / Diffusion par voie hertzienne terrestre, par câble et par satellite

A / La diffusion hertzienne terrestre : TDF

Bien qu'il en ait perdu le monopole théorique, TDF, établissement public de l'Etat à caractère industriel et commercial, assure la quasi-totalité des diffusions radio-télévisées par voie hertzienne.

C'est donc TDF qui exploite les équipements de têtes de réseau, transfère les programmes à diffuser vers les émetteurs, installe et gère émetteurs et réémetteurs, diffuse les émissions. Ses relations avec l'ensemble des chaînes de radio et de télévision se font sur une base contractuelle (l'Etat se réservant d'intervenir sur les tarifs, notamment ceux qui sont consentis aux chaînes publiques).

Devenue société anonyme le 5 juin 1987, par application de la loi Léotard, TDF a vu son capital restructuré en 1989. Celui-ci est aujourd'hui constitué par l'Etat (49 %), la COGECOM, filiale de France-Télécom (40 %) et le budget annexe des P et T (11 %) : c'est dire qu'après des années de concurrence et de malentendus entre France-Télécom et TDF, l'Etat a tranché, et TDF se trouve désormais sous la coupe de France-Télécom.

Pour l'ensemble de ses activités (qui dépassent de beaucoup les transmissions par voie hertzienne terrestre : satellite, radiotéléphone, journaux électroniques, informatique, etc.), le budget 1990 de TDF est de près de 4 milliards de francs.

B / La télévision par câble

La décision de l'Etat de développer en France la télévision par câble date de 1982 (voir *supra,* section 1). Le moins qu'on puisse dire est que la période 1982-1990 a vu un développement fort balbutiant du câblage en France, largement dû à l'incohérence de la politique gouvernementale :

— défense déraisonnable du « tout fibre optique » puis renonciation à ce matériau ;

— développement du minitel en concurrence avec des usages possibles du câble ;
— autorisation de création de toutes les nouvelles chaînes (Canal Plus, La Cinq, м6, chaîne thématique pour la jeunesse) par voie hertzienne, supprimant ainsi l'essentiel de l'attrait qu'aurait pu avoir le câble ;
— monopole confié à la Direction générale des Télécommunications (France-Télécom) pour le câblage du territoire, puis suppression de ce monopole, et choix de câblo-opérateurs pour la construction et l'exploitation des réseaux (Compagnie générale des Eaux, Lyonnaise des Eaux, Caisse des Dépôts) manquant visiblement de dynamisme commercial dans la relation avec les usagers potentiels ;
— estimation erronée des coûts de raccordement, et fixation de tarifs d'abonnement initiaux dissuasifs.

Ainsi, malgré l'engagement par le budget annexe des P et T de 18,4 milliards de francs entre 1982 et 1989, les résultats du câblage sont-ils modestes : 781 000 prises raccordables en 1988, 1 947 000 fin janvier 1990 (près de trois ans de retard sur le plan-câble), mais surtout 142 000 abonnés en 1988 et 250 000 début 1990 — ce qui illustre l'inadéquation de l'offre (éventail de programmes proposés et prix d'abonnement) par rapport au marché. Si le câble est à l'évidence une technique d'avenir, il a pris un mauvais départ en France dans les années 1980, qu'il lui faudra combler.

Les seuls réseaux ayant atteint un niveau de développement satisfaisant à la fin de cette décennie sont pour la plupart ceux qui avaient été créés antérieurement au plan-câble et ont été portés par des autorités locales volontaristes. En 1988, Metz atteignait une proportion de 50 % de foyers abonnés au câble, Munster 48 %, Dunkerque 27 %.

Parmi les chaînes diffusées sur le câble, on mentionnera :

— *Canal J,* programmes à destination de la jeunesse. Capital : *Communication développement* — filiale de la Caisse des Dépôts (40 %), *Europe n° 1* (34 %), *Lyonnaise Communications* — filiale de la Lyonnaise des Eaux (16 %), *Compagnie générale d'images* — filiale de la Compagnie générale des Eaux (10 %) ;
— *TV Sport*, programmes commentés en français, 50 sports. Capital : Wh. Smith - ABC et ESPN (39 %), Compagnie générale d'images (34 %), Communication développement (10 %), Lavizzari (12 %) ;
— *Canal Infos,* chaîne consacrée exclusivement à l'information. Capital : Communication développement (51 %), AFP (49 %) ;
— *Planète*, chaîne de reportages d'actualité, magazines et documentaires. Structure : département de la Compagnie générale d'images.

Conception conçue avec la collaboration d'Ellipse (société de production, filiale de Canal Plus) ;
— *Canal Santé,* chaîne destinée à l'information professionnelle des personnels du secteur santé. Filiale de la Lyonnaise des Eaux ;
— *Ciné Cinéma,* chaîne du long, moyen et court métrage. Filiale de la Compagnie générale d'images ;
— *TV mondes,* chaîne diffusant une sélection de programmes du monde entier. Capital constitué par des sociétés de Montpellier, Marseille, Paris, avec des personnes privées et la participation (à 7,8 %) de la Caisse des Dépôts ;
— *Paris première,* chaîne des spectacles et de la vie culturelle à Paris. Filiale de la Lyonnaise Communication ;
— *Canal bis,* chaîne d'informations-services en vidéographie (météo, bourse, astrologie...). Département de la Compagnie générale d'images ;
— des chaînes étrangères, comme CNN, MTV-Europe, les programmes de Sky Channel, Super-Channel, World Net, etc. ;
— des canaux strictement locaux, souvent inspirés ou animés par la municipalité concernée.

On remarquera combien les câblo-opérateurs, Compagnie générale des Eaux, Lyonnaise des Eaux, Caisse des Dépôts, sont présents, non seulement dans la mise en place et la gestion des réseaux câblés, mais dans les sociétés de programmes opérant sur ces réseaux.

C / *La télévision par satellite*

La télévision satellitaire en est, au début des années 1990, à ses débuts en France. En ce qui concerne d'abord les *satellites de communication* (sur les techniques de satellite, voir p. 68-70), il est difficile de connaître le nombre exact des foyers disposant d'antennes paraboliques permettant de recevoir leurs émissions — même si théoriquement leur installation est soumise à licence délivrée par les P et T. Le rapport Cluzel, analysant la loi de finances 1990, indique : « En 1988, 650 licences avaient été enregistrées par l'administration des télécommunications. Or, il semble qu'on puisse estimer à 10 000 le nombre d'antennes paraboliques individuelles et collectives installées. Quoi qu'il en soit, le nombre de téléspectateurs effectifs reste faible. » Ces rares téléspectateurs peuvent suivre en France les émissions relayées par les satellites :

Télécom 1 (de France-Télécom), qui diffuse, outre A2, La Cinq et M6 : Canal J ;

Astra 1 A, qui diffuse Sky Channel, Eurosport, TV Sport, EBC et Scansat ; *Intelsat,* qui diffuse BBC1 et 2, l'ARD et CNN ; *Eutelsat,* qui diffuse RTL-Plus, 3 Sat, Sky, Super-Channel, TV5, World Net, TVE1, la RAI1 et 2, et Télé-Club.

En ce qui concerne les *satellites de diffusion directe,* les équipements nécessaires à sa réception ont, en 1990, à peine commencé d'être commercialisés. Le nombre de téléspectateurs pouvant les recevoir est donc « insignifiant », selon les termes du rapport Cluzel. Le couple français de satellites de diffusion directe, TDF1-TDF2, permettant de recevoir — selon la norme D2 Mac — la SEPT, Canal Plus Deutschland, Sport 2-3, Canal Enfants et Euromusique, a connu bien des difficultés techniques. Outre la réception directe, le public de ces chaînes peut être constitué par le relais du câble. Mais on a vu que celui-ci a eu bien des difficultés à démarrer... On comprend, dans ces conditions, combien la SEPT peut regretter les conditions de son lancement, et combien Canal Plus, très confiant dans l'addition satellite + câble pour... demain, a préféré, dans un premier temps, pour ses propres programmes comme pour sa filiale jeunesse, tabler sur une addition satellite + diffusion hertzienne terrestre...

Une fois de plus, cela renvoie à l'incohérence des décisions gouvernementales françaises, courant tous les lièvres à la fois (on l'a vu à propos du câble, mais il faut ajouter les satellites, de communication et de diffusion)[1], et omettant de privilégier les lourdes techniques nouvelles dont elles vantaient pourtant à grand bruit, et non sans raison, les mérites.

---

1. D'après le sénateur Cluzel, le coût du programme TDF1 a été, de 1981 à 1987, de 1,9 milliard de francs, celui de TDF2 e

TROISIÈME PARTIE

Les médias
dans quelques pays étrangers

Chapitre premier

LES MÉDIAS
AUX ÉTATS-UNIS D'AMÉRIQUE

Avec les Etats-Unis, on entre dans un univers qui apparaît gigantesque, par rapport aux normes européennes. En 1987, il y paraissait 1 657 quotidiens, diffusant plus de 62 millions d'exemplaires[1]. Le quotidien américain moyen compte 53 pages. 350 000 personnes travaillent dans l'industrie de la presse. Près de 7 500 stations émettent des programmes de radio ou de télévision. Six foyers sur dix possèdent au moins deux récepteurs de télévision ; plus de la moitié sont abonnés à un réseau de télévision par câble.

Mais la situation des médias aux Etats-Unis est intéressante, non seulement en raison de ces proportions impressionnantes, mais parce que leur évolution a souvent semblé annoncer celle qui a ensuite prévalu dans le reste du monde développé, en Europe notamment.

1 / La concentration de la presse américaine

Entre 1930 et 1970, près de 350 journaux américains ont disparu, par mort pure et simple ou par absorption par un autre journal. La ville de New York, qui comptait 15 grands quotidiens au début de ce siècle, et encore 12 en 1930, n'en compte plus que 4 aujourd'hui.

---

1. Sur les grandes lignes de l'histoire de la presse américaine, voir Ire partie, chap. Ier, p. 25-71. Sur les agences de presse américaines, voir chap. II, p. 72-83.

L'évolution de la propriété des quotidiens de langue anglaise
à diffusion et à contenu généraux aux Etats-Unis de 1880 à 1968 (¹)

	1880	1909-1910	1920	1930	1940	1945	1961	1968
Tirage (en milliers d'exemplaires)	3 093	22 426	27 791	39 589	41 132	45 955	58 080	61 561
Nombre total des quotidiens	850	2 202	2 042	1 942	1 878	1 744	1 763	1 749
Nombre total des villes disposant de quotidiens	389	1 207	1 295	1 402	1 426	1 396	1 461	1 500
Villes disposant d'un seul quotidien : nombre	149	509	716	1 002	1 092	1 107	1 222	1 284
En % du total	38,3	42,2	55,3	71,5	76,6	79,3	83,6	85,6
Villes disposant d'une combinaison unique de quotidiens (²)	1	9	27	112	149	161	160	150
Villes disposant d'un système de coproduction (²)					4	11	18	21
Total des villes disposant de quotidiens non concurrentiels	150	518	743	1 114	1 245	1 279	1 400	1 455
En % total des villes	38,6	42,9	57,4	79,4	87,3	91,6	95,8	97,0
Villes disposant de deux ou plusieurs quotidiens concurrentiels	239	689	552	288	181	117	61	45

	1910	1923	1930	1940	1945	1961	1968
Nombre des groupes et chaînes de journaux	13	31	55	60	76	109	159
Nombre de journaux rattachés à des groupes	62	153	311	319	368	560	828
Nombre moyen de journaux par groupe	4,7	4,9	5,6	5,3	4,8	5,1	5,2
Nombre des quotidiens intervilles (²)					20	68	89

(¹) Source : Les chiffres des années 1945 à 1968 sont tirés, pour les années du tableau, de l'*Editor and Publisher International Year Book*, avec des corrections mineures. Pour les données antérieures, les sources sont données par Raymond B. Nixon, Trends in Daily Newspaper Ownership since 1945, *Journalism Quarterly*, 31/7 (hiver 1954).

(²) Une ville disposant d'une « combinaison unique » est une ville où il y a un seul journal du matin et un seul journal du soir appartenant à un propriétaire unique. Une ville disposant d'un système de « coproduction » est une ville où un journal du matin et un journal du soir combinent leurs opérations de production ainsi, généralement, que leurs opérations commerciales, mais continuent à constituer des propriétés distinctes et conservent leur indépendance rédactionnelle. Un quotidien « intervilles » est le journal local dominant dans deux ou plusieurs villes adjacentes non métropolitaines.

Des journaux disparaissent. Dans des régions entières, toute forme de concurrence entre quotidiens disparaît du même coup : dans une vingtaine d'Etats aujourd'hui aucune ville ne possède plus d'un quotidien. Les groupes, les chaînes de journaux affirment de plus en plus nettement leur puissance. On est dans l'ère de la concentration.

En dehors des fusions proprement dites, celle-ci peut revêtir des formes diverses, depuis les « combinaisons » par lesquelles deux journaux mettent en commun leurs services de production, mais non leurs équipes rédactionnelles, jusqu'aux « concentrations horizontales », regroupant des entreprises de presse écrite, de radiodiffusion et de télévision, en passant par les « chaînes » qui regroupent plusieurs titres de la presse écrite, quotidienne ou périodique.

Le tableau de la page ci-contre, établi par Raymond B. Nixon, montre très clairement les étapes de la concentration, dans la presse écrite de la fin du siècle jusqu'à la fin des années 1960.

On voit très bien, dans ce tableau, apparaître les « monopoles » de la presse locale. Alors qu'en 1880, 3 % seulement des villes éditant des quotidiens n'en avaient qu'un seul, et qu'une seule ville avait une « combinaison » d'un journal du matin et du journal du soir dépendant du même propriétaire, les villes n'éditant qu'un seul quotidien représentaient en 1968 85,6 % du total des villes disposant de quotidiens. Si l'on ajoute à ces 1 284 villes ne disposant que d'un quotidien les 171 villes ayant deux quotidiens, mais en propriété commune ou en coopération, le nombre des villes à *monopole local* — c'est-à-dire où ne paraît aucun quotidien concurrent — s'élevait dès lors à 1 455, soit *97 % des villes américaines éditant des quotidiens.*

Citant un rapport du Sénat, Raymond B. Nixon note que « la structure vers laquelle on tend actuellement est manifestement la suivante : un quotidien seulement dans les villes de 150 000 habitants environ ou moins : un journal du matin et un journal du soir en propriété unique ou en coproduction dans les villes de 150 000 à 650 000 habitants ; et deux quotidiens concurrents ou plus dans les villes de plus de 650 000 habitants seulement. La taille requise d'une communauté pour qu'elle puisse soutenir un journal d'une fréquence de parution donnée n'a cessé de s'accroître depuis 1930 ».

La situation est identique en ce qui concerne la presse périodique : la proportion des villes n'éditant qu'un hebdomadaire, ou n'ayant qu'un seul éditeur d'hebdomadaires, était de 94,8 % dès 1959.

Le développement des monopoles locaux s'est accompagné de l'essor des « chaînes » de journaux. Jusqu'à la fin des années 1850, on a surtout assisté à la consolidation de groupes d'intérêt local ou régional, dont le propriétaire ou l'actionnaire principal résidait à proximité du lieu d'édition de ses journaux. Ce type de situations existe toujours et a conduit à des situations florissantes.

Depuis le début des années 1960, le processus de concentration étant pratiquement achevé au niveau local, une tendance s'est établie en faveur de constitution de chaînes au niveau national. Comme le montre le tableau précédent, le nombre total des chaînes de quotidiens aux Etats-Unis est passé de 13, regroupant 62 journaux, en 1910, à 159, regroupant 828 journaux, en 1968. La taille moyenne de ces « groupes de presse », qui avait eu tendance à décliner dans les années 1940, puis avait été assez stable dans les années 1950, a également commencé à augmenter : chaque chaîne comprend en moyenne 5,5 journaux en 1985, contre 4,8 en 1945.

Si les journaux appartenant à un même groupe sont évidemment très différents, en ce qu'ils diffusent des informations d'intérêt local et régional spécifiques, ils ont souvent cependant un « air de famille ». C'est qu'ils publient, en général, les mêmes éditoriaux — les grands éditorialistes américains, les *columnists* ont ainsi souvent des lecteurs dans un grand nombre d'Etats —, les mêmes articles généraux, les mêmes illustrations. Comme l'a écrit Robert Burbage, « les procédés modernes de transmission permettent actuellement l'envoi de pages entières dans tout le pays ; dans d'autres cas, ce sont les équipes de rédaction locales qui sont plus importantes et le groupe de presse se contente de transmettre des éditoriaux, des commentaires politiques ou des reportages signés d'un grand nom, ce qui donne au journal un certain prestige sans augmenter sensiblement ses frais. Ainsi, il arrive souvent que les responsables d'une chaîne décident d'une politique éditoriale commune (au moment des élections présidentielles, par exemple). Enfin, les chaînes attirent à elles des programmes publicitaires nationaux qui représentent un apport financier capital ».

Outre ces chaînes de journaux quotidiens, des groupes de presse regroupent des titres de la presse périodique, et souvent des stations de radio-télévision ; les Etats-Unis ont ainsi créé les premiers grands groupes « multi-médias » ; ces groupes ont parfois des intérêts importants dans des branches qui s'étendent largement au-delà des communications de masse. On peut ici citer quelques exemples. Le groupe « Time » comprend les magazines *Time, Life, Fortune, People, Sports illustrated, Architectural Forum, House and Home,* des réseaux de télévision par câble (surtout l'ATC), une société de production audiovisuelle, une maison d'édition, une maison de disque, un organisme fournissant des moyens audiovisuels pour l'enseignement, des usines de pâte à papier, des milliers d'hectares de forêt ; il a des entreprises de communication en Amérique latine, en Europe, en Australie, à Hong-kong. En 1989, il a racheté une *major company* du cinéma hollywoodien, la Warner Inc., et contrôle donc également, désormais, les studios et laboratoires de cinéma et de télévision Lorimar-Telepictures, les deux plus importantes chaînes spécialisées dans le cinéma du câble américain (HBO et Cinemax), et plusieurs stations locales de télévision. Au total, si l'on comptabilisait non seulement ses activités dans le domaine des médias (comme le fait le tableau ci-après), mais l'ensemble de ses activités liées à la communication, le groupe Time Inc. réalise un chiffre d'affaires consolidé de 60 milliards de francs, et constitue le premier groupe de communication du monde.

Le groupe de Rupert Murdoch, l'homme d'affaires australien naturalisé américain (News International Corporation) réalise également une impressionnante concentration, tant horizontale que verticale.

Les principaux groupes multi-médias

Groupe	Chiffre d'affaires médias 1987-1988 (en milliards de dollars)
Capital Cities/ABC	4,256
Time Inc.	3,239
General Electric/NBC	3,165
Gannett	2,991
CBS	2,762
Times Mirror Co.	2,549
Advance Publications	2,397
Dun & Bradstreet Corp.	2,056
Knight-Ridder Newspapers	2,049
Hearst Corp.	1,925
Tribune Co.	1,886
New York Times Co.	1,690
Cox Enterprises	1,464
News Corp. Ltd	1,250
Washington Post Co.	1,240
Dow Jones & Co.	1,240
TCI	1,225
Mac-Graw Hill	1,187
Scripps Howard	1,129

Source : Advertising Age.

Les principaux groupes de presse magazine

Groupe	Chiffre d'affaires presse magazine 1987-1988 (en millions de dollars)
Time Inc.	1 621
Hearst Magazines	794
Triangle Publications	627
Reader's Digest *(Reader's Digest, Travel Holiday)*	486
Advance/Condé Nast	445
Mac Graw Hill. *Business Week* seulement	350
Meredith Corporation *(Ladies Home Journal...)*	329
The Washington Post Company *(Newsweek)*	322
Diamandis Communications Inc.	298
The New York Times Company	226

Sources : V, S and A cité par Stratégies.

A partir de sa société australienne, qui comprend notamment 29 journaux (dont 4 quotidiens), deux réseaux de télévision, une société de production audiovisuelle et une maison d'édition, Murdoch est en effet parvenu à contrôler un empire en Nouvelle-Zélande, en Grande-Bretagne (voir p. 346), aux îles Fidji, en Papouasie et aux Etats-Unis.

Son groupe américain comprend une trentaine de journaux : des quotidiens *(Boston Herald, San Antonio Express)* et des magazines (*Star, New York Magazine, New Woman, Automobile* ; à 50 % avec le groupe Hachette, *Elle* et *Première* ; et des périodiques spécialisés dans les voyages et l'aviation). Il contrôle le groupe « Triangle » *(TV Guide, Good Food, Seventeen...)*. Il a également racheté la *major company* hollywoodienne *Twentieth Century Fox,* et possède, à travers elle, la *Fox Broadcasting,* contrôlant 113 stations locales de télévision (et qui aspire à constituer la « quatrième network ») s'ajoutant aux 6 qu'il détenait déjà ; par la Fox, il a également acquis la propriété de salles de cinéma et (à 50 % avec cbs) la cbs-Fox Video, diffusant films et émissions dans le monde. Il possède également des maisons d'édition (Harpers & Row, Salem) et de disques, des imprimeries (World Printing) et des participations dans des fabriques de pâte à papier. En dehors de la communication, ses intérêts s'étendent à l'exploitation pétrolière et aux transports aériens.

Le groupe Advance/Newhouse/Condé-Nast ajoute à ses 23 quotidiens et à un hebdomadaire comme *The New Yorker*, quelques grands magazines féminins : *McCall's, Vogue, Glamour, Mademoiselle, House and Garden.* Surtout, il contrôle des stations de radio-télévision, dont un certain nombre émettent dans des villes où il détient également les principaux journaux : Syracuse (Etat de New York), Portland (Oregon), Saint-Louis (Missouri), Birmingham (Alabama), ce qui revient à dire que le groupe dispose dans ces villes du monopole des moyens d'information, qu'ils soient écrits ou audiovisuels. On sait que Condé-Nast a également essaimé dans le monde entier.

La « Post Company » possède le quotidien *Washington Post* et les magazines *Newsweek* et *Art News,* ainsi que les chaînes de radio et de télévision CBS de Washington-DC, et la chaîne de télévision CBS de Jacksonville (Floride).

Le groupe « Tribune » comprend de grands journaux comme le *Chicago Tribune,* le *Chicago Today,* et surtout le *New York Daily News,* mais aussi des intérêts importants dans des stations de radio et de télévision, notamment dans le Minnesota, le Colorado et le Connecticut, des réseaux de télévision par câbles en Californie et dans le Michigan, et des quotidiens en Floride.

Le groupe « Gannet », dont la fortune est venue de la prise de contrôle d'une multitude de journaux locaux, a pu, grâce à la puissance acquise, fonder le premier vrai journal généraliste *national* aux Etats-Unis : *USA Today.*

Dernier exemple : le groupe Hearst — du nom de son fondateur, qui inspira Orson Welles pour *Citizen Kane* — comprend 8 quotidiens, plusieurs grands magazines : *Harper's Bazaar, Good House-keeping, Cosmopolitan, Town and Country, House Beautiful, Popular Mechanics, Esquire,* et des stations de radio-télévision. A Baltimore, le groupe Hearst possède le quotidien du soir, *News American*, et les stations de radio et de télévision affiliées au réseau NBC.

Mentionnons de surcroît que le groupe français Hachette s'est implanté aux Etats-Unis, en lançant (à 50 % avec Murdoch) *Elle* et *Première* (qui ont diffusé respectivement une moyenne de 900 000 et 300 000 exemplaires par numéro en 1988) et en rachetant le groupe « Diamandis », neuvième groupe de la presse magazine américaine (avec douze titres — dont *Woman's day, Road and track, Car and drive*).

Pour en terminer avec ce panorama de la concentration de l'industrie des *mass media* aux Etats-Unis, il faut enfin relever que le même phénomène se manifeste si l'on se centre sur le seul secteur de la communication audiovisuelle. Par exemple, la General Electric contrôle un réseau national de radio et de télévision (la chaîne NBC), une société d'édition (Random House), des stations de radio et de télévision, une société de disques, une société fabriquant des récepteurs de télévision. Le groupe Capital Cities a racheté en 1986 le réseau de télévision ABC. De son côté, la firme CBS possède un réseau national de radio-télévision, des stations émettrices dans cinq grandes villes, une maison d'édition (Holt, Rinehart & Winston), des entreprises fabriquant des instruments de musique, des sociétés de production de films éducatifs, des réseaux de télévision par câbles, des sociétés de jouets et un club sportif (les New York Yankees). CBS a en revanche vendu sa maison de disques au japonais Sony.

Le principal problème posé par cette concentration poussée des entreprises de presse est évidemment celui de la liberté de l'information, entendue comme la liberté pour le lecteur, l'auditeur ou le téléspectateur de s'informer.

Dans le cadre de leur législation « antitrust », les Etats-Unis ont entendu limiter les tendances monopolistiques de leur capitalisme de presse. La Commission fédérale des Communications (Federal Communications Commission, FCC) a pris un certain nombre de mesures en ce sens, en s'inspirant en général de l'esprit du *Communication Act* de 1934, notamment depuis une décision du 23 janvier 1969, où elle refusait de renouveler au *Herald Traveler* de Boston la licence d'exploitation de la station de télévision « Canal Cinq », émettant également depuis Boston, et accordant cette licence à un groupe indépendant concurrent.

Depuis lors, la Cour suprême, par un jugement confirmant celui rendu par un tribunal de l'Arizona à l'encontre de deux journaux de Tucson, a par ailleurs entériné la doctrine du « journal défaillant » : des accords de fusion et d'absorption entre journaux ne peuvent être réputés valables que si le journal absorbé peut démontrer qu'il serait contraint de cesser très rapidement sa publication s'il devait continuer une existence autonome, et qu'aucun autre acheteur ne se présente.

Le FCC a également adopté, en mars 1970, une résolution en vertu de laquelle était désormais interdite toute concentration au profit d'un seul homme ou d'un même groupe, des moyens d'information écrits ou audiovisuels dans une même région ; toutefois, cette résolution ne devait pas avoir d'effet rétroactif et a connu une application toute relative.

En ce qui concerne l'audiovisuel strictement dit, la période des années 1960-1980 a de même été marquée par une législation et une jurisprudence très empreintes d'esprit anti-trust. En 1969, le Pr Hyman Goldin résumait ainsi, dans un article de l'*Atlantic Review*, les règles posées par la FFC et par la Cour suprême : « Aucune organisation n'a le droit de posséder ni d'exploiter plus d'une seule chaîne ; les chaînes n'ont pas le droit de déterminer le temps d'émission des stations affiliées ; elles n'ont pas le droit de passer des contrats d'une durée supérieure à deux ans ; elles n'ont pas le droit de contrôler les tarifs que pratiquent les stations affiliées pour les émissions indépendantes ; elles n'ont pas le droit d'empêcher une station affiliée de passer des contrats avec plusieurs chaînes. Enfin, il leur est interdit de posséder ou d'exploiter plus de sept stations de radio en modulation d'amplitude, plus de sept stations de radio en modulation de fréquence et plus de sept stations de télévision. » — C'était la règle dite des « trois sept ».

D'autres principes ont alors été édictés, qui ont pesé lourd dans la constitution du système audiovisuel américain tel qu'il est :

— Lorsqu'elle attribuait (ou renouvelait) une fréquence à une station locale de radio ou de télévision, le FCC vérifiait que la station ne gênait en rien la « liberté de communication », notamment le libre accès à la communication, que ses programmes répondaient bien à la pluralité des besoins locaux, et qu'elle ne prenait pas une importance politique et économique trop prédominante.

— A partir de 1970, les chaînes généralistes (*networks,* voir ci-après) se sont vu interdire de produire elles-mêmes, en dehors de limites précises (journaux télévisés, émissions en plateau) les émissions qu'elles diffusaient ; ce principe d'une séparation de la production et de la diffusion, strictement appliqué, a permis l'essor de la production américaine, indépendante des chaînes.

— Selon la règle du *commun carrier,* tout transporteur d'informations a l'obligation d'accepter sur son réseau quiconque veut y faire circuler une information. Cette règle — évidemment faite pour le téléphone — fut transposée à la télévision par câble. Une réglementation fédérale, adoptée en 1972, prévoyait même que les cablo-distributeurs étaient tenus, sur 20 canaux de télévision par câble, d'en ouvrir quatre à « l'accès public ». Cette règle ne plut à l'évidence que modérément aux opérateurs du câble, qui voyaient ainsi réduire à la fois leur liberté de programmation et leur rentabilité économique. En 1979, la Cour suprême trancha la longue bataille judiciaire qu'ils avaient déclenchée en décidant que ces questions n'appartenaient pas au pouvoir fédéral et devaient donc être réglées, cas par cas, dans les contrats passés entre les cablo-distributeurs et les autorités locales. Celles-ci ont, dans la plupart des cas, tenu à maintenir des canaux de « libre accès » (en nombre moins élevé toutefois, semble-t-il, que dans la période « obligatoire » précédente) .

— Apparue dans une première décision de la FCC en 1962, puis précisée à plusieurs reprises par elle, la règle du *must carry* avait pour objet d'empêcher toute discrimination entre abonnés au câble et non-abonnés en ce qui concernait l'accès aux programmes des TV hertziennes. Elle faisait obligation aux cablo-opérateurs d'acheminer les émissions des stations hertziennes de leur zone géographique : le câble était donc forcé d'inclure dans son offre de programmes ceux des stations hertziennes...

Les années 1980 — les années Reagan — virent en revanche le libéralisme et la déréglementation *(deregulation)* triompher. Dans le domaine des médias, la déréglementation est venue modifier assez profondément les situations existantes :

— Le *Cable Act* de 1984 a accordé la liberté des tarifs aux sociétés de câble (jusque-là enserrées dans les réglementations de la FCC et les contrats avec les autorités locales) ; il a fait bénéficier ces sociétés d'un droit préférentiel au renouvellement de leurs licences d'exploitation.

— Le FCC a progressivement aboli les protections dont bénéficiaient les cablo-opérateurs locaux, autorisant désormais les réseaux concurrents, favorisant leur extension sens prendre en compte le pluralisme des opérateurs (aidant ainsi au développement des gros cablo-distributeurs, les MSO — *multiple system operators*) ; elle a nettement assoupli la nécessité de respecter la règle du *common carrier*.

— En juillet 1985, la FCC a décidé de modifier la règle des « trois sept » et de la remplacer par « deux fois douze plus dix » : le nombre maximum de stations qu'un même individu ou une même société peut posséder aux Etats-Unis était désormais porté à douze stations en ondes moyennes, douze stations FM et dix stations de télévision.

— Les tribunaux et la Cour Suprême ont dans la même période fait tomber certaines des barrières établies précédemment pour séparer certaines activités. Progressivement, des chaînes à péage ont pu légalement exercer des activités dans le domaine de la vidéo, des chaînes hertziennes ont pu créer des réseaux câblés (comme NBC), des chaînes généralistes ont même pu produire les émissions qu'elles diffusaient.

Dans ces conditions, la déréglementation a eu pour effet principal de renforcer la concentration, à la fois la concentration dans l'audiovisuel (TV hertzienne, cinéma, câble, radio) et la concentration multi-médias (la fusion Time-Warner en étant le symbole).

Commentant cette évolution, René Bonnel, le responsable du cinéma de Canal Plus, écrit : « Ce libéralisme forcené banalise peu à peu le service de communication, oublie sa fonction culturelle et politique et le traite comme une simple marchandise (...) la FCC, de plus en plus compréhensive, définit une règle du jeu globale et intervient peu dans l'organisation du secteur. Aucune aide publique ne vient tempérer les effets de la loi de l'offre et de la demande (...). Dans un tel système, seuls peuvent se mouvoir des opérateurs puissants : si le succès est rapide et gratifiant, l'échec conduit à l'éviction brutale. »

2 / Caractéristiques de la presse quotidienne

Le quart des quotidiens publiés dans le monde paraissent aux Etats-Unis, où il se vend 26,9 journaux pour 100 habitants. Ce coefficient de lecture situe les Etats-Unis à un rang certes honorable, mais nettement derrière des pays comme la Grande-Bretagne, la Suède, le Japon et la Suisse.

C'est du reste un chiffre en baisse (30,5 en 1971), car si le tirage global des quotidiens américains n'a cessé de croître (même pendant les années de fort développement de la radio, de la télévision, du câble), cet accroissement n'a pas tout à fait suivi l'évolution de la démographie.

L'évolution de la diffusion des quotidiens a en effet été la suivante :

1870	2 601 547	1955	56 147 359
1900	15 102 156	1960	58 881 746
1930	39 589 172	1965	60 358 000
1945	48 384 188	1970	62 107 527
1950	53 829 072	1986	62 502 036

La grande majorité des quotidien américains — 8 sur 10 environ — sont des journaux du soir.

Autre caractéristique fondamentale de la presse quotidienne américaine : elle ne connaît pratiquement ni les grands journaux « nationaux », ni les grands « régionaux ». Au niveau national, le seul journal « généraliste » — encore a-t-il fallu attendre 1982 pour le voir créer — est *USA Today,* dont le succès est d'autant plus intéressant qu'une telle formule, avec un journal identique sur l'ensemble du territoire des Etats-Unis, avait jusque-là paru impossible à la plupart des professionnels.

Les deux seuls autres exemples de journaux « nationaux » sont des quotidiens spécialisés : le grand journal économique et financier *Wall Street Journal* (encore dispose-t-il d'éditions par Etat, avec des insertions publicitaires spécifiques, qui diffusent par exemple 833 423 exemplaires pour l'édition new-yorkaise ou 554 739 pour l'édition californienne), et

Diffusion des principaux quotidiens

Journaux nationaux

Titres	Diffusion (1988)
Wall Street Journal	2 025 176
USA Today	1 345 721
Christian Science Monitor	191 501

Journaux métropolitains (diffusant plus de 300 000 exemplaires)

Titres	Diffusion en semaine (1987-1988)
New York Daily News	1 283 302
Los Angeles Times	1 132 920
New York Times	1 078 443
Washington Post	810 011
Chicago Tribune	774 045
Detroit News	688 211
Newsday (New York et Long Island)	665 218
Detroit Free Press	647 763
Chicago Sun-Times	625 035
San Francisco Chronicle	569 185
New York Post	555 268
Philadelphia Inquirer	504 348
Boston Globe	498 302
Newark Star-Ledger	460 117
Cleveland Plain Dealer	449 074
Miami Herald	430 970
Houston Chronicle	411 701
Minneapolis-St-Paul Star & Tribune	406 246
Baltimore Sun	406 000
St-Louis Post-Dispatch	378 135
Denver Rocky Mountain News	356 891
Boston Herald	355 000
Milwaukee Journal	350 593
Orange County Register	333 000
Phoenix Republic	329 222
Houston Post	318 000
Oregonian	318 000
Buffalo News	311 000
St-Petersburg Times and Indep	310 000

l'organe de l'Eglise scientiste américaine, le modeste *Christian Science Monitor,* présent depuis le début du siècle dans près de 40 Etats.

La plupart des quotidiens sont des quotidiens de ville, ou « métropolitains », couvrant une aire géographique dominée par une grande ville.

Du coup, les chiffres de tirage des grands journaux des Etats-Unis sont loin d'égaler ceux des grands quotidiens japonais, soviétiques, ou même allemands et britanniques. Comme on le voit sur le tableau des diffusions, cinq journaux seulement dépassent le million d'exemplaires : ce sont, outre le *Wall Street Journal* et *USA Today,* le *New York Daily News,* le *Los Angeles Times* et le *New York Times.* Vingt-six diffusent journellement entre 300 000 exemplaires et un million, 16 entre 250 000 et 300 000 exemplaires.

Mais plus de la moitié des quotidiens américains tirent à moins de 15 000 exemplaires.

En effet, la moitié des quotidiens sont publiés dans des villes de moins de 30 000 habitants. Ce sont les journaux des villes petites et moyennes, qui sont d'ailleurs souvent les plus florissants.

L'une des tendances de fond des années 1960-1985 a été la concentration des titres des grandes villes sur un petit nombre de journaux (les quotidiens moins importants étant absorbés par les gros, en disparaissant face à la concurrence), renforcée par l'essor des journaux de banlieue, dû au changement de résidence d'un nombre croissant d'Américains en direction des communes de banlieue.

Evolution de la diffusion des plus grands quotidiens

Titres	Diffusion 1970	Diffusion 1988	Evolution (en %)
Wall Street Journal	1 215 750	2 025 176	+ 66,6
USA Today		1 345 721	
New York Daily News	2 129 909	1 283 302	— 39,7
Los Angeles Times	966 293	1 132 920	+ 17,2
New York Times	846 132	1 078 443	+ 27,5
Washington Post	500 118	810 011	+ 62
Chicago Tribune	767 793	774 045	+ 0,8
Detroit News	639 703	688 211	+ 7,6
Newsday	451 102	665 218	+ 47,5
Detroit Free Press	593 369	647 763	+ 9,2
Chicago Sun Times	536 108	625 035	+ 16,6
San Francisco Chronicle	478 704	569 185	+ 18,9
New York Post	623 245	555 268	— 10,9

Tirant la leçon des déplacements de population, et du fait que les journaux présentant le meilleur rapport financier étaient ceux édités dans des villes de 100 000 habitants environ, les entrepreneurs de presse ont lancé, avec un succès croissant, des journaux de banlieue. Les rubriques consacrées à la banlieue par les journaux des grandes villes — telles que le *Chicago Tribune* les avait inaugurées dès 1927 — étaient, en effet, devenues trop étroites pour couvrir les informations pratiques utiles à des communautés de plus en plus importantes et pour absorber le marché publicitaire (dans le secteur du commerce de distribution, notamment) représenté par ces banlieues. Robert Burbage a décrit le succès de la formule du journal de banlieue : « Nombreux sont ceux qui atteignent ou dépassent aujourd'hui les 30 000 exemplaires, avec souvent des éditions dominicales de format important et des suppléments magazines. L'exemple de Los Angeles est caractéristique, avec (...) une bonne vingtaine de quotidiens suburbains et de très nombreux hebdomadaires publiés également dans les banlieues. »

L'exemple de New York est encore plus frappant — avec un *Newark Star-Ledger* frôlant les 500 000 exemplaires (Newark est un port, et un aéroport, du New Jersey, à une vingtaine de kilomètres de New York) et un *Newsday,* publié à Long Island, et parti, avec son format tabloïd, à l'assaut des *commuters* new-yorkais, faisant tous les jours, en train ou en bus la navette entre leur travail à New York et leur résidence dans Long Island. Avec un taux de progression impressionnant, *Newsday* (+ 47,5 % de diffusion entre 1970 et 1988) est ainsi devenu, non seulement, de loin, le plus important journal de banlieue de la nation, mais le neuvième quotidien de l'ensemble des Etats-Unis.

Le sort de la presse quotidienne new-yorkaise apparaît du reste particulier : elle a perdu un million et demi d'exemplaires en un quart de siècle. Si le grand journal de qualité, le *New York Times,* a nettement gagné en diffusion, si *Newsday* et les journaux de banlieue se sont installés, en revanche les deux grands journaux populaires, le *New Post,* et surtout le *New York Daily News,* ce dernier en chute libre, rencontrent des difficultés croissantes.

Dans le reste des Etats-Unis, on le constate sur le tableau ci-dessus, les grands journaux métropolitains, grâce à l'élimination progressive de la concurrence réussissent à asseoir leur quasi-monopole, et à augmenter leur diffusion, malgré la compétition avec l'audiovisuel.

Les grands métropolitains de qualité — *New York Times, Washington Post, Los Angeles Times,* etc. — tentent par ailleurs d'organiser une diffusion nationale. Celle-ci — avec des prix de vente au numéro différents, suivant la distance du lieu de fabrication — reste assez faible : 100 000 exemplaires pour le *New York Times*.

Il faut enfin signaler que paraissent aux Etats-Unis des quotidiens destinés à la communauté noire, comme l'*Atlanta Daily World* ou le *Daily Defender* de Chicago (chacun diffusant 40 000 exemplaires environ) et surtout que se développe une importante presse pour la communauté hispanique, au sein de laquelle certains quotidiens de ville ne diffusent que quelques milliers d'exemplaires, mais peuvent atteindre 80 000 exemplaires (*El Nuevo Herald,* à Miami), 75 000 (*La Opinion,* à Los Angeles), 70 000 (pour le total *El Diario* et *La Prensa* à New York), 65 000 (*Diaro Los Americas,* à Miami).

D'autres grands journaux hispaniques sont hebdomadaires, comme *South Westside Sun* (à San Antonio, 100 000 exemplaires), *La Verdad* (à Corpus Christi, 85 000) ou *El Bohemio* (à San Francisco, 70 000).

Dans plusieurs grandes villes paraissent des journaux en langues étrangères destinés à telle ou telle minorité ethnique ; ainsi, par exemple, à New York, paraissent des quotidiens rédigés en italien, grec, hongrois, russe, espagnol, yiddish et chinois (dont l'ancien quotidien du Kuomintang maintenu).

Beaucoup de quotidiens américains publient, par ailleurs, une édition du dimanche, d'une diffusion, d'une pagination et d'un prix de vente supérieurs à ceux des journaux de la semaine. Ces journaux contiennent plusieurs « sections » (littéraire, sportive, des spectacles, etc.). L'édition du dimanche du *New York Times*, qui comprend dix « sections », a en moyenne entre 350 et 400 pages. Elle pèse plus d'un kilo. On constate (tableau suivant) qu'elle est devenue la plus importante, par la diffusion, sur le territoire américain.

Diffusion des dix plus grandes éditions du dimanche (1988)

New York Times	1 647 577
New York Daily News	1 623 645
Los Angeles Times	1 418 697
Washington Post	1 132 809
Chicago Tribune	1 129 843
Philadelphia Inquirer	1 001 390
Detroit News	836 331
San Francisco Chronicle	723 236
Detroit Free Press	721 676
Newsday	710 915

Ces éditions du dimanche, éditant des suppléments, souvent luxueux, en couleurs, sont fort prisés des annonceurs et publicitaires. On constate que leur diffusion est en général supérieure à celle obtenue pendant les jours de semaine. On remarquera aussi que le palmarès de ces éditions dominicales ne reproduit pas exactement l'ordre des tirages de la semaine : le *Philadelphia Inquirer* double ses ventes le dimanche, alors que *Newsday* ne les augmente que de 7 %.

Les journaux américains sont, par ailleurs, de « gros » journaux : 53 pages en moyenne, et 60 à 80 très fréquemment pour ceux qui bénéficient de pages publicitaires en nombre important. La plupart sont imprimés en grand format. Une vingtaine seulement — généralement des journaux « populaires » — ont adopté le petit format, « tabloïd » (notamment, outre *Newsday* déjà cité, les deux journaux populaires new-yorkais, le *Daily News* et le *Post,* le *Philadelphia Inquirer,* le *Chicago Sun Times,* le *Boston Herald* et le *Rocky Mountain News*).

La lecture d'un journal américain est fréquemment hachée par des annonces publicitaires, et les articles ont souvent des « suites » qu'il faut retrouver, à plusieurs pages de distance. « Même les tabloïds, a noté J. Hohenberg, sont maintenant aussi épais que des bottins de téléphone, et presque aussi difficiles à lire. »

Le contenu des journaux américains se caractérise, comme il est normal, étant donné ce que l'on a dit de la décentralisation de la presse quotidienne, par une « provincialisation » marquée de l'information. La vie locale, incontestablement, y domine. L'autre caractéristique est l'uniformité. Uniformité idéologique : tous les quotidiens d'une quelconque importance sont conformistes par rapport aux valeurs dominantes de la société américaine. Uniformité de la présentation même de l'information nationale et internationales : ainsi que l'a relevé Francis Patteyn : « Dans son ouvrage *The Fading American Newspaper*, publié en 1964, Carl Lindstrom rappelait que chaque jour des centaines de journaux donnent à leurs lecteurs des comptes rendus strictement identiques des événements nationaux ou internationaux. Chaque jour, des centaines de journaux publient également les mêmes éditoriaux de James Reston ou de David Lawrence, les mêmes chroniques, les mêmes bandes dessinées. Un journal tirant à 200 000 exemplaires paiera 50 dollars par semaine tel ou tel article à signature *(syndicated feature),* un petit journal, 5 dollars seulement. Il revient, par conséquent, moins cher à un directeur de journal de remplir ses colonnes avec n'importe quel papier d'agence signé Walter Lippmann ou Art Buchwald que d'engager — et au besoin de former — un bon rédacteur. Les éditorialistes de l'entreprise se contentent le plus souvent de commenter les événements de la cité ou du comté. »

Cette uniformité de l'information est évidemment renforcée par le recours généralisé aux agences AP et UPI, par l'existence des « chaînes » de journaux et par le recours aux services d'information (« Syndicated news services ») mis à la disposition de leurs confrères — moyennant abonnement — par les grands journaux entretenant des équipes de correspondants, notamment à l'étranger *(New York Times, Chicago Daily News, Chicago Tribune)*.

La plupart de ces quotidiens sont imprimés en typographie, mais il faut relever que plus de 250 journaux sont désormais imprimés en offset.

La modernisation des entreprises de presse américaines, et notamment de leurs imprimeries, a d'ailleurs été la source principale des conflits du travail dans l'industrie de la presse aux Etats-Unis, dans ces dernières décennies, souvent à l'instigation des grands syndicats, tels que l'American Newspaper Guild (qui regroupe surtout les journalistes, cadres et employés des journaux), ou l'International Typographical Union (syndicat des typographes) [1]. Les grèves déclenchées sont souvent à la mesure de la taille des entreprises américaines. On se souvient qu'en 1966, la grève des quotidiens new-yorkais dura cent quarante jours...

L'essentiel des journaux des Etats-Unis n'est pas vendu dans les kiosques, ni même servi par abonnements mais porté à domicile. Près de 90 % de la diffusion est ainsi faite chaque jour par 700 000 adolescents de 10 à 15 ans qui constituent pour les entreprises de presse une main-d'œuvre qui présente le double intérêt d'être enthousiaste et de bon marché. Le consommateur américain accepte volontiers une légère dépense supplémentaire, pour avoir le plaisir de trouver son journal devant sa porte, comme sa bouteille de lait.

3 / La presse périodique

Avec les quotidiens des petites villes, c'est la presse périodique qui, aux Etats-Unis, est la plus prospère. On compte, sur l'ensemble de l'année 1988, 66 périodiques diffusant plus d'un million d'exemplaires en moyenne par numéro... Si la télévision n'empêche guère l'Américain d'acheter un quotidien, elle tend à renforcer son goût pour

---

1. Les propriétaires et éditeurs de journaux sont pour leur part regroupés au sein de l'ANPA (American Newspaper Publishers Association) qui fut fondée en 1887.

l'hebdomadaire. Le téléspectateur américain aime à retrouver dans son hebdomadaire, sous une forme condensée et claire, une présentation de tous les événements dont radio et télévision l'ont abreuvé à longueur de « flashes » d'actualité et de bulletins de nouvelles. Il aime aussi trouver dans son magazine un éclairage de l'actualité, des commentaires, une explication enfin de tous ces événements qui lui sont parvenus de façon hachée, discontinue. Il aime que des reportages, des interviews lui permettent d'aller « plus loin » que ne l'avait fait la télévision dans ses émissions d'actualité. D'où l'invention et le succès considérables des *news magazines*, comme *Newsweek, News and World Report*, et surtout *Time*, dont la formule a d'ailleurs été imitée avec succès, non seulement aux Etats-Unis, mais, par exemple, en Allemagne *(Der Spiegel)*, en France *(L'Express)*, aux Pays-Bas *(Elseviers)* ou au Mexique *(Tiempo)*. Il faut compter aussi avec les ancêtres des *picture magazines*, l'hebdomadaire *People* ou le mensuel *Life* (diffusion : 1 700 000 exemplaires), présentant, photos à l'appui, pour les classes moyennes, l'actualité des gens célèbres : une formule qui, elle aussi, a fait florès dans le monde *(Paris-Match* en France, par exemple).

Mais il est vrai aussi que la limite du succès de ces magazines tient au grand succès remporté par ailleurs (voir section 2) par les éditions dominicales des grands quotidiens.

News *et* picture *magazines (hebdomadaires)*

Titres	Diffusion (1988)
Time	4 737 000
National Enquirer	4 450 000
People	3 277 000
Newsweek	3 100 000
US News and World Report	2 150 000

L'autre branche de la presse périodique qui connaît un succès continu est composée de titres spécialisés, soit par le domaine qu'ils abordent, soit par le public qu'ils visent.

Ainsi qu'on l'a déjà noté pour la France, il semble qu'à l'heure de l'audiovisuel la presse périodique générale perde une partie de son intérêt aux yeux de nombreux lecteurs, déjà rassasiés par la radio et la télévision. En revanche, celles-ci ne satisfont pas l'intérêt et la curiosité de la femme pour la mode ou son intérieur, de l'homme pour le bricolage ou le sport, tout au contraire. Et puis, bien sûr, la télévision crée le succès des magazines spécialisés dans l'annonce et la critique des programmes qu'elle présente, et dans les nouvelles du petit monde du spectacle permanent donné par les petits écrans.

Les magazines américains les plus importants par le tirage sont ainsi, aujourd'hui, ceux qui sont recensés au tableau suivant (on n'a retenu que les magazines diffusant en moyenne plus de deux millions d'exemplaires par numéro — mais pas des publications spécialisées comme les hebdomadaires *Metro Comics,* diffusant 28 millions d'exemplaires, ou *Parade,* ruban bleu avec 33 millions, ou encore *Smithsonian,* la revue des musées washingtoniens, 2 280 000).

Diffusion des principaux périodiques (*)

Titres	Diffusion 1988
Reader's Digest	16 964 000
TV Guide (hebdo)	16 917 000
National Geographic	10 516 000
Better Homes and Gardens	8 000 000
Cable Guide	7 200 000
Family Circle (17 nos/an)	5 500 000
McCall's	5 146 000
Good Housekeeping	5 027 000
Ladies' Home Journal	5 000 000
Redbook	3 800 000
Playboy	3 400 000
Cosmopolitan	3 013 000
Sports Illustrated (hebdo)	3 000 000
Prevention	2 850 000
Southern Living	2 275 000
Penthouse	2 250 000
Field and Stream	2 040 000
Glamour	2 000 000

(*) Tous ces titres sont des mensuels, sauf indication contraire.

C'est dire qu'au contraire des quotidiens, les grands périodiques américains atteignent une diffusion nationale de masse. Ce sont eux, les grands journaux « nationaux » américains. Sans pouvoir entrer ici dans le détail des différentes catégories de périodiques, il faut signaler l'importance de la presse féminine : *McCall's, Cosmopolitan, Glamour* font partie de ces « bimillionnaires ». D'autres titres de la presse féminine sont millionnaires, en diffusion : *Mademoiselle, New Woman, Vogue.* Si l'on ajoute la presse de la maison, de la décoration et du jardin *(Better Homes and Gardens, Good Housekeeping, Ladies' Home Journal, Southern Living,* ou, parmi les millionnaires, *Country Living, Organic Gardening, Outdoor Life, Bon Appetit, 1001 Home Ideas)* et la presse familiale *(Family Circle,* ou, parmi les millionnaires, *Family Handyman),* on estime que la presse s'adressant d'abord au public féminin pénètre dans les deux tiers des foyers américains.

On remarque également l'importance de la presse de loisirs et de sports s'adressant plutôt aux hommes *(Playboy, Penthouse, Sports Illustrated,* ou, parmi les millionnaires, *Golf Digest, Home Mechanix, Popular Mechanics, Popular Science)* et la bonne tenue de la presse santé *(Prevention,* ou parmi les millionnaires, *American Health* ou *Health).* Notons par ailleurs que *Ebony,* le magazine de luxe pour la communauté noire, atteint une diffusion de 1 700 000 exemplaires. La presse spécialisée dans les programmes de télévision, très concentrée *(TV Guide, Cable Guide),* rencontre de son côté un succès considérable, de même que ces véritables institutions que sont, aux Etats-Unis, le *National Geographic Magazine* et surtout le *Reader's Digest.* En revanche, la presse économique n'atteint pas des tirages aussi importants : *Money* diffuse cependant 1 810 000 exemplaires, *Business Week* 850 000, *Fortune* 767 000. Il est vrai que le *Wall Street Journal* est le premier quotidien des Etats-Unis, et que les grands quotidiens métropolitains et les news-magazines publient des pages économiques et financières de qualité.

4 / La radio et la télévision

Le contrôle et la coordination des télécommunications dépendent d'un organisme fédéral, la « Federal Communications Commission » (FCC). Une loi de 1927, le *Radio Act,* avait déjà créé une « Federal Radio Commission », pour régler les problèmes nés du développement de la radio-diffusion. Le *Communications Act* de 1934 transforma cette commission en FCC, composée de sept membres nommés pour sept ans par le Président des Etats-Unis, qui désigne également parmi eux le président de la FCC.

Un même parti politique ne peut être représenté au sein de la FCC par plus de quatre membres. La mission essentielle de la FCC est d'approuver les diverses licences de télécommunication, dont les stations de radio et de télévision ont besoin pour avoir le droit d'émettre (sur la jurisprudence de la FFC, voir ci-dessus, p. 314-317).

1 | LA RADIO

Il existe aux Etats-Unis 9 239 stations locales de radio, toutes commerciales, de statut privé, émettant en modulation d'amplitude (ondes moyennes) ou en modulation de fréquence (FM).

Mais un tel chiffre, qui traduit au demeurant un grand dynamisme (contrairement à beaucoup de prévisions, la télévision n'a pas « tué » la radio aux Etats-Unis), ne doit pas faire croire à un foisonnement extraordinaire de programmes isolés. Il faut tenir compte, en effet, de l'existence de chaînes nationales, constituant des réseaux de stations locales, d'un bout à l'autre du territoire fédéral (voir, *infra,* le système décrit pour la télévision).

La plupart des stations émettent, en continu, selon la formule inventée dans ce pays, des programmes de « music and news », entrecoupés d'annonces publicitaires. Mais il existe aussi, surtout dans les grandes villes, de nombreuses stations thématiques (musique classique, jazz, « all news », communautés hispaniques, homosexuels, etc.).

Les principales chaînes nationales sont Capital Cities/ABC, CBS (Columbia Broadcasting System), NBC (National Broadcasting Corporation), KBS (Keystone Broadcasting System), MBS (Mutual Broadcasting System), NBN (National Black Network), CMN (Concert Music, musique classique), Première Network, Satellite Music Network, Sheridan Broadcasting Network, Transtar, United Stations, Wall Street Journal Radio Network, Westwood One. La prédominance des chaînes a cependant tendance à décliner, en raison de l'intérêt des auditeurs pour les informations locales et du fait de l'extension de moyens techniques (laser, compact discs) permettant aux petites stations de diffuser des programmes musicaux d'une qualité comparable à celle des chaînes nationales.

2 | LA TÉLÉVISION

A | *Equipement, consommation et organisation*

Média de masse dans un pays où règne la consommation de masse, la télévision est chez elle aux Etats-Unis.

La télévision, qui a vraiment commencé en 1948 (malgré l'existence d'émissions à destination de quelques milliers de téléspectateurs depuis 1941), a eu une audience de masse à partir de 1953-1954, et marquait définitivement la vie de l'Américain moyen au début des années 1960. En 1960, on comptait en effet 60 millions de téléviseurs en service ; 89 % des foyers américains étaient équipés d'un récepteur. Au 31 décembre 1969, 95 % des foyers avaient la télévision ; 40 % avaient même plus d'un récepteur.

Aujourd'hui, non seulement tous les foyers possèdent, ou peu s'en faut, la télévision, mais (voir graphique) la majorité possède au moins deux récepteurs, un magnétoscope et/ou le câble.

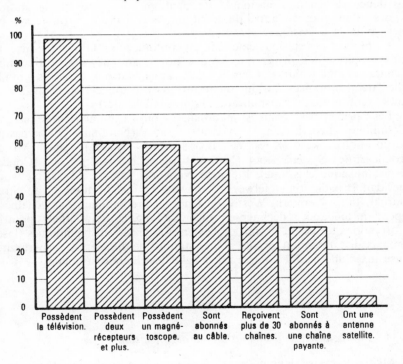

Equipement des foyers américains

Source : *Television Information Office,* 1988, cité par D. Pasquier, *La télévision américaine,* Paris, Ed. Milan. Midia, 1990.

Consommation télévisuelle quotidienne

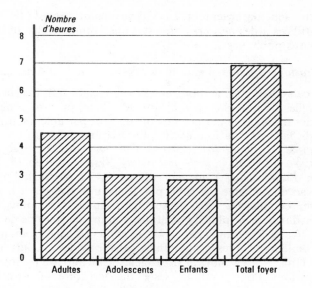

Source : *Television Information Office*, 1988, cité par D. Pasquier, *op, cit.*

Gros possesseurs d'équipement, les Américains sont de gros consommateurs du média télévisé : quatre heures et demie en moyenne, pour les plus de 18 ans (voir graphique)...

Les Etats-Unis sont le pays de la télévision. Et l'organisation de la télévision est, dans ce pays, très particulière, très différente de ce qu'elle est partout ailleurs. Tout y est, apparemment — mais cette apparence correspond tout de même à une réalité — organisé à l'échelon local. Tous les diffuseurs d'images et de son de télévision — hertzienne ou par câble — sont des diffuseurs locaux. Le territoire des Etats-Unis est ainsi divisé en 210 à 220 marchés télévisuels locaux.

On comptait, en 1989, sur ces marchés, environ 1 700 stations de télévision hertzienne (dont 1 330 commerciales et 370 « publiques ») et 9 000 réseaux câblés.

Mais, en fait, comme pour la radio, toutes ces stations et tous ces réseaux ne restent pas forcément isolés, chacun sur son petit territoire. La télévision *nationale* existe tout de même — comme on va le voir à propos des télévisions hertziennes puis à propos du câble.

B | La télévision hertzienne

Il existe, schématiquement, trois types de stations de télévision : les stations affiliées à des *networks,* les stations commerciales indépendantes et les stations publiques.

a) Les stations affiliées à des networks (réseaux nationaux)

Dans ce système, les stations émettrices locales qui à certaines heures (surtout celles de moindre écoute) diffusent leurs propres programmes et achètent des films sur le marché du cinéma sont par ailleurs affiliées à l'un des grands *networks* nationaux, le plus fréquemment à l'un des « trois grands », NBC (*National Broadcasting Company,* née en 1926 et liée à la société RCA) ; CBS (*Columbia Broadcasting System,* née en 1927) ; ou ABC (*American Broadcasting Company,* née en 1943 à partir de l'un des deux réseaux NBC et rachetée en 1986 par le groupe *Capital Cities*). La loi américaine, comme on l'a vu plus haut, interdit à toute compagnie d'exploiter directement plus d'un certain nombre de stations de radio et de télévision. Aussi les grands *networks* se contentent-ils de monopoliser la diffusion de leurs propres programmes dans les villes les plus importantes des Etats-Unis — New York, Los Angeles, Chicago, où ils possèdent leur propre station. Pour tout le reste du territoire, ils diffusent leur production, moyennant contrats d'affiliation, par l'intermédiaire de stations indépendantes d'eux. Le schéma est ainsi décrit par le Pr Hyman H. Goldin : « Ce sont les *networks* qui assurent aux annonceurs publicitaires une audience nationale. Chacun des *networks* produit ou sélectionne une grille de programmes distribuables sur l'ensemble du territoire national ; chacun d'entre eux choisit environ 200 stations locales, réparties dans un nombre égal de villes, de façon à pénétrer pratiquement dans tous les foyers équipés d'un appareil de télévision ; chacun d'entre eux loue auprès de la Compagnie du Téléphone des services d'interconnexion afin de pouvoir transmettre simultanément à toutes les stations affiliées des programmes et des émissions publicitaires qui, pour la plupart, sont produits soit à Hollywood, soit à New York ; chacun d'entre eux décide de l'heure à laquelle ces programmes seront diffusés sur le plan local ; enfin, chacun d'entre eux passe des contrats d'envergure nationale avec les annonceurs, par l'intermédiaire d'agences de publicité, afin de couvrir les frais des programmes et des temps de diffusion et de fournir les "flashes" publicitaires ; ces recettes publicitaires, il les partage — d'une manière inégale — avec les stations affiliées.

« Exception faite des émissions d'information, des émissions sur les affaires publiques et des émissions sportives, les programmes distribués par les *networks* ne sont généralement pas produits par eux-mêmes ; ils sont achetés soit à des vendeurs de programmes, soit à des sociétés productrices de films pour la télévision, soit à des distributeurs de grands films. »

Ainsi les stations affiliées sont-elles libres de diffuser les émissions qu'elles souhaitent (produites localement ou achetées sur le marché national ou mondial), entre 9 et 10 heures du matin, 16 et 20 heures, 23 heures et 23 h 30, avec la publicité qu'elles récoltent (localement ou nationalement). Mais, le reste du temps — l'essentiel du temps — elles diffusent les programmes des *networks,* et l'on aboutit bien à des programmes de chaînes nationales.

Les ressources globales des stations affiliées à des *networks* proviennent pour 50 % de la publicité locale, 46 % de la publicité nationale, 3 % de « compensations » qui leur sont versées par les *networks* contre la garantie de diffuser leur programme en *prime time,* et 1 % de recettes commerciales diverses.

Part de marché des *networks* : une décennie de déclin

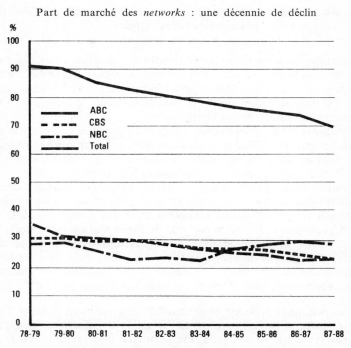

Source : *Nielsen Media Research,* cité par D. Pasquier, *op. cit.*

Depuis de longues années, les trois grands *networks*, les trois grandes chaînes *nationales* de télévision, NBC, CBS et ABC, ont ainsi largement dominé le marché.

A plusieurs reprises d'autres groupes ont essayé, mais sans succès, de constituer un quatrième *network*. Depuis 1987, le groupe Fox Broadcasting (voir section 1) tente à son tour la difficile aventure.

Mais surtout, on le voit sur le graphique p. 331, la part globale des *networks* sur le marché de la télévision (mesuré par l'audience accordée aux différentes chaînes) tend régulièrement à décliner. Les trois grandes chaînes restent dominantes dans la consommation télévisuelle des téléspectateurs américains (69 %), mais elles ont perdu 22 points de parts de marché en dix ans, et cette évolution ne paraît nullement terminée.

Cette perte est due au grignotage de l'audience des stations affiliées par les stations indépendantes, et surtout par le câble.

b) Les stations indépendantes

Ce sont évidemment celles qui, tout en étant des stations commerciales, ne sont pas affiliées à des *networks*.

Encore faut-il distinguer, parmi les indépendantes :

— les stations locales autonomes, produisant des *talk-shows* en plateau, sur des sujets locaux, achetant des rediffusions de séries et de dessins animés, louant du temps d'antenne aux prédicateurs et aux associations, alternant publicité hyper-locale sur le magasin du coin et quelques annonces de publicité nationale ;
— les stations locales dépendant de grands groupes de communication (voir section 1), différentes des premières par la qualité et la fraîcheur des produits audiovisuels qu'elles peuvent se procurer sur le marché, par la présence de sports et d'actualités télévisées ;
— les stations reliées par satellite à un réseau de *super-stations* bénéficiant ainsi de l'envoi par la super-station tête de chaîne d'un programme national, en fait assez comparable à celui des grands *networks,* sinon aussi prestigieux. La première grande super-station par satellite de ce genre, WTBS, fut créée en 1976, depuis Atlanta, par Ted Turner (que nous retrouverons plus loin, à propos du câble, lorsqu'en 1980 il créera CNN, la chaîne *all news*). Les autres « super-stations » sont WGN de Chicago, WOR de New York et KTVU de San Francisco et d'Auckland.

Si ces multiples stations indépendantes parviennent à vivre face aux grands réseaux, c'est grâce au marché de la *syndication*. Les produits audiovisuels (films, séries, jeux, etc.) sont en effet vendus, en première diffusion ou en rediffusion à un ensemble de stations indépendantes sur le territoire des Etats-Unis. Les « syndicateurs » intermédiaires entre les producteurs et les diffuseurs vendent aussi aux stations les plus offrantes des films (en général après, non seulement diffusion en salle, mais aussi sur le câble et sur les *networks,* parfois plusieurs fois), des jeux, des fictions pour adultes ou émissions pour enfants originales, et des rediffusions de séries des trois grands *networks.* Chaque station concluant un achat de programme auprès du syndicateur bénéficie de l'exclusivité de diffusion de ce programme dans sa zone d'écoute. Ainsi les syndicateurs parviennent-ils, pour les meilleurs produits, à couvrir le pays en tissant un maillon de télévisions indépendantes et donc à bénéficier d'une audience potentielle nationale ; ils proposent souvent des *packages* aux stations, de manière à écouler en même temps leurs produits d'appel à leurs rogatons. Les stations, de leur côté, grâce à la syndication, peuvent offrir à leur auditoire (et à leurs annonceurs) une vitrine de programmes qui serait évidemment hors de leur portée si elles restaient isolées.

Au total, les stations indépendantes, tous genres confondus, parviennent à représenter 23 % de parts de marché de l'audience télévisuelle. Elles vivent à 62 % de la publicité locale et à 38 % de la publicité nationale.

c) Les stations publiques

La télévision publique a été créée en 1967 par un vote du Congrès. Mais le terme ne doit pas prêter à confusion : le terme de « public » ou de « service public » n'implique nullement aux Etats-Unis un statut de droit public, ni un financement public.

Le système fonctionne de la manière suivante. Au sommet de l'édifice, la *Corporation for Public Broadcasting,* organisme à but non lucratif institué par la loi de 1967, et chargé de la régulation de la télévision publique, a donné naissance à PBS *(Public Broadcasting Service),* organisme privé qui donne son nom de marque à l'ensemble des stations publiques et qui leur distribue, par satellite, des émissions.

A la base, les 303 stations publiques (de droit privé), qui dépendent souvent d'universités, d'écoles, ou d'associations, ne sont pas affiliées au réseau PBS, comme dans le cas décrit plus haut pour les trois grands *networks.* Mais PBS, qui agit comme incitateur et centrale d'achat, leur propose des programmes, que les stations sont libres d'accepter ou pas. Le prix d'achat de chaque programme dépendra ainsi, en définitive, pour chaque station, du nombre de stations ayant décidé de l'acquérir. Le catalogue des programmes offerts par PBS comprend de nombreux *talk shows* (liés notamment à l'actualité nationale et internationale), mais aussi des programmes originaux (fictions et documentaires) achetés soit à des producteurs indépendants américains, soit sur le marché mondial (d'abord, pour des raisons de langue et de qualité, à la BBC britannique).

Le financement de l'ensemble du système supposait, à l'origine, une contribution décisive du budget fédéral, mais l'évolution politique « libérale » du pays vit les fonds fédéraux se faire de plus en plus rares, dans ce domaine comme dans d'autres secteurs de la vie éducative et culturelle. Aujourd'hui, la télévision publique (un milliard de dollars en 1988) est financée à 15 % par le budget fédéral, 20 % par les Etats, 14 % par les universités (8 % universités publiques, 4 % universités municipales, 2 % universités privées), 22 % par les dons et contributions des téléspectateurs, 21 % par le mécénat, 8 % par des sources diverses. Voilà donc un financement original, qui exclut à la fois la redevance et la publicité. En revanche le *sponsoring* (parrainage des émissions) est autorisé ; mais il est très sévèrement réglementé (les marques apparaissent sous couvert de fondations, leur logo n'est pas représenté, et surtout de simples cartons sont présentés à l'écran, avant et après l'émission parrainée, sans sport et sans mention possible pendant l'émission).

La part de marché d'audience de la télévision publique n'est que de 3,5 % (ce qui est deux fois mieux qu'en 1978-1979). Celle-ci est cependant menacée par l'apparition croissante de programmes éducatifs et culturels sur les services du câble.

C | La télévision par câble

Comme l'écrit Dominique Pasquier : « Le câble constitue indiscutablement la révolution télévisuelle la plus importante de ces dernières années aux Etats-Unis. Il s'affirme aujourd'hui comme un secteur dont l'expansion menace la télévision hertzienne, compromet sa viabilité économique et remet en question les programmes qu'elle offre. » Pourtant, le câble a été relativement lent à démarrer et à prendre sa vitesse de croisière :

Année	Nombre de foyers abonnés
1965	1 575 000
1969	3 500 000
1972	7 300 000
1989	49 500 000
Prévisions 1992	52 200 000

C'est en fait la période de libéralisation (voir section 1) qui a permis le « boom » du câble américain. Aujourd'hui, on l'a vu plus haut, l'industrie du câble est très concentrée, et le câble fait partie, au même titre que la TV hertzienne, la presse, le cinéma et la distribution de produits audio-visuels, de la panoplie des grands groupes de communication. Le principal cablo-opérateur (MSO, *Multiple System Operator*), *Tele Communication Inc* (10 millions d'abonnés) est cependant indépendant de ces groupes. Parmi les MSO liés à des groupes multi-médias, on citera ATC (*American Television and Communication,* du groupe Time, 4 millions d'abonnés), W câble (groupe Westinghouse, et accords avec Walt Disney, 4 millions), Warner-Amex (filiale de Warner et d'American Express, 1,5 million) ou Cox cable (1,5 million).

Un foyer abonné au câble, par l'intermédiaire d'un cablo-opérateur ayant passé accord avec la commune, reçoit en général plusieurs dizaines de programmes, répartis en « programmes de base », « chaînes locales », « chaînes de télé-achat » et « chaînes payantes ».

a) Les programmes de base du câble (basic services)

Moyennant un abonnement de 10 à 15 dollars par mois, le téléspectateur abonné au câble reçoit 30 à 40 chaînes de base. Le « coktail » de ces services peut différer d'un réseau à l'autre, mais le tableau suivant (p. 336) répertorie les principaux programmes de base offerts aux abonnés américains.

On le voit, le sport et les deux chaînes de Ted Turner, CNN et WTBS composent le tiercé de tête. Il est vrai que les opérateurs ont intérêt à acheter simultanément CNN et WTBS, un prix spécial leur étant alors offert. Après sa « super-station », Turner a en effet lancé, avec CNN *(Cable News Network)* la première chaîne *all news* du monde (informations permanentes, alternant journaux télévisés, reportages, magazines), fondée sur une adaptation permanente aux lois de l'actualité et la renonciation à la personnalisation autour de journalistes-vedettes. On sait que cette chaîne a connu, en quelques années, un immense succès, aux Etats-Unis puis dans le monde entier. En 1988, Turner rachetait le catalogue de films de la Metro-Goldwyn-Mayer et lançait son propre réseau câblé, *Turner Network Television* (TNT), qui s'est notamment signalé par son investissement dans la colorisation des vieux chefs-d'œuvre du cinéma en noir et blanc.

Les principaux services de base du câble

Nom, nombre d'abonnés, date de création	Contenu
ESPN, 48,8 millions, 1979	Sports
CNN, 47,1 millions, 1980	Actualités 24 h/24 h
WTBS, 46 millions, 1976	Films, sports et variétés
USA Network, 46,2 millions, 1980	Sports, divertissement
CBN Family Channel, 43 millions, 1977	Programmes familiaux et religieux
MTV, 42,6 millions, 1981	Musique
TNN, 42 millions, 1983	Sports, musique, films
Nickelodeon, 41,4 millions, 1979	Programmes enfants
Lifetime, 41 millions, 1984	Programmes pour les femmes
C-SPAN, 38 millions, 1979	Débats de la Chambre des députés
Arts and Entertainment, 36 millions, 1984	Programmes culturels
The Discovery Channel, 35,8 millions, 1985	Documentaires
The Weather Channel, 34,3 millions, 1982	Infos météo
CNN Headlines, 33 millions, 1980	Brèves d'actualité
Financial News Network, 31 millions, 1981	Informations financières et boursières
VH1, 28 millions, 1985	Clips vidéo pour les 24-49 ans
BET, 20,7 millions, 1980	Programmes pour la communauté noire
SCORE, 20 millions, 1985	Programmes de sports
VISN, 18,4 millions, 1988	Programmes religieux
Turner Network Television, 17 millions, 1988	Programmes généralistes sans actualités
C-SPAN II, 14,2 millions, 1979	Débats du Sénat
American Classic Movies, 14 millions, 1984	Films des années 30 à 70
Tempo Television, 13,7 millions, 1979	Chaîne généraliste sans infos
Family Network, 13,2 millions, 1988	Programmes familiaux
The Learning Channel, 13 millions, 1984	Programmes éducatifs
The Silent Network, 11 millions, 1984	Programmes pour les sourds
Travel Channel, 11 millions, 1987	Informations et émissions sur les voyages
EWTN, 10,5 millions, 1981	Programmes familiaux catholiques
The Inspirational Network, 10,5 millions, 1978	Programmes religieux
Movietime Channel, 10 millions, 1987	Guide des films en salle et des programmes sur le câble

Source : *Channels Field Guide*, 1989, cité par D. Pasquier, *op. cit.*

b) Les chaînes locales

Ce sont les chaînes consacrées à la vie locale, composées soit de programmes commerciaux (temps d'antenne acheté), soit d'informations et de débats consacrés aux associations et communautés, soit « d'accès public » aux citoyens (voir section 1).

c) Les chaînes de télé-achat

HSN *(Home Shopping Network)* et une dizaine de chaînes de télé-achat se partagent les faveurs des téléspectateurs américains. La plupart de ces chaînes sont exclusivement reçues par le câble (et font partie des services de base).

d) Les chaînes payantes : pay-TV
et pay-per-view

Outre son abonnement de base (qui lui fournit également la réception des chaînes locales et des chaînes de télé-achat), l'abonné peut décider d'acquitter les abonnements spéciaux (9 à 10 dollars par mois) pour des chaînes optionnelles présentes sur le câble. Les principales sont des chaînes présentant des films — sans publicité — HBO et Cinemax (filiales de Time-Warner), Showtime ; ou des programmes pour enfants (Disney Channel) ; ou des programmes érotiques (Playboy Channel). Sur 49 millions de foyers abonnés au câble, 28 millions sont ainsi abonnés à une chaîne de *pay-TV.*

S'ajoute à ce système d'abonnement forfaitaire celui du *pay-per-view,* où l'abonné paie en fonction du temps passé à l'écoute d'un certain programme. Il existe ainsi plusieurs programmes de « péage à l'émission » (films et sports pour « Viewer's choice », le plus important, avec 5 millions de foyers, et en général programmes de films), dont le total représente 10 millions de foyers.

5 / Médias et publicité[1]

L'importance de la publicité pour la presse américaine apparaît pour ainsi dire physiquement à l'observateur. Elle est, en effet, envahissante, aussi bien dans la presse écrite que dans les médias audiovisuels.

Encore les Américains ont-ils une logique inconnue dans un pays comme la France : la publicité est proscrite sur les chaînes payantes de télévision par câble ou dans les salles de cinéma (dans les deux cas, on

---

1. Voir par ailleurs le chapitre général sur presse et publicité, p. 84-104.

souhaite précisément pouvoir voir des films sans être dérangé par la publicité).

L'investissement publicitaire global dans les médias s'est élevé en 1989 à 75 700 millions de dollars — soit 482 milliards de francs —, si l'on inclut l'affichage (soit 1,6 % du PNB), 74 600 millions de dollars (soit 475 milliards de francs) pour la presse écrite, la radio et la télévision.

Les parts respectives de marché occupées par ces divers médias n'ont guère tendance à évoluer, comme le montre le tableau suivant.

Evolution des dépenses publicitaires, par média (1985-1989)

	1985	1986	1987	1988	1989
Presse	54,1	53,5	54,3	52,8	52,8
dont : Quotidiens	41,6	41,6	42,7	44,2	43,8
Magazines	12,5	11,9	11,6	8,6	9,0
Radio	10,7	10,7	10,5	11,0	11,2
Télévision	35,2	35,8	35,2	36,2	36,0

On le constate : dans le pays par excellence de la télévision, les dépenses de publicité continuent, en majorité absolue, à se porter sur la presse écrite — et d'abord sur la presse quotidienne. La part de la presse est même pratiquement restée constante depuis bien des décennies : en 1935, la presse écrite recevait 51 % de l'investissement publicitaire global. Ce phénomène est aisément explicable, si l'on consulte notre dernier tableau.

D'abord — c'est une caractéristique du marché américain — l'affichage est, aux Etats-Unis, le parent pauvre de la publicité. C'est l'affichage qui a perdu du terrain, face aux médias audiovisuels. Et puis surtout, la publicité américaine est d'abord (à 57,6 %) une publicité locale.

Or, la publicité locale trouve plus facilement à s'investir dans ces médias par excellence locaux que sont aux Etats-Unis les journaux et les stations de radio. On le voit : les quotidiens absorbent 66,5 % des recettes fournies par la publicité locale, et la radio 14,6 %. Certes, la télévision en reçoit 17,8 %, mais il est vrai que le nombre important de très petits journaux et de stations de radio locales attire forcément plus — à des coûts de fabrication très inférieurs — les annonceurs locaux.

En revanche, sur le marché de la publicité nationale, la télévision se taille la part du lion, avec 59,4 % des parts de ce marché. Elle le fait grâce

Répartition de l'investissement publicitaire (1989)

Médias	En millions de dollars		En %	
Presse			*52,0*	
dont :				
Quotidiens				
Pub nationale	3 695 ⎫		4,9 ⎫	
Pub locale	28 990 ⎬ 32 685		38,3 ⎬ 52,0	
Magazines	6 680		8,8 ⎭	
Radio				
Networks	465 ⎫		0,6 ⎫	
Spots nationaux	1 545 ⎬ 8 380		2,1 ⎬ 11,1	
Pub locale	6 370 ⎭		8,4 ⎭	
Télévision				
Networks	9 265 ⎫		12,2 ⎫	
Câble (national)	1 180 ⎪		1,6 ⎪	
Syndication/barter	1 125 ⎬ 26 855		1,5 ⎬ 35,5	
Spots nationaux	7 505 ⎪		9,9 ⎪	
Pub locale	7 780 ⎭		10,3 ⎭	
Affichage				
National	640 ⎫		0,8 ⎫	
Local	460 ⎬ 1 100		0,6 ⎬ 1,4	
Total pub nationale	32 100		42,4	
Total pub locale	43 600		57,6	
Total général	75 700		100,0	

aux spots passés sur les *networks,* grâce aussi aux sports nationaux vendus à l'ensemble des télévisions locales et aux super-stations. Elle le fait accessoirement — mais de plus en plus avec les réseaux câblés — grâce au système de *bartering*, les annonceurs fournissant alors un programme « clé en main » aux chaînes, au sein duquel leur publicité est insérée : ils sont ainsi totalement assurés de l'environnement dans lequel leur publicité sera regardée par les téléspectateurs...

On se rapproche ainsi un peu plus encore d'une télévision faite pour les annonceurs. Presse, radio et télévision ne peuvent vivre que grâce à la publicité. Mais celle-ci le leur fait sentir, qui pèse fortement, en permanence, sur leurs contenus et leurs choix. Telle est la loi quotidienne du capitalisme de presse aux Etats-Unis.

Chapitre II

LES MÉDIAS
EN GRANDE-BRETAGNE

Les Britanniques sont parmi les plus grands consommateurs de médias du monde. Les deux tiers des personnes âgées de plus de 15 ans lisent en moyenne chaque jour un quotidien national du matin ; quelque 75 % lisent un journal du dimanche. Par ailleurs, 75 % des adultes lisent régulièrement un journal régional ou local. Les journaux nationaux ont une diffusion globale de 15 millions d'exemplaires en semaine et de 18 millions d'exemplaires le dimanche. Environ 130 quotidiens et journaux du dimanche, 1 700 hebdomadaires et quelque 7 500 autres périodiques sont publiés au Royaume-Uni.

Les Britanniques sont également de fidèles et anciens auditeurs de la radio (71,4 % des foyers étaient équipés d'un récepteur dès 1938). Ils ont également été les premiers en Europe à se laisser massivement séduire par la télévision.

Mais, s'il est vrai que le développement de l'audiovisuel a provoqué bien des changements dans la presse écrite — affaiblissement notamment des journaux s'adressant aux catégories populaires de la population —, la Grande-Bretagne demeure l'exemple dans lequel les tirages de la presse écrite, même s'ils accusent une baisse globale : 32 millions d'exemplaires de quotidiens diffusés en 1988, contre 36 en 1973, ont pu rester élevés, malgré un développement exceptionnel de la radio et de la télévision.

1 / Un dispositif légal original

La Grande-Bretagne est le premier des grands Etats occidentaux à avoir consacré le principe de la liberté de la presse, en abolissant la censure à partir de 1695[1].

Aujourd'hui encore, malgré des restrictions concrètes parfois apportées à ce principe dans la pratique (notamment en ce qui concerne l'affaire irlandaise), la Grande-Bretagne apparaît comme un exemple à nombre de théoriciens libéraux du continent, qui se réfèrent notamment à l'existence du *Press Council* et à la réglementation visant le contenu de la presse. On caractérisera successivement l'un et l'autre. On donnera enfin quelques indications sur la structure particulière des « Conventions de trust » dans la presse.

1 | CONSEIL DE LA PRESSE

Le *Press Council* (Conseil de la Presse, nom donné depuis 1963 au General Council of the Press créé dix ans plus tôt) a été créé pour assurer la sauvegarde de la liberté de la presse, son maintien avec les normes professionnelles et commerciales « les plus élevées », pour étudier les réclamations des citoyens à l'encontre des journaux ou organismes de presse (et *vice versa*), mettre à la disposition du public toutes informations concernant les concentrations dans l'industrie de presse, et représenter la profession auprès des autorités britanniques et internationales.

Le Conseil comprend un président indépendant, extérieur à la profession, des représentants de la profession désignés par les associations professionnelles de la presse, qui sont en majorité des représentants des comités de rédaction, et des représentants du public.

Le seul frein à l'activité du Press Council, qui publie un grand nombre de décisions et d'avis, vient de ce que, lorsqu'il est saisi de réclamations, il ne peut prononcer de sanctions plus graves que celles d'un blâme public. On estime cependant que la seule crainte d'être condamnés publiquement par leurs pairs a incité les hommes de presse à introduire une certaine « moralisation » de leurs journaux (en ce qui concerne par exemple la protection de la vie privée). Tout le monde, comme l'a écrit Bernard

---

1. Sur l'histoire de la presse britannique, voir p. 25-71.

Cassen, est « bien conscient dans la presse que le meilleur moyen de précipiter une intervention légale serait d'ignorer les recommandations de cet organisme volontaire ».

L'une des dernières initiatives prises au niveau des principes par le Press Council a été l'adoption d'un « code de conduite » de la presse écrite, entré en vigueur le 15 mars 1990 ; il s'agit d'un texte qui prolonge et renforce le « code de déontologie » publié par les organisations professionnelles nationales de presse le 28 novembre 1989.

Le « code de conduite » fixe les règles déontologiques en matière notamment de respect de la vie privée (il prévoit par exemple que si des journaux ont, intentionnellement ou par négligence, publié des informations inexactes concernant des individus, ils ont obligation de les rectifier, de manière très visible, et de présenter, le cas échéant, des excuses), la séparation du fait et du commentaire, le respect des enfants et des familles, la non-discrimination raciale (le code prévoit par exemple que les journaux doivent éviter d'indiquer la race d'une personne, sauf si cet élément est indispensable à la compréhension du sujet traité).

2 | RÉGLEMENTATION DU CONTENU DE LA PRESSE

La presse britannique ne dispose pas de droits ou de privilèges particuliers ; sa liberté de dire et de faire est la même que celle de tout citoyen, à la seule condition de ne pas enfreindre la loi. Dans le cadre de ce principe général, un certain nombre de délits spéciaux sont néanmoins prévus :

A | *Outrages à magistrats* (Contempt of court)

Ce délit peut être retenu si un journal publie des commentaires sur des magistrats ou sur le déroulement d'un procès. Surtout, il est retenu lorsque des journaux publient, avant le début ou pendant le déroulement d'un procès, des articles susceptibles d'influer d'une manière ou d'une autre sur le verdict de la Cour.

B | *Libelles séditieux* (seditious libels)

Ce terme recouvre les tentatives d'incitation à l'agitation ou aux troubles, ou tendant à renverser les institutions, le gouvernement ou les lois du pays. Les poursuites sont aujourd'hui rares en ce domaine. En

Angleterre et au Pays de Galles, toute poursuite de ce type doit être précédée d'un ordre d'un juge de la Haute Cour, délivré après audition du prévenu.

C / Protection du secret

Lorsque le gouvernement estime que certaines informations doivent demeurer secrètes, il diffuse des notes d'interdiction *(defence notices* ou « *D* » *notices)* auprès des directeurs de journaux et des chaînes de radio-télévision, leur demandant de ne pas faire état de ces informations : ces notes n'ont pas force de loi, mais sont en général suivies d'effet.

En revanche, il existe des lois sur les secrets officiels, visant la communication d'informations considérées comme secrètes pour des raisons de sécurité. Au titre de ces lois, des poursuites ne peuvent être intentées qu'avec l'accord du procureur général *(Attorney General* ou, en Ecosse, *Lord Avocate).*

D / Atteinte à la moralité publique

Il s'agit ici des écrits de caractère blasphématoire ou surtout de caractère obscène. Mais des lois spéciales interdisent également la publication de comptes rendus de certains procès judiciaires, ainsi que l'insertion d'annonces publicitaires en faveur des loteries.

E / Diffamation

C'est pour diffamation *(defamation)* qu'ont lieu en Grande-Bretagne la majorité des actions intentées contre la presse. Les lois sur la diffamation, et en particulier la loi de 1952, concernent aussi bien la radiodiffusion que la presse écrite.

Est diffamatoire tout texte, écrit ou oral, qui tend à faire perdre à une personne l'estime de ses semblables, ou qui tend à convaincre ceux-ci de l'éviter ou de le frapper d'ostracisme. Dans le cas de telles poursuites, le propriétaire du journal, l'éditeur, l'imprimeur, les messageries et l'auteur du texte diffamatoire peuvent tous être tenus pour responsables et être condamnés à verser des dommages et intérêts. Le montant de ces derniers, fixé par le jury, doit tenir compte du dommage pécuniaire éventuellement subi par la personne diffamée, mais également de l'atteinte portée à son honneur ou à sa réputation. Les demandeurs se voient ainsi fréquemment accorder des indemnités fort importantes.

Lorsqu'un organe de presse est accusé de diffamation, il a à sa disposition quatre moyens de défense. Il peut plaider :

— *Justification :* il s'agit d'apporter la preuve que les déclarations sont exactes quant au fond. A l'inverse de ce qui se passe dans le système français, cette preuve est toujours possible en Grande-Bretagne. Ce moyen peut être considéré comme valable même dans le cas où l'auteur de l'article reconnaît qu'il a commis une inexactitude de détail, dès l'instant que la véracité de l'ensemble de son article apparaît fondée.

— *Privilège :* il s'agit de se prévaloir de certaines *immunités*. La publication de certaines déclarations réellement diffamatoires peut, dans certains cas, ne pas être punissable. La presse jouit ainsi d'un certain nombre d'immunités, dans le cas de la reproduction ou du compte rendu loyal d'interventions de parlementaires devant la Chambre des Communes ou la Chambre des Lords ; de propos tenus par des juges, conseillers ou témoins en cours d'audiences judiciaires, y compris des procès militaires ; de tous documents publiés par l'Etat ou des services officiels.

Un certain nombre d'autres comptes rendus peuvent être couverts par une même immunité (réunions des autorités régionales ou municipales, d'associations professionnelles, commerciales ou sportives, etc.), à la condition supplémentaire que l'organe de presse attaqué n'ait pas refusé de publier une explication ou une dénégation qui lui aurait été demandée préalablement.

— *Fair comment* ou *commentaire loyal :* la défense peut faire valoir que ses déclarations constituaient un commentaire, fait de bonne foi et sans intention de nuire, à propos d'une question d'intérêt public.

— *Unintentional defamation* ou *diffamation non intentionnelle :* il s'agit de la possibilité, pour le défenseur, de faire en quelque sorte « amende honorable ». Il doit alors faire des excuses auprès du demandeur et publier une rectification des écrits incriminés ; si le texte en question a déjà été mis en diffusion, il doit d'autre part prendre toutes mesures pour avertir le public de son caractère diffamatoire, en tout ou partie. Le demandeur peut néanmoins ne pas s'estimer satisfait et maintenir sa plainte. Mais le juge sera alors, la plupart du temps, moins rigoureux dans l'application de la loi.

3 | LES « TRUSTS » DE PRESSE

Il ne s'agit pas ici d'un aspect du phénomène de concentration, mais d'une construction juridique particulière : la convention de trust. Celle-ci se caractérise par le fait qu'un contrôle de l'entreprise de presse est exercé par un nombre restreint de personnalités, les *trustees,* choisies *intuitu personae* pour leur autorité et leur indépendance. Leur contrôle porte sur le fonctionnement de l'entreprise, pour en garantir l'indépendance et en favoriser la prospérité. Parmi les principaux journaux administrés par de tels « trusts », on peut citer le *Guardian,* détenu par le Scott Trust (du nom de C. P. Scott, le premier rédacteur en chef du journal), dont les recettes sont consacrées aux investissements du journal et à ses œuvres de bienfaisance ; l'*Observer,* qui appartient à l'Observer Trust. Ses statuts prévoient que ses membres doivent approuver tout transfert d'actions au sein de la société, ainsi que la nomination ou le licenciement de tout rédacteur en chef ou directeur commercial du journal ; ou l'*Economist,* détenu par l'Economist Newspaper limited.

2 / La presse écrite

1 | LA CONCENTRATION

Comme les autres pays industriels, la Grande-Bretagne a vu se manifester un mouvement accéléré de concentration de ses entreprises de presse, mouvement dû tout à la fois à une recherche de la rentabilité maximale et à l'influence de la publicité.

Les années 1960 et le début des années 1970 ont ainsi vu disparaître de nombreux titres importants — notamment des quotidiens comme le *News Chronicle* absorbé par le *Daily Mail* (en 1960), le *Daily Sketch* (en 1971), ou le *Daily Herald,* organe officiel quotidien du Parti travailliste, en 1964 (remplacé par *The Sun,* qui n'a plus de lien avec le parti) — ou des journaux du dimanche comme le *Sunday Empire News,* le *Sunday Graphic* ou le *Sunday Dispatch.* La même période voyait s'opérer des fusions et absorptions décisives : en 1966, le *Times* passait sous la coupe du groupe Thomson (déjà éditeur du *Sunday Times*), avant d'être intégré au groupe Murdoch, qui, dès 1969, prenait en mains la destinée de *News of the World* et du *Sun.* En 1970, le groupe Reed (producteur de papier-journal et de papiers peints) s'assurait le contrôle de l'empire IPC (International Publishing Corporation).

Aujourd'hui, la presse britannique est largement dominée par quelques grands groupes multi-médias, qui étendent souvent leurs ramifications au monde entier.

Parmi ces groupes, on peut citer :

— *Le groupe « News International »* de *Rupert Murdoch* (voir le chapitre sur les médias aux Etats-Unis), qui détient en Grande-Bretagne le *Times,* les divers suppléments du quotidien comme *Times Educational Supplement* ou *Times Literary Supplement,* le *Sunday Times,* le *Sun, Today, News of the World, Trader, Sky,* 50 % de *Elle,* et aussi des imprimeries (Bemrose), une entreprise de fabrication de papier (Townsend), une société de distribution de journaux, des maisons d'édition, une agence de publicité, 50 % de la société regroupant, depuis octobre 1990, les deux entreprises britanniques de télévision par satellite (bsb-*Sky Channel*), etc.

— *Le groupe Maxwell* qui (à partir de la Maxwell Foundation, de Maxwell Communications Corporation ou de Pergamon Holdings) détient notamment le *Mirror Group* (*Daily Mirror, Sunday Mirror, People, Sporting Life,* etc.), les *Official Airlines Guides,* des magazines économiques et professionnels (*Building Products, Media Week,* etc.), des sociétés de télévision et de vidéo (British Cable Service, Home video Channel, 51 % de mtv Europe, 30 % de Première — chaîne de cinéma à péage du satellite Intelsat), des participations dans de nombreuses entreprises de communication dans le monde (tf1 et Sygma en France, *Maariv* en Israël, *Kenya Times* au Kenya, *Montreal Daily News* au Canada, etc.), des entreprises de fabrication de papier, des imprimeries, des maisons d'édition (notamment Mac Millan), des sociétés financières en Grande-Bretagne, aux Etats-Unis et en France, où Maxwell participe notamment à Euris et Marceau-Investissement.

— *Le groupe United Newspapers* qui édite notamment le *Daily Express,* le *Daily Star* et le *Sunday Express,* ainsi que plusieurs titres importants de la presse de province.

— *Le groupe Associated Newspapers,* qui publie le *Daily Mail,* le *Mail on Sunday* et un certain nombre de quotidiens et hebdomadaires de province.

2 | LES AGENCES DE PRESSE

On a déjà rencontré, à propos des cinq grandes agences mondiales, la grande agence britannique, Reuters Ltd[1]. Les principales agences nationales sont par ailleurs : la *Press Association Limited,* association sans

---

1. Voir p. 74-81.

but lucratif qui est la propriété de l'ensemble des journaux provinciaux, collecte et diffuse en Grande-Bretagne les nouvelles concernant le pays, diffuse à l'intérieur les nouvelles étrangères du réseau Reuter et de l'*Associated Press,* et fait diffuser à l'étranger les nouvelles britanniques par le canal de Reuter ; et l'*Exchange Telegraph Company limited* (en abrégé : *Extel*), société par actions dont le capital est réparti entre un millier d'actionnaires, qui est spécialisée dans la diffusion des nouvelles financières et sportives.

Il existe, par ailleurs, plus de 70 agences spécialisées.

3 | QUOTIDIENS ET PÉRIODIQUES

On ne peut, en Grande-Bretagne, séparer la presse quotidienne et la presse hebdomadaire : les plus grands quotidiens publient en effet d'importants (et épais) « journaux du dimanche », qui atteignent les plus forts chiffres de diffusion de la presse britannique. Cette tradition du journal du dimanche est ancienne : *The Observer* est le plus ancien du monde. Les douze grands quotidiens et les huit grandes éditions dominicales sont ainsi dits « nationaux », dans la mesure où ils sont diffusés dans l'ensemble du pays (voir tableau, p. 348).

Ils étaient auparavant fabriqués à Londres, dans le quartier de *Fleet Street,* certains d'entre eux imprimant aussi à Manchester des éditions destinées au nord du pays. Ces dernières années, la majorité des journaux nationaux ont transféré leurs bureaux et ateliers dans d'autres parties de Londres (notamment la zone des Docks) ou en dehors de la capitale. *Today*, quotidien national lancé en 1986, est imprimé à Poyle (dans le Middlesex) et à Manchester. *The Independent,* né lui aussi en 1986, utilise des imprimeries à Bradford, Northampton, Peterborough et Portsmouth. Les éditions écossaises de *The Sun, The Times, News of the World* et *The Sunday Times* sont imprimées à Glasgow.

La classification traditionnelle au Royaume-Uni distingue les journaux « populaires » et les journaux « de qualité ».

Les journaux « populaires », destinés aux catégories les plus défavorisées, ont tous (sauf le *Sunday Express*) opté pour le format *tabloïd*. D'une qualité rédactionnelle médiocre, fort racoleurs dans leur contenu et leur présentation, utilisant de nombreuses photos (notamment, dans les quotidiens, la traditionnelle photo d'une jeune personne dévêtue en page 3), ces journaux rencontrent un extraordinaire succès de vente — qui

Quotidiens et journaux nationaux du dimanche

	Catégorie	Année de création	Groupe	Diffusion (1989)
Quotidiens nationaux				
Sun	Populaire	1964	Murdoch	4 113 000
Daily Mirror	Populaire	1903	Maxwell	3 129 000
Daily Mail	Populaire	1896	Associated Newspapers	1 736 000
Daily Express	Populaire	1900	United Newsp.	1 581 000
Daily Telegraph	Qualité	1855	Telegraph Newsp. Trust	1 114 000
Daily Star	Populaire	1978	United Newsp.	910 000
Today	Populaire	1986	Murdoch	614 000
The Guardian	Qualité	1821	Guardian	435 000
The Times	Qualité	1785	Murdoch	425 000
The Independent	Qualité	1986	Newspapers Publishing	419 000
Financial Times	Qualité	1888	Pearson	293 000
Morning Star	Populaire	1966	Morning Star Coop.	29 000
Journaux nationaux du dimanche				
News of the World	Populaire	1843	Murdoch	5 329 000
Sunday Mirror	Populaire	1963	Maxwell	2 965 000
The People	Populaire	1881	Maxwell	2 711 000
Mail on Sunday	Populaire	1982	Associated Newsp.	1 956 000
Sunday Express	Populaire	1918	United Newsp.	1 839 000
The Sunday Times	Qualité	1822	Murdoch	1 304 000
The Observer	Qualité	1791	Lonrho	660 000
Sunday Telegraph	Qualité	1961	Telegraph	653 000

ferait rêver les éditeurs de presse français. On le constate en consultant le tableau des chiffres de diffusion : un journal populaire du dimanche diffuse plus de cinq millions d'exemplaires, et quatre autres plus d'un million et demi ; un quotidien populaire diffuse plus de quatre millions, et trois autres plus d'un million et demi.

Si ces chiffres sont extrêmement élevés, la tendance globale de la diffusion de la presse populaire quotidienne est cependant à la baisse, sur le long terme (probablement par le double effet de la concurrence de la télévision et de l'augmentation du niveau d'exigence des lecteurs). En 1970, les quatre grands — *Sun, Daily Mirror, Daily Mail, Daily Express* — totalisaient une vente de 11 930 000 exemplaires ; on les retrouve à 10 560 000 au début de 1990, soit une baisse de 11,5 %. Trois de ces journaux sont en baisse ; c'est le *Sun* qui (voir graphique 1 ci-dessous) s'est assuré, à l'orée des années 1980, la suprématie sur le *Mirror,* et donc dans cette catégorie.

GRAPHIQUE 1. — La bataille *Daily Mirror/Sun*

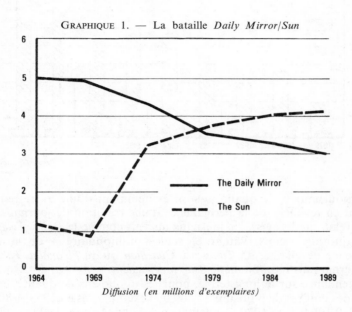

Diffusion (en millions d'exemplaires)

La bataille entre quotidiens est, de fait, très dure, et il s'avère extrêmement ardu d'installer de nouveaux titres. Si *Today* a pu s'installer, quatre essais de lancement de quotidiens (dont le *London Daily News,* créé par Maxwell en 1987, et qui ne parvint à vendre que 100 000 exemplaires) et deux de journaux du dimanche (dont (*Sunday Today,* qui diffusa 230 000 exemplaires) se soldèrent par des échecs, et des fermetures après plusieurs mois de parution, entre 1986 et 1989.

Encore faut-il ajouter que cette bataille, au sein des quotidiens populaires, ne se fait pas toujours avec des armes qui plaident pour l'honneur du journalisme britannique : le maniement de la rumeur et du parfum de scandale y semble parfois plus important que l'exclusivité du reportage original. On peut voir un signe de cette évolution dans l'augmentation du nombre de plaintes déposées, pour cause d'inexactitude, par des citoyens du Royaume-Uni, à l'encontre du *Sun* (voir graphique 2 ci-dessous).

GRAPHIQUE 2. — Réclamations contre la presse populaire

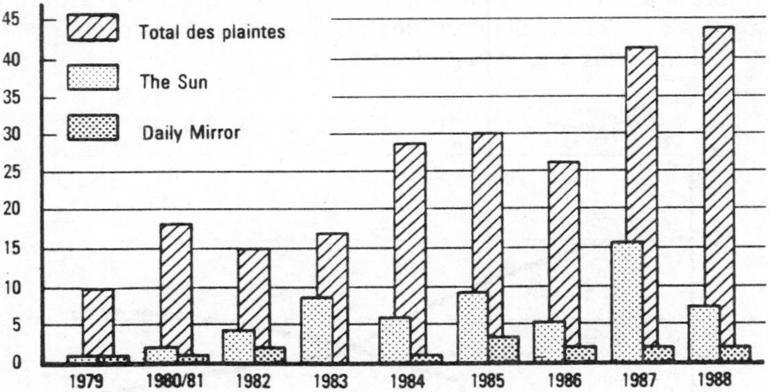

Source : *Press Council.*

Les journaux « de qualité » sont évidemment d'une autre tenue, et attestent en revanche de la permanence d'une tradition de journalisme de haut niveau, qu'il s'agisse de journaux anciens comme le *Daily Telegraph,* grand quotidien conservateur et seul « millionnaire » de la presse quotidienne de qualité, du *Times,* du *Guardian* ou du *Financial Times,* ou d'un journal plus récent comme *The Independent.*

La tendance sur le long terme, pour les quotidiens de qualité, est à la hausse des chiffres de diffusion : 1 500 000 exemplaires en 1958, 1 800 000 en 1963, 2 100 000 en 1970, 2 700 000 au début de l'année 1990.

On notera que la hiérarchie des journaux du dimanche n'est pas exactement la même que celle des jours de semaine : le *Sunday Times* est « millionnaire », alors que le *Sunday Telegraph* est nettement distancé.

Outre les journaux nationaux, la presse quotidienne compte évidemment de nombreux titres importants en province (même si les grands « régionaux » britanniques n'atteignent en général pas les chiffres de tirage de leurs homologues français). Les plus importants de ces journaux sont, pour l'essentiel, des quotidiens du soir.

A Londres, on peut mentionner le grand quotidien *Evening Standard* (près de 500 exemplaires), et les journaux de banlieue apparus avec succès, à partir de 1965 et du lancement du *Reading Evening Post.* Dans le reste de l'Angleterre, on peut citer, parmi les plus fortes diffusions, le *Manchester, Evening News* (290 000), le *Birmingham Evening Mail* (230 000), l'*Express and Star* de Wolverhampton (240 000), le *Liverpool Echo* (200 000). Au Pays de Galles, les principaux quotidiens du soir sont le *South Wales*

Echo, le *South Wales Argus,* l'*Evening Leader* et le *South Wales Evening Post* (de 30 000 à 90 000 exemplaires chacun).

En Ecosse, les quotidiens du matin sont puissants, avec le *Scottish Daily Express* (750 000 exemplaires), mais aussi le *Press and Journal,* le *Courier and Advertiser,* le *Daily Record* (frère du *Daily Mirror*), le *Glasgow Herald* et *The Scotsman.* Parmi les journaux du soir, citons l'*Evening News* (180 000), l'*Evening Times* et l'*Evening Telegraph.*

En Irlande du Nord coexistent journaux unionistes *(News Letter),* nationalistes *(Irish News)* et à prétention généraliste *(Belfast Telegraph* ou, le dimanche, *Sunday News).*

Les quelque 7 500 titres de la presse périodique ont, d'une manière générale, une situation moins brillante que les grands quotidiens et les grands hebdomadaires dominicaux ; ils sont aussi moins spécifiques d'une situation typiquement britannique.

Ce sont, classiquement, les grands journaux de télévision qui détiennent le ruban bleu des plus forts tirages : *Radio Times* et *TV Times* diffusent chacun à plus de 3 millions d'exemplaires. Viennent ensuite la version britannique du *Reader's digest* (1,5 million d'exemplaires) et le premier titre de la presse féminine, seul « millionnaire » de cette catégorie, *Prima.* C'est en effet le magazine lancé par le groupe allemand Grüner und Jahr (voir chapitre sur les médias en RFA) qui s'est installé en tête de la presse magazine britannique (1 050 000 exemplaires) loin devant *Essentials* et *Woman and Home,* du groupe IPC (respectivement 835 000 et 600 000), *Cosmopolitan* (395 000), *New Woman,* du groupe Murdoch (290 000) et la version britannique de *Elle* (230 000).

4 | LES CONDITIONS DE LA FABRICATION ET DE LA DISTRIBUTION DES JOURNAUX

Comme celle des grands pays du continent, l'industrie britannique de presse a accompli sa modernisation, dans les décennies 1960 et 1970, au prix de considérables difficultés sociales, marquées par des affrontements graves entre un patronat souvent vieillissant (et qui, du coup, a souvent dû passer la main aux nouveaux magnats modernes, comme Murdoch et Maxwell) et des syndicats d'ouvriers d'imprimerie puissants, forts de longues traditions de lutte et arc-boutés sur des techniques obsolètes et des avantages acquis en faisant, là comme ailleurs, des aristocrates de la classe ouvrière. On se souvient notamment du *lock-out* de septembre 1971, imposé pendant une semaine par l'ensemble du patronat de *Fleet Street.*

Aujourd'hui, la presse britannique est une presse moderne, et les quotidiens créés dans les années 1980, comme *Today* ou *The Independent* ont pu débuter en adoptant d'emblée des systèmes de saisie des articles et de fabrication entièrement informatisés. Le groupe Murdoch, News International, possède dans l'est de Londres, pour ses trois quotidiens et ses deux journaux du dimanche, un complexe de plus de 500 terminaux d'ordinateur.

En ce qui concerne la distribution, il faut relever qu'il n'existe pas en Grande-Bretagne d'organismes centralisés de messageries, comparables aux NMPP en France. La diffusion des journaux se fait par l'intermédiaire de grossistes, des accords globaux étant discutés entre la Newspapers Proprietors Association (voir paragraphe suivant), la Newsagents Federation (Fédération des Marchands de Journaux) et les associations de grossistes. Ceux-ci ne diffusent les quotidiens que dans leur ville même de publication. Les entreprises de presse doivent elles-mêmes acheminer par rail ou par air les exemplaires destinés à d'autres points de vente, ainsi que l'ensemble des hebdomadaires. Un autre phénomène important réside dans le fait que les détaillants britanniques qui vendent des journaux *achètent* en général ceux-ci à compte ferme aux entreprises de presse, au lieu de les prendre simplement en dépôt, comme c'est le cas pour leurs collègues français. Enfin, un dernier trait caractéristique tient au fait que de nombreux Britanniques se font livrer leur journal à domicile : « La presque totalité des ménages, écrivent M. Reynolds et G. Lewis, se font livrer deux choses : le journal et le lait. »

La presse britannique ne bénéficie d'aucune aide directe de l'Etat. Les aides indirectes sont elles-mêmes assez mesurées : la vente de journaux et périodiques n'est pas assujettie à la taxe sur la valeur ajoutée ; les entreprises de presse bénéficient, de la part de l'administration des Postes, de tarifs d'affranchissement préférentiels pour leurs abonnements et leurs échanges télégraphiques internationaux.

5 | L'ORGANISATION PROFESSIONNELLE

La plus importante des associations d'employeurs est la Newspapers Publishers Association (NPA) qui comprend 12 entreprises publiant des quotidiens nationaux. La mission de la NPA consiste, sans s'ingérer dans l'administration de l'un quelconque des journaux, à régler tous les problèmes d'intérêt commun à ses membres, à négocier avec les syndicats de travailleurs les accords sur les salaires et les conditions de travail, à discuter de l'organisation de la distribution avec les grossistes et les détaillants. Elle est, par ailleurs, l'un des propriétaires de l'Agence Reuter.

La Newspaper Society représente pour sa part la presse régionale. Elle sert d'organisme central à la presse de province.

Parmi les autres associations similaires, il faut citer des organismes défendant des intérêts nettement plus localisés, tels que la *Scottish Daily Newspaper Society* ou l'*Associated Northern Ireland Newspaper*.

Face à ces organismes, les plus importantes associations de salariés sont, pour les ouvriers, la *National Graphical Association* (NGA) et surtout la *Society of Graphical and Allied Trades* (SOGAT), et, pour les journalistes, la *National Union of Journalists* (NUJ).

3 / La radio et la télévision

On le notait au début de ce chapitre, les Britanniques ont été les premiers en Europe à adopter massivement la radio et la télévision (neuf millions de foyers assujettis à la redevance en 1939).

Le 2 novembre 1936, la télévision britannique commençait le premier service régulier existant au monde. Et le 2 juin 1953, jour du couronnement de la reine Elisabeth, l'audience de la télévision dépassait pour la première fois celle de la radio : avec une belle avance sur les autres pays d'Europe, le Royaume-Uni entrait dans l'ère audiovisuelle. En 1957, on recensait 7 millions de foyers équipés en récepteurs de télévision, puis 12 millions en 1963, 15 millions en 1967. A la fin de l'année 1989, on atteint 21 140 000 foyers équipés (soit 97 %) : le taux de saturation est, de fait, atteint depuis le milieu des années 1970.

Toujours fin 1989, le taux d'équipement des ménages s'établit à :

Récepteurs couleur	92,9 %
Foyers équipés de deux récepteurs ou plus	48,5 %
Possession d'un magnétoscope	53,1 %
Récepteurs TV à télécommande	55,8 %.

Le système audiovisuel britannique est caractérisé par un équilibre entre le secteur public (la BBC) et un secteur privé, à caractère commercial, organisé de manière originale par rapport à celui existant dans tous les autres pays du monde.

1 | LA BBC (BRITISH BROADCASTING CORPORATION)

La première licence pour émissions de radiodiffusion fut accordée en 1922 à la *British Broadcasting Company,* société à responsabilité limitée fondée par six firmes importantes de construction électrique et radio-électrique. Accordé pour une durée de deux ans, ce permis d'exploitation fut prorogé d'une nouvelle période de deux ans. La *British Broadcasting Company,* sous l'impulsion de son président J. C. W. Reith (futur Lord Reith), fit un grand effort d'implantation d'émetteurs, de sorte que dès la fin de l'année 1926 existait en Grande-Bretagne un véritable réseau national de radiodiffusion cependant qu'on comptait déjà plus de deux millions de récepteurs en service.

Dans l'intervalle, en 1925, la Commission Crawford, créée à l'initiative du gouvernement, avait fait des propositions pour la création d'un service de radiodiffusion national. Les recommandations de la Commission tendaient à voir créer un organisme qui ne soit ni placé sous la coupe de l'Etat, ni géré de façon strictement privée, mais conçu comme un véritable service public dont l'indépendance serait garantie par un conseil d'administration indépendant. C'est ainsi que naquit, en 1927, la BBC ou *British Broadcasting Corporation,* qui reprit d'ailleurs à son compte tout le personnel et l'équipement de l'ancienne *British Broadcasting Company.* Lord Reith devenait, pour sa part, directeur général de la BBC, poste qu'il devait conserver durant onze ans. Le permis d'exploitation a depuis lors été renouvelé à la BBC sans aucune interruption.

A la tête de la BBC, on trouve un *Conseil des gouverneurs,* de neuf à douze membres — au sein duquel un membre représente le Pays de Galles, un autre l'Ecosse, et un troisième l'Irlande du Nord. Ces gouverneurs sont nommés par la reine, c'est-à-dire en fait par le gouvernement, pour cinq ans, mais avec renouvellement partiel de manière à permettre la cohabitation permanente des deux grands partis, du fait de l'alternance au pouvoir. En fait, lorsque les majorités perdurent — comme sous le règne de Mme Thatcher — on aboutit à un Conseil totalement composé de gouverneurs favorables au pouvoir...

C'est ce Conseil des gouverneurs — dont les membres sont tenus pour civilement responsables du fonctionnement du service de la radio-télévision — qui désigne le *directeur général* de la BBC, c'est-à-dire le véritable responsable quotidien du secteur public de la radio et de la télévision.

Le directeur général a auprès de lui des directeurs — six à neuf, selon les époques — qui constituent avec lui le Conseil de direction de la BBC, organe exécutif du service public.

Les gouverneurs peuvent révoquer le directeur général. Cette possibilité est longtemps passée pour formelle. Mais en 1987, sous l'impulsion du gouvernement Thatcher, mécontent de la diffusion de plusieurs émissions qu'il jugeait choquantes, le Conseil des gouverneurs obtint la démission du directeur général, M. Alasdair Milne. Depuis lors, le « modèle d'autonomie politique » de la BBC — à vrai dire détérioré depuis longtemps — apparaît moins pur qu'on n'avait pu le croire naguère.

Il est vrai que, dans les textes, le statut de la BBC est fort peu libéral. Par exemple, l'article 14, § 4, de la licence d'exploitation accordée à la BBC par le ministre des Postes stipule que celui-ci « a de temps en temps la faculté, après notification écrite, de demander à la corporation de s'abstenir de diffuser, à tel moment précis ou de façon permanente, un message dont le contenu est spécifié dans l'avis qu'elle reçoit du ministre ». Beaucoup plus par conséquent que dans les textes statutaires, la garantie de l'indépendance relative de la BBC réside dans la pratique politique et dans le *modus vivendi* établi entre le Parti conservateur, le Parti travailliste et le Parti libéral. Or, dans certaines périodes — par exemple sous Mme Thatcher — ce *modus vivendi* a été sérieusement mis à mal.

En matière de radio, la BBC a toujours été à la pointe des progrès et a toujours considéré sa mission comme une mission à vocation mondiale. Dès 1932, elle inaugurait un *Empire Service* (service de l'Empire) et diffusait, notamment sur ondes courtes, des programmes spéciaux à destination de pays étrangers — programmes financés par le gouvernement britannique. Les premières émissions diffusées en langue arabe, espagnole et portugaise datent de 1938. C'était l'ancêtre du *World Service,* qui fait de la BBC la première radio internationale.

Pendant la deuxième guerre mondiale, on sait le rôle fondamental joué par la BBC au service de la liberté. Depuis la guerre, la BBC n'a cessé d'améliorer et de diversifier ses productions, avec la mise en place de quatre chaînes nationales, et la création progressive d'un important réseau de radios locales (49 aujourd'hui).

En ce qui concerne la télévision, on a vu que la BBC avait commencé ses émissions régulières dès 1936. Interrompues par la guerre, celles-ci reprenaient en 1946.

A la première chaîne — qu'on appellera dès lors BBC1 — s'ajoute une seconde, BBC2, en avril 1964, dont les émissions sont diffusées en couleurs à partir du 1ᵉʳ juillet 1967 (système PAL).

Les deux chaînes de télévision et les stations de radio de la BBC sont, pour l'essentiel, financées par le paiement d'une redevance par les auditeurs et les téléspectateurs (600 francs par an environ pour la possession d'un récepteur TV couleur). Les autres recettes de la BBC lui viennent de ses publications (et notamment de l'édition de *Radio Times,* qui diffuse, on l'a vu, plus de trois millions d'exemplaires par semaine), de la commercialisation de ses émissions sur le marché mondial (la BBC est le premier exportateur de programmes de la planète) et de produits vendus aux consommateurs (vidéo-cassettes, participation à la commercialisation de micro-ordinateurs, etc.).

La BBC emploie au total près de 30 000 personnes. Près des deux tiers de ses dépenses sont consacrées à BBC1 — la grande chaîne populaire de distraction (même si certains de ses programmes de *prime time* peuvent paraître austères à des Français ou des Italiens...) — BBC2 — chaîne à vocation éducative et culturelle mais diffusant aussi des émissions de distraction et des séries — en recevant moins d'un quart. Dès le début en effet, mais plus encore dès l'instant qu'apparut (voir *infra*) la concurrence de la télévision commerciale, la BBC s'est refusée à toute compétition interne au service public ; elle a opté pour une étroite complémentarité entre ses deux chaînes, organisant en permanence une harmonisation de leurs programmes.

2 | LE RÉSEAU COMMERCIAL : L'IBA
(INDEPENDENT BROADCASTING AUTHORITY)

Les divers gouvernements conservateurs ont fait successivement adopter, en 1954, 1971 et 1988 des dérogations au principe du monopole public des émissions, d'abord pour la télévision, puis pour la radio.

Le génie britannique a inventé, pour régir la télévision commerciale — privée —, un système de droit public.

La loi du 27 juillet 1954 a en effet prévu la constitution d'une autre corporation publique de télévision que la BBC, l'Independent Broadcasting Authority (IBA), chargée de coordonner les activités de la télévision indépendante (ITV), qui a en effet commencé ses émissions depuis le mois de septembre 1955 : cette loi a été complétée par une autre, dite « Television Act », en 1964. C'est le gouvernement qui nomme les membres de l' « Autorité », c'est-à-dire aux termes de la loi de 1964, les responsables des émissions télévisées autres que celles réalisées par la BBC ; l'IBA comprend un président, un vice-président et dix membres, dont trois représentent respectivement l'Ecosse, le Pays de Galles et l'Irlande du Nord.

L'IBA désigne un *directeur général,* chargé de la gestion et de l'administration générale de la station. Ce directeur général a d'ailleurs un poids moindre que son confrère de la BBC, le rôle réel de l'Autorité de la télévision indépendante étant plus actif que celui du Conseil des gouverneurs de la BBC.

Il faut encore noter que l'IBA ne fait pas réaliser les émissions par ses propres services. La loi de 1954 prévoyait en effet que celles-ci devraient être tournées par des spécialistes extérieurs « qui, passant contrat avec le service indépendant, auraient, moyennant certains paiements à ce dernier (...), le droit et le devoir d'assurer des programmes ou parties de programmes diffusés par le service et pouvant inclure des annonces publicitaires ».

Tel est donc le fonctionnement du système : l'IBA, autorité de tutelle, passe pour huit ans des conventions avec 15 compagnies privées indépendantes, qui réalisent les émissions du réseau ITV, chacune d'entre elles disposant d'une zone de diffusion déterminée, et collectant sa part de ressources publicitaires en fonction de l'importance de sa zone de diffusion. Parmi ces 15 compagnies, les cinq plus grandes — *Thames Television* et *London Week-end*, qui émettent sur la région de Londres, respectivement en semaine et le week-end, *Central TV* dans les Midlands, *Granada* dans le Nord-Ouest et *Yorkshire Television* dans le nord-est du pays — récoltent ainsi au total la majorité absolue des recettes publicitaires d'ITV. Si chacune des 15 compagnies a le monopole de la diffusion dans sa zone, pour la télévision indépendante, ces compagnies sont évidemment, en revanche, liées entre elles par des accords de production et de programmation, de manière que — en dehors des décrochages régionaux — la grille de programme d'ITV soit la même dans l'ensemble du territoire.

Aucune émission ne peut être programmée sans l'accord de l'Autorité. La Société *Independent Television News Limited* (ITN), dont chacune des 15 compagnies régionales est actionnaire, et qui est sans but lucratif, assure le service commun de l'actualité télévisée.

Pratiquement, comme l'explique Andrée Ojalvo, c'est l'Association constituée entre elles par les 15 compagnies régionales (ITVA) qui, sous la présidence de l'Autorité (IBA), « répartit la production, décide des achats de films et de programmes étrangers et module la participation financière de chaque compagnie en fonction du coût des programmes. En moyenne, 70 % des programmes diffusés (...) sont produits par les compagnies ITV et ITN, 11 % sont des programmes britanniques achetés hors du réseau, essentiellement des films, 14 % sont des programmes achetés hors de la CEE, principalement aux USA mais aussi en Australie, et les 5 % restant sont des programmes achetés au sein de la CEE ».

Une autre filiale commune aux 15 compagnies assure la publication de *TV Times*, hebdomadaire de programmes de télévision concurrent de celui de la BBC, et qui diffuse lui aussi à plus de trois millions d'exemplaires.

Depuis 1983, outre les quinze compagnies régionales, ITV comprend une société chargée de produire les émissions de la matinée de la chaîne, *TV AM*.

Le financement de la télévision indépendante se fait par la publicité. Celle-ci est envahissante.

Les compagnies contractantes produisant des émissions pour l'IBA doivent verser à l'Autorité, d'une part, une redevance pour l'utilisation des émetteurs et l'infrastructure technique, d'autre part, un pourcentage des sommes encaissées des annonceurs.

Les émissions de ITV sont, à quelques exceptions près, d'une qualité culturelle moindre que celles de la BBC. Variétés, feuilletons et « séries » diverses y règnent en maîtres.

Si la troisième chaîne offerte aux téléspectateurs britanniques, ITV, est originale dans son statut et son fonctionnement, elle ne présente guère de spécificité marquante, ni dans son mode de financement publicitaire, ni dans la conception de ses programmes, par rapport à ses consœurs commerciales du continent.

Il en va tout autrement avec la quatrième chaîne, *Channel Four*, autorisée par un vote du Parlement en 1982, et qui a démarré ses émissions à la fin de cette même année.

L'originalité se manifeste ici à tous les niveaux : conception, programmes, financement. Le Parlement britannique a en effet pris une double décision rarement compatible, en créant *Channel 4* : il a voulu une chaîne qui offre des programmes qu'on ne puisse trouver au même moment sur les autres, jouant donc la carte de la contre-programmation, et poussant *Channel 4* à se donner une coloration à la fois culturelle, imaginative et ouverte aux minorités ethniques ; en même temps, il a fait de *Channel 4* une chaîne privée, rattachée à ITV et financée par la publicité...

Channel 4 est donc une filiale de l'IBA ; les compagnies composant ITV sont tenues, pour concourir au financement de *Channel 4*, de verser à l'IBA une partie de leurs bénéfices (de l'ordre de 15 %). Les membres d'ITV y trouvent leur compte, d'une part parce qu'ITV exerce la régie publicitaire de *Channel 4*, d'autre part parce que *Channel 4* passe commande, pour produire certains de ses programmes, aux compagnies constituant ITV (30 % environ des programmes de *Channel 4* lui sont ainsi fournis par ITV).

Channel 4 ne possède en effet pas de moyens de production propres. Elle passe commande — contribuant ainsi à faire vivre la production privée indépendante britannique — en étant souvent coproductrice, ou achète films et émissions sur le marché mondial (près d'un tiers de sa programmation est étrangère, ce qui est considérable en Grande-Bretagne). Ne se refusant ni le recours à certaines séries américaines ni le sport, mais présente sur le front de la création culturelle, ayant contribué à relancer le cinéma britannique, avec des metteurs en scène comme P. Greeneway ou S. Frears, *Channel Four* compose un cocktail nouveau, d'une saveur d'autant plus particulière qu'il appartient au secteur « commercial » de la télévision...

Mentionnons encore qu'au Pays de Galles, pour promouvoir les émissions en gallois (vingt-deux heures hebdomadaires), la loi a institué s4c, *Sianel Pedwar Cymru,* qui fonctionne selon le même modèle que *Channel Four* (mais, avec une Autorité galloise spécifique), et qui insère ses programmes dans la grille nationale de *Channel 4.*

Le secteur privé britannique (même si l'on hésite à employer ces termes puisque ce secteur est chapeauté par une institution, l'IBA, mise en place par l'Etat), le secteur de la télévision commerciale britannique en tout cas, comprend donc une grande chaîne de distraction tous publics (ITV), et une petite chaîne à vocation culturelle et pour publics marginaux *(Channel 4)* ; le secteur public, avec BBC1 et BBC2, ayant antérieurement mis en place des structures comparables, on aboutit donc à une symétrie frappante.

3 | LES PRÉFÉRENCES DU PUBLIC

Au cours des premières années d'ITV, l'engouement du public pour la nouvelle chaîne fut important et la télévision commerciale parut en mesure de gagner la bataille de l'audience. En 1967, par exemple, l'audience d'ITV (avec une seule chaîne) dépassait celles de BBC1 et BBC2 réunies. Mais le secteur public sut réagir et malgré l'apparition puis les progrès de *Channel 4,* les deux chaînes de la BBC sont parvenues à un véritable équilibre d'audience avec les chaînes commerciales. Au début de l'année 1990, sur l'ensemble de la journée, les parts de marché se répartissaient ainsi, entre les quatre chaînes :

BBC 1	37 %	} 47 %
BBC 2	10 %	
ITV	44 %	
Channel 4	9 %	

4 | LA LIBÉRALISATION DE LA RADIO

Si l'intervention des intérêts privés a été, dès 1954, jugée légitime dans le domaine de la télévision, la radio a dû attendre 1988 pour voir arriver sa révolution libérale, c'est-à-dire pour que le monopole de la BBC soit mis en cause.

La préhistoire de la radio commerciale au Royaume-Uni avait été marquée, dans la période 1964-1967, par l'épisode des « radios pirates » (notamment *Radio-Caroline*) émettant à partir de navires, au large des côtes. Avant d'être interdites par le Parlement, ces radios avaient démontré l'appétit de la jeunesse pour des programmes différents de ceux de l'austère BBC. Du coup, celle-ci avait été amenée, à la fin des années 1960 et dans les années 1970, à épousseter sa programmation et son image.

La majorité conservatrice suivant Mme Thatcher s'est finalement résolue, en 1988, non seulement à envisager une déréglementation *(deregulation)* des radios locales, suivant le modèle reaganien prônant la déréglementation dans les communications, mais aussi — suivant plutôt ici le modèle « léotardien » — d'offrir aux enchères trois chaînes nationales de radio. C'est en tout cas la solution préconisée en novembre 1988 par le Livre blanc sur l'audiovisuel, charte des réformes prévues pour les années 1990. Pour l'ensemble de ces opérations, une « Radio Authority », mise en place sur le modèle de l'IBA, devait hériter des prérogatives en matière de répartition des fréquences.

Ce processus a immédiatement vu fleurir — comme, quelques années plus tôt en France, ou plus tôt encore en Italie — quelques centaines de projets de radios locales commerciales, sans qu'on puisse toujours se prononcer sur leur espérance de vie...

La radio britannique devrait donc connaître une période de profonde mutation, qui devrait la rapprocher progressivement de la situation franco-italienne.

5 | LA TÉLÉVISION PAR CÂBLE

En matière de télévision par câble, la lenteur de l'équipement de la Grande-Bretagne peut se comparer à celle de la France.

En janvier 1990, le câblage était installé pour 1 573 374 foyers (soit 7,5 % de la population) ; 302 483 foyers s'étaient fait raccorder effectivement, pour s'abonner (soit 1,5 % de la population). Le câble est donc encore en 1990 une « expérience », menée notamment à Croydon, à Coventry, à Aberdeen, etc.

Les opérateurs britanniques espèrent cependant qu'avec l'attrait croissant pour les programmes transmis par satellite, les foyers britanniques vont basculer vers un intérêt soutenu pour le câble. Du côté de la *Cable Authority*, on prévoit que, fin 1992, le nombre de foyers raccordables devrait atteindre 5,5 millions, et 13 millions fin 1995. Même si ces prévisions s'avèrent fondées et même si le taux de raccordement effectif s'élève, disons par hypothèse à 25 % des foyers raccordables, le câble ne disposerait d'une audience potentielle que dans 3 250 000 foyers à la fin de 1995. L'Amérique est encore loin.

6 | LA TÉLÉVISION PAR SATELLITE

Le câble est rare, on vient de le voir, et les antennes paraboliques individuelles le sont aussi : 501 000 foyers équipés à la fin de l'année 1989. On pourrait s'attendre pourtant que la transmission satellitaire suscite un intérêt particulier en Grande-Bretagne au cours des prochaines années, dans la mesure où de nombreux programmes sont diffusés en anglais : par exemple, sur *Astra,* 8 chaînes émettent d'ores et déjà en anglais : celles de Sky Channel, du groupe Murdoch (Sky Channel, généraliste, et Sky Movies, Sky News, Eurosport), celles de W. H. Smith (Screensport, Lifestyle), MTV et Children Channel.

A ces chaînes devaient, en 1990, s'ajouter, mais pour quelques mois seulement, cinq nouveaux canaux en anglais, avec le lancement de *BSB* : en octobre 1990 en effet, la fusion à 50/50 des sociétés Sky et *BSB* s'accompagnait de la décision de limiter à cinq le nombre total de leurs chaînes.

4 / Médias et publicité

La Grande-Bretagne est le premier pays européen pour l'investissement publicitaire. Il est le troisième mondial, après les Etats-Unis et le Japon.

La publicité tient une place décisive dans la presse britannique. Elle occupe plus du tiers de la surface des quotidiens, près de la moitié de celle des périodiques. Elle est interdite à la BBC et n'est permise que sous forme de « spots » — et non d' « émissions patronnées » comme aux Etats-Unis — sur les antennes de l'ITV.

Les 7 564 millions de livres (80 milliards de francs environ) investis dans les médias en 1989 (en y incluant le cinéma et l'affichage) se sont répartis comme indiqué au tableau suivant :

Investissement publicitaire, par média (1989)

Médias		%
Presse écrite		62,8
dont : Quotidiens et journaux du dimanche	42,9	
Magazines	19,9	
Radio		2,0
Télévision		31,2
Cinéma		0,4
Affichage		3,6
		100,0

Source : Saatchi and Saatchi.

On constate l'importance conservée par la presse écrite, et surtout par ces puissances que demeurent les quotidiens et journaux du dimanche. Les interrogations sur l'avenir demeurent cependant lancinantes, dans les milieux professionnels britanniques de la presse écrite, dans la mesure où le paysage audiovisuel n'est pas fixé. La création éventuelle d'une cinquième chaîne hertzienne, les projets de chaînes cryptées payantes de la BBC (dans les domaines financiers et médicaux notamment), les progrès possibles du câble et du satellite sont, parmi d'autres, des variables qui peuvent influer sur l'évolution des parts de marché publicitaire des différents supports.

Il reste que l'économie britannique est publiphile, et que les médias du Royaume-Uni ne peuvent que se réjouir du volume global des recettes qui leur sont fournies par les annonceurs.

Chapitre III

LES MÉDIAS EN ITALIE

Les Italiens lisent peu le journal. Le taux de pénétration des quotidiens n'y est que de 116 exemplaires pour 1 000 habitants.

Les raisons sociales et économiques de cette situation sont évidentes : le taux d'alphabétisation et de développement culturel est encore insuffisamment élevé en Italie du Sud ; le journal coûte en outre relativement cher pour les catégories sociales les plus défavorisées.

Le développement de la scolarisation et la progression économique de l'Italie tendent cependant à modifier peu à peu cet état de choses. Si, en 1945, 52 % des foyers italiens lisaient, au moins de temps en temps, un journal, ce pourcentage est passé à 59,2 % en 1957, 71 % en 1965, 79,4 % en 1989.

Une autre réalité est fondamentale dans la situation italienne : la disparité existant entre le Nord du pays — où une presse dynamique et moderne peut soutenir dans bien des domaines la comparaison avec la presse des autres grands Etats industriels — et le Sud, qui n'est pas encore entré vraiment dans l'ère du capitalisme moderne. On retrouve cette disparité, tant à propos de la pénétration des journaux que de l'évolution de la consommation audiovisuelle : le Nord est toujours très en avance sur le Sud et les îles.

Si l'Italie fait figure de parent pauvre en Europe en matière de presse, on sait qu'elle a en revanche innové, dans les années 1970, en matière de radio et de télévision, en étant la première à donner le signal de départ des radios et télévisions commerciales. C'est, à bien des égards, par rapport au « modèle italien » (ses aspects séduisants, mais aussi ses errements) que les autres pays d'Europe ont, dans les années 1980, arrêté leurs propres politiques dans le domaine audiovisuel.

1 / Le cadre constitutionnel : un régime libéral

Le premier texte consacrant officiellement la liberté de la presse dans la péninsule italienne date du 26 mars 1848. A cette date, l'article 25 du statut promulgué par Charles-Albert et connu sous le nom d'*édit Albertino* affirmait en effet « la presse sera libre, mais la loi en réprimera les abus ». Les vicissitudes de l'histoire avaient, par la suite, fait naître des interprétations diverses de ce texte fondamental. En particulier, le régime fasciste avait institué un système dans lequel il n'y avait évidemment pas de place pour la liberté de la presse. Aussi la République italienne dut-elle, après la deuxième guerre mondiale, mettre en place un système nouveau et réellement fondé sur des principes libéraux.

A la différence d'autres constitutions européennes (celle de la France par exemple), la Constitution italienne, entrée en vigueur le 1er janvier 1948, reconnaît expressément, dans son article 21, le principe de la liberté de la presse. Il est utile de citer cet article *in extenso* car il est relativement détaillé, et ne consiste pas seulement dans l'affirmation de vagues préceptes généraux :

« Tout citoyen a le droit de manifester librement ses opinions par la parole, l'écrit ou tout autre moyen de diffusion. La presse ne peut être soumise ni à l'autorisation préalable, ni à la censure. Il ne peut être procédé à une saisie que par un acte motivé des autorités judiciaires, dans les cas de délits pour lesquels la loi sur la presse l'autorise expressément, ou en cas de violations des règles qu'édicte cette même loi pour l'indication des responsables de la publication.

« Dans de tels cas, lorsqu'il y a urgence extrême et que les autorités judiciaires se trouvent dans l'impossibilité d'intervenir immédiatement, la saisie de la presse périodique peut être effectuée par des officiers de police judiciaire. Ceux-ci doivent immédiatement, et au plus tard dans les vingt-quatre heures, en référer aux autorités judiciaires. Si ces dernières ne la valident pas dans les vingt-quatre heures suivantes, la saisie est considérée comme annulée et privée de tout effet.

« La loi peut établir, par des règles de caractère général, que les moyens de financement et les noms des commanditaires de la presse périodique doivent être rendus publics.

« Les publications imprimées, les spectacles et toutes les autres manifestations contraires aux bonnes mœurs sont interdits. La loi fixe les mesures propres à prévenir et à réprimer les abus. »

On voit l'intérêt et l'originalité de ce texte, qui va jusqu'à fixer des règles concernant la saisie des journaux et les mentions obligatoires devant figurer sur les publications.

Dans la réalité quotidienne, le régime juridique de la presse italienne est comparable à celui de la presse française : un cadre libéral, dans lequel alternent des périodes de relative tranquillité pour les journaux et des phases de sévère répression à l'égard de la presse contestataire.

Il convient d'ajouter qu'existe en Italie une institution originale : pour veiller à la bonne exécution des lois sur la presse — et notamment les dispositions concernant l'interdiction faite à tout groupe de presse de posséder plus de 20 % du tirage total de la presse quotidienne — la loi de 1981 a institué un « garant » de la législation de presse, magistrat indépendant nommé pour cinq ans, conjointement par le président du Sénat et celui de la Chambre des députés.

2 / La presse écrite

1 | LES AGENCES DE PRESSE

Il n'y a pas en Italie de grandes agences télégraphiques mondiales, comparables à l'AFP ou à Reuter. Les agences italiennes ont donc avant tout une vocation nationale.

La plus importante est l'ANSA *(Agenzia Nazionale Stampa Associata)* qui a été créée le 13 janvier 1945 et a pris la suite de l'Agence Stefani, laquelle fonctionnait depuis 1853. L'ANSA est une société coopérative à responsabilité limitée, formée par tous les quotidiens italiens. La Fédération italienne des Editeurs de Journaux figure également parmi les associés, ainsi que certains périodiques. Tout journal peut faire partie de la coopérative, dès lors qu'il est abonné à tout ou partie des services de l'agence. Le président de la société est élu parmi les associés par l'Assemblée générale des associés. L'ANSA dispose d'un grand nombre de correspondants dans toute l'Italie et même à l'étranger. Elle est reliée par téléscripteurs aux grands centres nationaux et internationaux, et a parmi ses clients la quasi-totalité des journaux italiens, de nombreux organismes gouvernementaux, des entreprises, des banques et les représentations italiennes à l'étranger. Elle a passé des accords d'échange de services avec les grandes agences mondiales.

A mesure de l'importance croissante — économique notamment — de l'Italie dans les échanges mondiaux, l'ANSA conquiert des clients à l'extérieur du pays : à ses 630 clients nationaux s'ajoutent désormais plus de 300 clients hors des frontières.

L'agence la plus importante après l'ANSA est l'AGI *(Agenzia Giornalistica Italia),* créée en 1950 à l'initiative du grand office d'Etat du secteur des hydrocarbures, l'ENI, dont elle demeure la propriété. C'est donc une agence en partie financée par le secteur public ; au demeurant, l'Etat concourt, par des aides financières, à l'équilibre financier de l'ensemble des agences.

Le chiffre d'affaires annuel de l'ANSA est de l'ordre de 470 millions de francs, celui de l'AGI de 160 millions de francs.

Il existe par ailleurs un grand nombre d'agences spécialisées. Certaines sont liées à des courants ou à des personnalités politiques — ainsi depuis 1951 l'ADN-Kronos (tendance socialiste, chiffre d'affaires de 40 millions de francs environ) ou, depuis 1968, l'ASCA, d'inspiration catholique. Parmi les principales agences commerciales privées figure *Radiocor,* fondée dès 1953 par le groupe de Benedetti.

En dehors des agences photographiques, on compte plus de 200 agences spécialisées, de dépêches ou de textes.

2 | LES QUOTIDIENS

Il paraît en Italie 72 quotidiens, totalisant une diffusion modeste de 5 300 000 exemplaires pour l'ensemble de la péninsule.

La distribution géographique de ces quotidiens est significative : 56 % sont édités en Italie du Nord, 27 % dans l'Italie centrale, 7 % dans le Sud et 10 % dans les îles.

Cette presse est concentrée dans les grandes villes. Près du tiers du tirage global est imprimé à Rome et à Milan. L'ensemble des journaux est imprimé dans 35 villes. Bien que l'Italie n'ait jamais connu de période de centralisation politique comparable à celles de la France, on ne trouve guère en Italie, comme on aurait pu s'y attendre, d'éparpillement de la presse en petits titres d'intérêt strictement local. On est dans une situation intermédiaire : deux « grands nationaux », peu de petites feuilles locales, plusieurs grands régionaux.

Les régions les mieux pourvues en quotidiens sont le Latium, la Lombardie et l'Emilie-Romagne. En revanche, certaines régions ne disposent pas d'un quotidien : ce sont la vallée d'Aoste, l'Ombrie, les Abruzzes, la Molize, la Basilicate et la Calabre. Elles reçoivent des éditions locales de grands quotidiens imprimés dans d'autres régions.

Certains journaux se sont fait ainsi une spécialité de la préparation d'éditions locales spéciales. Les Italiens les appellent « plurirégionaux ». On peut citer *Il Gazzettino* de Venise (13 éditions), *Il Resto del Carlino* (13), *Il Messagero* de Rome (16) ou *Il Tempo,* de Rome également (15).

La progression des journaux a longtemps été défavorisée par la fixation de leur prix de vente par l'Etat. Ce système de taxation, institué dès 1947, s'est longtemps traduit par une évolution du prix de vente des quotidiens artificiellement maintenue en-dessous du rythme de l'inflation. Les prix ont finalement été libérés en 1985 — et les journaux ont pu sortir d'une certaine asphyxie financière, encore qu'ils aient à ce moment été atteints de plein fouet, sur le front de leurs recettes publicitaires, par la ponction opérée par la télévision.

Depuis les années 1970, on a pu noter une augmentation sensible de la pagination des quotidiens, sous l'influence surtout de la publicité.

L'une des institutions originales de la presse italienne reste encore souvent la troisième page des quotidiens, *la terza pagina*. Il s'agit d'une page réservée à des articles de caractère culturel, à laquelle participent des personnalités extérieures au journal, des écrivains, des historiens, des savants.

Dans l'ensemble, malgré des améliorations sensibles depuis quelques années et une complète modernisation de son équipement, la presse italienne reste, du point de vue de la composition, de la mise en page, de la présentation extérieure, une presse assez traditionnelle, finalement assez proche de la presse du siècle dernier. Il a, en fait, fallu attendre, en 1976, la création de *La Repubblica,* pour voir apparaître en Italie une formule nouvelle, puisque pratiquement tous les grands journaux datent du siècle précédent.

Aucun quotidien italien de grande information n'approche des tirages comparables à ceux de la presse britannique ou de la presse allemande (voir tableau page suivante).

On le voit : trois grands journaux dominent le marché. Pendant longtemps, ils ne furent que deux : le *Corriere della Sera* et *La Stampa.*

La Stampa appartient à la firme automobile Fiat. Elle est le premier journal important italien à avoir développé la politique des « pages spéciales » régulières, comme le fait *Le Monde* en France : sa page économico-financière est apparue, en 1961 ; les pages « médecine », « automobile », « livres » et « sciences » en 1962 ; les pages « femme » et « distraction » en 1963.

Diffusion des principaux quotidiens

Titres	Ville	Année de création	Propriétaires	Diffusion (1988)
La Repubblica	Rome	1976	Mondadori/L'Espresso	730 000
Corriere della Sera	Milan	1876	Rizzoli/Fiat	715 000
La Stampa	Turin	1868	Fiat	560 000
Il Messagero	Rome	1878	Montedison-Ferruzzi	370 000
Il Sole-24 Ore	Milan	1865	Cofindustria	320 000
Il Resto del Carlino	Bologne	1885	Monti	310 000
L'Unità	Milan	1924	PCI	300 000
Il Giorno	Milan	1956	ENI	290 000
La Nazione	Florence	1859	Monti	288 000
Il Giornale	Milan	1974	Berlusconi	275 000
Il Mattino	Naples	1892	Mattino	205 000
Il Tempo	Rome	1944	Pesenti/Monti	198 000
Il Secolo XIX	Gênes	1877	Indépendant	195 000
Il Gazzettino	Venise	1878	Indépendant	185 000

Quotidiens sportifs

Gazzetta dello Sport	Milan	1896	Rizzoli/Fiat	720 000
Corriere dello Sport	Rome	1924	Amodei	540 000
Tuttosport	Turin	1945	Piantelli	150 000

Le *Corriere della Sera* a été, de son côté, le premier journal de la péninsule à avoir engendré un véritable groupe de presse. On trouve en effet dans le même groupe, dès les années 1960, *Domenica del Corriere* (journal du dimanche qui revendique 6 millions de lecteurs), *Corriere dei Piccoli* (hebdomadaire pour enfants). *Tribuna Illustrata* (grand magazine populaire) et *Amica* (hebdomadaire féminin), c'est-à-dire un éventail assez complet de publications diversifiées.

Progressivement constitué, le groupe Rizzoli/*Corriere della Sera* (qu'on retrouvera plus loin, à propos des périodiques) fit couler beaucoup d'encre à propos du pluralisme dans la presse quotidienne lorsque en fin 1985 on apprit que la société financière Gemina, possédant le groupe, était désormais contrôlée (puisque détenue à 49,95 %) par Fiat.

Ainsi, la Fiat de M. Agnelli avait-elle désormais, plus ou moins directement, le contrôle, à la fois de *La Stampa* et du *Corriere della Sera*, malgré la loi de 1981 sur les limitations à la concentration de la presse quotidienne...

Entre-temps était apparu, au centre gauche, le « troisième larron » de la grande presse, qui allait peu à peu gagner ses galons de premier de la classe. *La Repubblica,* avec une formule imitée des grands journaux de qualité français, espagnol et britannique (mais comportant une partie « magazine » de plus en plus attrayante au fur et à mesure que s'affirmait le succès commercial), a atteint un tirage de 380 000 exemplaires en 1984, 580 000 en 1986, 730 000 en 1988. Le nouveau venu romain a ainsi grignoté peu à peu, puis dépassé ses rivaux, d'abord *La Stampa* — toujours restée un grand régional plus qu'un véritable quotidien national — puis le *Corriere,* qui reste cependant au coude à coude avec lui.

A propos de *La Repubblica* aussi, la polémique sur la propriété du titre et sur la réduction du pluralisme politique devait faire rage, lorsqu'on apprit, en 1989, que le groupe Mondadori — possesseur de 50 % des parts de *La Repubblica* — n'était désormais plus contrôlé par de Benedetti mais par Silvio Berlusconi, le magnat de la télévision (et possesseur par ailleurs du quotidien *Il Giornale* de Milan). L'année 1990 en revanche semblait consacrer l'effacement de Berlusconi. Feuilleton à suivre...

Derrière les deux grands « nationaux », *Repubblica* et *Corriere,* et le grand régional lombard, *La Stampa,* les principaux régionaux et plurirégionaux ont, on le constate à l'examen de notre tableau, des chiffres de diffusion assez modestes.

On constate en revanche que l'Italie réussit mieux que plusieurs de ses voisins dans trois catégories de quotidiens spécialisés : le grand quotidien économique et financier *Il Sole-24 Ore* (directement rattaché à l'organisation patronale de l'industrie italienne) dépasse un tirage de 300 000 exemplaires ; trois quotidiens sportifs se disputent le marché, dont le premier, la *Gazzeta dello Sport,* frôle le premier tirage du pays ; enfin le Parti communiste, avec *L'Unità,* maintient un tirage important pour un quotidien d'organisation politique (300 000 exemplaires, contre toutefois 450 000 en 1970 ; de même *Paese Sera,* le journal populaire du soir contrôlé par le PCI est-il passé de 175 000 exemplaires en 1970 à 85 000 en 1988).

Les autres partis politiques ont du mal à entretenir une presse quotidienne.

L'organe officiel quotidien de la Démocratie chrétienne est *Il Popolo,* qui paraît à Rome, dans des conditions assez difficiles, avec un tirage moyen de 35 000 exemplaires.

Le journal du Parti socialiste est *Avanti.* Lui aussi vit dans des conditions matérielles assez précaires, avec un tirage de l'ordre de 30 000 exemplaires.

On peut citer également *La Voce Repubblicana,* de Rome, quotidien du Parti républicain italien, *Dolomiten,* de Bolzano, quotidien (en langue allemande) du Parti populaire sud-tyrolien, et *Il Manifesto* (extrême gauche et communistes rénovateurs).

En dehors même de *L'Osservatore Romano* et des publications vaticanes, il faut relever également l'existence d'une chaîne de journaux locaux catholiques, qui sont l'expression directe ou indirecte des milieux catholiques officiels et ont des services de presse en commun. Parmi ces journaux qui représentent près de 10 % du tirage total de la presse italienne quotidienne, *L'Eco di Bergamo* (Bergame) arrive en tête (60 000 exemplaires). On peut rattacher à cette famille *Il Tempo* (Rome).

3 | LES PÉRIODIQUES

L'ère de la presse périodique illustrée a vraiment commencé en Italie après la seconde guerre mondiale. Elle s'est, depuis lors, considérablement développée, et l'on estime que, si 10 % seulement d'Italiens lisent régulièrement un quotidien, ils sont 38 % à lire un périodique.

Les titres qui dominent les tirages de la presse hebdomadaire appartiennent aux genres qui, partout dans le monde, occupent les places de tête dans les ventes (voir tableau) : journaux spécialisés dans les programmes de télévision, magazines illustrés, presse féminine.

Le « ruban bleu » appartient à un hebdomadaire de télévision, *Sorrizi*

Diffusion des principaux hebdomadaires

Titres	Genre	Diffusion (1988)
TV Sorrizi e Canzoni	TV	2 200 000
Automobile	Auto	1 550 000
Famiglia Cristiana	Catholique	1 100 000
Gente	Mag. illustré	750 000
Oggi	Mag. illustré	600 000
Grand Hôtel	TV	550 000
Nuova Guida TV	TV	500 000
Topolino	Enfants	490 000
Panorama	News	420 000
Grazia	Féminin	380 000
L'Espresso	News	370 000
Confidenze	Féminin	350 000

e Canzoni. On remarquera trois originalités relatives dans ce classement : la présence, comme « millionnaire » du journal hebdomadaire catholique familial, *Famiglia Cristiana,* propriété des pères de Saint-Paul (mais il vendait 1 700 000 exemplaires en moyenne en 1969) ; le succès constant de l'hebdomadaire pour enfants *Topolino (Mickey)* ; la place relativement modeste des grands magazines féminins.

D'une manière générale, si l'on met à part les *news magazines* et quelques titres spécifiques, la qualité de la presse périodique italienne est assez moyenne, aussi bien du point de vue du texte que des illustrations et des photographies.

C'est dans ce domaine de la presse périodique que de véritables groupes de presse ont fait leur apparition depuis la guerre.

Les principaux groupes sont les suivants :

— *le groupe Berlusconi :* le groupe Fininvest, de M. Berlusconi, exerce d'abord son activité dans le domaine des médias audiovisuels (voir ci-après). Mais il possède également, outre plusieurs imprimeries et une maison d'édition, plusieurs grands titres de la presse italienne : *TV, Sorrizi e Canzoni, Il Giornale, Ciak* (revue de cinéma) ; il est, en 1989, aux termes d'un combat qui sera remis en cause dans les années suivantes, parvenu à s'assurer le *contrôle partiel du groupe Mondadori* ;

— *le groupe Mondadori* comprend, outre *La Repubblica* (à 50 %), et des quotidiens locaux comme la *Gazzetta di Mantova* ou la *Gazzetta di Modena* ; des hebdomadaires comme les féminins *Confidenze, Grazia, Guidacucina,* le news-magazine *Panorama, Nuova guida TV, Topolino, Dolly* (pour adolescentes), *Epoca* (magazine illustré d'information) ; de très nombreux mensuels, comme la série des *Harmony* (près de deux millions d'exemplaires au total), des titres pour enfants, et de la presse d'évasion ;

— *le groupe Rusconi* comprend notamment les hebdomadaires *Gente* (magazine illustré d'actualité), *Gioia* (féminin), *Onde TV* (magazine de télévision), et des mensuels comme *Gente Motori, Rakam* (ouvrages pour femmes), *Gioielli* (tricot), *Tuttomoto, Gente Viaggi* et *Decoration internationale* ;

— *le groupe Rizzoli,* outre de grands quotidiens *(Corriere della Sera, Gazzetta dello Sport)* comprend un hebdomadaire d'actualité, *L'Europeo,* et des magazines comme *Amica, Brava, Playboy, Novella 2000, La Buona Tavella,* le *Corriere d'Informazione.* Ce groupe est, on l'a relevé plus haut, contrôlé par Fiat, par l'intermédiaire de la holding financière Gemina.

**4 | LA DIFFUSION DES JOURNAUX
ET L'AIDE DE L'ÉTAT A LA PRESSE**

La distribution de la presse écrite se fait par le canal d'un nombre de points de vente relativement peu élevé : 18 000 environ, dont 10 000 kiosques (les autres étant des boutiques et magasins divers).

Le taux de bouillonnage, pour la presse quotidienne, se situe aux alentours de 18 % du tirage global.

Compte tenu de la relative faiblesse des recettes de vente et des problèmes nés du côté des recettes publicitaires et de la concurrence de la télévision, le gouvernement italien a adopté diverses mesures destinées à venir en aide aux entreprises de presse écrite. Cette aide prend la forme d'exonérations fiscales, de subventions, de réductions sur le prix du papier journal, de prêts à taux préférentiels, d'annonces publicitaires souscrites par des entreprises d'Etat, de réduction de 50 % sur les transports par voie ferrée et sur les tarifs postaux, téléphoniques et télégraphiques.

Des facilités de crédit sont également organisées, pour la modernisation des installations de presse, essentiellement des imprimeries. Ces différentes aides font de la presse italienne l'industrie de presse la plus aidée par l'Etat dans la Communauté européenne.

3 / La radio et la télévision

1 | LES ORIGINES

Comme en matière de presse écrite, l'Italie a eu un certain retard à rattraper en matière de radio-télévision. En 1964, on ne comptait que 10 millions de postes de radio et 5 millions de récepteurs de télévision en service. En 1970, le taux de pénétration de la télévision atteignait 57 % des foyers. Mais l'explosion des stations privées allait ensuite accélérer le processus d'équipement. En 1989, avec 19 700 000 foyers équipés, l'Italie arrivait presque à saturation (98,6 %).

Comme tous les Etats européens, l'Italie a d'abord consacré le principe du monopole étatique en matière de radiodiffusion et de télévision. C'est le décret du 8 février 1923 qui précisait : « L'Etat se réserve sur terre, à bord des navires et des avions, la mise en place et l'exploitation des communications au moyen d'ondes électro-magnétiques sans l'usage de fils conducteurs de liaison ou bien à ondes dirigées. » Le même décret prévoyait que l'Etat peut accorder à tout organisme, public ou privé, des concessions ou des licences pour l'installation et l'exploitation de ces services. Le décret de 1923 confiait au ministre des Postes et Télégraphes (aujourd'hui des Postes et Télécommunications) le soin de diriger et de contrôler l'exercice du monopole étatique.

La première concession accordée par le ministère des Postes en matière de radiodiffusion le fut, le 14 décembre 1924, pour une durée de six ans à la société URI (Unione Radiofonica Italiana) qui bénéficiait ainsi de l'exclusivité des émissions sur la péninsule. L'URI créait, en plus de celui qu'elle avait déjà installé à Rome, deux émetteurs à Milan et à Naples. Une nouvelle concession était signée dès le 27 décembre 1927, pour une durée de vingt-cinq ans, prévoyant une large extension du réseau de radiodiffusion. L'URI adoptait désormais une nouvelle dénomination et devenait l'EIAR (Ente Italiana Audizioni Radiofonica). 1927-1939 est la période qui marque, sous le fascisme, le véritable « décollage » de la radio en Italie, avec la création de nouveaux émetteurs, l'inauguration de nouveaux programmes, la création (en 1934) de programmes spéciaux à destination de l'étranger. En 1939, la radio italienne comptait 1 169 939 abonnés acquittant la redevance.

C'est en octobre 1944 que l'EIAR devint la RAI *(Radio Audizioni Italia), dont la situation, en raison de la guerre et des destructions d'émetteurs, n'était guère brillante.*

Grâce à un effort important de rééquipement, la situation était en 1948 redevenue comparable à celle de l'immédiat avant-guerre. A la fin de 1952, le nombre de redevances radio s'élevait à 4 286 525. En 1952, la concession accordée par l'Etat fut reconduite, et étendue à la télévision. Cette convention stipulait, notamment, que la majorité absolue des actions de la RAI ainsi que de la SIPRA (Societa Italiana di Pubblicita radiofonica anonima) devait appartenir à l'Office public qu'est l'IRI (Institut pour la Reconstruction industrielle).

En ce qui concerne la télévision, les premières émissions expérimentales ont été réalisées dans les années qui ont précédé la seconde guerre mondiale. C'est en novembre 1927 qu'était inauguré à Rome un émetteur à ondes ultra-courtes permettant la réalisation de ces premières émissions. Après que la RAI eut obtenu en 1952 la concession exclusive des émissions de télévision en Italie et changea la signification de son sigle (Radiotelevisione Italiana), c'est le 3 janvier 1954 que fut inauguré le réseau de la télévision italienne. C'est dire que la télévision italienne est une jeune télévision par rapport à certaines de ses homologues du continent européen.

C'est aussi une télévision qui a eu — de 1954 à 1976 — une histoire fondée sur le monopole du service public, avant de découvrir brutalement les délices de la programmation commerciale.

2 | LA RADIO

Dix millions de foyers écoutent la radio chaque jour.

Le secteur public est composé des trois programmes de la RAI : RAI 1, RAI 2 et RAI 3. Les programmes du secteur public sont ceux qui font le plus de place à l'information (25 % du temps d'antenne). Celle-ci est souvent de bonne qualité mais souffre de la *lotizzazione,* par lequel les partis politiques de « l'arc-en-ciel » démocratique se sont partagé le gâteau audiovisuel public. Ainsi, une règle non écrite veut-elle que la RAI 1 soit dirigée par un démocrate chrétien, la RAI 2 par un socialiste, et la RAI 3 par un communiste...

Depuis la loi du 14 avril 1975, la loi autorise l'existence de radios privées au niveau local, et abolit donc, à ce seul niveau, le monopole de la RAI. Ce fut immédiatement le foisonnement des radios locales, dans des conditions techniques de guerre des ondes permanente, dans la mesure où aucune réglementation — et aucun organisme de régulation — ne venait préciser la liberté nouvelle. En même temps, se créaient progressivement des *réseaux*, liant entre eux les réseaux locaux, échangeant programmes et publicité, bref constituant, contre l'esprit de la loi, de véritables programmes nationaux de radio.

En 1990, plus de 4 000 stations de radio émettent quotidiennement. Parmi les réseaux importants, on peut citer *Cieretti,* qui dessert environ 600 stations, *Margherita,* ou SPER (350 chacun, environ), *Media Europa,* etc.

La RAI continue à drainer la plus grande part de l'audience de la matinée — à l'heure des informations — puis elle perd la suprématie dans la journée ; les radios privées, avec des formules fondées sur de la musique enregistrée, entrecoupée de sports, météo et interventions des auditeurs, prennent alors la relève.

3 | LA TÉLÉVISION

Le coup de tonnerre qui a secoué le paysage audiovisuel italien date du mois de juillet 1976 : la Cour constitutionnelle décidait alors qu'au niveau local le monopole télévisuel de la RAI n'était pas conforme à la Constitution de la République. Les télévisions locales privées étaient donc désormais légalisées. Comme pour la radio, ce fut immédiatement l'explosion. Des centaines de stations locales de télévision voyaient le jour et commençaient à émettre. Suite de *talk-shows* et de films ou séries achetés à bon marché composaient le menu ordinaire de la plupart de ces stations.

Très vite, les grands organes de la presse écrite interviennent. Le premier, *Il Secolo XIX,* le grand quotidien ligurien, crée une télévision locale à Gênes, le 11 juin 1977.

Les grands groupes de presse et d'édition organisent les premiers réseaux nationaux à partir de stations locales, puisque là aussi bien sûr, comme pour la radio, de tels réseaux nationaux se mettent sur pied : le monopole n'existe plus juridiquement sur le plan local. Pratiquement, il est abattu aussi sur le plan national, faute là encore d'un quelconque arsenal de réglementation et de contrôle.

Rusconi crée ainsi le réseau *Italia 1* (1981), Mondadori installe *Rete Quattro* (1982) et Rizzoli fonde *Prima Rete Independante* (1982).

De son côté, un promoteur immobilier milanais, Silvio Berlusconi, avait, en 1980, lancé dans sa ville *Canale 5.* C'est lui, on le sait, qui allait gagner la bataille de la télévision commerciale — rachetant *Italia 1* en 1983 et *Rete Quattro* en 1984, et constituant, sous le nom de *Fininvest,* un véritable empire aux dimensions internationales. Si on se limite ici aux constituants médiatiques de cet empire (qui comprend par ailleurs de nombreux établissements du secteur des assurances, de l'immobilier, de la finance et de la grande distribution), on relève qu'outre des intérêts puissants dans la presse écrite (voir ci-dessus, p. 371), *Fininvest* contrôle en Italie les réseaux de télévision *Canale 5, Italia 1, Rete 4, Rete 10* — soit plus de 80 % du chiffre d'affaires de la télévision privée —, des agences de publicité et de relations publiques, des sociétés de production audiovisuelle, des sociétés de transmission hertzienne et d'antennes, des sociétés d'achats de droits de films et d'émissions, des salles de cinéma ; à quoi s'ajoutent des intérêts croissants dans des chaînes et sociétés de production en France (participations à La Cinq et à TF1), en Espagne, en RFA ; soit au total un chiffre d'affaires de près de 40 milliards de francs pour l'année 1988.

Les recettes publicitaires de *Publitalia,* la régie publicitaire du groupe Fininvest, ont progressé de manière spectaculaire : elles se sont élevées, en milliards de lires courantes à :

12	en	1980
78	en	1981
212	en	1982
476	en	1983
790	en	1984
1 150	en	1985
1 378	en	1986
1 850	en	1987
2 000	en	1988.

Les grilles de programmes permettant ce succès ont été largement fondées sur la présence massive de films de cinéma et l'importation de produits américains (films et séries). En 1987, par exemple, les chaînes Berlusconi ont diffusé 1 859 films (plus de cinq par jour...), dont 1 431 (soit 77 %) provenaient des Etats-Unis ; 50 % du reste de la programmation était également importée des Etats-Unis.

On sait que cette politique de programmation aboutit rapidement à faire déserter les salles de cinéma par le public, et à tuer le cinéma italien. Le comprenant, à partir de 1985-1986, Berlusconi a adopté une nouvelle orientation, en investissant d'une part dans la production de télévision, pour offrir aux téléspectateurs des émissions de fiction de télévision en *prime time* qui ne soient plus seulement des films, et en investissant par ailleurs directement dans l'industrie du cinéma pour que des films continuent à se tourner : après avoir été celui qui a failli réduire à néant le cinéma italien, Berlusconi en est devenu le principal financier.

Face à l'offensive privée qui, les premières années, balaya son audience, la RAI sut réagir par une politique de lente reconquête, grâce à ses trois chaînes. La télévision publique a su en effet se servir de manière complémentaire de sa grande chaîne généraliste (RAI 1, celle qui fut lancée en 1954), sa chaîne populaire de référence (RAI 2, lancée en 1961) et sa chaîne régionale, culturelle et cinématographique (RAI 3, mise en service en 1979). La RAI a tout à la fois imité, dans les années 1980, les recettes de la télévision privée (vedettes et paillettes), mais aussi su promouvoir une politique de qualité (auteurs, metteurs en scène, coproductions, grandes séries de prestige, feuilletons populaires, opéras, musique...). Comme la RAI a par ailleurs toujours gardé une nette suprématie pour les actualités télévisées, la télévision publique a ainsi réussi à regagner une bonne part du terrain perdu, et à parvenir à ce que Pierre Musso a appelé le duopole RAI/Fininvest, la télévision publique disposant de trois chaînes, de réseaux de stations locales associées (Cinquestelle, Videomusic, Rete A) et d'une télévision périphérique associée (Télé-Monte-Carlo, avec le brésilien Télé-Globo), face à Fininvest, qui dispose de son côté de trois réseaux nationaux privés, de réseaux de stations locales associées (Junior TV, Italia 7) et d'une télévision périphérique associée (TV Capodistria).

On parvient ainsi — par des méthodes fort différentes de celles de la Grande-Bretagne — à un autre modèle européen d'équilibre entre deux grands pôles de télévision, l'un public, l'autre privé, la RAI tirant ses ressources de la redevance (pour 59 %), de la publicité (39 %), et de recettes commerciales diverses (2 %), Fininvest les trouvant dans la publicité (91 %), le sponsoring et les recettes commerciales (9 %).

Ce n'est pas à dire que ce point d'équilibre laisse la RAI à l'abri de toute critique. La *lotizzazione,* évoquée plus haut à propos de la radio, y fait en effet la loi, avec une RAI Uno démo-chrétienne, une RAI 2 dirigée par un socialiste, une RAI 3 dirigée par un communiste, et avec, dans les trois cas, une bureaucratie partisane et des dépenses de fonctionnement dont la nécessité est étrangère à celle de la production ou de la diffusion...

Notons cependant que la démocratie italienne a mis au point un système original dans lequel le contrôle politique de la RAI est effectivement exercé par le Parlement, par l'intermédiaire d'une « commission de vigilance parlementaire », composée pour partie par des membres nommés par les Présidents des deux assemblées, et pour partie de membres élus à la représentation proportionnelle. C'est un peu l'avantage de l'inconvénient du système italien : chaque partie de l'arc-en-ciel démocratique participe au contrôle démocratique du système... et à ses bienfaits.

En termes d'audience, le marché télévisuel est ainsi réparti (1989) :

RAI 1	25,8 %	
RAI 2	15,8 %	47,9 %
RAI 3	6,3 %	
Canale 5	19,0 %	
Italia 1	11,0 %	37,4 %
Rete 4	7,4 %	
Autres	14,7 %	

Dans la mesure où certains des « autres » — par exemple, Italia 7, Junior TV, ou Capodistria, celle-ci émise depuis le territoire yougoslave — appartiennent à la galaxie Berlusconi, c'est autour de 42 % que s'établit chaque jour la part de marché globale de Fininvest.

Le duopole n'est troublé que par l'existence de réseaux plus modestes

— comme Rete Capri, Pan TV, SIT Elefante, ou surtout Odeon — et de stations restées réellement locales.

Cette gamme de télévisions a permis à l'Italie de rattraper largement son retard en matière d'équipement des foyers : en 1989, 75,8 % possédaient la couleur (c'est le système PAL que les autorités italiennes ont choisi en 1978), 68,4 % un poste à télécommande, 32,9 % au moins un deuxième récepteur. En revanche, 9 % seulement disposaient d'un magnétoscope.

Très télévisuelle, l'Italie n'est en effet pas entrée, en 1990, dans l'ère des images à la carte, ni des technologies nouvelles. Le câble y est inexistant, et si l'industrie et l'Etat italiens s'intéressent de près aux transmissions satellitaires, l'installation d'antennes de réception par les particuliers reste négligeable.

4 / Médias et publicité

L'Italie est un pays dont l'investissement publicitaire est comparable à celui de la France (0,6 % du PNB) ; mais ce qu'on a vu des faibles tirages de la presse écrite et de l'explosion de la télévision privée explique que la structure de l'investissement publicitaire soit largement modulée par la télévision.

Répartition de l'investissement publicitaire, par média

		% en 1989
Presse écrite		44,9
dont : Quotidiens	22,2	
Magazines	19,1	
Presse spécialisée	3,6	
Radio		3,5
Télévision		44,9
dont : RAI	13,0	
TV privées	31,9	
Affichage		6,5
Cinéma		0,2
		100,0

Source : UPA.

On le voit : la télévision a rejoint la part globale affectée à la presse écrite ; elle pèse plus de deux fois le poids de la presse quotidienne. Sur les 7 770 milliards de lires que représente la dépense publicitaire de l'année (soit environ 36 milliards de francs), sur les 7 240 qui vont à l'ensemble presse/radio/télévision, les télévisions privées en récoltent 2 478 (soit environ 11,5 milliards de francs — dont plus de 9,5 pour le seul groupe Berlusconi).

Dans ces conditions, le seul vrai problème des annonceurs est devenu de savoir si tous ces spots (862 385 diffusés en 1988 sur les seules chaînes privées, contre 80 000 sur la RAI, ou 168 000 en France) peuvent encore avoir une influence sur les comportements d'achat des consommateurs. Et l'on a vu un groupe puissant de télévision privée, celui de M. Berlusconi, s'imposer à lui-même (pour mieux assurer l'efficacité du message publicitaire), la réduction à deux du nombre des coupures publicitaires des films de long métrage, et le plafonnement de la durée des spots à 16 % du temps d'antenne... Si la télévision commerciale veut continuer à s'enrichir grâce à la publicité, elle ne doit pas tuer la poule aux œufs d'or...

Chapitre IV

LES MÉDIAS
EN RÉPUBLIQUE FÉDÉRALE D'ALLEMAGNE

La presse allemande est, pour des raisons historiques évidentes, composée essentiellement de titres dont l'existence remonte à l'après-deuxième guerre mondiale. Les premiers journaux édités après 1945 l'ont été à l'initiative des vainqueurs, qui ont ensuite institué un système en vertu duquel des journaux allemands pouvaient paraître, mais après obtention d'une licence accordée par les autorités alliées. Ce système fut abrogé le 21 septembre 1949. Le développement de la presse fut très rapide : dès 1951, on comptait en Allemagne de l'Ouest plus de 620 quotidiens.

L'article 5 de la loi fondamentale de la RFA entend garantir la liberté de la presse, en disposant que : « Chaque citoyen a le droit d'exprimer et de diffuser librement son opinion par la parole, par ses écrits et par l'image. Il a le droit de s'informer librement auprès de toutes les sources d'information généralement accessibles. La liberté de la presse et la liberté d'information par la radio et le film sont garanties. Il n'y a pas de censure. » Pour le reste, les législations peuvent différer d'un Etat à l'autre de la RFA : il existe ainsi onze législations concernant la presse. Un certain nombre d'entre elles ont reconnu aux journalistes le droit de refuser de divulguer la source de leurs informations. Par ailleurs, la loi d'Empire de 1874 régissant notamment le droit de réponse, soit est restée en vigueur, soit dans d'autres Etats a été actualisée.

En 1956, un Conseil de la presse *(Deutscher Presserat)* a été institué pour « protéger la liberté de la presse, sauvegarder le prestige de la presse allemande, garantir le libre accès aux sources d'informations, découvrir et éliminer les anomalies dans la presse ». Ce Conseil a adopté en 1973 un Code de la presse, en concertation avec les organisations syndicales.

L'évolution de la presse allemande depuis la guerre a été marquée, comme l'a noté Alfred Grosser, par les phénomènes de dépolitisation et de concentration : « Dépolitisation dans le double sens d'une grande indépendance à l'égard des partis et de la priorité donnée à "l'information générale" sur la présentation et le commentaire des faits politiques. Concentration dans le double sens d'une diminution du nombre de titres et d'une perte d'indépendance de bien des petits journaux survivants, dont le contenu est fourni par des bureaux lointains sans que le lecteur en ait conscience. »

1 / La presse écrite

1 | LES AGENCES DE PRESSE

La RFA dispose d'un grand nombre d'agences spécialisées et d'une grande agence à vocation nationale et internationale, la *Deutsche Presse Agentur* (DPA), qui fut fondée le 18 août 1949. Celle-ci est constituée sous la forme d'une société coopérative, dont la propriété appartient aux éditeurs de journaux et aux stations de radiodiffusion.

Pour sauvegarder l'indépendance de la DPA, ses statuts stipulent qu'aucune entreprise de presse ne peut détenir plus de 1 % de son capital, et que les stations de radio ne peuvent, toutes ensemble, en détenir plus de 10 %.

Le siège de l'agence est fixé à Hambourg. La DPA, qui possède des bureaux dans de nombreux pays étrangers, compte plus de 300 abonnés.

2 | LA CONCENTRATION DE LA PRESSE ÉCRITE ALLEMANDE

Le phénomène de concentration des entreprises de presse est l'un des facteurs dominants de la situation actuelle d'une presse allemande organisée de manière puissante, moderne, utilisant pleinement toutes les potentialités du marketing.

La presse ouest allemande constitue une activité d'ordre industriel, elle est organisée comme une industrie, faisant face aux problèmes du marché, sans la modalité d'assisté qu'ont d'autres presses du continent (l'aide de l'Etat y est d'ailleurs pratiquement inexistante).

Le groupe dominant est celui qu'a créé Axel Springer : il contrôle plus de 20 % de la presse écrite. *Le groupe Springer* est en effet le seul qui publie à la fois des quotidiens et des magazines.

Ayant obtenu les premières « licences » délivrées par les autorités britanniques à Hambourg, A. Springer débuta en 1946 en créant une revue mensuelle, *Norddeutsche-Hefte,* puis *Hör Zu,* consacré aux programmes de radio. Rapidement transformées en succès, ces deux tentatives vont mettre Axel Springer sur la voie de la domination de la presse allemande.

L'idée de base de Springer était simple : tout miser sur une presse de masse, bon marché. Son premier quotidien fut le *Hamburger Abendblatt.* Mais le coup de maître fut surtout, le 24 juin 1952, le lancement du quotidien *Bild,* qui allait rapidement devenir l'un des plus gros tirages de la presse européenne, poussant jusqu'au bout une conception de la presse qui fait du lecteur un quasi-imbécile capable seulement d'ingurgiter des titres à sensation, du sang à la une, des amours scandaleuses et des propos dénigrant les idéaux de la gauche. « Titres énormes, orientés et lourds d'appels informulés aux émotions individuelles et collectives, étalage des crimes qu'on prétend dénoncer, absence d'une information développée et raisonnée, affirmations brutales dans un style à tous égards agressif : *Bild,* de façon hélas ! nullement contradictoire, tend à abrutir et à exciter ses lecteurs », dénonce Alfred Grosser. On ne s'étonne pas, dans ces conditions, que M. Springer soit vite devenu la cible favorite des attaques des contestataires. Mais plus d'un Allemand adulte sur cinq lit la *Bild*, et le tiers d'entre eux ne lisent pas d'autre quotidien...

En 1953, Springer rachetait, à Hambourg, le quotidien le plus parfaitement opposé au *Bild*, le très sérieux *Die Welt,* journal de qualité pour les décideurs.

En 1959, il se portait acquéreur de la maison d'édition Ullstein et de ses journaux, le *Berliner Morgenpost* et le *BZ (Berliner Zeitung)*, dont il allait faire une sorte de *Bild* berlinoise.

A ces titres quotidiens et à l'hebdomadaire *Hör Zu,* qui reste le plus fort tirage de la presse périodique, Springer devait ajouter les éditions du dimanche *Bild am Sonntag* (deux millions et demi d'exemplaires) et *Welt am Sonntag* (250 000), un grand magazine féminin, le *Bild der Fraü,* deux nouveaux grands journaux de télévision (*Funck Uhr* et *Bildwoch*) et de nombreux titres spécialisés, dans le domaine du sport notamment. Bien que, sous le feu des critiques, il ait vendu en

juin 1968 cinq de ses grands magazines *(Twen, Bravo, Eltern, Jasmin* et *Das Neue Blatt)* le groupe Springer — qui contrôle également des imprimeries puissantes — s'est diversifié dans l'audiovisuel : il possède une station de radio à Munich, il participe surtout, à hauteur de 35 %, au programme de télévision par satellite SAT 1. Son chiffre d'affaires consolidé s'élève à environ 8 milliards de francs. Si Springer a longtemps pu symboliser l'idée même de groupe de presse en Allemagne, il est, en 1990, pratiquement rejoint, en termes de chiffre d'affaires, par trois autres groupes, en raison du prodigieux développement de la presse magazine depuis deux décennies.

Ces trois groupes sont Gruner und Jahr (du groupe d'éditions Bertelsmann), Bauer et Burda.

Gruner und Jahr (G + J) compte pour un tiers du plus grand groupe d'édition allemand, Bertelsmann, fondé dès 1835 à Guetersloh par l'imprimeur portant ce nom. Il édite une trentaine de magazines, dont certains sont, en RFA, parmi les plus importants titres, notamment de la presse féminine, des *picture magazines* et des magazines de loisirs (voir tableaux pages suivantes). Il détient également des participations dans le *Spiegel* (24,7 %) et dans un groupe éditeur de journaux sportifs. L'un des grands atouts de ce groupe dynamique est d'avoir pensé son développement en termes mondiaux. En France, il a lancé avec succès *Géo,* puis *Ça m'intéresse, Prima, Femme actuelle* et *Télé-Loisirs* ; en Espagne *Dunia, Muy interesante, Natura, Ser Padres* ; aux Etats-Unis il a racheté *Parents* (1 700 000 exemplaires) et *Young Miss* (830 000). Il contrôle également des filiales en Autriche et en Suisse. La formule de certains journaux a été exportée aux quatre coins du monde : ainsi celle de *Eltern,* présente en Europe (France, Grande-Bretagne, Italie, Pays-Bas, Espagne, Turquie), mais aussi en Amérique latine (Mexique, Brésil), en Asie (Indonésie), en Afrique du Sud...

Ainsi G + J — et plus généralement le groupe Bertelsmann — réalise-t-il 50 % de son chiffre d'affaires hors des frontières allemandes. Le succès du groupe apparaît clair : c'est celui d'un marketing fondé sur la notion de clientèle ciblée. G + J ne s'embarrasse pas de magazines d'intérêt général, ni de journaux populaires. Il mise sur des clientèles spécifiques constituant un public à intérêt précis, et intéressant pour les annonceurs à la fois pour ce centre d'intérêt et pour son niveau de revenus.

Mentionnons que G + J est présent par ailleurs dans la production audiovisuelle (« Stern TV » et « G + J Film International ») et la fabrication de cassettes vidéo, notamment à destination du public jeune

(« Maritim »). Le groupe Bertelsmann a, surtout, acquis en 1984 (par l'intermédiaire de sa filiale UFA-films) 40 % de la société de télévision RTL-Plus ; il est, aux Etats-Unis, associé à RCA.

Le groupe Heinrich Bauer, de Hambourg est, lui, fondé au contraire sur de très grands magazines populaires. Sa vingtaine de titres, dans la presse féminine, les hebdomadaires de télévision ou les illustrés d'actualité (voir tableaux pages suivantes) appartiennent tous à ce secteur. L'un des grands succès du groupe dans les années 1980, *Auf einen Blick,* est à la fois un magazine de programmes de télévision et un magazine féminin.

Outre la possession de titres appartenant aux mieux vendus de la presse périodique, le groupe Bauer possède des journaux aussi divers que le *Playboy* allemand (330 000 exemplaires), le journal de la maison et du bricolage, *Wohnidee* (200 000), ou des journaux d'auto et moto, comme *Auto Zeitung* et *Motorrad* (150 000 chacun).

Le groupe Burda — dont la première imprimerie fut fondée en 1908 à Offenburg — a assis sa puissance sur la presse féminine. Outre quatre des titres principaux dans ce secteur (voir tableau), il y a aussi créé des magazines comme *Carina* (400 000 exemplaires), ou *Mein schöner Garten* (400 000). Il est l'heureux propriétaire de *Das Haus,* magazine distribué gratuitement aux adhérents d'une caisse d'épargne-logement, mais aussi d'un grand hebdomadaire d'actualité illustré comme *Bunte*, et de l'un des « millionnaires » de la presse de télévision, *Bild und Funk*. Le groupe Burda a par ailleurs, en 1985, acheté 24,9 % du capital du groupe Springer.

Après ces quatre mastodontes de la presse allemande — Springer, Bertelsmann, Gruner und Jahr, Bauer et Burda — viennent des groupes aux dimensions plus modestes, comme le groupe Gong-Sebaldus, de Nuremberg, avec *Gong, Die Zwei* et *Aktuelle* (voir tableau), *Ein herz für tiere* (*Un cœur pour les animaux,* 200 000 exemplaires), des magazines spécialisés dans l'architecture, une société de production de télévision, une compagnie de services informatiques, une maison d'édition de livres pour la jeunesse ; ou le groupe *Jahreszeiten,* de Hambourg, qui cible ses titres sur des clientèles à haut niveau social (*Für sie,* mais aussi *Petra, Vital, Schöner Reisen, Zuhause, Merian,* etc.).

3 | LES QUOTIDIENS

Le taux de pénétration des quotidiens est l'un des plus élevés du monde : 82,7 %.

Il paraît en Allemagne près de 1 000 quotidiens. Ce chiffre est le plus important d'Europe. Il convient toutefois de signaler que les statistiques allemandes incluent dans ce chiffre des journaux qui sont en fait des bihebdomadaires, ou parfois des éditions locales de quotidiens régionaux. Il semble qu'il faille réellement comptabiliser 396 véritables quotidiens ou journaux du dimanche, qui sont rédigés par 150 équipes de rédaction autonomes.

Ces quotidiens sont lus en général dans une aire géographique limitée. Un phénomène comparable à celui de la presse parisienne en France n'existe pas en Allemagne, où la presse est très régionalisée. Il n'y existe pas de quotidien ayant vraiment une vocation nationale. Le phénomène dominant est plutôt celui des « super régionaux ». Cinq quotidiens seulement ont une audience qui excède largement les limites de leur région : la *Bild Zeitung* bien sûr, et, avec des tirages beaucoup plus modestes, la *Frankfurter Allgemeine, Die Welt, la Süddeutsche Zeitung* et le quotidien économique *Handelsblatt*. Le tableau des diffusions des principaux quotidiens allemands montre d'ailleurs la distance qui sépare les deux plus grands : *Bild Zeitung* (près de 5 millions d'exemplaires) et la *Westdeutsche Allgemeine* (moins de 700 000).

Principaux quotidiens

Titres	Diffusion (1987-1988)
Bild (Hambourg)	4 754 200
Westdeutsche Allgemeine Zeitung (Essen)	666 600
Hannoversche Allgemeine (Hanovre)	435 400
Express (Cologne)	434 900
Südwest Press (Ulm)	412 400
Rheinische Post (Düsseldorf)	393 400
Süddeutsche Zeitung (Munich)	367 200
Frankfurter Allgemeine (Francfort)	354 800
Augsburger Allgemeine (Augsbourg)	349 800
Nürnberger Nachrichten (Nuremberg)	313 700
BZ (Berlin)	306 400
Ruhr-Nachrichten (Dortmund)	297 700
Hamburger Abendsblatt (Hambourg)	290 100
Die Welt (Bonn)	215 000
Frankfurter Rundschau (Francfort)	194 300
Handelsblatt (Düsseldorf)	120 000

Si l'on a pris l'habitude en Allemagne de publier des chiffres de diffusion, et non de tirage, c'est que le « bouillon » des journaux est en général très faible. Cela tient à ce que la plus grande partie de la presse quotidienne n'est pas vendue au numéro, mais par abonnement, et surtout par portage à domicile (35 % seulement de la vente se fait en kiosque).

Les journaux allemands, politiquement conservateurs, sont en général — mis à part le cas, déjà signalé, de la *Bild* — d'une présentation austère, sérieuse, d'une mise en page un peu vieillotte. Une analyse comparée avec la presse française sur le contenu des rubriques montrerait sans doute que les journaux d'outre-Rhin font plus de place à l'actualité économique et culturelle, et un peu moins aux faits divers.

4 | LA PRESSE PÉRIODIQUE

La presse périodique connaît en RFA un développement exceptionnel, surtout depuis les années 1970-1980. Son taux de pénétration atteignait 91,5 % en 1986.

Les périodiques sont en effet en Allemagne les véritables journaux à vocation nationale. Leur diffusion atteint des chiffres impressionnants si on les compare par exemple à leurs homologues français. A la différence de ces derniers, les magazines allemands traitant de sujets d'actualité — *Stern, Quick, Neue Revue, Bunte Illustrierte* — ne dédaignent pas les sujets légers aux titres alléchants, ni les photographies de jeunes femmes dévêtues. C'est qu'en fait ce sont à l'origine des « illustrés » qui en sont venus à s'intéresser aux questions d'actualité. Peter Vom Riedt l'expliquait en 1969, à propos de *Stern* : « Cette publication critique, agressive (...) a, la première, fait figurer dans un illustré des articles politiques et économiques. Initiative qui fut largement suivie, de sorte qu'aujourd'hui la chose va de soi (...). La *Neue Revue* (...) née en 1966 de la fusion entre *Revue* et la *Neue Illustrierte* (...) met l'accent sur l'érotisme, mais accorde également une large place aux problèmes économiques dans ses suppléments : *Rhein und Ruhr* et *Süd* qui paraissent tous les quinze jours (...). La *Bunte Illustrierte* (...) est le dernier des grands illustrés familiaux de style traditionnel, qui s'efforce avant tout de distraire le lecteur. En queue de liste, nous trouvons *Quick,* qui avait longtemps tenu tête dans les années 1950. »

L'un des magazines les plus influents sur le plan politique reste *Der Spiegel* (tabloïd inspiré de la formule du *Time* américain), dont les reportages, enquêtes et révélations font souvent grand bruit en République fédérale. « Dans une large mesure, a affirmé Alfred Grosser, on peut et on doit considérer *Der Spiegel* comme une institution extra-constitutionnelle. Depuis septembre 1950 où un long article sur la probable corruption ayant amené le vote en faveur de Bonn comme capitale provoqua la création d'une commission d'enquête, la liste est longue des résultats directement perceptibles de campagnes menées par le *Spiegel*. Moins perceptible mais tout aussi réelle est son influence sur le milieu politique où il est craint, et sur ses lecteurs qui lui sont fidèles et lui écrivent abondamment. »

Principaux périodiques d'actualité générale

Titres	Groupe	Diffusion (1988-1989)
Magazines d'actualité politique et économique (plus de 200 000 exemplaires)		
Das Beste	Das Beste	1 301 091
Der Spiegel	Spiegel	1 029 681
Zeit. Magazin	Zeit	480 627
Capital	G + J	243 618
Hebdomadaires d'actualité illustrés (Picture magazines)		
Stern	G + J	1 357 144
Bunte	Burda	989 592
Neue Revue	Bauer	974 552
Quick	Bauer	738 945

On peut noter par ailleurs, en consultant le tableau de la diffusion des plus grands périodiques ouest-allemands, le succès remporté par les grands magazines féminins, les revues de loisirs, et surtout la presse spécialisée dans les programmes de radio-télévision.

Dans tous ces domaines, le succès de ces titres constitue un exemple phare pour la plupart des pays d'Europe.

Les grands titres de la presse périodique

Titres		Groupe	Diffusion (1988-1989)
Hebdomadaires de télévision			
Hörzu		Springer	3 036 347
TV Hören und Sehen		Bauer	2 496 640
Auf einen Blick		Bauer	2 401 856
Fernsehwoche		Bauer	2 248 325
Funk Uhr		Springer	1 858 233
Gong		Gong	1 047 540
Bild und Funk		Burda	1 006 904
Bildwoche		Springer	919 893
Die Zwei		Gong	901 992
Magazines féminins (quinze premiers)			
Bild der Frau	Hebdo	Springer	2 010 525
Neue Post	—	Bauer	1 693 671
Tina	—	Bauer	1 608 767
Freizeit Revue	—	Burda	1 362 458
Das Neue Blatt	—	Bauer	1 202 450
Burda Moden	M	Burda	1 141 008
Brigitte	Bim.	G + J	1 067 127
Für Sie	—	Jahreszeiten	829 840
Freundin	—	Burda	780 587
Fraü im Spiegel	Hebdo	G + J	775 095
Meine Familie und Ich	M	Burda	763 298
Praline	Hebdo	Bauer	721 748
Die Aktuelle	—	Gong	687 043
Wochenend	—	Bauer	605 156
Prima	M	G + J	589 354
Magazines de loisirs (plus de 500 000 exemplaires)			
Das Haus (Maison)		Burda	2 478 845
Bravo (Jeunes)		Bauer	1 011 135
Auto Bild		Springer	827 744
Geo		G + J	540 584

5 | ORGANISATION PROFESSIONNELLE

Les éditeurs de journaux de la RFA se sont regroupés au sein de plusieurs organismes patronaux, dont les plus importants sont, pour les quotidiens, l'Association fédérale des Editeurs de journaux allemands (Bundesverband deutscher Zeitungsverleger), et, pour les périodiques, l'Association des Editeurs allemands de revues (Verband Deutscher Zeitschriftenverleger).

Les journalistes — qui sont proportionnellement moins nombreux et mieux payés que leurs collègues français — sont de leur côté syndiqués à 70 %, notamment à l'Association des Journalistes allemands (Deutscher Journalistenverband) et à l'Union des Journalistes allemands (Deutsche Journalistenunion).

2 / La radio et la télévision

Moderne et dynamique sur le plan technique — on sait notamment que l'un des principaux procédés de télévision en couleur, PAL, y est né — la radio-télévision bénéficie en Allemagne d'un très important succès populaire : la RFA est, en Europe, le premier pays, tant pour l'équipement que pour la durée de consommation en télévision.

Ce sont plusieurs sociétés privées ainsi que l'administration impériale des Postes qui permirent les débuts de la radiodiffusion en Allemagne, il y a cinquante ans. A la fin de la République de Weimar, et bien sûr pendant la période nazie, la radio fut un organisme d'Etat. Ce sont, comme pour la presse écrite, les autorités alliées qui assurèrent le redémarrage de la radio en 1945, et c'est en 1950 seulement que les Allemands furent à nouveau maîtres de leurs stations de radiodiffusion.

L'Etat fédéral — à part quelques prérogatives sur le plan technique — n'est pas compétent pour connaître des problèmes de radio-télévision, qui relèvent donc des décisions souveraines des Etats fédérés, les *Länder*.

Chaque *Land* a ainsi la possibilité, soit de créer sur son territoire un organisme de droit public chargé d'émettre des émissions de radio (et de télévision), soit de s'entendre avec un ou plusieurs autres *Länder* pour créer un organisme du même type, mais commun aux Etats contractants.

Ce sont ainsi des lois des différents *Länder* qui ont institué 9 personnes morales de droit public chargées des émissions de radiodiffusion. Certaines ont une compétence limitée à un Etat ; d'autres diffusent des émissions pour plusieurs Etats : par exemple le *Norddeutsche Rundfunk* (NDR) a été constitué sur la base d'un accord entre la Basse-Saxe, le Schlesvig-Holstein et la ville libre de Hambourg. Il existe ainsi au total 9 stations de radiodiffusion en République fédérale :

— Bayerische Rundfunk (radio bavaroise), ayant son siège à Munich ;
— Hessische Rundfunk (radio hessoise), siège à Francfort ;
— Radio Bremen (radiodiffusion de la ville libre de Brême) ;
— Süddeutsche Rundfunk (radiodiffusion de l'Allemagne du Sud), siège à Stuttgart ;
— Südwestfunk (radiodiffusion de l'Allemagne du Sud-Ouest), siège à Baden-Baden ;
— Sender Freies Berlin (émetteur de Berlin-Ouest) ;
— Norddeutsche Rundfunk (radiodiffusion de l'Allemagne du Nord), siège à Hambourg ;
— Westdeutsche Rundfunk (radiodiffusion de l'Allemagne de l'Ouest), siège à Cologne ;
— Saarländische Rundfunk (radiodiffusion sarroise), siège à Sarrebruck.

Ces stations émettent les différents programmes, nationaux et régionaux, de radio. A la tête de chacune d'entre elles sont placés un « Conseil de radiodiffusion », un Conseil d'administration et un directeur général, selon des modalités qui, tout en étant assez comparables, varient d'un Etat à l'autre.

Les « Conseils de radiodiffusion » ont pour mission de représenter les intérêts généraux de la communauté ; ils désignent certains membres du Conseil d'administration, et surtout le directeur général ; ils approuvent le budget et le bilan de la station. Ils sont composés de représentants des Diètes, de l'Etat (très minoritairement), et des diverses confessions, professions, organisations syndicales, familiales, culturelles, de jeunesse, etc.

Les Conseils d'administration sont de leur côté chargés de surveiller la gestion de la direction générale ; ils sont composés d'un petit nombre de personnalités. Par exemple, à la *Bayerische Rundfunk,* le Conseil d'administration comprend le président de la Diète du *Land* (président), le président du Sénat du *Land* (vice-président), le président du Tribunal administratif et quatre personnalités désignées par le Conseil de Radiodiffusion, en dehors de ses membres.

L'administration, la gestion et la conduite générale des affaires sont confiées au directeur général (« intendant ») qui dispose d'un mandat minimal de plusieurs années (trois à *Radio Bremen*, neuf à la *Hessische Rundfunk*).

Certaines stations, telles la *Norddeutsche Rundfunk* et la *Westdeutsche Rundfunk* ont été dotées au surplus d'un Conseil consultatif des Programmes, désigné pour la plupart de ses membres par le Conseil de Radiodiffusion parmi les personnalités proposées par les organisations représentatives des différentes activités socio-économiques, culturelles ou familiales, et pour une minorité par les gouvernements des *Länder* intéressés. Ce Conseil assiste le directeur général dans la politique d'élaboration des programmes.

Créés à l'origine pour la radiodiffusion, ces neuf organismes de droit public que sont les stations allemandes d'émission ont été par la suite chargés de diffuser également des émissions de télévision. Mais les neuf stations ne disposant pas des moyens de financement permettant de réaliser des programmes complets, elles se sont associées en 1950 au sein d'un organisme commun, l'*Arbeitsgemeinschaft der Offentlich-Rechtlichen Rundfunkanstalten der Bundersrepublik Deutschland* (ARD, communauté de travail des organismes de droit public de radiodiffusion de la RFA). L'ARD est constituée sous la forme juridique d'une société de droit privé ; les neuf stations y sont représentées par leurs directeurs généraux.

Les revenus de l'ARD sont constitués par les apports de ses membres, fixés au prorata de leur importance respective (25 % pour la *Westdeutsche Rundfunk*, 20 % pour la *Norddeutsche Rundfunk*, 3 % pour la *Saarlädische Rundfunk*). Les neuf stations préparent des émissions pour l'ARD et les diffusent en commun. Une conférence à laquelle participent des représentants de chacune d'entre elles décide, à la majorité des voix, ce que sera le programme commun. La « première chaîne » de télévision allemande — qui fonctionne dans ces conditions depuis le 25 décembre 1952 — est ainsi fondée sur un système original : la préparation et la fabrication des émissions sont régionales, mais la diffusion est nationale, sur une chaîne commune. La *Norddeutsche Rundfunk* est notamment chargée des émissions du journal télévisé et de certains magazines.

En dehors de cette première chaîne commune, certaines des stations régionales affiliées à l'ARD émettent un « troisième programme » (troisième chaîne), dont la vocation est en général plus spécifiquement éducative et culturelle.

L'ARD reçoit 70 % du produit de la redevance ; la première chaîne peut de surcroît recourir, de manière limitée, à la publicité.

Par une convention signée entre eux le 6 juin 1961, tous les Etats de la RFA ont par la suite donné naissance à un dernier organisme de droit public[1], la *Zweite Deutsche Fernsehen* (ZDF, deuxième chaîne de télévision allemande), organisme centralisé dont le siège est à Mayence, et chargé comme son nom l'indique d'assurer la réalisation et la diffusion du « deuxième programme » de télévision. Cette deuxième chaîne fonctionne effectivement depuis le 1er avril 1963. La ZDF est dotée de statuts d'une nature identique à celle indiquée pour les stations régionales : elle est dirigée par un « intendant », contrôlée par un Conseil d'administration et un Conseil de télévision. Elle est financée pour partie par un reversement (de 30 %) qui lui est fait sur le produit de la redevance, et pour partie par la publicité.

Le système ainsi mis en place pour la radio et la télévision passe en général, aux yeux des observateurs, pour donner, notamment sur le plan politique, d'assez bons résultats, étant entendu que la structure des différents conseils (avec la représentation des intérêts socioculturels) tend à favoriser les partisans de la conservation sociale au détriment des adeptes de la contestation. Par ailleurs, la radio-télévision allemande, si elle est relativement protégée par rapport à l'Etat fédéral, l'est moins par rapport aux grands partis politiques, directement présents dans les différents Conseils[2].

L'audiovisuel a précisément constitué une réelle pomme de discorde entre les grands partis, dans les trois dernières décennies : les chrétiens-démocrates penchaient pour une libéralisation économique des ondes, alors que les sociaux-démocrates défendaient le monopole du service public.

L'arrivée au pouvoir en 1982 du chancelier Helmut Kohl et d'une majorité CDU-CSU devait marquer l'entrée de la RFA dans l'ère de la télévision privée, du câble et du satellite.

L'originalité du développement du câble allemand (si on le compare par exemple au plan-câble français) a été que, pour répondre à la soif de

---

1 Cette création est intervenue après un arrêt de la Cour constitutionnelle fédérale de Karlsruhe qui, le 28 février 1961, réaffirmait que l'Etat fédéral n'avait en matière de radio-télévision que des compétences purement techniques, toutes les autres questions étant du ressort des *Länder*. Il interdisait donc la création d'une société commerciale de télévision sous les auspices du gouvernement fédéral contrecarrant ainsi les projets du gouvernement Adenauer.

2 Au « Conseil de Télévision » de la ZDF siègent même, ès qualités, parmi les 66 membres, 12 représentants des partis politiques, désignés par leurs organes directeurs, proportionnellement au nombre de sièges qu'ils détiennent au Parlement fédéral.

nouvelles chaînes d'un public habitué à ses trois chaînes de service public, on n'a pas, petit à petit, autorisé de nouvelles chaînes hertziennes, puis des chaînes cryptées, pendant que le câble s'installait : non, en RFA, toute la nouveauté est passée par le câble, constituant ainsi pour lui un extraordinaire argument commercial. Du coup, alors que, jusque là, les « expériences » de câble se traînaient depuis des années, comme à Ludwigshafen, sept millions d'Allemands peuvent recevoir le câble en 1990.

Ils regardent par exemple — outre les deux chaînes de l'ARD et celle de la ZDF auxquelles ils sont restés très fidèles — SAT 1, RTL Plus, Music Box ou... la SEPT (puisque les Allemands sont extrêmement plus nombreux que les Français à pouvoir la capter, grâce au câble).

RTL-Plus émet en allemand depuis 1984 *via* le satellite ECS. 1. Rappelons (voir *supra*) que le groupe Bertelsmann y détient 40 % des parts.

SAT 1 a été créé en janvier 1985 par une association de dix partenaires de la presse écrite, autour du groupe Springer, qui en possède 35 %.

Music Box est contrôlé par la société KPM, dont les actionnaires sont Télé-München (45 %), W. Fischer (10 %) et, depuis août 1987, Silvio Berlusconi (45 %).

En février 1987, les ministres-Présidents des *Länder* de la RFA ont adopté une réglementation commune concernant les règles de fonctionnement des sociétés privées de télévision, la publicité, le montant de la redevance, et l'utilisation des canaux du satellite. L'Allemagne était désormais prête au développement de la concurrence public/privé dans l'audiovisuel.

3 / Médias et publicité

Les investissements publicitaires, très élevés en Allemagne — la RFA est, après la Grande-Bretagne, le pays européen où ils sont les plus forts — favorisent la presse écrite, dans la mesure où la télévision ne s'est ouverte que récemment aux chaînes commerciales. Encore celles-ci, réduites au câble, sont-elles loin de pouvoir atteindre l'ensemble des consommateurs.

Dans ces conditions, les quatre cinquièmes de la publicité « médias » (même si on y inclut l'affichage et le cinéma) vont à la presse écrite.

Répartition de l'investissement publicitaire, par média (en %)

	1988 (¹)	1989 (²)
Presse écrite	80,2	77,8
dont : Quotidien	42,8	41,4
Magazines	27,9	27,6
Presse spécialisée	9,5	8,8
Télévision	10,7	13,1
Radio	4,6	4,6
Affichage	3,4	3,4
Cinéma	1,1	1,0

(¹) Investissement total : 17 200 millions de DM (58,3 milliards de francs), source : *ZAW — Commission centrale de la publicité.*

(²) Estimation *Information et publicité.* Investissement total : 18 320 millions de DM (62 milliards de francs).

Si l'on compare la répartition de l'investissement publicitaire allemand avec celle des autres grands pays annonceurs (voir chapitres consacrés aux Etats-Unis, au Japon et à la Grande-Bretagne), on constate que la part allant à la presse écrite est beaucoup plus importante en RFA que partout ailleurs. Cela s'explique par le fait que l'investissement en télévision y est en effet beaucoup moins important. Cette situation pourrait progressivement se modifier dans les prochaines années, au fur et à mesure de l'implantation des télévisions privées.

Répartition des recettes de vente et de publicité,
par groupe de presse (en %)

Groupe	Vente	Publicité
Springer	58	42
G + J	44	56
Burda	59	41
Bauer	70	30
Gong	75	25
Jahreszeiten	46	54

La presse écrite allemande — dont les recettes proviennent en bonne part de la publicité (voir tableau précédent) — redoute évidemment une telle évolution.

Encore faut-il relever que le groupe le plus dépendant financièrement de la publicité — Gruner und Jahr, de l'ensemble Bertelsmann — est à la fois celui qui a le plus misé sur la publicité « haut de gamme » ou sectorielle, celle qui est la moins concurrencée par la télévision, et l'un de ceux qui ont en même temps le plus investi dans les nouveaux médias audiovisuels.

Comme leurs confrères des Etats-Unis, les quotidiens allemands ont par ailleurs une spécificité régionale, qui peut les aider à mieux résister au développement de l'investissement publicitaire à la télévision.

D'une manière générale, les structures de l'économie de la presse allemande semblent faire de celle-ci une industrie assez bien préparée à l'évolution du marché de la publicité à la fin de ce xxᵉ siècle.

Chapitre V

LES MÉDIAS AU JAPON

Le Japon est l'un des « grands » de la presse mondiale. Il est au premier rang pour le nombre de ses titres, au troisième rang (derrière l'Union soviétique et les Etats-Unis) pour le tirage global de la presse quotidienne. Le taux de pénétration des quotidiens — plus d'un exemplaire pour deux habitants — en fait le pays où on lit le plus de journaux. Ces résultats sont dus tout à la fois au fait que le Japon est le pays du monde où le taux de scolarisation est le plus élevé, à la modicité du prix de vente des journaux, à la qualité de leur contenu rédactionnel, et au remarquable effort fourni par la presse japonaise dans le domaine technique.

Grands lecteurs de journaux, les Japonais sont également de grands consommateurs de programmes de radio et de télévision. Il y a non seulement plus de postes de radio, mais aussi de téléviseurs que de foyers : la quasi-totalité des ménages possède deux récepteurs, un quart d'entre eux en possède quatre...

Le Japon est par ailleurs — après les Etats-Unis — le second pays du monde pour l'investissement publicitaire.

1 / La presse écrite

1 | QUOTIDIENS ET PÉRIODIQUES

La presse japonaise est d'origine relativement récente, puisque la première véritable publication en langue japonaise fut, en 1862, le *Batavia Shinbun,* qui n'était d'ailleurs qu'une traduction d'une feuille hollandaise paraissant à Java. Le premier quotidien national fut, en 1872, le *Tokyo Nichi Nichi Shinbun,* ancêtre de l'actuel *Mainichi Shimbun,* qui a d'ailleurs précédé de peu l'apparition des deux autres grands quotidiens d'aujourd'hui, le *Yomiuri Shimbun* (1874) et l'*Asahi Shimbun* (1899).

Si l'histoire de la presse nippone est assez brève, on remarquera qu'en revanche tous les grands quotidiens japonais d'aujourd'hui ont été créés avant la deuxième guerre mondiale : outre les trois précédents, le *Sankei* date de 1933, et le *Nihon Keizai* de 1876.

Pendant l'ère Meiji, on distinguait les « grands » journaux, journaux d'opinion destinés aux catégories aisées, et les « petits » journaux, d'un format plus réduit, destinés aux couches laborieuses. Cette distinction a tendu à s'effacer peu à peu, et les journaux japonais sont aujourd'hui devenus plus « interclassistes », s'adressant à toutes les couches sociales de la population. Ce sont par excellence des journaux d'information, plutôt que des journaux d'opinion.

Il paraît au Japon 125 quotidiens, à vocation nationale, régionale ou locale. Si ce chiffre est évidemment important, il convient toutefois de le rapporter à celui de 1970 — 172 questions paraissaient alors — pour mesurer l'évolution vers la concentration des titres, à laquelle le Japon a été, comme d'autres pays, contraint pour faire face à la lourdeur des investissements techniques et à la concurrence de l'audiovisuel.

Les quotidiens nationaux ont des chiffres de diffusion impressionnants (voir tableau). Encore faut-il, là encore, constater que la presse quotidienne d'information régionale, qui diffusait plus de 28 millions d'exemplaires en 1970, en vend un peu moins de 26 millions aujourd'hui : des taux de diffusion considérables, par conséquent, et une résistance supérieure à ce qu'elle est dans beaucoup de pays occidentaux, mais une tendance à l'érosion sur le long terme.

Les trois journaux les plus importants, le *Yomiuri (Le Gazetier),* l'*Asahi (Le Soleil Levant)* et le *Mainichi (Le Quotidien),* sont des journaux d'information générale, ainsi que le *Sankei (L'Economiste),* plus généraliste que son titre ne pourrait le laisser croire.

Chacun d'entre eux a une édition du matin et une édition du soir : les chiffres de diffusion indiqués dans le tableau ci-après sont les résultats cumulés des deux éditions, totalement différentes. Ces journaux font par ailleurs paraître des éditions régionales distinctes dans plusieurs villes simultanément, dans lesquelles ils entretiennent bureaux et rédactions. L'*Asahi,* par exemple, a des éditions à Tokyo (moitié de la vente), Osaka, Nagoya, Seibu et Hokkaïdo.

Diffusion des principaux titres d'information générale
de la presse japonaise

Titres	Diffusion (1989)
Quotidiens nationaux	
Yomiuri	9 220 000
Asahi	7 840 000
Mainichi	4 130 000
Nihon Keizai	2 660 000
Sankei	2 050 000
Quotidiens régionaux	
Chunichi	2 870 000
Hokkaido	1 080 000
Nishi Nippon	750 000
Hebdomadaires	
Shukan Post	840 000
Josei Jishin	820 000
Shukan Playboy	730 000
Josei Seven	715 000
Shukan Hoseki	680 000
Mensuels	
Bungei Shunju	530 000
Fujin Club	420 000
Shufono Tomo	410 000

La bataille entre les grands pour la suprématie dans le pays est acharnée. L'*Asahi* a longtemps été en tête, mais a perdu près d'un million et demi d'exemplaires en vingt ans, cependant que le *Yomiuri* en gagnait un million trois cent mille. Le *Nihon Keizai (Le Japon Economique)* est spécialisé dans les questions économiques et financières.

Parmi les autres grands titres de la presse quotidienne nationale, figurent encore le *Seiko,* journal de la secte Sokagakkai, le *Komei,* du parti Komeito lié à la même mouvance, et trois quotidiens sportifs dépassant ou avoisinant le million d'exemplaires.

Ces tirages extraordinaires n'empêchent pas l'existence de grands quotidiens régionaux, dont deux sont également des « millionnaires » par le tirage, cependant qu'un troisième en est proche, et que de nombreux autres se disputent la faveur du public.

Le *Chunichi,* le *Hokkaido* et le *Nishi Nippon,* qui ont tous été créés à l'origine par la fusion de plusieurs journaux locaux, débordent en fait largement de leurs provinces. Ils ont passé entre eux divers accords techniques et rédactionnels.

Ces journaux ont plusieurs éditions locales personnalisées : le *Chunichi* en a par exemple trois, le *Hokkaido, quatre.*

Les journaux japonais sont les plus modernes du monde. Ils ont en effet consenti un extraordinaire effort sur le plan technique, tant pour la composition que pour l'impression et la distribution. Les problèmes de composition et d'impression sont pourtant extrêmement complexes au Japon, du fait de l'utilisation de 1 850 idéogrammes et de la lecture verticale du journal.

L'*Asahi* a été le premier journal au monde, en 1959, à utiliser le procédé de duplication de pages à distance par fac-similé, entre Tokyo et Sapporo (1 000 km), permettant de sortir des presses un journal identique en bout de chaîne vingt minutes après le début de l'opération.

Ce procédé est depuis le début des années 1970 quotidiennement utilisé par les plus grands journaux du pays. Ceux-ci utilisent également couramment l'ordinateur pour la composition automatique de leurs pages. C'est au Japon aussi qu'ont été tentés avec succès les premiers essais de transmission automatique du journal à domicile.

Modernes et puissantes, les entreprises de presse japonaises présentent deux caractéristiques qui les distinguent de beaucoup de leurs homologues occidentales.

D'abord il faut relever que, contrairement à ce qui se passe dans les grandes entreprises de presse américaines, ou européennes, le capital social des entreprises de presse japonaises est très limité si on le compare à l'actif de ces entreprises : cela est dû à la volonté de quelques familles très puissantes de conserver la propriété des grands journaux. Nulle part ailleurs qu'au Japon le vocable de « magnats de la presse » ne recouvre une situation plus réelle.

D'autre part, un aspect particulier à la presse japonaise concerne la distribution des journaux. Depuis 1952, celle-ci n'est plus assurée par un service de messageries, mais par chaque journal pour son propre compte. Les journaux ont ainsi été amenés à passer des contrats avec des agences de distribution : il en existe 22 000 environ, employant plus de 300 000 livreurs, qui sont en général (comme aux Etats-Unis) des jeunes gens d'âge scolaire. A part quelques journaux, surtout sportifs, dont une certaine proportion est vendue dans les kiosques et le cas de la campagne (dans laquelle la distribution par voie de poste est courante), l'essentiel de la presse est ainsi livré à domicile, par abonnement mensuel. 92,5 % des exemplaires vendus sont ainsi portés à domicile ; 0,6 % sont acheminés par abonnement postal ; 6,9 % seulement sont vendus dans les rues, les kiosques et les gares.

Si la presse quotidienne est la plus importante du monde par les tirages, les périodiques y sont en revanche assez peu développés. Les grands quotidiens ont donné naissance à des magazines d'actualité, mais ceux-ci sont loin de connaître le succès de leurs homologues européens, à plus forte raison américains.

Les hebdomadaires classiques — féminins, télévision, loisirs masculins — arrivent en tête de ces tirages relativement modestes, si on les compare à ceux des grands quotidiens.

Même les grands mensuels, longtemps prospères, comme le féminin *Fujin Club (Le Club des Femmes)* ou le littéraire *Bungei Shinju (Littérature du Printemps et de l'Automne)*, tendent à marquer le pas : ils ont, en vingt ans, perdu 400 000 exemplaires de diffusion par numéro pour le premier, 200 000 pour le second. Concurrencée par la télévision du double point de vue de son lectorat et de ses recettes publicitaires, la presse magazine apparaît un peu — toutes choses égales par ailleurs — comme le parent pauvre des médias japonais.

2 | LES AGENCES DE PRESSE

Les deux grandes agences de presse nippones sont *Kyodo Tsushin* et *Jiji Tsushin* (toutes deux créées en 1945, après la disparition de l'agence officielle *Domei*). L'agence *Kyodo* est une coopérative à laquelle participent 64 journaux, 83 sociétés de l'audiovisuel et 11 associés divers. C'est elle qui mit au point, en 1949, le procédé de transmission de nouvelles *« téléfax »*, puis en 1960, le « Télétype Kanji ». Installée près de Tokyo, disposant d'une cinquantaine de bureaux et de correspondants à l'étranger, Kyodo compte la plupart des organes d'information parmi ses clients.

C'est un peu moins le cas de l'agence *Jiji* dont les clients sont aussi composés d'organismes gouvernementaux ou administratifs et d'entreprises industrielles ou commerciales privées. *Jiji,* qui a la forme juridique d'une société anonyme, était à l'origine exclusivement tournée vers les nouvelles à caractère économique et financier, mais a depuis 1965 élargi son champ d'activité à l'ensemble de l'actualité.

Il existe par ailleurs un certain nombre d'agences de moindre importance, des agences de texte spécialisées et de nombreuses agences photographiques.

2 / La radio et la télévision

Les débuts de la radiodiffusion au Japon datent du *22 mars 1925,* avec la création de la station *Tokyo Hoso,* bientôt suivie par des stations créées à Nagoya et à Osaka. C'est la fusion de ces trois stations qui donnait naissance, en août 1926, à la *Nihon Hoso Kyokai* (NHK, Association de la Radiodiffusion japonaise) ; cette NHK obtint alors — et conservera jusqu'en 1950 — le monopole des émissions. La NHK a créé par la suite une deuxième chaîne de radio (1931), une troisième chaîne sur ondes courtes (1935), une chaîne en modulation de fréquences (1950) et a lancé la télévision au Japon (1953).

1 | ORGANISATION DU SYSTÈME AUDIO-VISUEL

La loi du 2 mai 1950 a brisé le monopole de la NHK et institué, pour la radio comme pour la télévision, un système dans lequel coexistent la NHK, corporation publique financée par la redevance perçue annuellement pour la possession de postes récepteurs, et des compagnies privées financées par la publicité.

La loi confère à un Conseil de surveillance, composé de cinq membres nommés pour trois ans (renouvelables) par le ministre des Postes et Télécommunications, avec l'accord de la Diète, le contrôle et la réglementation de toutes le activités de radio et de télévision. En ce qui concerne la NHK — corporation publique dotée de la personnalité juridique et chargée de réaliser sans but lucratif des émissions « en vue du bien public » —, celle-ci est administrée par un Conseil de gouverneurs composé de 12 membres nommés pour trois ans (renouvelables) par le Premier Ministre, avec accord de la Diète. Ce Conseil de gouverneurs élit pour trois ans le président de la NHK, à qui revient la mission de diriger l'administration de la radio-télévision publique du Japon.

La NHK, outre ses trois chaînes de radio, émet sur deux chaînes de télévision, la première ayant un caractère général, distractif, informatif et culturel, la seconde étant une chaîne éducative. Les recettes de la NHK, on l'a dit, proviennent de la perception d'une redevance sur la possession de récepteurs de télévision (550 F par an environ) : depuis le 1er avril 1958, il n'est plus perçu de redevance sur la possession de postes de radio. La Diète exerce un contrôle financier sur la gestion de la corporation, en examinant notamment chaque année le rapport financier qui doit obligatoirement être transmis au ministère des Postes et Télécommunications par le Conseil des gouverneurs de la NHK. Pour l'exercice 1988, le budget de la NHK a été de 351 milliards de yens (environ 15 milliards de francs).

La NHK a par ailleurs le droit, après accord du ministre des Postes et Télécommunications, de recourir à l'emprunt ou d'émettre des obligations dans le public.

En dehors de la NHK, les émissions de radio-télévision sont, en vertu de la loi du 2 mai 1950, produites par des compagnies privées de radiodiffusion (depuis 1951) et de télévision (depuis 1953).

Les premières stations privées de radio ont été la *Chubu Nippon Hoso,* à Nagoya, et la *Shin Nihon Hoso* (qui deviendra plus tard la *Mainichi Broadcasting System*).

La loi interdisant le cumul de propriété de plusieurs stations, beaucoup parmi les très nombreuses radios régionales et locales se sont regroupées en réseaux nationaux, à l'image de ce qui s'est fait aux Etats-Unis. Les réseaux privés les plus importants sont, sur ondes moyennes, le *Japan Radio Network,* contrôlé notamment par Bunka Hoso et Nippon Hoso, et sur la bande FM, le *Japan FM Network.*

En télévision, il existe de même 105 stations privées, contrôlées en général par de grands groupes industriels ou financiers, des compagnies d'assurance et des journaux : si ceux-ci ne peuvent détenir plus de 10 % du capital d'une station, leur présence réelle dans les télévisions est cependant active.

Ces stations locales et régionales peuvent émettre après obtention d'une licence d'exploitation délivrée par le ministère des Postes et Télécommunications, renouvelable tous les trois ans.

Comme aux Etats-Unis, certaines de ces stations locales privées se sont organisées en réseaux et ont tendu à former des groupes multi-médias de large surface. Mais, contrairement à la situation américaine, les réseaux japonais ne constituent pas des entités juridiques ; ce sont des structures fonctionnelles, qui se sont constituées, hors de tout contrat, sur la notion de « stations clés » (on pourrait dire de « têtes de réseau »). Comme l'a expliqué Suzanne Gouiffès, « une grande partie des programmes populaire est produite par les stations de Tokyo ; les compagnies, établies à Tokyo ou dans la région, qui peuvent donc réaliser de tels programmes, sont sollicitées par les autres compagnies pour l'achat de ces programmes. Car ces compagnies, afin de conserver leur audience, donc leurs revenus publicitaires, sont obligées d'utiliser ces programmes. Pour les stations de Tokyo, cette pratique d'alimentation des stations régionales et locales en films, vidéo-tapes et enregistrements divers est une source importante de revenus. Ces compagnies peuvent en effet, ou bien vendre simplement de tels programmes, ou bien vendre du temps d'annonce publicitaire à ceux des annonceurs qui veulent une publicité à l'échelle nationale. A noter cependant que Tokyo n'est pas le seul centre des "stations clés" au Japon. Osaka (...) voit ses stations désignées comme stations "sous-clés" ». Les programmes émis par Tokyo et Osaka représentent ainsi plus des quatre cinquièmes des programmes de télévision japonais.

Les réseaux ainsi constitués organisent par ailleurs leurs services communs de traitement de l'actualité (journaux télévisés et magazines).

Les cinq grands réseaux privés sont ainsi :

— NTV (Nippon Television), créé en 1953, lié au journal *Yomiuri,* qui diffuse ses émissions par l'intermédiaire de 28 stations régionales ;
— TBS (Tokyo Broadcasting System), créé en 1955, lié au journal *Mainichi,* avec 25 stations ;
— Fuji TV, créé en 1959, lié au journal *Sankei,* avec 27 stations ;
— All Nippon News, créé en 1959, lié au journal *Asahi,* 17 stations ;
— Tokyo TV, lié au journal *Nihon Keisai,* 4 stations.

Les recettes des stations privées proviennent de la publicité (et du *sponsoring*). Celle-ci est particulièrement envahissante (jusqu'à 18 % de la durée d'une émission).

2|| LES SUCCÈS DE L'AUDIOVISUEL JAPONAIS

On le notait dès le début de ce chapitre, le public japonais baigne depuis longtemps dans la civilisation de l'audiovisuel. Mme Tching Kanehisa cite ce sondage, effectué en 1979, simultanément aux Etats-Unis et au Japon. A la question : « Si vous deviez vivre dans une île déserte, quel objet familier choisiriez-vous d'emporter ? »,41 % des Américains — 12 % seulement des Japonais — mentionnaient la voiture, et 38 % le réfrigérateur — contre 13 % seulement des Japonais. En revanche, 20 % des Japonais citaient le journal — 5 % seulement des Américains — et 37 % la télévision — contre 4 % seulement des Américains : « Impératif de l'information pour les Japonais, impératif de la commodité matérielle pour les Américains. »

Dès 1960, le tiers des foyers japonais possède la télévision (et 57 % la radio). En 1965, la saturation des foyers est atteinte pour la radio, et la télévision en fait autant dès 1967 (28 millions de récepteurs). On dénombre aujourd'hui 95 millions de postes de radio, et 33 millions de récepteurs de télévision (dont 94 % de récepteurs couleur).

Ce développement s'est opéré avec la généralisation de techniques de pointe. La couleur — c'est le procédé américain NTSC que choisit, en avril 1960, le gouvernement nippon — a été mise en service dès 1961 sur la NHK et sur trois réseaux nationaux privés : le Japon a ainsi été le deuxième pays du monde à adopter la télévision en couleurs.

On sait que les industriels japonais sont rapidement devenus, et de fort loin, les leaders du marché mondial pour la construction de récepteurs radio et de téléviseurs, pour celle des équipements de production de télévision, pour les magnétoscopes. On sait aussi (voir p. 70-71)ont, les premiers, mis au point un système de télévision à haute définition.

Les Japonais, qui vivent ainsi pleinement à l'heure de l'audiovisuel, consomment chaque jour, en moyenne, 3 h 40 de programmes télévisés: c'est le record mondial de la durée d'écoute.

Ils se partagent entre les chaînes publiques et les chaînes privées, la NHK recueillant en moyenne quotidienne 28 % des parts de marché nationales, devant Fuji TV (20 %), TBS (18 %), *Asahi*-All Nippon News et NTV (14 % chacune), Tokyo TV (6 %).

Si les programmes qu'ils regardent sont souvent d'une remarquable qualité technique, et parfois (sur NHK surtout) d'une bonne qualité de contenu, la plupart — notamment sur les chaînes privées — empruntent à outrance les recettes de la télévision commerciale : shows, fictions souvent violentes, films et séries de confection.

Il reste que la production japonaise satisfait ainsi son public — moins de 5 % de la programmation totale est importée, ce qui constitue un record — et donc les annonceurs. Elle satisfait également de nombreux publics dans le monde, en exportant, vers l'Asie notamment, beaucoup de ses feuilletons et séries, et vers le monde entier ses dessins animés pour enfants, caractérisés par un cocktail rare de coûts de production peu élevés, de savoir-faire, de mauvais goût, de violence et d'efficacité.

Gagnant progressivement la bataille des matériels et progressant sur le front des programmes, l'industrie audiovisuelle japonaise est désormais lancée en Europe et surtout aux Etats-Unis, à la conquête des grands groupes qui contrôlent la production des images et des sons. A ce niveau, où se rejoignent les mécanismes de développement des satellites, de la télévision haute définition et de l'industrie des programmes proprement dite, la compétition apparaît indécise, entre groupes nippons, européens et américains. Mais, à l'évidence, les atouts japonais sont loin d'être négligeables...

3 / Organisation professionnelle

Une association japonaise des éditeurs et directeurs de journaux, la *Nihon Shimbun Kyokai* (NSK), a été fondée en 1946, pour assurer l'étude et la défense des problèmes communs des entreprises de presse. La NSK a par ailleurs publié un « code du journalisme », à l'observance duquel elle se charge de veiller. De la même façon, les compagnies privées de radio et de télévision se sont groupées dans une association, l'Association nationale de Radiotélévision commerciale. Du côté des salariés de la presse, en dehors des organisations de type syndical, il faut signaler l'existence d'une institution originale : « les clubs de presse » dans lesquels se retrouvent les journalistes. A l'origine simples amicales, ces clubs ont été institutionnalisés, placés sous le contrôle de la NSK, et servent de relais entre l'information gouvernementale et le public.

4 / Médias et publicité

Deuxième investisseur mondial en publicité, le marché japonais a dépensé 3 234,3 milliards de yens (soit environ 150 milliards de francs) en campagnes médias en 1988 (l'affichage étant ici inclus, aux côtés de la presse écrite, de la radio et de la télévision).

Répartition de l'investissement publicitaire, par média

Médias		% (1988)
Presse écrite		43,8
dont : Quotidiens	34,8	
Magazines	9,0	
Radio		5,8
Télévision		40,7
Affichage		9,7

Source : Dentsu.

On le voit : à part l'importance relative de l'affichage, le Japon se signale par un fort investissement publicitaire en télévision (celle-ci a dépassé la presse quotidienne depuis 1974) et par une faible présence des magazines à ce palmarès — mais on a vu qu'en effet les magazines japonais sont assez faiblement diffusés, par rapport au couple presse quotidienne - télévision.

Si l'on réduit les supports de publicité à l'ensemble presse écrite/radio/télévision, on constate que, de 1970 à 1988, la part de la télévision dans cet ensemble est passée de 41,7 % à 45,1 % ; celle de la radio a peu varié, passant de 5,9 à 6,3 % ; celle de la presse écrite est passée de 52,4 à 48,6 %. Mais, à l'intérieur même de la presse écrite, on relève que la part des quotidiens a baissé de 45,2 à 38,6 %, alors que celle des magazines montait de 7,2 à 10 %. Autrement dit, même plus faibles, les magazines présentent l'avantage, aux yeux des annonceurs et des publicitaires, d'être mieux ciblés, qu'une presse quotidienne plus indifférenciée, et qui subit ainsi de plein fouet la concurrence de la télévision.

On ne peut évoquer le poids de la publicité au Japon sans souligner le poids des agences de publicité, et leurs liens étroits avec les médias.

La plus grande agence de publicité du monde est japonaise, c'est l'agence *Dentsu,* qui domine un marché énorme et très concentré : les dix premières agences du Japon (voir tableau) détiennent 51,4 % du marché.

Les dix premières agences japonaises de publicité

Agence	Chiffre d'affaires (1988) (en milliards de yens)
Dentsu	1 004,80
Hakuhoko	446,10
Daiko	146,50
Tokyu Agency	145,00
Asatsu	96,30
I & S	90,10
Yomuri Advertising	85,90
Dai Ichi Kikaku	81,40
McCann Erickson-Hakuhodo	75,60
Asahi Advertising	57,50

Source : Ad Report, juin 1989.

L'agence *Dentsu* est une création ancienne — elle date de 1901 — mais elle doit sa fortune au fait d'avoir participé, dès 1958, à la création de nombreuses chaînes de télévision, avant de prendre également des participations dans des stations de radio et des entreprises éditrices de journaux. *Dentsu* détient aujourd'hui 32 % de l'espace publicitaire japonais en télévision (et 50 % de l'espace en « prime time »), 20 % de l'espace publicitaire de la presse quotidienne, 17 % de la radio, 15 % des magazines. Elle est l'une des trois sociétés mères du groupe international HDM (Havas-Dentsu-Marsteller).

De même que *Dentsu* est liée à des entreprises de presse, notamment audiovisuelles, on peut remarquer que, souvent de longue date, d'autres agences ont des liens organiques avec les médias, ce qui constitue une spécificité japonaise : *Hahuhoko,* fondée dès 1895, a des intérêts dans des stations de radio-télévision de même que *Dai Ichi Kikaku* et *Asatsu* ; *Daiko* fait partie du groupe du journal *Asahi* ; le *Yomiuri* a donné naissance à l'agence *Yomiko*, le *Nihon Keizai* à l'agence du même nom, etc.

Il convient enfin de signaler que les grandes agences étrangères ont bien du mal à s'installer sur le marché japonais. On le constate à l'examen du tableau ci-contre : neuf des dix plus grosses agences sont japonaises, et la seule filiale américaine y occupe une modeste neuvième place.

De même que la télévision japonaise exporte beaucoup et importe peu, de même que les « clubs de presse » de journalistes japonais trustent souvent les informations nationales lors de conférences de presse où les correspondants étrangers se voient attribuer la portion congrue, de même les agences de publicité du Japon, liées à leurs médias nationaux, détiennent-elles la suprématie dans la gestion de l'investissement publicitaire. Il en va de la presse et des médias au Japon comme d'autres secteurs de la vie économique de ce pays : les grandes entreprises sont extrêmement favorables à la mondialisation des échanges, où elles font preuve d'une haute habileté technologique et d'un grand dynamisme commercial, mais elles entendent bien rester maîtresses de leur marché intérieur.

Chapitre VI

LES MÉDIAS
EN RÉPUBLIQUE POPULAIRE DE CHINE

La Constitution chinoise de 1954 garantit, par son article 87, la liberté de la presse : « Les citoyens de la République populaire de Chine jouissent de la liberté de parole, de presse, de réunion, d'association, de cortèges et de manifestations de rues. L'Etat garantit ces libertés aux citoyens en mettant à leur disposition les moyens matériels indispensables pour en jouir. » Il est évident que le sens attribué aux termes de la liberté de la presse ne saurait être de même nature que celui admis dans les systèmes capitalistes. Ainsi les articles 25 à 27 de la Constitution précisent-ils que les informations diffusées doivent l'être d'un point de vue marxiste ; que les organes de presse ne peuvent publier des informations relatives à la politique du Parti communiste chinois que sur les instructions des autorités compétentes du parti ; que leur contenu doit s'accorder aux tâches immédiates et aux objectifs à long terme du parti.

1 / L'Agence Hsin Hua

L'Agence *Hsin Hua* (Chine nouvelle), qui détient en Chine le monopole de la diffusion des informations, a été fondée le 1er septembre 1937 : elle succédait à l'Agence « Chine rouge », créée dès janvier 1929. Elle est donc antérieure à la fondation de la République populaire. L'agence est placée sous la tutelle directe du Conseil d'Etat ; elle est supervisée par le ministère de la Culture et de l'Education, financée par le budget de l'Etat, contrôlée par le département de la propagande du

Parti communiste chinois (PCC). Toutes les nouvelles et informations publiées par les journaux chinois sont des reproductions pures et simples, sans aucune modification, correction ni addition, de la production de Hsin Hua. « Son rôle est aussi important que le parti, le gouvernement, l'armée et les tribunaux ; elle est l'arme de la lutte des classes », a dit, en 1957, M. Lu Ting-yi, alors responsable du département de la propagande du PCC (cité par J.-P. Brulé). L'agence, dont le siège est à Pékin, entretient sept bureaux régionaux (Pékin, Chang-hai, Chen-yang, Han-keou, Sian, Tching-king, Tsi-nan), et des services dans les zones rurales et les régions militaires. Elle a de très nombreux correspondants dans les communes, les villes, les campagnes, les unités de l'armée. Elle dispose également d'une soixantaine de bureaux dans des pays étrangers ; certains des correspondants de ces bureaux passent d'ailleurs pour avoir une activité plus proche du « renseignement » que de l'information stricte. Au total, l'agence emploie plus de 4 000 journalistes.

D'après la revue *L'Actualité en Chine continentale* (citée par *Problèmes politiques et sociaux)*, « le service international de l'Agence d'information Chine nouvelle pour un jour type peut comporter des déclarations sur les sentiments des autorités de Pékin sur les pays étrangers ou les mouvements révolutionnaires, des récits exaltants consacrés aux exploits de citoyens modèles, les comptes rendus des campagnes et des rassemblements, les relations des visites des délégations ou de personnalités officielles, etc. Le service intérieur est actuellement orienté vers la propagande à usage interne. Nombre d'articles du *Quotidien du Peuple* ou du *Drapeau Rouge* sont également diffusés par l'AICN ». *Hsin Hua* diffuse ainsi 70 000 mots par jour environ, la moitié traitant d'informations nationales, l'autre moitié d'informations internationales.

Signalons qu'à côté de l'agence *Chine Nouvelle,* une autre agence officielle, *Zhongguo Xinwen She*, diffuse des articles destinés aux journaux publiés en chinois hors du pays.

2 / La presse écrite

Ainsi que l'a écrit Roger Pélissier, « c'est le parti qui décide de la date, du lieu et du nombre de journaux à créer ainsi que des milieux auxquels ces journaux doivent s'adresser. Exemple : en janvier 1956, le Comité central du PCC demanda la création de 360 journaux de districts ruraux, au moment où se constituaient les coopératives agricoles ». Cela est naturel, puisque, comme le précisait le 25 juin 1954 un éditorial du *Quotidien du Peuple* : « La presse est une arme efficace grâce à laquelle le parti fait l'éducation socialiste des masses. » A l'exception des rares journaux subsistant du fait du programme commun entre le PCC et la bourgeoisie nationale, dont le contenu est d'ailleurs identique à celui des journaux du parti — par exemple le *Guangming Ribao (Clarté)*, seul autre quotidien que *Le Quotidien du Peuple* à être exporté —, tous les journaux émanent directement des différentes instances du parti, y compris la plupart des journaux muraux manuscrits *(Da-dzi-bao)*.

« Lorsqu'il sort des presses, écrivait dès 1971 Roger Pélissier dans un article resté d'actualité, le journal est examiné par la section de presse du comité du parti à l'échelon correspondant dans la hiérarchie administrative territoriale. En outre, il subit un examen périodique effectué par la section de presse de l'instance du parti se trouvant à l'échelon supérieur à celle qui suit l'activité du journal. Ces examens conduisent à redresser, si nécessaire, la ligne du journal (...). Le maintien de la ligne doctrinale est, de façon générale, assuré par : la publication des directives officielles par les différents échelons du parti ; la convocation par le parti d'une conférence des rédacteurs de journaux. » Ceux-ci sont généralement choisis parmi les militants ayant une certaine expérience des activités de propagande. Certains ont suivi les cours de l'Institut de Journalisme, à Pékin ; ils sont nommés par le Comité du parti correspondant au niveau de la publication, avec approbation par l'instance supérieure. *Le Quotidien du Peuple* aurait plusieurs milliers de correspondants à travers le pays.

La presse chinoise compte 2 191 titres de presse (chiffres de 1987) ; elle en comptait 382 en 1950, 260 seulement en 1954, 1 429 en 1957 (entre ces deux dates, a eu lieu la campagne de collectivisation de l'agriculture), 1 908 en 1966. Le tirage total de cette presse est d'environ 32 millions d'exemplaires.

Sur le total, la presse quotidienne compte 222 titres.

Ces chiffres, au total assez modestes, ne doivent pas induire en erreur. En effet, *Le Quotidien du Peuple* est distribué aux cadres du parti et du gouvernement, qui doivent en faire la lecture aux ouvriers, aux paysans et aux soldats ; des « groupes de lecture » ont, par ailleurs, été constitués, dans les administrations, les organisations de masse, les unités militaires, les usines, les communes populaires, les écoles, pour la lecture commune des journaux. Ainsi, malgré des tirages faibles par rapport à la population, la presse atteint la quasi-totalité de la population chinoise.

Les journaux chinois comprennent en général 4 à 8 pages. *Le*

Quotidien du Peuple (Renmin Ribao) est l'organe du Comité central du parti. Fondé le 15 juin 1949, il tirait à 500 000 exemplaires en 1954, plus de 700 000 en 1956, près d'un million en 1957, 1 500 000 en 1970, 3 millions aujourd'hui. Certains de ses éditoriaux et de ses articles importants sont radiodiffusés et reproduits dans l'ensemble des journaux provinciaux. Parmi les autres journaux importants, *Le Quotidien de l'Armée de Libération Populaire (Jiefangjun-Bao)* a joué un rôle éminent au cours des différentes crises politiques majeures de la Chine, notamment pendant la Révolution culturelle et pendant le mouvement démocratique étudiant de 1989.

Les périodiques sont des publications destinées à commenter les informations générales, en mettant en valeur les événements ou

Tirage des principaux quotidiens

Titres	Tirage	Caractéristiques
Renmin Ribao (Quotidien du Peuple)	3 000 000	Organe du Parti communiste
Gongren Ribao (Quotidien des Ouvriers)	1 800 000	Journal des syndicats
Wenhim Bao	1 700 000	Journal du Parti de la municipalité de Shanghai
Yangcheng Wanbao	1 600 000	Journal de la municipalité de Canton
Jingji Ribao (L'Economie)	1 500 000	Quotidien économique
Xin Min Wan Bao	1 300 000	Journal du soir de Shanghai
Sichuan Ribao	1 300 000	Journal quotidien de la province du Sichuan
Guangming Ribao (Clarté)	1 000 000	Journal des intellectuels
Jiefangjun Bao	1 000 000	Journal de l'Armée populaire de libération
Jiefang Bao (Libération)	1 000 000	Journal de la municipalité de Shanghai
Nanfang Ribao	1 000 000	Journal de la municipalité de Canton
Beijing Wanbao (Pékin Soir)	1 000 000	Journal du soir de la municipalité de Pékin
Beijing Ribao (Quotidien de Pékin)	750 000	Organe du Parti de la municipalité de Pékin
Tianjin Ribao	600 000	Journal de Tianjin
China Daily	85 000	Quotidien de langue anglaise

Principaux périodiques

Titres	Tirage	Caractéristiques
Ban Yue Tan (Conversations)	5 000 000	Bimensuel
Zhongguo Funu (Femmes de Chine)	1 500 000	Mensuel. Journal des femmes
Liaowang (Observateur)	NC	Hebdomadaire
Zhongguo Xinwen (Nouvelles de Chine)	NC	Hebdomadaire
Hongqui (Le Drapeau Rouge)	NC	Bimensuel, organe du Parti Communiste
Beijing Review	NC	Hebdomadaire. En anglais, français, espagnol, japonais, allemand
Zhongguo Jianshe (Reconstitution Chinoise)	NC	Mensuel. En chinois, anglais, espagnol, français, arabe et portugais

personnalités exemplaires, et à armer politiquement et idéologiquement les masses, ou, de manière spécifique, les femmes, les ouvriers, les paysans, les jeunes, les soldats...

3 / La radio et la télévision

Bien évidemment, radio et télévision sont soumises à la même censure que les journaux. Elles dépendent du ministère de la Radio et de la Télévision, rattaché à la présidence du Conseil des ministres.

La radio a joué, depuis la création de la République populaire en 1949, un rôle important. Les émetteurs de la *Hsin Hua* ont toujours été utilisés par les dirigeants communistes pour établir le contact quotidien avec les masses, notamment paysannes. C'est par la radio que s'est faite la diffusion de nombreux mots d'ordre, le lancement pratique de nombreuses campagnes.

Le nombre de postes récepteurs, qui n'était que de 2 000 environ en 1949, a été évalué à 500 000 en 1956, 4 500 000 en 1959, 6 millions en 1963, 17 millions aujourd'hui.

Cependant, la diffusion réelle de la radio en Chine ne doit pas s'évaluer à partir des seuls récepteurs individuels. L'écoute collective, devant des haut-parleurs spécialement installés, est en effet systématiquement organisée, notamment dans les campagnes. La radio touche ainsi l'immense majorité de la population.

Il en va de même pour la télévision. Si la télévision de Pékin fut créée en 1958, son démarrage a été très lent — et fut bloqué pendant la Révolution culturelle. On ne dénombrait que 10 000 récepteurs en 1970, et moins d'un million en 1980.

Le véritable « décollage » se fait dans les années 1980. En 1988, on estime à plus de 90 millions le nombre de récepteurs — mais, comme pour la radio, l'écoute est en général publique et collective. La diffusion se fait par l'intermédiaire de plus de deux cents stations terrestres et d'un satellite de télécommunication.

La télévision populaire émet sur trois chaînes nationales, et de multiples chaînes régionales. Ses programmes sont, pour moitié, composés de programmes à caractère idéologique et politique. Mais ils sont de plus souvent constitués de téléfilms (400 en 1985), séries et films, souvent importés, principalement des Etats-Unis et de Grande-Bretagne. Dans cette même période, la publicité a fait son apparition sur les petits écrans, la régie de certains programmes étant assurée par *Information et publicité,* filiale de l'agence Havas. Les vendeurs de programmes, annonceurs et publicitaires occidentaux comptent en effet sur un développement spectaculaire du marché chinois, qui voit son parc de téléviseurs s'accroître chaque année de 12 à 15 millions de postes, produits par l'industrie nationale.

Chapitre VII

LES MÉDIAS EN URSS

Le souci du développement de la presse a été constant chez les communistes d'URSS ; Lénine avait défini la mission du journal comme devant être tout à la fois celle d'un propagandiste collectif, d'un agitateur collectif et d'un organisateur collectif. Cette triple fonction fondamentale du journal dans le régime soviétique explique que les tâches d'orientation, d'animation et de surveillance de la presse ont toujours été, au sein du Parti communiste de l'Union soviétique, dévolues à des militants particulièrement éprouvés et responsables.

« Une véritable révolution culturelle a été dans notre pays la conséquence directe d'Octobre et son développement, affirmait avec fierté, en 1971, Yasen Zassourski, doyen de la Faculté de Journalisme de Moscou. La portée de cette révolution est énorme si l'on tient compte du fait qu'à la veille de la Révolution la majorité écrasante de la population de la Russie était analphabète et que de nombreux peuples de l'Empire russe n'avaient même pas leur écriture. C'est précisément pourquoi un des buts essentiels de la révolution culturelle a été le large développement de la presse et des maisons d'éditions. »

Il reste bien sûr que ce « large développement » s'est fait, jusqu'à l'époque actuelle, au service exclusif de l'idéologie officielle. La Constitution entrée en vigueur en 1977 garantit la liberté de la presse, mais précise (art. 50) que celle-ci « doit s'exercer en accord avec les intérêts du peuple pour développer le système socialiste ».

Les années montreront en quoi la *glasnost* et la *perestroïka* modifient les règles du jeu du système soviétique, dans lequel 85 000 des 100 000 journalistes adhèrent à une Union des Journalistes dont les statuts stipulent que : « L'Union des Journalistes de l'URSS s'est fixé les objectifs suivants : encourager les journalistes soviétiques à prendre part

au combat que livre le communisme pour remporter la victoire en URSS ;
éduquer les journalistes afin de leur inculquer le sens de la fidélité au
marxisme-léninisme, à la partie socialiste et au Parti communiste, afin de
les convaincre que la doctrine marxiste est inconciliable avec les
fluctuations idéologiques, le dogmatisme et le révisionnisme. »

1 / La presse écrite

1 | LES AGENCES DE PRESSE

La grande agence soviétique d'information télégraphique est l'Agence
TASS, que nous avons déjà rencontrée parmi les cinq grandes agences
mondiales (voir p. 78-79).

Depuis le 21 février 1961, il existe une seconde agence, l'Agence
Novosti (Les Nouvelles), dont le rôle essentiel est de fournir à l'Occident
des informations, commentaires et reportages sur l'Union soviétique.
Novosti est ainsi beaucoup plus une agence de textes qu'une agence
d'information transmettant des nouvelles fraîches.

L'Agence *Novosti* a été créée sous la forme juridique d'une entreprise
coopérative, dont les propriétaires sont l'Union des Journalistes de l'URSS,
l'Union des Ecrivains et l'Union des Sociétés d'amitié avec les peuples
étrangers. Elle édite également les publications moscovites périodiques en
langues étrangères *(Les Nouvelles de Moscou)*.

2 | QUOTIDIENS ET PÉRIODIQUES

D'après les statistiques officielles soviétiques portant sur l'année 1986,
il paraissait en URSS 727 quotidiens, représentant une diffusion totale de
97 millions d'exemplaires. Il existe par ailleurs environ 13 000 publications périodiques (les deux tiers écrites en russe, les autres dans les différentes langues de l'Union soviétique).

Ces journaux sont souvent édités par des entreprises concentrées, dont
les activités s'étendent parfois à l'édition. C'est ainsi par exemple que la
maison d'édition du Comité central du PCUS publie non seulement la
Pravda, mais cinq autres journaux, 30 revues, et plusieurs centaines de

livres et de brochures ; la maison d'édition des Syndicats, la « Profisdat », édite, outre *Troud,* des centaines de livres et de journaux. Il en va de même pour l'entreprise des *Izvestia* ou pour la « Molodaya Gvardia », entreprise appartenant à la Jeunesse communiste *(Komsomol).* Les tirages des plus importants « quotidiens centraux » de l'URSS — ceux qui ont une zone de diffusion étendue à l'ensemble de l'Union — sont évidemment impressionnants (voir tableau).

Tirage des principaux quotidiens

Titres	Tirage (1986-1987)
Troud	15 700 000
Komsomolskaïa Pravda	11 000 000
Pravda	10 700 000
Izvestia	7 000 000
Sovietskaïa Rossia	3 900 000
Krasnaia Zvesda	2 400 000
Moskovskaïa Pravda	700 000
Vechernaïa Moskva	650 000

Les plus importants sont, on le voit, *Troud (Le Travail),* l'organe des syndicats officiels, la *Komsomolskaïa Pravda (Vérité des Komsomols),* l'organe officiel des organisations de jeunesse et la *Pravda (Vérité),* l'organe officiel du Parti communiste, dont un tiers du tirage est imprimé à Moscou, le restant étant tiré sur les presses de 35 villes de province.

Le journal les *Izvestia* est l'organe officiel du gouvernement. Ces quatre journaux centraux dominent donc le panorama de la presse quotidienne soviétique. Ils sont suivis par le plus important journal « provincial », la *Sovietskaïa Rossia,* l'organe officiel du Comité central de la République socialiste fédérative de Russie. « Les journaux de province, note Georges Mond, sont édités soit par la fédération du Parti communiste, souvent en commun avec le Soviet de la ville ou du département, soit (en ce qui concerne quelques hebdomadaires et revues de moindre importance) par (...) des organisations de masse. »

On constate que, parmi les journaux locaux du soir, c'est aussi un quotidien moscovite, la *Vechernaïa Moskva,* qui arrive également en tête.

De même, parmi les périodiques, on compte de grands titres d'information générale, comme le gouvernemental *Ogoniok* (5 500 000 exemplaires) — qui annonçait spectaculairement en juillet 1990 qu'il rompait tous ses liens avec le Parti communiste —, ou le journal à prétention satirique *Kro-kodil* (5 300 000), et des titres rattachés aux grandes organisations de masse, diffusant tous plusieurs millions d'exemplaires : *Rabotnica* (pour les femmes), *Pionierskaïa Pravda* (l'organe des jeunes pionniers), *Krestian-ka* (pour les paysans), *Literatournaia Gazeta* et *Younost* (hebdomadaire et mensuel de l'Union des Ecrivains), etc.

Sans avoir touché, sur le fond, tous les mécanismes d'organisation de la presse (dépendance à l'égard du Parti et de l'Etat, conformisme), la *glasnost* a cependant instillé aux organes de presse un goût nouveau pour le débat et l'information autonome. La *Pravda* et les *Izvestia* n'ont pas toujours la même analyse, le même point de vue. La publication de lettres de lecteurs nettement détonnantes tend ainsi à faire bouger les choses. Reportages et interviews tendent à devenir plus agressifs, et plus proches de la vie quotidienne. Bref, les contradictions internes à la *perestroïka* trouvent leur reflet dans la presse. Avec l'arrivée acceptée du capital étranger dans la presse, à partir de 1990 (entrée de Maxwell dans *Les Nouvelles de Moscou,* création directe de journaux par des groupes de presse étrangers), et l'approfondissement de la *perestroïka*, la presse soviétique commence à changer profondément de visage.

Surtout, une loi adoptée en juin 1990 — et entrée en vigueur le 1er août de cette même année — a totalement supprimé la censure pour les organes de la presse soviétique.

2 / La radio et la télévision

Les débuts de la radiodiffusion en Union soviétique datent de septembre 1922. En matière de télévision, si les premières expériences ont lieu dès avril 1931, si le premier programme expérimental est diffusé en 1938, c'est en décembre 1945 que commencent les émissions régulières, bihebdomadaires, dans la seule région de Moscou ; et c'est dans les années 1960 que la télévision commence à être réellement un moyen de communication de masse.

La réception de la radio s'est développée sous une double forme : celle des récepteurs ordinaires, captant les émissions portées par les ondes hertziennes, et celle des récepteurs câblés jusqu'aux stations émettrices (et ne pouvant donc recevoir que les radios soviétiques). En 1960, on dénombrait ainsi 28 millions de récepteurs ordinaires, et 31 millions de récepteurs câblés. En 1987, on était parvenu à 83 millions de postes ordinaires, pour 50 millions de postes câblés.

Outre les chaînes nationales, émettant de Moscou, et relayées par plus de 600 réémetteurs sur le territoire soviétique, de multiples stations de républiques, des stations régionales et locales de radio émettent au total dans 71 langues.

L'URSS a développé dans les années 1960 un important effort sur le plan technologique en matière de télévision. Un équipement ultra-moderne, le centre d'Ostankino, proche de Moscou, permet depuis 1968 de diffuser des programmes sur six chaînes de télévision.

En fait, quatre grandes chaînes nationales se disputent les téléspectateurs : une chaîne généraliste (avec interruptions publicitaires), une chaîne plus culturelle (également avec publicité), une chaîne éducative et une quatrième chaîne combinant la vocation culturelle, la politique et les sports.

Pour l'essentiel, les huit autres chaînes existant sur le territoire soviétique reprennent les programmes des deux premières chaînes moscovites, avec des décrochages régionaux.

En matière de télévision couleur, l'URSS a adopté le procédé français SECAM, mais en le modifiant pour en faire un système transmis en modulation d'amplitude. Elle recourt à trois satellites de télécommunications et à près de 150 relais terrestres pour diffuser ses programmes dans l'ensemble du pays. Si la première chaîne est ainsi reçue partout, les autres ne touchent que les deux tiers à peu près de la population de l'Union. L'audience de la télévision est, après un démarrage assez lent, devenue massive (voir tableau).

Evolution de l'équipement en récepteurs TV

Année	Nombre de récepteurs
1950	7 800
1955	125 000
1958	2 500 000
1960	4 800 000
1965	15 700 000
1970	34 000 000
1980	78 000 000
1986	81 000 000
1988	85 000 000

Cette télévision s'est, dans les années 1970, progressivement ouverte à l'importation de nombreux programmes importés, et les séries et téléfilms américains ou les films comiques français font les délices des téléspectateurs soviétiques.

En ce qui concerne l'organisation juridique générale, la radiodiffusion et la télévision sont placées sous l'autorité d'un « Comité de la Radiodiffusion et de la Télévision », qui est lui-même sous la tutelle directe du Conseil des Ministres de l'URSS. Ce Comité est composé de 17 membres, représentant les différentes Républiques, parmi lesquels le président est nommé par le Conseil des Ministres, sur la proposition du département de la propagande au Comité central du Parti. Le Comité de la Radiodiffusion et de la Télévision est compétent tant sur le plan de la gestion administrative et financière que sur celui de la politique des programmes.

Sur le plan du contenu politique, la télévision connaît la même évolution que les grands organes de la presse écrite. Le conformisme y domine encore largement, notamment dans les grandes éditions du journal télévisé (commun à toutes les chaînes). Mais peu à peu, l'esprit de la *glasnost* gagne certaines émissions, et d'autres, nouvelles, sont créées, pour illustrer la *perestroïka*. Celle-ci a également encouragé la multiplication des coproductions avec des télévisions occidentales, et la réalisation de grandes soirées en duplex ou en multiplex avec des capitales de l'Ouest.

L'URSS a par ailleurs créé avec les pays de l'Est européen, Cuba, la République démocratique du Vietnam et plusieurs autres radio-télévisions d'Etat, une association internationale, l'Organisation internationale de Radiodiffusion et Télévision (OIRT), constituée à Bruxelles, dès le 2 juin 1946. Dans le cadre de l'OIRT a été créé un système pour l'échange des programmes télévisés, « Intervision », comparable au réseau « Eurovision » de l'Ouest, avec lequel des accords de coopération ont été passés.

QUATRIÈME PARTIE

L'influence des médias

On a fréquemment, et depuis longtemps, crédité les moyens de communication de masse de pouvoirs d'influence importants sur les individus — notamment dans le domaine politique. Les polémistes ont souvent donné libre cours à leur imagination et à leur talent pour abonder dans ce sens ou, au contraire, pour nier toute influence significative aux moyens d'information. La recherche sociologique a permis, ces dernières décennies, de recueillir des données plus précises sur un phénomène à vrai dire complexe et difficile à cerner sous tous ses aspects. Elle a montré notamment que, si les médias voient leur action freinée par des conditions et des limites sociales et psychologiques, ils n'en ont pas moins des effets perceptibles sur les attitudes et les comportements ; et que leur influence politique, si elle ne s'exerce pas de façon mécanique et absolue, est sans doute loin d'être négligeable.

Chapitre Premier

CONDITIONS ET LIMITES
DE L'INFLUENCE DES MÉDIAS

Les moyens de communication de masse ont pris dans nos sociétés, et dans la vie des individus, une importance croissante. Au fur et à mesure de cette croissance, des craintes, sur les effets des *mass media* se sont développées, et ont été exprimées de divers côtés. Les progrès de la recherche sociologique ont par la suite permis, non pas d'apaiser ces craintes — encore que certains en aient tiré prématurément cette conclusion —, mais tout au moins de montrer que les effets des moyens d'information sont liés à un certain nombre de variables concernant le récepteur du message, les conditions de réception de ce message, et le message lui-même.

1 / La presse, quatrième pouvoir ?

1 | L'HYPOTHÈSE DU VIOL DES FOULES

Un grand nombre de journalistes, d'écrivains, de personnalités diverses ont dénoncé l'effet insidieux, envoûtant, que peut avoir la presse écrite, parlée et télévisée sur le public soumis au feu incessant de ses gros titres, de ses flashes, de ses images. Sans doute depuis l'apparition des moyens audiovisuels ce type d'analyse s'est-il particulièrement développé. Mais la presse écrite elle-même est aujourd'hui encore fréquemment regardée comme un outil puissant, propre à influer profondément sur les individus. Ainsi Alain Peyrefitte, alors ministre de l'Information, justifiait-il devant l'Assemblée Nationale, le 30 avril 1965, sa politique de contrôle de la télévision par le fait que celle-ci était à même de jouer un « rôle d'équilibrant », face à une presse écrite jugée acquise dans sa quasi-totalité à l'opposition. Ainsi le pape Paul VI présentait-il, le 2 mai 1963, une analyse du rôle du journal faisant de celui-ci un maître à penser et même plus ; le pontife expliquait en effet : « Il nous semble qu'entre journal et maître il puisse s'établir une certaine équation, une analogie de fonctions, avec cependant une double différence, tout à l'avantage et à la supériorité du journal : le maître s'adresse à un petit groupe et pendant peu de temps ; le journal, lui, parle aux foules et pendant un temps indéterminé. Le maître s'adresse aux enfants ; le journal, lui, s'adresse aux adultes. Le journal fait classe tous les jours, sur tous les événements du monde, à des personnes mûres, aux gens responsables ; son influence est impondérable, mais immense, proportionnée à la force de persuasion du journaliste et au nombre de lecteurs. C'est un phénomène formidable. Il l'est toujours. Il influe sur le destin spirituel du peuple. Il décide du oui et du non du règne de Dieu dans notre société. »

On voit combien la presse écrite est ici créditée d'un rôle considérable. Mais c'est assurément à propos des moyens audiovisuels que des analyses de ce type ont été le plus fréquemment présentées. L'usage qu'un Gœbbels fit de la radio au service de la propagande hitlérienne, l'importance attachée à la radio-télévision dans le dispositif des dictatures contemporaines, le fait que les stations de radio et de télévision constituent presque toujours l'un des premiers objectifs des auteurs de coups d'Etat dans les pays du Tiers Monde, n'ont pas peu contribué à renforcer les craintes au sujet des techniques modernes de diffusion collective. On a pu ainsi parler de « télécratie », de « l'arme absolue » que constituerait le contrôle de la radio-télévision, on a cité J.-J. Servan-Schreiber, pour qui le gaullisme « c'est le pouvoir personnel, plus le monopole de la télévision ». S. Tchakhotine a donné à un livre un titre qui devait faire fortune : *Le viol des foules.*

Cette hypothèse faisant des *mass media,* et singulièrement de la radio-télévision, un moyen de violer les foules, de « faire penser » les gens ou tout au moins de les faire agir, est d'ailleurs renforcée par ce que l'on sait sur l'importance que ceux-ci attachent à ces moyens d'informations. J. Cazeneuve et J. Oulif ont par exemple cité des sondages réalisés au début des années 1960 par la Radiodiffusion-Télévision française révélant que, lorsqu'une émission de télévision ne plaît pas au public, 53 % des téléspectateurs éteignent certes leurs récepteurs, mais que 40 % la regardent quand même. A la question : « Si vous êtes privé d'un des trois objets suivants, lequel vous manquerait le plus ? », on obtient ces réponses : la télévision : 44 %, le réfrigérateur : 33 %, la machine à laver : 16 %. G. Steiner avait à la même époque obtenu les mêmes résultats dans une enquête nationale menée aux Etats-Unis. On est donc en présence d'un moyen qui semble particulièrement puissant et persuasif et qui est jugé extrêmement important par les gens pour leur existence quotidienne — plus que leur équipement ménager. Cela pourrait se révéler d'autant plus grave qu'un certain nombre d'expériences ont effectivement permis de mesurer l'impact concret possible de messages transmis par les *mass media*.

2 | DES EXPÉRIENCES INQUIÉTANTES

Ce que l'on sait sur les modifications d'opinion chez les individus indique que nous pouvons être victimes des *mass media* sans même nous en apercevoir. Ce qu'on appelle le *sleeper effect* (effet dormeur) caractérise en effet le phénomène par lequel une nouvelle opinion s'installe chez un individu, cependant que disparaît le souvenir de la source de communication qui a suggéré cette opinion nouvelle : nous oublions donc que ce sont, éventuellement, les moyens de communication de masse qui ont provoqué chez nous un changement d'opinion.

Des expériences ont par ailleurs montré (entre autres celles menées auprès de GI pendant la guerre de Corée) que des émissions présentées sous forme de discussion pouvaient avoir une puissance persuasive particulièrement forte ; ou que, sur une longue période, il était possible d'infléchir des opinions, en les épousant partiellement au départ, puis en s'en éloignant d'elles insensiblement.

D'autres expériences ont montré que, dans certains cas, les moyens d'information pouvaient déclencher de véritables phénomènes de panique collective. L'exemple le plus fameux est celui de l'émission de radio réalisée en 1938 par Orson Welles, présentant le reportage de l'invasion de la Terre par les Martiens, qui fut prise au sérieux par un nombre considérable d'auditeurs, chez qui la réaction de panique fut immédiate.

Tout cela va assurément dans le sens de Tchakhotine, et peut donner à penser que les médias représentent un moyen quasi absolu d'influence sur les opinions et les actions des individus. Il apparaît pourtant que le problème n'est pas aussi simple que cela.

3 | UNE INFLUENCE QUI SEMBLE POURTANT LIMITÉE

A de très nombreuses occasions, une importante mobilisation des moyens d'information n'a nullement empêché les lecteurs, auditeurs et téléspectateurs d'avoir un comportement différent de celui qui était prôné par eux. On peut citer, dans le domaine politique, un grand nombre de cas. En France, par exemple, le cartel des gauches emporta une majorité aux élections de 1924 malgré l'hostilité de la majorité de la presse ; il en fut de même en 1936 pour le Front populaire, pourtant combattu par 80 % des journaux. On sait également que *Le Parisien* compte aujourd'hui parmi ses lecteurs plus d'électeurs du PC que *L'Humanité*...

En Grande-Bretagne, la majeure partie de la presse faisait, en 1945, campagne pour Churchill. Cela n'a pas empêché les travaillistes de l'emporter. D'enquêtes menées en 1965 par l'*Observer*, il ressortait notamment que ce journal (de tendance libérale) comptait parmi ses lecteurs moins de 15 % d'électeurs libéraux, contre plus de 57 % de conservateurs et près de 24,5 % de travaillistes, cependant que le *Daily Sketch* (conservateur) avait 49 % de lecteurs votant travailliste et 37,5 % seulement votant conservateur.

Aux Etats-Unis, Al Smith, le gouverneur de New York et candidat démocrate à la présidence en 1928, fut le premier à briller à la radio. Mais il fut battu. F. D. Roosevelt fut élu en 1944 malgré l'hostilité de 78 % du tirage total des journaux américains ; H. Truman fut élu en 1948 malgré l'hostilité de 85 % du tirage des journaux ; D. D. Eisenhower fut pour sa part élu en 1952 avec 55,4 % des voix, alors qu'il était soutenu par 81 % du tirage de la presse écrite. Des enquêtes menées en 1947-1948 sur Eisenhower avaient d'ailleurs montré que sa popularité et le souhait formulé par les gens de le voir devenir Président avaient largement précédé ses apparitions à la télévision. En 1960, N. Rockefeller a utilisé dix fois plus de temps d'antenne à la télévision que B. Goldwater pour tenter d'emporter l'élection primaire de Californie, mais a été battu à cette élection.

Et si les médias ont réussi à déstabiliser le président Nixon, l'hostilité déclarée de nombre d'entre eux à l'égard de Ronald Reagan est restée impuissante ; le candidat démocrate Michael Dukakis n'a pas été élu contre George Bush, malgré un soutien majoritaire dans les médias.

Par ailleurs, comme l'a fait remarquer L. Guissard, des campagnes de presse répétées n'ont guère arrêté le racisme, ni fait diminuer les accidents de la route.

Il apparaît donc bien qu'on n'est pas ici en présence d'un mécanisme direct, mesurable et que, dans tous ces cas, l'hypothèse même d'un effet des médias n'est pas étayée. Mais faudrait-il en inférer pour autant que l'influence des médias est finalement peu importante, beaucoup moins en tout cas que d'autres facteurs d'influence ? C'est ce que certains ont été tentés de conclure.

4 | UN PHÉNOMÈNE COMPLEXE

Cette tendance à minimiser l'effet des moyens de communication de masse a sans aucun doute été favorisée par les études publiées, aux Etats-Unis notamment, pendant les années 1940-1960 par des sociologues comme ceux de l'école de P. Lazarsfeld. On présentera plus loin certains des résultats et des hypothèses contenus dans ces études, mais il convient de noter ici qu'elles avaient tendance à mettre beaucoup plus l'accent sur l'influence des relations interpersonnelles que sur celle des moyens d'information, jugée en définitive secondaire. Il est évident que de telles études ne pouvaient que satisfaire les adeptes de la démocratie pluraliste américaine, et l'idée généralement répandue dans les milieux scientifiques occidentaux des années 1950 et 1960 était donc que l'influence personnelle était plus importante que l'influence des médias, et qu'il s'exerçait plus d'influence au sein d'un même milieu social que du haut en bas de l'échelle sociale.

A la vérité, il semble aujourd'hui que les choses soient beaucoup plus complexes. A vrai dire, tous les phénomènes contradictoires notés jusqu'ici — puissance des médias, absence de rôle perceptible dans certains cas notables, rôle moindre que celui de l'influence de personne à personne — peuvent être vrais simultanément. Il faut en fait prendre conscience de ce que les individus qui reçoivent les messages ne sont pas des individus isolés, appartenant par ailleurs à un public homogène. Il faut voir que les conditions de réception de ces messages ne sont pas les mêmes pour tous. Il faut savoir que le contenu même du message n'est pas indifférent. Et il faut se rendre compte que le message de l'émetteur vers le récepteur n'est pas à sens unique, mais qu'il y a aussi un *feedback,* une influence du récepteur sur l'émetteur.

Dans ces conditions, la fameuse question en forme de 5 W que posait H. Lasswell — Who says what in which channel to whom with what effect ? (Qui dit quoi, par quel canal, à qui, avec quel effet ? — reste intéressante et importante pour l'étude de l'influence possible des médias, mais ne paraît guère suffisante, ni d'ailleurs la remarque de

Lazarsfeld selon laquelle il conviendrait de se demander, non pas ce que les médias *font aux gens,* mais ce que *les gens font des médias.* En fait, il faut probablement s'interroger sur l'ensemble du phénomène de la communication, de l'émission et du contenu des messages aux conditions de leur réception et à leurs effets éventuels, pour tenter de répondre à la question de l'influence des moyens d'information. Car si, incontestablement, les gens font *quelque chose* des *médias,* il n'est pas évident que les médias ne leur fassent pas aussi *quelque chose,* et que ce « quelque chose » ne soit pas lié à la distribution même du pouvoir social.

2 / Conditions socio-psychologiques de l'influence des médias

Les médias n'agissent pas de la même façon sur tous les individus : par ailleurs, tous les médias n'agissent pas de façon identique sur un même individu. C'est que de nombreux facteurs entrent ici en jeu : le degré de confiance envers les médias, les phénomènes de perception sélective et les défauts de compréhension de certains messages, le réseau de relations personnelles auquel appartiennent les individus, voire même la façon dont est présenté un message.

1 | DEGRÉ DE CONFIANCE ENVERS LES MÉDIAS

Il est clair que le niveau de confiance accordée par un individu à la presse en général, ou à tel ou tel support en particulier, peut affecter l'influence de la presse, ou de ce support particulier sur cet individu : on est sans doute plus prévenu contre ce dont on se méfie instinctivement. Ainsi dans les années 1958-1968, existait-il dans le public français une proportion notable de téléspectateurs assurés que le journal télévisé était un journal gouvernemental ; par là même une partie de ces téléspectateurs se méfiaient de ce qu'ils assimilaient à de la propagande. Parmi les raisons données pour expliquer la nécessité de conférer un nouveau statut juridique à l'ORTF en 1964, on a d'ailleurs avancé qu'il devenait gênant pour le gouvernement qu'une phrase d'un quelconque journaliste de la télévision passe aux yeux d'une bonne part du public pour une déclaration revêtue d'un sceau officiel.

Depuis cette période, la « crédibilité » de la télévision française comme instrument d'information autonome s'est nettement améliorée dans l'esprit du public. On est progressivement arrivé à la situation, américaine ou britannique, où la télévision dépasse nettement la presse écrite et la radio quant au niveau de confiance qui leur est accordé par le public. Ainsi, aux Etats-Unis, des sondages de l'Institut Elmo Roper nous apprenaient-ils dès 1964 que le public américain estimait que la source d'information la plus crédible était la télévision pour 41 % d'entre eux, loin devant les quotidiens (23 %), les magazines (10 %) et la radio (8 %) ; quant à la source d'information qu'on est le moins enclin à croire, ce sont d'abord les quotidiens (28 %) et les magazines (24 %) qui sont cités, ensuite la radio (11 %), enfin la télévision (6 %), dont l'image est donc tout particulièrement favorable auprès du public. D'autres enquêtes ont depuis lors permis de confirmer en permanence ces résultats : les Américains ont fortement tendance à accorder à la télévision une confiance supérieure à celle qu'ils ont en la radio, et surtout en la presse écrite. Il en va de même des Français depuis le milieu des années 1980.

On peut dans ces conditions faire l'hypothèse que l'impact de ces différents moyens d'information ne sera pas identique sur les gens, dans la mesure même où le fait de faire confiance à certains médias expose plus aux matériaux présentés par ces médias qu'à ceux qui sont présentés par des médias auxquels on accorde un crédit moindre. Il faudrait d'ailleurs raffiner l'analyse : il est clair que pour certains lecteurs, du *Monde,* du *Figaro* ou de *Libération* par exemple, le degré de confiance envers leur quotidien habituel est tel qu'ils seront enclins à croire ce qu'il leur apprendra, même si les autres journaux n'en parlent pas ; même si la télévision n'en parle pas, et qu'ils accordent globalement plus de confiance à la télévision qu'à « la presse écrite » dans son ensemble.

Ainsi est-il sans doute erroné de parler d'une action indifférenciée de l'ensemble des *mass media* sur l'ensemble du public. En fait, il faut faire intervenir dans l'analyse le type de liens — de confiance, de proximité — entretenus par les différents médias avec les différentes catégories du public.

2 | MISE EN PAGES, MISE EN SCÈNE

L'action des divers médias peut également être différenciée selon la présentation que les moyens d'information donnent aux événements et aux commentaires.

On reviendra plus loin sur ces problèmes à propos de la structuration de l'environnement politique assurée par les *mass media*, mais il faut ici noter que l'influence des différents supports de presse peut ne pas être la même à l'occasion d'un même événement, selon l'importance et la présentation qui seront données à cet événement. De ce point de vue, la mise en pages du journal — titrage, photographies, dessins, etc. —, la mise en ondes du journal radiodiffusé, la véritable mise en scène des actualités télévisées peuvent faire beaucoup pour créer une perception différente d'un même fait. On ne citera ici que deux exemples classiques, touchant l'un à la presse écrite, l'autre au film.

Dans une enquête entreprise sur 230 étudiants de l'Université de l'Indiana, Del Brinkman a découvert, entre autres, que la publication simultanée d'éditoriaux et de dessins peut entraîner un changement d'opinion plus important chez les lecteurs que la seule publication d'éditoriaux ou de dessins, séparés ; ou encore l'éditorial et le dessin jouent plus pour modifier une opinion lorsqu'ils sont présentés ensemble que lorsque le dessin est présenté avant l'éditorial, ce qui est plus efficace encore que le fait de présenter l'éditorial, puis le dessin.

A propos du film, au-delà même des artifices de mise en scène ou de ce que peut apporter la technique du montage, on peut faire référence à des recherches sur l'importance du commentaire accompagnant les images. Des chercheurs américains ont par exemple montré il y a des années, que l'émotion suscitée chez de jeunes étudiants par la vision d'un film sur les rites cruels infligés aux adolescents dans certaines tribus aborigènes d'Australie était différente selon la nature des explications qui leur étaient fournies. Ceux qui étaient informés par le commentaire que les adolescents en question ressentaient peu la douleur, avides qu'ils étaient d'accéder au statut social de l'adulte, étaient beaucoup moins émus ou choqués par la vision du film que ceux qui, par exemple, avaient vu le film sans son.

Ainsi, le type et le degré d'influence d'un message émis par un moyen d'information peuvent varier, en fonction même de la présentation, de la forme, qui est donnée à ce message.

3 | EXPOSITION SÉLECTIVE

Il ne suffit pas que des messages soient émis par les moyens d'information pour que le public perçoive ces messages. Il faut de surcroît que le public y prête attention. Or de nombreuses recherches ont montré que l'information manque souvent son but, et qu'une part notable de lecteurs, d'auditeurs et de téléspectateurs n'est nullement informée sur des sujets pourtant abondamment traités dans leurs journaux, à la radio et à la télévision. On peut, à la suite de W. Weiss, citer quelques-unes de ces recherches parmi les plus significatives.

A partir d'enquêtes par sondages, M. Kriesberg a montré en 1949 que 30 % environ des Américains n'étaient au courant d'aucun des problèmes de politique étrangère, et que 45 % étaient au courant de ces problèmes, mais ne possédaient aucune information à ce sujet. C. Swanson, J. Jenkins et R. Jones ont montré que ce dont les gens se souvenaient d'un discours du Président Truman, la même année, avait peu de rapport avec les thèmes sur lesquels avaient insisté les journaux et les stations de radio à propos de ce discours. En 1955, S. Stouffer révélait, à partir d'enquêtes sur un échantillon national d'Américains, qu'à la belle époque du mac-carthysme près d'un tiers des membres de cet échantillon était dans l'incapacité de citer le nom d'un sénateur ou d'un membre du Congrès jouant un rôle dans les enquêtes sur les activités communistes ; alors qu'une étude du contenu des *mass media* aurait pu donner à penser que le danger communiste intérieur était une préoccupation majeure du public américain, il était en fait cité par moins de 1 % de l'échantillon comme sujet important de préoccupation. Le même auteur nous apprenait par ailleurs qu'au plus fort d'une campagne électorale présidentielle un quart environ de l'électorat américain est incapable de donner le nom de l'un ou de l'autre des candidats à la vice-présidence du pays. En 1959, E. Noelle-Neuman montrait qu'après une campagne extrêmement intensive menée par Radio-Stuttgart pour faire connaître le rôle et les attributions du Bundesrat, la deuxième Chambre du Parlement allemand, une partie importante du public continuait à ignorer jusqu'à la signification du terme « Bundesrat ».

Les exemples de ce genre pourraient être multipliés, car les recherches sociologiques ont été nombreuses et concordantes sur ce point, il est clair qu'un grand nombre de personnes, sur un certain nombre de problèmes, possèdent une information qui n'a que peu de rapport avec le niveau d'information sur ces problèmes que contiennent pourtant les journaux qu'ils lisent, les bulletins radiodiffusés qu'ils écoutent, les actualités télévisées qu'ils regardent.

L'une des raisons de l'existence de cette distorsion tient au phénomène d'exposition sélective aux moyens de communication de masse : l'attention à une information est en effet motivée pour une bonne part par la relation, personnelle ou sociale, que l'on entretient avec cette information. Nous avons tendance à refuser de lire des articles, d'écouter ou de regarder des émissions, qui ne vont pas dans le sens qui nous intéresse. Nous avons tendance à filtrer l'information ; nous n'accordons de réelle attention qu'aux messages qui, *a priori*, nous intéressent. C'est P. F. Lazarsfeld qui, le premier, a mis en lumière ce phénomène, dans son livre *Radio and the printed page,* paru en 1940 ; il y montrait que des séries d'émissions radiodiffusées consacrées aux minorités ethniques dans la vie américaine avaient attiré, pour chacun des programmes correspondant à une minorité, un public dont la majeure partie était composée de membres de la minorité dont l'émission traitait ; les autres catégories du public avaient purement et simplement refusé de recevoir une information qui *a priori* ne les concernait pas. Cela veut dire — et il y a là une limitation importante à l'action immédiate des moyens de communication sur les individus — que, en tout domaine, ce sont précisément les gens les moins informés et les moins intéressés *a priori* qu'il sera le plus difficile d'informer, alors que l'information touchera plus facilement ceux qui sont déjà informés et intéressés. S. Star et H. Hugues ont par exemple mené une enquête révélatrice fin 1947 aux Etats-Unis, dans la ville de Cincinatti. Une campagne intensive avait été organisée dans cette ville, et qui dura six mois entiers, pour faire connaître l'Organisation des Nations Unies. Tous les types de moyens de communication de masse furent utilisés à fond, la campagne s'étant donné pour slogan : « Peace begins with the United Nations. The United Nations begin with you ! » (La paix commence avec les Nations Unies. Les Nations Unies commencent avec vous !). A la fin de cette campagne de six mois, une personne sur trois environ dans Cincinatti n'avait aucune idée des buts principaux de l'ONU, c'est-à-dire la même proportion qu'avant la campagne ; un peu plus d'une personne sur deux était incapable de se souvenir du slogan qui avait été utilisé — lequel avait été diffusé sur les ondes de la radio environ 150 fois par semaine. Les gens touchés par la campagne étaient en fait ceux qui étaient déjà sensibilisés au problème avant même son déclenchement. La conclusion de ce type d'enquêtes, c'est qu'il existe donc une sorte d'écran, de tamis, créé consciemment ou souvent inconsciemment par les individus pour couper court aux informations qui pourraient aller à l'encontre de leurs attitudes et de leurs opinions préexistantes, dont ils cherchent en fait un renforcement, et non une mise en cause. Nous souhaiterions, ainsi, ne pas être dérangés dans nos opinions, et le mécanisme d'exposition sélective à l'information nous permettrait de ne pas être touchés par les messages qui précisément pourraient nous déranger, cependant que nous accepterions la communication lorsqu'elle serait conforme à notre attente.

C'est dans ce sens que vont également des travaux comme ceux de

D. Cartwright, qui montrait en 1949 que les gens qui avaient accepté des billets gratuits pour aller voir un film documentaire avaient déjà le comportement que le film était précisément destiné à encourager ; ou de L. Bogart qui, en 1957, présentait des données permettant de conclure que ceux des Grecs qui avaient été touchés par une campagne d'amitié avec les Etats-Unis étaient ceux qui étaient déjà favorables à une entente entre les deux pays.

4 | COMPRÉHENSION DES MESSAGES ET MÉMOIRE SÉLECTIVE

Non seulement les individus refusent plus ou moins consciemment de recevoir des informations ne correspondant pas à leurs attentes, mais, lorsque malgré tout ils sont amenés à en recevoir, ils ne les comprennent pas toujours de la façon qui était souhaitée par les émetteurs de ces informations, et de surcroît ils ne les retiennent souvent que de façon approximative ou imparfaite.

Les défauts de compréhension des messages peuvent provenir soit de la présentation même qui est donnée au message soit de la relation entre le contenu du message et les attitudes, les opinions ou les valeurs des individus. Dans un ouvrage collectif publié en 1948 sous la direction de W. Dennis, Lazarsfeld cite une étude de G. Watson sur les interprétations données à une série de dessins animés intitulée : *Il n'y a pas de races supérieures*. Le thème de la série (antiraciste), selon laquelle les caractéristiques des entités nationales ne sont pas invariantes, était notamment illustré par l'évolution des Mexicains, devenus pacifiques paysans après avoir été d'agressifs guerriers. L'enquête a révélé que des spectateurs commettaient de graves erreurs d'interprétation, puisque certains pensaient que le film confirmait l'idée d'une supériorité naturelle de certains groupes, ou que d'autres estimaient qu'il combattait les mariages mixtes avec des Mexicains. Certains de ces défauts d'interprétation étaient étroitement liés aux attitudes préexistantes des personnes interviewées. Dans le même ouvrage, Lazarsfeld cite l'exemple d'une émission de radio sur les dangers des rayons X lorsqu'ils sont faits par des non-spécialistes, qui avait été interprétée par certains comme une attaque contre la profession médicale. Dans son étude déjà citée. L. Bogart avait trouvé que de nombreuses personnes avaient, en Grèce, interprété le message d'une campagne en faveur d'une entente Grèce - Etats-Unis au service des Droits de l'Homme comme étant au seul service des droits des enfants, car seuls des enfants figuraient sur les affiches de la campagne.

Les barrières de classe peuvent également intervenir pour rendre certains messages difficilement compréhensibles à certains groupes. Dans une enquête menée en France en 1964-1965, M. Crozier, R. Sainsaulieu, E. Sullerot et A. Suffert avaient montré que des facteurs de blocage importants existaient en milieu ouvrier et en milieu agricole par rapport aux programmes de télévision : 60 % des paysans interrogés et 40 % des ouvriers disaient éprouver des difficultés de compréhension devant les émissions dramatiques (pourtant citées comme les plus appréciées) ; les difficultés s'avèrent surtout d'ordre intellectuel en milieu paysan (discours, mots savants...), cependant que le contenu même était en fait mis en cause en milieu ouvrier (« ce sont des émissions réservées à certaines personnes... »). Le plus souvent lié d'ailleurs à celui des classes, le critère du niveau d'information et d'éducation du public doit également entrer en ligne de compte. Les phénomènes d'erreurs d'interprétation, de compréhension déviée ou défectueuse sont souvent perceptibles surtout chez les personnes peu informées ou d'un niveau d'éducation faible. Par exemple, une étude approfondie a été faite en 1965 en Grande-Bretagne à la suite d'une émission de télévision intitulée *Children of Revolution*, destinée à montrer les grandes similitudes existant entre la jeunesse tchèque et la jeunesse des pays de l'Ouest. Son auteur, R. Brown, a trouvé que les stéréotypes sur la jeunesse dans les pays communistes avaient dans l'ensemble du public été affaiblis après l'émission, mais que, si l'on ne considérait que les gens ayant peu d'informations sur les pays de l'Est, ou un niveau d'éducation faible, l'émission, loin de faire disparaître les stéréotypes, les avait renforcés.

On est proche ici d'un phénomène que les publicitaires connaissent bien : celui de l'effet *boomerang,* par lequel une campagne ou un message obtient l'effet inverse de celui qui était recherché. C'est ainsi que W. Belson a montré qu'une série d'émissions présentées au public britannique sous le titre *Bon Voyage* pour réduire les appréhensions à l'égard des difficultés (notamment linguistiques) d'un voyage en France, loin de réduire ces appréhensions les avait accrues chez de nombreuses femmes, en attirant leur attention sur des problèmes auxquels elles n'avaient guère songé. D. Berlo et K. Hideya avaient de leur côté montré qu'une émission satirique de radio conçue pour ridiculiser McCarthy avait en fait provoqué une réaction de sympathie en sa faveur.

Les messages ne sont donc pas — loin de là — toujours compris comme le souhaiteraient ceux qui les émettent. Mais même lorsque des problèmes de compréhension ne se posent pas, il faut savoir que le souvenir que l'on garde d'un message peut ne reproduire qu'imparfaitement le contenu qu'avait souhaité y mettre l'émetteur du message. Le phénomène de mémorisation sélective peut effectivement entrer en jeu, qui effacera du souvenir les parties de la communication qui ne sont pas conformes aux attitudes ou aux opinions personnelles du sujet. B. Berelson, P. Lazarsfeld et W. McPhee ont montré en 1954 que les gens qui ne sont pas d'accord sur un problème donné avec la position de leur candidat favori pendant une campagne électorale ont plus tendance que ceux qui sont d'accord avec lui à dire qu'ils ne savent pas quelle est la position exacte du candidat. R. Carter nous a pour sa part appris que les téléspectateurs les moins intéressés et les moins attentifs aux grands débats télévisés Kennedy-Nixon pendant la campagne présidentielle américaine de 1960 avaient un souvenir bien meilleur des arguments de leur propre candidat que de ceux de son adversaire. Une enquête belge de 1965 montrait que les patrons retenaient mieux, parmi les leaders politiques vus à la télévision, le nom du président de la délégation de l'Union des Travailleurs et des Indépendants, cependant que les ouvriers retenaient mieux le nom des personnalités communistes.

Ainsi, de nouvelles conditions et de nouvelles limites sont mises à l'influence des médias : il ne faut pas seulement que les individus soient effectivement touchés par le message, malgré le phénomène d'exposition sélective, il faut encore, malgré toutes les barrières citées plus haut, qu'ils les perçoivent correctement et qu'ils en gardent une mémorisation satisfaisante.

5 | CLIMAT ET CADRE DE LA COMMUNICATION

Parmi les multiples éléments qui peuvent intervenir pour diversifier les mécanismes de la communication et pour limiter l'action directe des médias sur les individus, ou introduire des distorsions dans la transmission des messages, il faut tenir compte du « climat » général dans lequel se situe la communication.

Par exemple, ce qui s'est passé immédiatement avant la communication peut influer sur les conditions dans lesquelles est perçue l'information, peut créer un climat de tension, ou d'euphorie, qui affectera la perception de l'information nouvelle. H. Murray avait, dès avant la guerre, montré que la création d'un climat de crainte chez les enfants était susceptible d'affecter l'appréciation qu'ils faisaient de la « gentillesse » ou de la « méchanceté » de visages dont on leur présentait les photographies.

On peut de la même façon faire l'hypothèse que le fait d'avoir un programme comique ou un film déprimant immédiatement avant telle émission télévisée portant sur les hostilités en Asie du Sud-Est peut orienter la perception que l'on aura de cette émission, ou encore que le fait d'avoir eu une dispute familiale peut influer sur la perception que l'on aura de telle émission dramatique ou de tel article de journal.

Des enquêtes américaines ont également montré que des climats hypnotiques ou l'absorption de drogues affectaient sensiblement la perception des messages, qu'il s'agisse de la lecture de magazines ou de la vision de films.

De même, le cadre dans lequel s'effectue la communication — le fait par exemple d'être seul ou en famille, d'être chez soi, chez des amis ou en déplacement — peut contribuer à orienter la perception des messages émis par les *mass media*. Dès 1935, F. Knower, à partir de recherches expérimentales, pensait pouvoir établir qu'un discours avait plus d'efficacité s'il était entendu par un individu isolé que par un individu se trouvant au sein d'un groupe. A partir de l'enquête, déjà citée, sur l'écoute de la télévision en milieu populaire en France, M. Crozier estimait que l'écoute en groupe favorise « l'apprentissage », permet de mieux tirer parti d'informations et de messages culturels que l'écoute individuelle en milieu agricole, mais qu'en revanche l'écoute en groupe serait un facteur négatif dans ce domaine en milieu ouvrier.

Il est ainsi probable que les différents médias n'ont pas les mêmes types d'effets selon qu'ils sont généralement reçus par des individus isolés — cas du journal, du poste radio à transistors —, ou par des cellules familiales — cas de la télévision aujourd'hui, de la radio il y a quinze ou vingt ans ; de même, d'un pays à l'autre, les conditions de réception peuvent varier : en 1955, on avait pu établir que l'écoute de la radio était encore en majorité familiale en France, mais individuelle dans les pays anglo-saxons ; de même, aujourd'hui, l'écoute de la télévision reste majoritairement collective en Chine, alors qu'elle s'est fortement individualisée aux Etats-Unis ; d'un groupe social à l'autre enfin, des conditions de réception identiques peuvent provoquer des effets différents.

6 | RELATIONS INTERPERSONNELLES
GROUPES PRIMAIRES, LEADERS D'OPINION

A la fin des années 1940, P. Lazarsfeld et son école ont introduit dans les travaux de psychologie sociale un certain nombre de concepts fondamentaux pour l'étude des communications, à partir d'une analyse comparée de l'influence des *mass media* et des influences interpersonnelles sur les décisions des individus. Ces recherches sont d'une importance considérable en ce qu'elles permettent de circonscrire l'effet direct des médias, et montrent que ceux-ci n'agissent qu'au milieu de relations humaines qui restent bien sûr fondamentales pour les individus. Ceux-ci sont en effet des lecteurs, des auditeurs, des téléspectateurs. Mais ils n'en restent pas moins soumis à de multiples influences directes, souvent plus importantes pour eux, dans les différents groupes auxquels ils appartiennent dans la société. Les recherches dont il va être question ci-après ont eu l'immense mérite de s'interroger sur ces combinaisons d'influence et sur l'importance comparée des différents types de pression qui s'exercent sur les individus. Leur inconvénient majeur a été probablement qu'elles ont conduit trop de spécialistes à minimiser l'importance des *mass media* : sans doute, à trop vouloir insister sur l'influence personnelle et pas assez sur des influences extérieures, a-t-on été conduit à tomber dans l'excès inverse de celui qui avait précédé la publication de ces travaux.

A / Le two step flow of communication

Dans leur étude pilote sur la campagne électorale américaine de 1940, publiée en 1948 sous le titre *The people's choice,* P. Lazarsfeld, B. Berelson et H. Gaudet établissaient que les intentions de vote en faveur de tel ou tel candidat avaient été orientées, en particulier parmi les électeurs qui s'étaient décidés tardivement, plus par l'influence des contacts personnels qu'ils avaient eus que par celle des *mass media.* Les auteurs faisaient donc l'hypothèse que le message des médias touche d'abord les personnes les plus intéressées, les plus attentives, les plus concernées, et est ensuite retransmis par ces « leaders d'opinion » aux autres, à ceux qui sont moins directement intéressés. C'était l'hypothèse du *two step flow of communication* (double étage de la communication). Le message des moyens de communication de masse n'aurait pas d'influence directe sur les individus, mais il n'en aurait que s'il était repris et véhiculé par des personnes jouissant dans leur milieu d'une certaine influence, les « leaders d'opinion », lesquels d'ailleurs n'auraient pas forcément désiré posséder une telle influence, et du reste ne sauraient souvent pas qu'ils la possèdent.

C'est à partir de cette hypothèse que de nombreux travaux ont été entrepris par la suite, et notamment le fameux *Personal influence,* publié par E. Katz et P. Lazarsfeld en 1955. La partie la plus neuve de ce livre comportait les résultats et les conclusions tirées d'une enquête menée sur 800 ménagères de Decatur, petite cité du Middle West américain. Elle portait sur les changements effectués par ces ménagères dans quatre domaines : les achats ménagers, la mode, les affaires publiques et la fréquentation des salles de cinéma. Pour chacun de ces domaines, les femmes interrogées devaient notamment dire si les différentes sources d'information dont elles avaient disposé n'avaient joué aucun rôle dans leur décision de changer de comportement, avaient joué un certain rôle, ou avaient été le facteur décisif de leur nouveau choix. Pour le choix des films, près de deux fois plus de femmes ont admis avoir obtenu leurs informations de la presse qu'il n'y en avait à citer une personne de leur connaissance comme source d'information. Mais pour les achats ménagers et la mode, un pourcentage nettement plus élevé de femmes mentionnaient une personne plutôt qu'un moyen d'information comme ayant joué un rôle dans leur décision. Quant au « facteur décisif » de leur nouveau choix, les contacts personnels surclassaient les moyens d'information dans chacun des domaines étudiés. Katz et Lazarsfeld estimaient donc fondées plusieurs de leurs hypothèses de départ :

— les individus sont d'abord soumis aux pressions des « groupes primaires » auxquels ils appartiennent (famille, proches, amis, collègues...). Ces groupes primaires maintiennent une conformité d'opinion parmi leurs membres ; les groupes ayant besoin pour se perpétuer que ne soit pas rompue cette conformité d'opinion, leur influence s'exerce dans le sens d'une résistance aux influences extérieures (notamment celle des *mass media*) qui pourraient aller dans un sens non conforme aux normes ou aux aspirations de ces groupes ;
— l'influence des contacts personnels est en définitive plus efficace que celle des *mass media* ;
— les relations interpersonnelles servent de relais entre les gens qui sont exposés à l'influence des *mass media* et ceux qui ne le sont pas. Ce rôle de relais est assuré par des « leaders d'opinion ».

De nombreux chercheurs ont par la suite travaillé sur la base de ce canevas. Un certain nombre de recherches ont d'ailleurs été synthétisées par l'un des représentants de cette école, J. Klapper, dans son livre *The effects of mass communication*. On peut citer les enquêtes de sociologues ruraux américains sur les influences s'exerçant sur les agriculteurs pour l'adoption de nouvelles techniques, ou celles qui ont porté sur l'adoption de nouveaux médicaments par le corps médical. E. Katz par exemple a rapporté que 60 % d'un échantillon de médecins américains citaient des sources personnelles comme ayant eu une *influence décisive* sur leur décision d'adopter un nouveau médicament, les 40 % restants citant des publications commerciales ou techniques, cependant que la *dernière source* à laquelle ils auraient été exposés avant leur décision aurait été des médecins pour 36 %, des publications diverses pour 56 %, des représentants de produits pharmaceutiques pour 5 %.

B / Caractéristiques des leaders d'opinion

D'après cet ensemble de travaux, le leader d'opinion qui, rappelons-le, n'a souvent pas recherché ce rôle et parfois n'a pas conscience de le remplir, répond à un certain nombre de caractéristiques :

— il représente bien le groupe primaire auquel il appartient et qu'il influence. Il est conformiste par rapport aux normes de ce groupe, et, s'il est apte à guider les autres membres du groupe, c'est souvent précisément parce qu'il est un bon connaisseur et un bon gardien des normes qui soudent le groupe. C'est parce qu'il est un fidèle reflet et garant du groupe que les autres lui font confiance et peuvent être influencés par ses avis ;
— il n'est leader d'opinion que dans un domaine spécifique, celui qui correspond au groupe au sein duquel il exerce son influence. Plusieurs recherches, à propos notamment des femmes, des agriculteurs, des médecins, l'ont montré : il ne semble pas y avoir de leadership généralisé, mais des séries de leadership en fonction du domaine concerné ;
— il est, plus que les autres personnes, exposé aux moyens de communication de masse. Ceci a été établi dans de très nombreuses enquêtes, portant sur les milieux les plus divers. De ce point de vue, *Personal influence* a reçu de très fréquentes confirmations ;
— il est, beaucoup plus que les non-leaders, en contact avec d'autres leaders d'opinion, avec des gens qui, dans le domaine considéré, passent pour des spécialistes, des experts ou tout au moins des connaisseurs ;
— on en trouve dans tous les milieux sociaux, avec des variations selon le domaine dont il s'agit. Katz et Lazarsfeld avaient même pensé, dans *Personal influence,* que l'influence des leaders s'exerçait beaucoup plus fréquemment *horizontalement,* à l'intérieur d'un même milieu social, que *verticalement,* des couches privilégiées aux secteurs moins privilégiés de la société, et cela n'avait sans doute pas été totalement étranger au succès du livre et de ses thèses dans certains milieux. Cependant, dès *Personal influence,* les auteurs notaient une influence verticale dans le domaine des affaires publiques. Par la suite,

notamment dans les travaux sur les agriculteurs et sur le corps médical, c'est également une influence *verticale* qui a souvent été mise en lumière. Sur ce point, les premiers enseignements de l'école de Lazarsfeld semblent donc avoir été en partie erronés.

Un autre point a d'ailleurs fait l'objet de débats, c'est celui de savoir si les leaders d'opinion ne constituent bien qu'*un* relais entre les moyens d'information et les non-leaders, ou bien s'il n'y a pas *plusieurs* franges de leaders d'opinion successives. On a en effet remarqué à plusieurs reprises que dans certains cas les leaders d'opinion s'adressaient eux-mêmes à des experts, à d'autres leaders, pour solliciter leur avis. On a donc suggéré — c'était déjà l'hypothèse de *Personal influence* — qu'il convenait de distinguer parmi les leaders d'opinion ceux qui ne sont que « transmetteurs d'information » et ceux qui seraient « transmetteurs d'influence ». On a également proposé d'étendre l'hypothèse du *two step flow* à un *multistep,* tenant compte de cette possibilité que, des plus influents aux plus influencés, des plus intéressés aux plus passifs, il y ait plusieurs niveaux de relations personnelles à franchir et non pas seulement un. Cette thèse a été notamment présentée par H. Menzel et E. Katz à partir de leurs recherches sur l'adoption de nouveaux médicaments par les médecins.

C / *Leadership et processus de changement*

Certains chercheurs, en particulier des sociologues ruraux comme E. Rogers, se sont demandé si un changement d'opinion ne comportait pas en fait plusieurs phases, et si dans l'affirmative il ne convenait pas d'évaluer l'impact relatif des moyens d'information et des relations interpersonnelles à *chacune* de ces phases et non plus globalement.

En ce qui concerne l'adoption d'une innovation technique dans le domaine agricole, Rogers a dégagé cinq étapes, qui lui paraissent constituer le processus habituel d'adoption des innovations :

— la connaissance de l'innovation, le fait d'être informé de son existence ;
— l'intérêt pour cette innovation ;
— le jugement émis quant à l'utilité de l'innovation ;
— l'essai, la mise à l'épreuve ;
— l'adoption.

Dans certains cas d'ailleurs, certaines étapes pourraient être sautées ou interverties : en Inde, des innovations agricoles ont été adoptées alors même qu'il n'existait pas d'information correcte à leur sujet.

Si l'on se réfère à ce processus, les travaux des sociologues américains donnent à penser que les sources non personnelles (au premier rang desquelles les moyens de presse) jouent un rôle majeur pour le premier stade du processus, celui de la connaissance. En revanche, au niveau du jugement, et surtout de la décision finale, les relations de personne à personne seraient le facteur principal d'influence. Cela dit, à tous les niveaux, il y aurait des influences croisées des différentes sources d'information, personnelles et impersonnelles.

On voit combien, à perfectionner le modèle, on s'en est finalement écarté : il ne s'agit plus de rejeter l'influence de la presse au profit des relations de personne à personne, mais bien de montrer que l'influence de l'une peut être renforcée par celle des autres, qu'il peut y avoir des relations complexes entre les sources d'influence qui s'exercent sur l'individu.

A d'autres niveaux d'ailleurs, on a pu parler de la complémentarité d'influence des moyens de communication de masse et des contacts personnels : c'est le cas des recherches de Lazarsfeld sur la radio, dans les années 1940, qui avaient montré que l'influence de la radio pouvait devenir plus efficace lorsque des organisations diverses appelaient les gens à écouter certaines émissions ou organisaient des groupes d'écoute ; c'est le cas de recherches sur l'influence de la radio et de la télévision en Afrique noire, où a été à plusieurs reprises mise en lumière l'efficacité des séances d'animation en groupe autour d'émissions à caractère éducatif.

Ainsi, les recherches les plus récentes de la sociologie américaine suggèrent-elles de ne pas s'en tenir au schéma quelque peu simpliste dégagé à partir de *The people's choice* et de *Personal influence* ; si de nombreux éléments de départ restent sans aucun doute valables, il convient aujourd'hui, affinant l'analyse, d'évaluer de façon plus satisfaisante l'influence relative des moyens de communication de masse et des relations interpersonnelles.

Il convient notamment de prendre en compte les utilisations, et gratifications personnelles, que les individus recherchent dans les différents médias lorsqu'ils s'en servent.

L'un des phénomènes les plus importants assurément relevés par les enquêtes citées dans ce chapitre est sans doute celui de l'influence de *renforcement* des opinions fréquemment jouée par les *mass media*. Il y a là un élément fondamental. On l'a rencontré à plusieurs reprises : l'exposition sélective joue pour rejeter les messages non conformes aux opinions préexistantes, et par conséquent tend à renforcer ces opinions ; la perception et la mémoire sélectives jouent dans le même sens, pour effacer les traces des messages non conformes et renforcer les opinions acquises ;

les relations primaires et les leaders d'opinion ont une fonction conservatrice des opinions des groupes primaires auxquels appartient l'individu, et filtrent ou réorientent les informations qui seraient contradictoires ou étranges par rapport aux attentes ou aux normes des groupes ; les frontières de classes empêchent certains messages de circuler, et provoquent des impossibilités de compréhension de ces messages. Ainsi l'individu est-il comme enserré dans des barrières socio-psychologiques, qui limitent les influences extérieures comme celles des médias, lesquelles ne passent, souvent, que si elles viennent confirmer, et donc tendent à renforcer, les attitudes et les comportements antérieurs.

Mais n'y aurait-il que cela, encore faut-il ne pas minimiser cette influence de renforcement des opinions acquises. Il faut bien souligner ce qu'il peut y avoir de fondamental à ce que, dans tous les domaines, les moyens d'information suivent généralement la « plus grande pente » de leur public pour mieux répondre à leur attente, et par là même jouent un rôle intrinsèquement conservateur. Il faut bien en effet parler d'influence non seulement lorsque celle-ci joue dans le sens du changement, mais aussi lorsqu'elle joue, comme c'est souvent le cas pour les médias, dans le sens de la conservation du *statu quo*.

Chapitre II

L'INFLUENCE POLITIQUE
DES MÉDIAS

C'est, on l'a rappelé plus haut, à propos du domaine politique qu'on a le plus souvent présenté des thèmes insistant sur l'influence des médias sur les individus et les sociétés. C'est à ce propos qu'on a parlé de « quatrième pouvoir ».

Il convient ici de sérier les problèmes. Tout d'abord, les médias n'exercent pas un rôle politique dans des conditions différentes de celles qui les affectent dans les autres domaines : elle connaît, là aussi, des limites et des îlots de résistance. Ensuite, lorsqu'on parle du rôle politique des médias, on peut se situer à plusieurs niveaux : celui du contenu du message médiatique — ce qui revient essentiellement à poser le problème de son objectivité —, celui de son influence sur les règles et les acteurs de la vie politique, et celui de ses incidences sur les comportements et les attitudes politiques des citoyens.

1 / Les conditions générales d'influence des médias s'appliquent au domaine politique

La première limitation à l'influence politique des moyens de communication de masse réside dans la corrélation étroite qui exige généralement entre l'intérêt pour la politique et la consommation des *mass media* : le fait de s'intéresser à la politique s'accompagne presque toujours, d'après de nombreuses enquêtes américaines et européennes, d'un niveau élevé de lecture de la presse, d'écoute de la radio et de la télévision, et en revanche une faible utilisation des médias va habituellement de pair avec un manque d'intérêt pour les affaires publiques. Le comportement de consommation des *mass media* traduit en fait un certain type de participation sociale, et il n'est donc pas étonnant qu'il soit lié à un certain niveau de participation politique. Dans une enquête sur la campagne électorale britannique de 1964, J. Blumler et D. McQuail avaient par exemple trouvé que 34 % des non-possesseurs de télévision n'avaient été atteints par *aucune* forme de propagande, contre 6 % des possesseurs de télévision. Dans ces conditions, les médias peuvent difficilement exercer une influence politique profonde sur ceux qui en fait, tout à la fois, s'intéressent peu à la politique et surtout ont peu recours à eux.

Par ailleurs, les éléments fondamentaux dégagés au chapitre Ier de cette partie s'appliquent évidemment au politique. Les phénomènes d'exposition, de perception et de mémorisation sélectives, les difficultés de compréhension des messages, l'influence possible du cadre et du climat dans lesquels s'effectue la communication, le jeu des relations interpersonnelles, l'influence des groupes primaires et des leaders d'opinion, tout cela vient évidemment créer des difficultés et des limitations au champ d'influence politique de la presse. Ce sont d'ailleurs des exemples de caractère politique que de nombreuses enquêtes ont utilisés à ces différents niveaux : on se reportera donc au compte rendu qui en a été fait plus haut.

2 / Le problème de l'objectivité

C'est surtout du point de vue politique qu'est souvent posée la question de l'objectivité de la presse : la presse jouerait par exemple un rôle politique en adoptant des positions engagées, en cessant d'être objective. Mais qu'est-ce exactement que l'objectivité, et l'objectivité est-elle possible ? On peut retenir de l'objectivité la définition qu'en donnait B. Voyenne (*Presse-Actualité,* juin 1966) : « C'est un acte de l'intelligence par lequel nous construisons dans le monde extérieur des *objets* stables qui ont une existence indépendante de la nôtre et que nous pouvons comparer entre eux. » De même, le petit *Littré* nous dit qu'est objective « toute idée qui vient des objets extérieurs à l'esprit ».

Dans ces conditions, on peut s'interroger sur la possibilité pour un organe de presse, pour un journaliste, d'être objectif. Pour B. Voyenne, l'objectivité est assurément possible : « Vérifier un nom propre dans l'annuaire, c'est être objectif. Citer une phrase entre guillemets, exactement telle qu'elle a été prononcée, raconter un événement comme il s'est déroulé, rapporter des témoignages, préciser un chiffre (ce qu'il y a de moins précis au monde !) analyser un document : tout cela, c'est être objectif. Combien de journalistes, le plus souvent obscurs, passent leur temps à ces besognes et ne se croient pas des héros pour autant ? (...) Etre objectif, c'est encore, et surtout, publier aussi bien ce que l'on désapprouve que ce que l'on aime, se montrer plus sévère pour ses amis que pour ses adversaires, ne pas tronquer un texte pour en tirer argument, indiquer comme probable ce qui n'est que probable et comme douteux ce qui semble douteux, recouper une source par une autre et souvent par plusieurs, prendre des heures pour établir un détail que personne ne remarquera, critiquer impitoyablement un témoignage et... reconnaître que tel article de la Constitution a été violé, même si l'on estime que c'était indispensable ! Je dis, et je répète, que cela existe, et par conséquent que cela est possible. » Si l'on rapporte cette assez longue citation, c'est qu'elle exprime bien une opinion assez courante chez les observateurs et les acteurs de la presse. Mais il n'est pas sûr que cette opinion puisse être acceptée sans réserves.

La question n'est pas, évidemment, de mettre en doute la bonne foi des informateurs. Il arrive certes, fréquemment, que la presse informe d'une façon volontairement dirigée.

On sait aussi que certains médias, dans certains pays, à certaines époques, participent sciemment à des actions de désinformation. Mais le vrai problème n'est pas là. La question se pose plutôt de savoir si, même alors qu'un informateur *se veut* objectif, cela lui est possible. A ce niveau, on peut également être assez sceptique. On peut certes rapporter une citation de façon correcte, mais encore faut-il pouvoir préciser le contexte dans lequel elle se situe. Et puis, fondamentalement, un fait, dès lors qu'il est rapporté par un témoin, par un journaliste, cesse d'être *extérieur,* indépendant par rapport à lui. Il faut l'intervention de ce témoin pour *regarder* l'événement, puis pour le *décrire* : par définition même, il y a donc, à des degrés divers, intervention de la subjectivité de l'observateur. Quelle que soit sa volonté d'être « objectif », il ne *verra* pas forcément la même chose que son voisin, lui-même « objectif » : tout ce que l'on sait des témoignages en justice, les expériences sur la transmission des rumeurs, des tests optiques simples comme « l'illusion du bâton brisé » dans l'eau, le changement de signification d'une scène suivant que l'on est ou non au courant de la situation dans laquelle elle s'insère et suivant l'angle sous lequel on la regarde, tout cela illustre bien le fait que la personnalité des *sujets,* à leur insu même, intervient, et par là même détruit l'objectivité recherchée. « Les faits sont sacrés, les commentaires sont libres », affirme la fameuse formule de Scott, mais on peut se le demander : les faits bruts, cela existe-t-il vraiment ? Les faits ne deviennent-ils pas tels qu'au moment où ils sont observés et rapportés ? Autrement dit, si l'on veut bien accepter ce point de vue, « l'objectivité » est un leurre, car la nature même de l'acte d'information suppose une intervention de sujets observants.

C'est d'ailleurs la raison pour laquelle certains milieux professionnels de l'information ont, depuis quelque temps, abandonné la prétention d'atteindre à l'objectivité ; on parle plus volontiers de la nécessité de « tendre vers l'objectivité » — comme on tend vers un idéal, par définition inaccessible ; les organisations professionnelles de journalistes réclament en général, pour leur part, une « information honnête et impartiale ».

Reste un niveau auquel ceux qui croient à la possible objectivité estiment qu'elle peut se manifester, c'est celui des *mass media* dans leur ensemble. B. Voyenne l'exprime très clairement, qui écrit : « Aucun journal n'est objectif, la presse l'est. » Regardons-y de plus près. Il est vrai que, dans les pays où la presse est pluraliste, les informations et les commentaires d'un journal peuvent être corrigés par la lecture de ceux d'un journal opposé — cette possibilité même étant du reste théorique car fort peu de lecteurs lisent des journaux exprimant des opinions divergentes. Mais, beaucoup plus profondément, le pluralisme ne conduit pas forcément à l'objectivité. On reviendra plus loin sur le phénomène de l'idéologie dominante ; mais il faut insister ici sur un mécanisme fondamental. Comme l'ont écrit K. et G. Lang, qui pensent pourtant que les informateurs sont plus que jamais fidèles à des normes d'objectivité, « ce qui vaut la peine de constituer une nouvelle » est, plus ou moins inconsciemment, décidé par les différents *mass media* en référence à la pensée des gens importants de l'*Establishment* : c'est ainsi que la presse américaine fut défaillante sur les conditions de vie des ghettos noirs, jusqu'à ce que des protestations s'élèvent sur une grande échelle, et que des troubles éclatent. On peut ajouter que ce qui fait les problèmes quotidiens d'une grande majorité de gens n'est guère traité dans la presse, simplement parce qu'aucun événement important ne vient justifier à ses yeux qu'on en parle tel jour plutôt que tel autre ; or, le mensonge peut n'être qu'un mensonge par omission ; et l'omission peut être (si elle n'est pas toujours) le fait de gens de bonne foi, à qui « cela ne vient pas à l'esprit » que tel problème mérite qu'on en parle : « l'actualité » ne le commande pas.

Chaque système de communication introduit son biais propre dans la peinture de la réalité qu'il transmet, et comme l'écrivent K. et G. Lang, parce que les moyens de communication de masse parlent plus à leur public qu'ils n'écoutent, et s'écoutent plus les uns les autres qu'ils n'écoutent le public, alors apparaît un centre d'intérêt créé par les *mass media,* autour duquel s'orientent tous ceux qui participent à la vie publique. Si les médias reflètent donc bien une certaine réalité, il ne s'agit pas forcément de la réalité « objective », mais d'une réalité qu'ils contribuent en fait eux-mêmes à modeler.

3 / Les médias
et le style de la vie politique

Les médias interviennent à de multiples niveaux pour orienter, ou tout au moins affecter, les conditions de la vie politique.

1 | LES MÉDIAS, LIEU DE L'ACTIVITÉ POLITIQUE

Tout d'abord, les médias constituent la cible de nombreuses discussions publiques et l'objet de fréquentes querelles politiques. Des exemples de cet état de choses sont périodiquement donnés par l'actualité. Ainsi le rôle et le statut de la télévision publique constituent-ils en France un objet quasi permanent d'affrontement des personnalités et des partis politiques. On a vu que chaque changement de majorité politique entraînait la mise en chantier immédiate d'une réforme de l'audiovisuel.

Ainsi les grands journaux — *Le Monde, Le Figaro* — sont-ils en permanence l'objet de récriminations de la part des acteurs politiques. Ainsi dans la France de 1990 l'attitude à adopter, dans les médias, par rapport à M. Le Pen — le faire parler ? l'ignorer ? — divise-t-elle la société politique.

Le fait que les médias suscitent des controverses se comprend d'autant mieux qu'ils sont, de plus en plus souvent, le lieu même où se fabrique l'actualité politique, le lieu principal de la politique.

C'est dans les médias — journaux, radios, et de plus en plus, télévision — que se passent désormais, très souvent, les événements de la vie politique. Les médias donnent le ton du débat politique, assurent le rythme de la politique, en ponctuent les grands moments.

Comme l'a écrit Henri Madelein, « tandis que le Parlement voit s'effacer son rôle traditionnel, un débat aux "Dossiers de l'écran" aura plus d'importance que la solennité d'une séance dans les assemblées des représentants de la nation. Les militants eux-mêmes ne peuvent plus jouer leur fonction explicative et interprétative traditionnelle : comme les gens de la base, ils sont dans l'attente du discours du "patron" syndical, ecclésial, politique, qui explique à l'ensemble des Français ce qu'il entend faire (...). Privé de sa représentativité, le militant se trouve refoulé dans le champ de la contestation inefficace ».

Il ne s'agit pas seulement des « pseudo-événements » dont parlait Daniel Boorstin. Lorsqu'on a vu un secrétaire général du Parti communiste annoncer à la télévision, avant tout débat dans son parti, que celui-ci allait abandonner le concept de dictature du prolétariat ou énumérer devant les caméras ce que seraient les prochaines activités militantes de son organisation ou tenter publiquement de reprendre une négociation interrompue avec le président des radicaux de gauche, on mesure combien la télévision joue un rôle de médiation politique désormais essentiel dans le système politique.

La télévision l'a bien compris, qui tend elle-même à présenter certaines de ses émissions comme des « événements politiques » (« un événement politique ce soir à "L'Heure de vérité"... ») et qui, de plus en plus, tend à s'ériger en institution dans le système politique en se donnant elle-même en spectacle, en se définissant elle-même comme le lieu de la politique. Qu'on songe à la gravité, à la solennité de l'annonce des grandes émissions électorales sur la plupart des chaînes de télévision, à cette véritable liturgie de la neutralité servie par les journalistes dans les « grands débats » télévisés (Giscard-Mitterrand en 1974 et 1981, Mitterrand-Chirac en 1988, ou Carter-Reagan en 1980, Mondale-Reagan en 1984 ou Bush-Dukakis en 1988 par exemple), au cours desquels les journalistes et présentateurs s'efforcent de mettre en scène l'importance gravissime de l'événement, de répéter les questions dans les mêmes formulations pour l'un et l'autre candidat, de surveiller scrupuleusement les temps de parole : la télévision joue, en tant que telle, à se faire institution politique, à se présenter comme lieu solennel d'arbitrage d'un débat politique dramatisé.

A la limite, les médias — la télévision surtout — opèrent ainsi un déplacement total de la représentation politique.

Et l'on sait que partis et hommes politiques se sont progressivement — certains avec délices, d'autres avec résignation — ralliés à cette nouvelle forme de représentation. Les institutions représentatives classiques elles-mêmes organisent désormais leurs séances en fonction des grilles de programmes de télévision : les séances parlementaires d'actualité sont pensées pour le média télévision, et l'ordre de passage des « ténors » prend le plus grand soin des heures de journaux télévisés...

2 | MÉDIAS ET PERSONNALISATION DE LA VIE POLITIQUE

Le succès croissant des débats télévisés, les contacts téléphoniques directs organisés par les stations de radio avec les leaders, la pratique des reportages des journaux sur la vie personnelle des dirigeants politiques conduisent à mettre l'accent sur un phénomène clé de la vie politique moderne : celui de la responsabilité des médias dans la personnalisation croissante du pouvoir.

Il faut le préciser dès l'abord : la presse n'a pas « créé » la personnalisation de la vie publique. De tous temps, des phénomènes de type charismatique se sont manifestés ; de tous temps, le rôle des « personnalités » est apparu lié à un certain type de confiance personnelle qui leur était accordée. Mais si la presse n'a pas créé la personnalisation, on peut penser qu'elle contribue fortement à la renforcer et à l'étendre à l'ensemble des couches de la population. C'est désormais très rapidement, et dans tous les secteurs de l'opinion, qu'une personnalité est connue, alors qu'autrefois, avant l'existence de la presse, les personnalités, soit ne bénéficiaient d'un « coefficient personnel » qu'auprès d'un nombre limité d'individus appartenant à la classe dominante, soit avaient dû attendre un temps relativement long pour que ce « coefficient » se manifeste auprès des masses.

Dans le développement de la personnalisation de la vie politique, la presse écrite joue certainement un rôle. Par le titrage, les photos, la pratique des interviews, les journaux attirent plus volontiers l'attention sur les hommes que sur les mouvements ou organisations. On parlera plus volontiers du « parti de M. Chirac » que du RPR, on traitera des problèmes des « amis de M. Giscard d'Estaing » plutôt que ceux des dirigeants UDF, on reproduira plus volontiers un communiqué émanant de « M. Antoine Waechter » que du bureau politique des Verts. La vie politique telle qu'elle est présentée dans les colonnes des journaux apparaît beaucoup plus souvent — même dans les journaux réputés les plus sérieux — comme un jeu d'affrontements et d'alliances entre hommes que comme résultante de forces sociales, de mouvements et d'organisations à l'œuvre.

Mais la presse audiovisuelle a sans aucun doute renforcé la tendance par le contact direct qu'elle permet entre les personnalités politiques et les auditeurs et téléspectateurs. Il paraît clair qu'un F. D. Roosevelt ou un P. Mendès France ont dû une partie de leur popularité et de leur emprise sur l'opinion pendant leur passage au pouvoir à l'utilisation qu'ils ont su faire de la radio. Aujourd'hui, c'est là encore la télévision qui joue sans doute le rôle essentiel ; l'image de télévision facilite du reste, pensent de nombreux observateurs, la personnalisation, dans la mesure où elle crée une impression d'intimité avec la personnalité présente sur le petit écran. Il est clair, là encore, que des hommes comme J. F. Kennedy — premier Président américain à accepter que ses conférences de presse soient télévisées en direct — ou le général de Gaulle — premier gouvernant français à faire une utilisation systématique d'une télévision arrivant précisément à un niveau de diffusion de masse — ont construit une bonne part de leur image dans le public sur leurs apparitions télévisées.

Des hommes à peu près inconnus, ou mal connus, du public sont même devenus brusquement populaires du *seul* fait de leurs prestations à la télévision (ce qui n'est certes pas le cas de Kennedy ou de de Gaulle, où la télévision n'a fait qu'amplifier un phénomène). C'est le cas par exemple aux Etats-Unis de E. Kefauver, qui présida en 1950-1951 les *hearings* de la commission sénatoriale d'investigation sur le crime dans le pays : ses apparitions firent de lui, tout à coup, un homme de premier plan, alors que très peu d'Américains connaissaient son nom ou son existence auparavant. On peut également citer le cas de R. Nixon en 1952, alors qu'il était candidat à la vice-présidence des Etats-Unis sur le même « ticket » que le général Eisenhower. Une campagne de presse s'étant déclenchée contre lui à propos de l'utilisation qu'il aurait faite d'argent versé pour sa campagne par un groupe de supporters californiens, R. Nixon sentit, devant les doutes visiblement ressentis dans l'électorat et jusque chez Eisenhower, la nécessité de réagir. Il loua une demi-heure d'antenne sur les grands réseaux de télévision et s'expliqua devant le public ; à vrai dire les réponses de R. Nixon sur le fond même de l'affaire en cours ne furent pas d'une extrême précision, mais le candidat à la vice-présidence s'employa surtout, pendant que la caméra montrait par moments son épouse l'écoutant attentivement, à expliquer qu'il était bon père, bon époux, bon citoyen, bon Américain ; son émission se termina par un appel aux téléspectateurs à écrire au Comité national du Parti républicain pour lui dire s'il devait ou non rester candidat. L'effet fut immédiat et massif : ce fut une avalanche de lettres, de télégrammes et de coups de téléphone en sa faveur — dans la proportion de 350 favorables contre 1 défavorable d'après le Parti républicain. Eisenhower l'accueillait quelque temps plus tard par ces mots : « You're my boy ! » Le « miracle de la télévision » avait joué ; comme l'ont observé K. et G. Lang, la télévision a permis à R. Nixon d'obtenir un soutien populaire alors que l'affaire n'était pas réellement éclaircie pour autant.

Si la télévision permet ainsi de faire monter brusquement une cote de popularité, il peut arriver aussi qu'elle joue dans le sens inverse. Le cas le plus célèbre est celui du sénateur McCarthy, aux Etats-Unis. La télévision avait, comme les autres moyens de communication de masse, joué un certain rôle dans l'ascension du chantre de la croisade anticommuniste des années 1950. Mais elle joua, semble-t-il, un rôle non moins négligeable pour « dégonfler » le mythe mac-carthyste, notamment en avril 1954, lorsque McCarthy s'opposa au secrétaire aux Forces armées, Stevens, et que ses rugissements pendant l'audience télévisée de la Commission sénatoriale qu'il présidait parurent plus distrayants qu'inquiétants à une majorité de téléspectateurs. Sans doute la télévision requiert-elle une certaine sobriété pour que le message soit efficace.

Les chercheurs américains Kurt et Gladys Lang ont proposé de distinguer trois éléments spécifiques susceptibles de constituer une « personnalité télévisuelle » : ce seraient la « performance télévisée », le « rôle politique » et « l'image personnelle ».

Tout d'abord, un homme politique apparaissant sur le petit écran peut être jugé seulement en fonction de sa prestation télévisée, de sa « performance » : « Il a été bon » dira-t-on de lui, sans forcément s'attacher au fond de son argumentation.

Ainsi peut naître une première forme de « personnalité télévisuelle » : celle du bon *performer*. La question se pose ici de savoir si un bon passage à la télévision, même non ressenti comme « politique » par les téléspectateurs, peut avoir une influence politique. La réponse à apporter à cette question n'est pas évidente ; il est clair en tout cas que des hommes politiques qui sont en même temps de bon *performers* se servent, une fois au pouvoir, de leurs situations « non partisanes » pour mobiliser l'opinion en leur faveur ; de même des *performers* connus à la télévision comme vedettes de feuilletons ou de variétés peuvent, grâce à cette popularité, accéder à des fonctions politiques. Le meilleur exemple est celui de l'acteur américain Ronald Reagan, passé du western au poste de gouverneur.

Un deuxième type de personnalité télévisuelle peut se dégager du rôle politique joué à la télévision par un homme politique : celui-ci n'impressionnera pas tant le téléspectateur par ses qualités d'« acteur » que par des qualités proprement politiques (rigueur, compétence, connaissance de ses dossiers). Les Lang citent comme exemple celui de Dewey, considéré après ses apparitions télévisées comme une personnalité politique de premier plan, mais sans qu'il ait acquis une très forte image, ni en tant que *performer* ni en tant que personne privée. Peut-être l'image d'un Pierre Mendès France a-t-elle, pendant la campagne présidentielle française de 1969, été également de ce type.

Enfin, dernier type de personnalisation, celle qui provient avant tout d'une forte image personnelle, en tant que personne privée. Les téléspectateurs imputeront à l'homme politique qu'ils regardent sur leur petit écran les sentiments et les émotions qu'ils éprouvent personnellement. Et cette proximité, cette sympathie créée peuvent être sans rapport avec le jugement qu'auront les mêmes téléspectateurs de la qualité de la « performance » télévisée ou du rôle politique de l'homme en question. On peut ici citer l'exemple du Président Johnson pendant la deuxième partie de son mandat présidentiel. La recherche d'une proximité de ce type sera éventuellement facilitée par l'acceptation d'un certain type de publicité autour de la vie privée ou des problèmes personnels de la personnalité en question. C'est sur ce genre de sympathie que comptait J. F. Kennedy se présentant devant les journalistes en disant : « Vous me connaissez, je suis le type qui accompagne Jacqueline Kennedy à Paris... » C'est sur le même mécanisme que comptent les animateurs des campagnes présidentielles françaises en assurant la diffusion de détails concernant le genre de vie, les horaires, la famille, les goûts des candidats en présence.

Il semble relativement rare que les trois éléments — performance, rôle politique, image personnelle — soient réunis au profit de la même personne. Il faut par ailleurs faire entrer en ligne de compte, pour analyser l'intimité qui peut se créer entre personnalité télévisée et téléspectateur, un élément de distance sociale, qui, toujours selon K. et G. Lang, comporte deux aspects. Il y a d'abord le sentiment personnel de proximité et d'identification partielle ressenti par le téléspectateur. Et puis il y a le peu de distance à laquelle le téléspectateur s'imagine que l'homme politique regardé se sent lui-même vis-à-vis de lui, téléspectateur. En d'autres termes, la réduction de la distance sociale et la projection d'une image personnelle incluent la perception de la perception de l'autre, c'est-à-dire l'idée que se fait le téléspectateur de ce que l'homme politique est réellement, de ce qu'il pense et de ce qu'il ressent vis-à-vis des gens qui le regardent.

Il faut enfin signaler que le mécanisme de personnalisation peut servir à fournir des arguments lorsque raisonnablement on n'en trouve plus guère. D'une certaine façon, la personnalisation peut jouer comme la perception sélective, en faisant d'attributs ambigus des composantes d'une image personnelle défavorable et *vice versa*. On peut en trouver une illustration dans une recherche des Lang après les débats

Kennedy-Nixon : les supporters de Nixon, déçus par le manque d'explications fournies par leur candidat face à Kennedy, avaient tendance à l'expliquer par le fait qu'il était trop poli pour vouloir offenser l'adversaire ; son air « mal à l'aise » était expliqué de même par le fait qu'il était plus subtil, plus réfléchi... Ainsi, une fois ancré, un certain type de personnalisation peut être générateur de comportements et d'opinion politiques.

4 / Médias et élections

Ce qui vient d'être dit s'applique évidemment au plus haut degré aux périodes électorales : les médias y jouent un rôle éminent, tendant de plus en plus à constituer le lieu par excellence des campagnes ; ils exercent une influence décisive sur la personnalisation de ces campagnes et tendent à renforcer puissamment les nécessités de la « politique marketing ». Au sein de la partition médiatique, la télévision impose de plus en plus sa tonalité aux périodes électorales.

1 | LA VICTOIRE DE LA TÉLÉVISION

Bien des études l'ont montré, dans tous les pays occidentaux c'est la télévision qui constitue désormais le véhicule privilégié des moyens de communication pré-électoraux.

A titre d'exemple, le tableau suivant dresse la panoplie des moyens d'information utilisés par les électeurs des douze pays de la Communauté européenne, du mois de juin 1989.

Même pour une élection secondaire comme celle-ci, la télévision affirme désormais sa prééminence. Si les autres médias — radio, presse écrite surtout — continuent à être utilisés par des portions de la population, c'est la télévision (relayée par les conversations inter-personnelles) qui constitue désormais le fonds commun de références des électeurs, cependant que s'efface le rôle des moyens militants traditionnels (tracts, porte-à-porte, meetings, etc.). On comprend donc l'extrême soin que les candidats et leurs conseillers en communication tiennent à accorder à leurs prestations télévisées.

Elections européennes de 1989 :
moyens d'information utilisés par les électeurs (en %)

	Belgique	Danemark	France	RFA	GB	Irlande	Italie	Pays-Bas	Espagne	Grèce	Luxembourg	Portugal
Conversations personnelles	19	42	39	38	33	36	47	37	31	52	39	26
Rencontre avec des militants	4	5	5	8	4	11	8	4	3	5	4	3
Meetings	3	3	3	8	1	3	11	3	3	12	6	3
Lecture de professions de foi	11	13	18	18	33	26	10	14	13	11	24	5
Lecture d'affiches	17	16	25	36	11	18	27	14	15	11	27	16
Lecture de publicité dans la presse	16	25	15	22	15	16	17	16	10	10	23	8
Journaux	14	32	26	33	30	29	19	36	17	46	36	15
Télévision	30	57	51	59	50	48	48	48	49	47	45	55
Radio	9	17	19	19	18	23	8	12	20	28	26	11

Source : R. Cayrol, *European Journal of Political Research.*

On sait aussi les problèmes — et les excès — nés de la publicité, dans la plupart des pays occidentaux (mais pas en France), où la législation autorise la publicité électorale payée à la télévision.

On se rappelle qu'au cours de la campagne présidentielle américaine de 1964, par exemple, les démocrates présentaient B. Goldwater, le candidat républicain, comme un homme susceptible, s'il était élu, de se servir inconsidérément de l'arme atomique. Ils réalisèrent ainsi un film d'une minute, utilisé à la télévision, montrant une petite fille retirant un à un les pétales d'une marguerite et les comptant, tandis qu'une voix masculine *off* comptait à rebours de dix à zéro ; le sport se terminait par une explosion atomique, et par une voix concluant : « Les enjeux sont trop importants pour que vous restiez chez vous le jour du scrutin. » Dans un autre film, suivant le même scénario, la petite fille mangeait une glace en forme de cône. Ces films ont pris une grande importance aux Etats-Unis, car une telle utilisation publicitaire de la télévision n'est pas limitée aux campagnes présidentielles, mais s'applique aussi aux campagnes de niveau intermédiaire ou local.

On sait la violence des spots télévisés de l'équipe de Mme Thatcher contre les travaillistes, dans les élections parlementaires britanniques.

2 | LA FONCTION « D'ORDRE DU JOUR » (« AGENDA-SETTING »)

L'une des fonctions latentes des médias dans la vie politique est de contribuer à ce que les sociologues anglo-saxons appellent *agenda-setting,* c'est-à-dire l'établissement de l'ordre du jour des problèmes. Les partis politiques, le gouvernement, les organes institutionnels, les forces économiques et sociales, les groupes de pression agissent continûment, jour après jour, sur des thèmes renouvelés. Ils proposent des solutions aux questions du moment, polémiquent entre eux, diffusent des milliers de communiqués. Aucun secteur de la vie sociale, politique ou culturelle, que ce soit à l'échelon national ou à l'échelon mondial, n'échappe à leurs analyses et à leurs prises de position. Dans cet amas de thèmes et de positions, les médias, et au tout premier plan la télévision parce que c'est le plus important quantitativement, jouent en permanence, en direction du public, un rôle de tri, de sélection et de hiérarchisation. Ce sont, très largement, les médias — bien sûr, sous l'influence et le contrôle permanent des forces politiques — qui opèrent le choix des données politiques considérées comme les plus importantes pour les retransmettre en direction des citoyens.

De nombreuses enquêtes font apparaître, notamment à l'occasion des campagnes électorales, que c'est en effet à travers leur consommation des médias (et principalement de la télévision) que les citoyens se font une idée des enjeux de la vie politique, des problèmes sur lesquels des oppositions politiques fondamentales se manifestent, des thèmes autour desquels s'organisent les compétitions électorales. La télévision est ainsi appelée à jouer un rôle permanent de médiation entre le système politique et l'ensemble des citoyens.

Cette fonction d'établissement de l'ordre du jour des problèmes politiques est tout à fait fondamentale. A bien des égards, les efforts des partis politiques sont vains, lorsqu'ils ne parviennent pas à faire « passer » leurs thèmes de propagande auprès de la masse des électeurs. Les citoyens, de leur côté, sont dépendants des médias — et d'abord de la télévision, qui est leur principale source d'information politique — pour repérer ce que sont les « points chauds » du débat politique. Et c'est bien en fonction de ces points chauds et des positions prises à leur égard par les différentes forces politiques qu'ils arrêteront finalement leur comportement politique.

Toutes les télévisions n'assurent certes pas de la même façon cette fonction d' « agenda des problèmes du jour ». Dans certains pays (c'est le cas des Etats totalitaires), la fonction d'établissement de l'agenda est remplie selon les vœux du pouvoir ou du parti dominant : aucune marge de manœuvre n'est laissée aux équipes de télévision, qui ne sont qu'un relais, docile ou zélé, entre les mains des puissants. Dans d'autres (les Anglo-Saxons estiment en général être les plus représentatifs en la matière), c'est en fonction de normes strictement professionnelles que les responsables et les journalistes de télévision décident de ce qui mérite d'être retenu comme assez important pour figurer dans l'information télévisée, ou au contraire d'être éliminé, parce que jugé connu, marginal ou de peu d'intérêt. Le critère de sélection devient alors un critère purement informatif, qui réserve une place de choix à la péripétie, c'est-à-dire à l'événement nouveau, susceptible d'introduire une modification quelconque de l'action sur la scène politique.

Dans la plupart des systèmes occidentaux, en fait (et c'est le cas de la France), il existe une sorte de « marchandage » implicite permanent entre, d'une part, la volonté des journalistes de télévision de faire leur métier librement, c'est-à-dire de décider eux-mêmes, souverainement, de ce qui est important et de ce qui ne l'est pas, et, d'autre part, la pression des organisations politiques, qui estiment qu'elles seules sont dépositaires d'une légitimité née du suffrage universel et que leurs messages doivent donc avoir, en tant que tels, un droit d'accès garanti au petit écran, que cela corresponde ou non aux desiderata et aux normes de préférence des professionnels de l'information.

Suivant une typologie établie pour les campagnes électorales par le sociologue Elihu Katz, on peut ainsi classer sur une sorte d'axe les équipes de télévision, depuis celles qui entendent ouvrir des « fenêtres » sur la réalité sociale et politique telle qu'elles la voient elles-mêmes, jusqu'à celles qui ne font qu'offrir des « plates-formes » aux hommes politiques, sans faire intervenir leurs propres analyses dans le débat. Certaines chaînes de télévision sont ainsi amenées, dans leur effort d'information, à privilégier leurs propres capacités d'analyses et de choix, à mettre l'accent sur la fonction spécifique du journaliste dans le choix des thèmes jugés importants pour le téléspectateur, à mettre en avant la fonction de commentaire autonome. La BBC, par exemple, tente en Grande-Bretagne d'illustrer cette orientation. D'autres chaînes tendent à s'incliner devant le personnel politique et à reconnaître que les journalistes doivent avant tout être des relais entre le système politique et l'opinion (les mauvaises langues diront même de simples porte-micros au service des hommes politiques) et ne doivent pas s'arroger le droit de trop intervenir dans les débats partisans, par exemple pour poser des questions que les partis omettraient de traiter.

3 | EFFETS SUR LES CONNAISSANCES ET LES IMAGES POLITIQUES

Avant même de jouer sur le vote, les campagne électorales médiatiques influent sur les connaissances politiques des citoyens et leurs perceptions des images des leaders et candidats en présence.

Des travaux entrepris dans plusieurs pays ont montré à de nombreuses reprises que l'utilisation des moyens de communication de masse — cela est vrai aussi bien pour la radio et la télévision que pour la presse écrite — s'accompagne d'un gain en information politique. Cela est vrai même pendant le laps de temps assez bref que dure une campagne électorale.

Les images des leaders figurent parmi les éléments les plus susceptibles d'être affectés par une campagne électorale — et d'abord par leurs apparitions à la télévision. Et cela est, on l'imagine, fondamental : c'est largement sur l'image qu'on a des dirigeants, et leur capacité supposée à affronter les problèmes du moment, que se fait la décision électorale.

Machiavel déjà, dans *Le Prince,* notait : « Il n'est pas nécessaire à un Prince d'avoir toutes les qualités (...) mais bien il faut qu'il paraisse les avoir (...). Les hommes, en général, jugent plutôt avec les yeux qu'avec les mains, car chacun a l'occasion de voir, mais tâter bien peu. » Et en effet, les téléspectateurs d'aujourd'hui sont placés en situation de « juger avec les yeux »...

Donnons simplement ici deux exemples d'évolution des images des candidats, pendant une campagne électorale.

A New York, en 1960, Kurt et Gladys Lang ont interviewé 95 citoyens de la ville au fur et à mesure du déroulement des quatre grands débats télévisés d'une heure organisés en direct par les trois grandes chaînes nationales entre R. Nixon et J. F. Kennedy.

On s'apercevait dès après le premier débat que, même chez leurs supporters respectifs, les images des deux candidats s'étaient profondément transformées. Avant les débats, l'image de Nixon était une image très politique : c'était celle d'un ancien vice-président, qui avait affronté des foules en colère en Amérique du Sud et N. Khrouchtchev en URSS, et qui passait pour un redoutable orateur à la télévision ; alors que l'image de Kennedy était celle d'un homme séduisant, jeune, compétent et ambitieux, mais dont on doutait de la maturité et de la solidité des convictions. Après le premier débat, l'image personnelle de Nixon se dégrade sensiblement, surtout d'ailleurs parmi les démocrates et les indécis, encore que le jugement porté sur la solidité de son information reste majoritairement positif ; Kennedy a pour sa part des gains très nets sur les deux plans, et sa performance a fait disparaître les doutes quant à sa maturité et à son expérience. Les changements globaux d'image apparaissent dans le tableau ci-après :

Evolution de l'image de Kennedy et Nixon
après leur premier débat TV (1960)

	Meilleure	Inchangée	Pire	Sans réponse
Image personnelle de Kennedy	45	45	5	5
Image personnelle de Nixon	20	47	29	4
Image de l'information possédée par Kennedy	41	53	3	3
Image de l'information possédée par Nixon	14	67	11	8

L'autre exemple concerne la France de 1981. Une étude par sondage conduite par l'auteur dans le cadre d'un baromètre mensuel Louis Harris - *L'Express,* d'août 1980 à avril 1981, a montré l'évolution de la sensibilité des électeurs aux divers thèmes de campagne et leurs appréciations de la capacité des candidats à savoir y répondre.

La structure des préoccupations des Français se dégageait clairement :

— les questions économiques l'ont nettement emporté sur toutes autres considérations ; le chômage en tout premier lieu — qui progressait même en importance du début à la fin de la campagne, de même que les thèmes de modernisation de l'économie française et des équipements collectifs ;
— le thème de l'ordre et de la sécurité, très présent dans l'esprit public, a cependant tendu à décliner au long de la campagne ;
— la défense des intérêts catégoriels apparaît un thème important et stable ;
— les problèmes de politique étrangère ont beaucoup moins préoccupé les Français que leurs problèmes intérieurs, tout au long de la campagne.

Or, par rapport à cette structure et à cette évolution des préoccupations des électeurs, la campagne des principaux candidats a permis de faire évoluer leurs images respectives.

*Capacité de V. Giscard d'Estaing et de F. Mitterrand
à atteindre les objectifs considérés comme prioritaires
par la majorité des électeurs (%)*

Objectifs	Vague 1 (août 1980)			Vague 3 (janvier 1981)		Vague 6 (avril 1981)	
	Giscard	Rocard	Mitter-rand	Rocard	Mitter-rand	Giscard	Mitter-rand
Emploi	23	22	29	21	32	20	34
Inflation	32	24	15	27	27	28	32
Justice sociale	22	23	21	19	33	20	33
Ordre, sécurité	37	12	11	32	21	37	21
Intérêts catégoriels	26	19	17	23	29	24	30
Equipements collectifs	26	20	18	25	28	27	33

Source : R. Cayrol, Le rôle des campagnes électorales, *in* D. Gaxie (dir.), *L'explication du vote*, Presses de la FNSP.

La crédibilité de M. Giscard d'Estaing marque le pas — et d'abord sur le terrain économique — chômage et inflation notamment.

Au cours de la première vague d'enquêtes, le Parti socialiste n'ayant pas encore choisi son candidat, on constate que Valéry Giscard d'Estaing part avec un net avantage sur ses concurrents divisés. Il fait pratiquement jeu égal avec eux sur les inégalités sociales, l'emporte de peu sur le chômage, et les distance nettement sur tous les autres thèmes. De son côté M. Rocard dépasse M. Mitterrand en crédibilité sur tous les thèmes.

A partir du mois de janvier 1981 (vague 3), un redressement des crédibilités s'est opéré au profit de M. Mitterrand. Celui-ci surclasse le Président sortant en crédibilité sur quatre des six objectifs estimés prioritaires pour les Français eux-mêmes. Il arrive à égalité avec lui sur le terrain de l'inflation (résultat déjà remarquable, dans la culture politique française, pour un candidat de gauche). Il n'est battu que sur le thème de la sécurité.

En fin de campagne du premier tour (vague 6), les jeux apparaissent plus clairs encore, puisque M. Mitterrand bat aussi M. Giscard d'Estaing à propos de la capacité à lutter contre l'inflation. Sur cinq des six objectifs jugés prioritaires, c'est donc le candidat socialiste qui l'emporte en fin de campagne. M. Giscard d'Estaing, distancé sur le terrain économique dans une campagne avant tout économique, ne l'emporte plus que sur le thème de l'ordre et de la sécurité. Mais on a vu plus haut que ce thème apparaît précisément comme moins important en fin de campagne qu'au début. A cet égard, le slogan de la « force tranquille » développé par le candidat socialiste, relayé par une apparence plus sereine adoptée par lui devant les caméras de télévision, peut avoir joué un rôle auprès des électeurs. Son programme étant avant tout axé sur le changement en matière économique et sociale, correspondait aux attentes du plus grand nombre des Français. Et ceux-ci, même avides d'ordre et de sécurité, peuvent avoir d'autant plus accepté le changement sur le plan économique que cette « force tranquille » leur offrait, peut-être pas le même symbole d'ordre que celui du Président sortant, mais en tout cas une image, et peut-être une garantie nouvelle sur ce plan.

Voilà donc une campagne qui a en effet déplacé les images politiques, mettant M. Mitterrand — notamment par l'augmentation de sa crédibilité économique — en mesure de l'emporter.

Toutes les campagnes médiatiques n'ont pas des effets aussi spectaculaires. La campagne présidentielle française de 1988 par exemple, mettant aux prises des leaders chevronnés, MM. Mitterrand et Chirac, dont les images étaient très établies dans l'opinion depuis longtemps, ne les a pas fait évoluer ; cette campagne a en revanche entraîné une forte détérioration d'image de M. Raymond Barre.

4 | MÉDIAS ET COMPORTEMENTS ÉLECTORAUX

De nombreuses études ont montré qu'en tout état de cause les moyens de communication de masse ne pouvaient avoir pendant une campagne électorale une influence massive sur le comportement des citoyens, puisque les deux tiers ou les trois quarts des gens ont déjà une intention de vote précise avant même le début de la campagne, et ne modifient pas leur intention pendant celle-ci. Ce qu'on remarque tout au plus, c'est un renforcement de cette intention originelle, ou encore une activation de dispositions latentes. B. Berelson, P. Lazarsfeld et W. McPhee ont trouvé par exemple pendant la campagne de 1948 une relation positive entre le degré d'attention aux médias et la stabilité de l'intention de vote. Ils ont également découvert que l'accroissement du nombre des intentions de vote en faveur de Truman pendant les trois derniers mois de campagne était dû avant tout au ralliement d'électeurs démocrates défaillants jusque-là, et finissant par renouer avec leurs habitudes de vote.

Il n'y a pas lieu d'insister longuement sur ce point, qui n'est que l'application au domaine électoral d'un mécanisme déjà rencontré à propos de l'effet général des *mass media*. Mais il ne faudrait pas, nous semble-t-il, tirer de cette constatation la leçon qu'en ont retenue de nombreux auteurs, à savoir que les moyens de communication de masse auraient finalement peu d'influence. Car il ne paraît pas sans intérêt qu'une influence s'exerce, pendant une campagne électorale, dans le sens du renforcement d'opinions déjà acquises : pourquoi la seule influence intéressante serait-elle celle qui joue dans le sens du changement, pourquoi négliger l'intérêt de celle qui joue dans le sens de la conservation ? Par ailleurs, ce rôle de ralliement d'électeurs potentiels, mais encore défaillants, est lui-même important : il peut suffire de faire pencher le plateau de la balance en faveur de tel ou tel parti.

Ainsi donc, même si le principal effort électoral est de renforcer les intentions de vote et de « rameuter » les partisans perplexes, cet effet semble loin d'être sans importance.

Dans l'étude précitée menée à New York en 1960 par Kurt et Gladys Lang, l'évolution des intentions de vote a été la suivante :

Intentions de vote	*Avant les débats*	*Après le 1ᵉʳ débat*	*Après le 4ᵉ débat*
Décidés pour Kennedy	37 } 39	47 } 53	52 } 56
Penchant pour Kennedy	2	6	4
Indécis	23	12	7
Penchant pour Nixon	2 } 33	2 } 30	1 } 32
Décidés pour Nixon	31	28	31

On voit que s'il y a peu d'interversions entre les intentions de vote fixées au départ sur Kennedy ou sur Nixon, peu de retournements spectaculaires, il y a eu en revanche ce que les auteurs appellent une « cristallisation » importante, une nette mobilisation des indécis sur Kennedy. Une analyse plus précise permet de constater qu'il y a eu 22 changements au total dans le panel : 18 cristallisations et 4 retournements. Plus de 80 % des changements ont bénéficié à Kennedy. Rapportant les intentions de vote aux habitudes de vote antérieures des enquêtés, K. et G. Lang constatent que la majorité des modifications d'intention de vote a correspondu à des inclinations existant déjà antérieurement : les débats auraient surtout favorisé et accéléré la polarisation des électorats. Mais il est important de noter qu'ils l'ont fait dans des proportions suffisantes pour avoir peut-être affecté de façon décisive le résultat final du scrutin. On sait en effet que J. F. Kennedy n'a eu au total que 112 000 suffrages de plus que R. Nixon dans l'ensemble des Etats-Unis.

Ce sont des indications concordantes que l'on peut retirer des enquêtes menées en Europe ces dernières années, notamment par Jay Blumler, Denis McQuail, Gabriel Thoveron et l'auteur : les opinions se modifient en cours de campagne, sous le bombardement médiatique, et aboutissent à une cristallisation de fin de campagne souvent assez différente de celle enregistrée au début.

Par exemple, une autre étude a été menée en 1981 par l'auteur, sous le titre « Les témoins de *L'Express* », pour cerner la fluidité des intentions de vote pendant les mois qui ont précédé le scrutin présidentiel. Il s'agit ici, à chaque vague d'interrogation, des *mêmes* personnes interrogées. On peut donc préciser, sans marge d'erreur, ce qu'ont pu être les itinéraires individuels, et le taux de fidélité des électeurs.

Première leçon tirée de ce panel : seuls 43 % des « témoins » sont restés stables, de septembre 1980 à avril 1981, dans leurs intentions de voter pour l'un des quatre principaux candidats à l'élection présidentielle. Ce chiffre est singulièrement plus bas que les hypothèses habituelles, qui mettent volontiers l'accent sur la stabilité des comportements politiques en France. Le tableau suivant donne la répartition, socio-démographique et politique, de ces 43 % d'électeurs stables.

Qui sont les électeurs stables ?
(pas de modification des intentions de vote
de septembre 1980 à avril 1981)
(en %)

Sexe		Age	
Hommes	54	18-43	33
Femmes	32	35-49	46
		50-64	50
		65 et plus	41

Catégorie socio-professionnelle		Sympathie partisane	
Industriels, cadres supérieurs	45	PC	64
Cadres moyens, employés	38	PS	42
Artisans, commerçants	62	UDF	62
Ouvriers	42	RPR	43
Agriculteurs	31		
Retraités, inactifs	43		

On remarque que, dans toutes les catégories, la volatilité des intentions de vote est importante. Mais elle est beaucoup plus marquée chez les femmes que chez les hommes. Elle est très accentuée chez les « cols blancs » et les agriculteurs. Elle est plus nette chez les électeurs les plus âgés et, surtout, chez les plus jeunes, que dans les classes d'âge intermédiaires.

Ce sont donc d'abord des voix féminines, des voix des classes moyennes, des voix des classes d'âge extrêmes, et des voix de supporters du Paris socialiste et du RPR *qui ont été déplacées en plus grand nombre par la campagne électorale*. Quelles ont été les structures de ces déplacements de voix ? Là encore, le panel des « témoins » permet de répondre avec une certaine précision (tableau ci-dessous) :

Processus de changements de septembre 1980 à avril 1981
(en chiffres absolus)

Point de départ (septembre 1980)	Point d'arrivée (avril 1981)								
	Marchais	Mitterrand	Lalonde	Giscard d'Estaing	Chirac	Debré	Autres	Ne sait pas	Total
Marchais	19	5		2			1		27
Mitterrand		33		1	1		1		36
Lalonde		1	2	3	1				7
Giscard d'Estaing		3	2	43	8	1	2		59
Chirac				1	17			1	19
Debré		1		1	2	5		1	10
Autres		5		1	2		2	1	11
Ne sait pas	2	10	2	7	5		1	6	33
Total	21	58	6	59	36	6	7	9	202

Note : Les chiffres sont basés sur les 202 personnes qui ont répondu à la dernière vague du panel (en avril 1981), à partir de l'échantillon originel de 250 personnes.

Ces chiffres d'évolution montrent d'abord que les stabilités apparentes cachent parfois des changements profonds : 59 électeurs de Valery Giscard d'Estaing au départ, 59 à l'arrivée. Mais il ne reste plus que 43 des électeurs de départ, auxquels se sont ajoutés 1 électeur de Mitterrand, 3 de Lalonde, 1 de Chirac, 1 de Debré, 1 de « petits » candidats, 2 de Marchais et 7 indécis.

Les chiffres éclairent aussi les progressions significatives de François Mitterrand — qui conquiert des voix à gauche (5 sur Marchais), comme à droite (3 sur Giscard, 1 sur Debré), sur les petits candidats, et surtout sur les indécis de septembre 1980 (10 au total) — et de Jacques Chirac — qui conquiert notamment les voix de 8 « témoins » dont la première intention avait été de voter Giscard.

On constate que l'effritement de Georges Marchais se fait, pour l'essentiel, au bénéfice de François Mitterrand ; que Michel Debré — qui perd la moitié de ses partisans — est surtout « grignoté » par Chirac et Giscard. On voit enfin que la campagne électorale a rempli son office principal : rameuter les indécis, amener finalement ceux-ci à choisir un candidat. A cet égard, il est significatif que, sur les 33 témoins indécis de la première vague du panel, 6 seulement soient restés abstentionnistes, cependant que 10 choisissaient le vote Mitterrand (contre 7 Giscard, et 5 Chirac).

Dans le processus de « volatilité » électorale — processus qui se développe dans les pays pluralistes, au fur et à mesure que déclinent les attachements sociologiques et idéologiques traditionnels — la télévision pourrait jouer un rôle croissant, en permettant de franchir la barrière de « l'exposition sélective », analysée plus haut.

En effet, la massification sans précédent d'une audience rivée devant son petit écran, combinée avec la pratique des débats contradictoires, et avec l'émergence d'émissions politiques plus « spectaculaires » pourrait faire que, même si l'exposition sélective existe encore, elle serait amenée à décliner par la force même des grilles de programme (malgré ses résistances naturelles, le téléspectateur regarde parfois certaines émissions politiques faute de mieux ou simplement « pour le spectacle »). Et dans ces conditions, les effets « marginaux » de la télévision politique pourraient se voir renforcés. Jusqu'à peut-être devenir décisifs dans les moments — les campagnes électorales françaises par exemple — où le choix des citoyens se fait presque à 50-50, et où par conséquent chaque déplacement de voix marginale pèse très lourd.

5 / L'influence politique à long terme

En 1941, le général de Gaulle déclarait devant les étudiants d'Oxford : « Dès lors que tous les humains lisent en même temps la même chose dans les mêmes journaux, voient, d'un bout à l'autre du monde, passer sous leurs yeux les mêmes films, entendent simultanément les mêmes informations, les mêmes suggestions, la même musique... la personnalité propre à chacun, le quant-à-soi, le libre choix n'y trouvent plus du tout leur compte. Il se produit une sorte de mécanisation générale dans laquelle, sans grand effort de sauvegarde, l'individu ne peut manquer d'être écrasé. » A cette thèse pessimiste sur le devenir de la liberté humaine face aux médias, s'oppose une thèse résolument optimiste, qu'exprime par exemple R. Wangermée (alors directeur général de l'Institut des Emissions françaises de la Radiodiffusion Télévision belge), lorsqu'il écrivait en 1969, s'en prenant à ces « intellectuels libéraux dédaigneux des *mass media,* et qui en étaient toujours à reprocher à la télévision d'être l'opium du peuple », que « les organismes de télévision, particulièrement lorsqu'ils sont de service public, se montrent volontiers soucieux de manifester leur autonomie non seulement vis-à-vis du gouvernement et de tout groupe de pression mais aussi vis-à-vis de toute idéologie ».

Laissons de côté le problème de l'autonomie par rapport au gouvernement ou aux groupes de pression : on a traité ailleurs des problèmes de censure, de concentration, de pression publicitaire, etc. Le problème se pose ici de savoir si les médias ont par leur action propre une influence idéologique et politique sur les individus qui lisent le journal, écoutent la radio, regardent la télévision.

1 | STRUCTURATION DE L'ENVIRONNEMENT POLITIQUE

Un premier élément fondamental réside dans le fait que les médias permettent aux hommes d'avoir une connaissance de réalités dont ils ne seraient aucunement informés sans leur existence. Toute une série d'événements, de faits, de structures ne nous sont connus que par les médias, qui dessinent ainsi pour nous une réalité de seconde main. Ce sont en fait les médias qui structurent l'environnement politique des hommes et des femmes de ce temps. Cela peut être grave dans la mesure où des déviations de la réalité ne pourront pas être corrigées, puisque la seule connaissance de cette réalité provient précisément des sources médiatiques.

De ce point de vue, tout ce qu'on a dit plus haut sur la propagande, sur l'objectivité, sur l'importance de la présentation et de la mise en scène de l'actualité (mise en pages, photos, montage) indique combien nombreuses peuvent être — que se soit le fait de volontés conscientes ou non — ces déviations par rapport à la réalité.

Cela peut être d'autant plus grave et important que cette réalité de seconde main que nous dessinent les médias est souvent perçue comme la réalité fidèlement dépeinte. En 1962, une enquête de l'US Information Agency, citée par W. Weiss, montrait que 40 % environ des personnes interrogées dans quatre pays de l'OTAN estimaient que les programmes américains de télévision donnaient une peinture exacte de la vie américaine. En 1964, R. Carter et O. Sepulveda rapportaient que 56 % des personnes allant au cinéma à Santiago du Chili estimaient que les films commerciaux américains et mexicains dépeignaient correctement la vie quotidienne de ces pays. Si l'on rapproche ces données de celles qui nous apprennent qu'en 1961, au moins la moitié du temps de projection de cinéma dans le monde entier est consacré à des films américains (la proportion atteignant 90 % dans plusieurs régions), ou que les feuilletons ou les films américains occupent une place considérable dans les programmes de la majorité des télévisions du monde, on peut être perplexe sur l'image de la civilisation américaine qu'ont la majorité des téléspectateurs. De multiples exemples pourraient être donnés qui vont dans le même sens : la vision que les hommes ont du monde — et en particulier du monde politique — est largement redevable aux médias. Ce fait est probablement aggravé par le phénomène télévision : en effet, beaucoup de téléspectateurs estiment que la caméra ne saurait mentir, spécialement dans le cas de reportages en direct, puisque ceux-ci permettent, pensent-ils, « d'être là », d'être les témoins directs de l'événement. Or, il n'est pas évident que le regard d'une caméra sur un événement politique — même en direct — soit assimilable au regard d'un témoin physique de cet événement.

A cet égard, deux études dirigées par K. et G. Lang valent d'être citées. La première a trait au « Mac Arthur Day », journée triomphale organisée le 26 avril 1951 à Chicago par les autorités de la ville en l'honneur du général Mac Arthur, après son limogeage par le Président Truman pendant la guerre de Corée. L'enquête a porté aussi bien sur les attentes de la population de Chicago avant la journée que sur la « couverture » de l'événement par les médias, et sur les réactions des habitants pendant la journée. Elle a permis de montrer que la campagne de presse très massive et orchestrée avant le Mac Arthur Day avait créé l'attente d'un événement véritablement « historique », « grandiose », « dramatique »; on s'attendait à des mouvements de foule, à des bousculades, à un concours de population exceptionnel. Ce que les observateurs ont effectivement constaté sur les lieux de passage du cortège et de prise de parole du général était en fait beaucoup plus calme, et dans l'ensemble décevant. Il y avait beaucoup moins de monde qu'on aurait pu s'y attendre : une étude du trafic du réseau suburbain montrait même que, loin qu'il y ait eu ce jour-là augmentation des venues de banlieue vers la ville, au contraire, à l'heure de la parade, il y avait eu un fort mouvement de départ vers l'extérieur, les gens préférant sans doute souvent suivre l'événement chez eux, sur le petit écran. La foule était d'ailleurs calme et peu enthousiaste, beaucoup plus composée de curieux venus assister à un « événement historique » que de supporters de Mac Arthur ; la vente des insignes patriotiques ou de « badges » à la gloire du général fut du reste faible. Les participants directs au spectacle étaient donc dans l'ensemble assez déçus. Et pourtant, les téléspectateurs, eux, ont vu un spectacle tout différent, qui correspondait bien à leurs attentes de départ. Cela était dû, semble-t-il, à plusieurs éléments. Tout d'abord, la mobilité des caméras, le fait que la caméra se fixa sur le général pendant deux heures sur les trois heures que dura le reportage permirent au téléspectateur d'avoir une vision plus dynamique et plus « personnalisée » sur le héros du jour, que celle qu'avaient les spectateurs, qui n'avaient vu que le passage d'une voiture pendant quelques secondes. Ensuite, le style de commentaire adopté par les journalistes de la télévision fut tel qu'il put répondre aux attentes du public : une insistance et une emphase particulières furent mises à décrire une foule « telle qu'on n'en avait encore jamais vu à Chicago, d'un enthousiasme débordant », et à affirmer qu' « aucun effort n'avait été négligé pour rendre ce jour inoubliable ». Enfin, lorsque la caméra abandonnait le héros pour se fixer sur l'assistance, les mouvements de foule décrits comme des débordements d'enthousiasme n'étaient en fait souvent que des poussées de gens souhaitant seulement mieux voir ce qui se passait, et non participer à une manifestation de soutien politique : et si des personnes filmées paraissaient assez surexcitées à l'écran, c'était souvent parce qu'elles se savaient dans le champ d'une caméra. Si finalement la réaction de beaucoup de personnes venues sur place fut du type : « Nous aurions dû rester chez nous et regarder cela à la télévision », la réaction des téléspectateurs fut en revanche une réaction de pleine satisfaction : ils avaient bel et bien vu l'événement « grandiose » et « historique » que la presse leur avait laissé prévoir.

Une autre étude des Lang a porté sur la première retransmission télévisée, en juillet 1952, des conventions du Parti républicain et du Parti démocrate réunis pour désigner leurs candidats à la présidence des Etats-Unis. L'une des conclusions de cette étude fut que, selon celui des trois grands réseaux nationaux de télévision regardé par les téléspectateurs (ABC, NBC, CBS), l'interprétation du déroulement des conventions pouvait être sensiblement différente. Selon en effet la sélection d'images opérée par chaque réseau, selon les interviews et les commentaires de chaque station, l'enchaînement de certains faits prenait une signification différente. Et, de cela, les téléspectateurs n'étaient nullement conscients, qui étaient persuadés avoir « vu par eux-mêmes » des éléments qui étaient en fait liés au style même du reportage ou au commentaire des journalistes ou des envoyés spéciaux.

Ce type de phénomène paraît particulièrement significatif. Aucun réseau de communication n'est absolument neutre ; toute translation d'un événement — y compris le reportage télévisé en direct — comporte une interprétation de cet événement, qui suppose l'utilisation d'un langage conceptuel. Ainsi que l'ont écrit K. et G. Lang dans leur livre *Politics and television* : « Les gens sélectionnent certes le contenu politique transmis par les médias ; ils interprètent ce qu'ils sélectionnent, et ils consolident souvent leurs croyances dans des discussions ou des lectures. Mais cela n'est pas tout. Les médias structurent aussi un environnement politique très réel que les gens ne peuvent connaître qu'à travers eux. Il est difficile d'échapper à cette information. Elle filtre, et affecte même les personnes qui ne sont pas directement exposées aux nouvelles, ou qui affirment n'y pas prêter attention. Il y a là quelque chose de pénétrant, et qui peut rendre l'influence cumulative. »

2 | SPECTACLE, COMMUNICATION POLITIQUE ET UNIFORMISATION DES DISCOURS

La tentation du marketing politique est, bien sûr, par l'intermédiaire de la télévision — moyen unique, on l'a dit, d'atteindre le marais — d'« accrocher » d'abord le public rétif, le moins intéressé *a priori* par la politique. Les « techniques d'accrochage » de ce public se raffinent et se multiplient : choix des horaires, choix des formules, choix des mots, choix des attitudes devant les caméras. Surtout, ce public étant peu passionné de clivages idéologiques, il va falloir adapter le discours politique lui-même à une prestation télévisée pensée pour lui. C'est-à-dire adopter pour le discours électoral les normes imposées aussi au discours quotidien de la télévision, de ses journaux télévisés, de ses débats, de ses magazines.

De fait, dès l'instant qu'il est destiné à être véhiculé par la télévision, le discours politique doit prendre en compte le discours propre de la télévision. Or, le spécifique, l'efficace du discours télévisé, c'est le spectacle.

La télévision, c'est d'abord l'univers du spectaculaire, ce qui se comprend très bien puisque la motivation première du téléspectateur c'est le divertissement, c'est la distraction. Si l'on compare, en effet, comme l'a fait en France Michel Souchon, la télévision diffusée — c'est-à-dire les grilles de programmes présentés par les chaînes de télévision — et la télévision reçue — c'est-à-dire ce que regardent effectivement les spectateurs —, on s'aperçoit de grandes distorsions entre TV diffusée et TV reçue. Ces distorsions sont essentiellement de deux ordres : d'un côté, les émissions de divertissement (films de cinéma, feuilletons et variétés) sont plus importantes dans le budget-temps des téléspectateurs qu'elles ne le sont dans les programmes diffusés ; de l'autre côté, les émissions culturelles, les émissions d'information politique, économique et sociale sont les mal-aimées de la majorité du public, elles sont nettement moins reçues qu'elles ne sont programmées.

Dès lors, un dilemme se pose pour les hommes politiques et pour les partis souhaitant parler de politique à la télévision : ou ils refusent de s'intégrer à l'univers du spectacle, et ils seront peut-être alors plus sérieux, mais, en même temps, ils passeront pour archaïques, ennuyeux et peu inventifs, ou bien ils acceptent de participer aux règles générales du spectacle, et il n'est pas alors sûr que la qualité de l'information politique transmise aux citoyens y trouve son compte.

De ce point de vue, tous les pays n'en sont pas au même stade d'évolution, même si la règle générale est celle d'une acceptation croissante de la politique-spectacle.

L'homme politique est ainsi, de plus en plus souvent, mis en situation d'acteur, de comédien, au cours d'émissions de télévision politique où le mot « télévision » éclipse progressivement le mot « politique ».

L'utilisation généralisée du direct renforce la théâtralité de ce genre d'émissions. Cela crée une intensité, une émotion de même nature que celle qui préside au début d'une rencontre sportive : n'importe quoi, avons-nous le sentiment, n'importe quoi peut se passer, brusquement, d'imprévisible, là, sous nos yeux.

Le discours présenté par les hommes politiques à la télévision s'intègre donc à l'univers du spectacle, se fait, avons-nous dit, discours spectaculaire. Cela modifie à l'évidence les formes de la vie publique.

Mais cette évolution affecte en même temps profondément les contenus et les référents politiques. Non seulement le discours politique traditionnel, de la droite et de la gauche, a dû s'adapter à la dominance de la télévision, mais encore, s'adaptant, les discours politiques ont dû se transformer. Discours spectaculaires suivant les règles du même spectacle, les discours politiques de droite comme de gauche ont eu tendance à se faire plus homogènes les uns aux autres parce que homogènes avec le média « télévision ». Séduire le marais, séduire les modérés, cela veut dire bien sûr adopter tout l'arsenal spectaculaire de la séduction, mais cela veut dire simultanément édulcorer les aspects trop controversés des positions politiques. Puisque la cible doit être, contrairement à ce qui se passe dans les baraques foraines, aussi large que possible, chacun doit bien s'efforcer de trouver un langage, un discours qui trouve le plus petit commun multiple tout à la fois à ses électeurs traditionnels, aux hésitants et aux modérés de tout bord. Et, de fait, le discours-spectacle se substitue progressivement au discours politique antérieur.

Les sociétés occidentales sont pratiquement toutes aujourd'hui des sociétés dans lesquelles deux camps de dimension presque identique s'opposent dans les compétitions électorales, disons, pour simplifier, un camp conservateur, et un camp réformiste. C'est vrai aux Etats-Unis, c'est vrai en Grande-Bretagne, en Allemagne, en Suède, en Italie ou en France. Partout se pose le problème de l'alternance au pouvoir, puisqu'on est chaque fois proche d'une situation où chaque camp obtient 50 % des suffrages exprimés.

Mais, plus on approche de cette situation 50-50, plus on s'approche de l'alternance, plus le contenu politique des deux termes de l'opposition tend à devenir proche et plus le spectacle tend à remplacer le contenu référentiel.

Ainsi, le message, c'est de plus en plus le média... L'alternance suppose en effet de plus en plus la réversibilité des deux discours politiques en concurrence.

Les discours de droite comme de gauche tendent progressivement à perdre toute référence à une production sociale réelle. La droite se charge de préoccupations sociales, pendant que la gauche rationalise et modère ses choix économiques...

Au total, la véritable efficacité politique de la télévision (renforcée sans aucun doute par l'existence des sondages), c'est bien cette neutralisation et cette uniformisation du discours politique.

On peut penser que ce processus était inscrit dans la nature même du suffrage universel et dans l'idée même que, pour gouverner, une majorité doit se dégager d'une collectivité d'individus. C'est probable. En tout cas, la télévision a été l'instrument de cette dynamique, précisément dans la mesure où elle représentait, pour la première fois, le moyen d'une entrée en contact quasi physique des acteurs du système politique avec chacun des individus consommateurs-électeurs, et de surcroît dans un dialogue à sens unique, sans possibilité de *feed-back*.

Toute référence sociale, historique ou politique tendant à être éliminée, la singularisation, l'identification de chaque étiquette politique va se faire désormais par la différence. C'est, là encore, le même processus que dans la vente et la publicité. Telle lessive par exemple « lave plus blanc » (sous-entendu « que les autres »), telle machine à laver « vous en donne plus »... En matière électorale, il n'y a même pas les obstacles de la déontologie commerciale; on peut citer nommément son concurrent. On peut dire : « Alors que X n'a pas tenu ses promesses, et que Y est peu sérieux, moi je ferai ce que je vous annonce... »

En démocratie, chaque voix compte, chaque individu pèse autant qu'un autre. Et chaque citoyen aime à sentir qu'il est lié à la structure même du pouvoir politique.

Or, cette importance, cette revalorisation de l'individu passe d'abord par la télévision. C'est la télévision qui permet au pouvoir, aux candidats au pouvoir d'établir le lien indispensable avec chaque individu, qui est en même temps un électeur et un téléspectateur.

La télévision apparaît ainsi tout à la fois comme un élément irremplaçable de la notion de démocratie — en ce qu'elle apparaît aujourd'hui comme le support technique rêvé et indispensable du suffrage universel — et comme un élément formidable de caricature de cette même démocratie — parce que la logique du suffrage universel est la conquête du groupe central des indécis et que, dans cet effort de conquête, le discours électoral télévisé doit gommer progressivement les contenus idéologiques et les contenus sociaux et renforcer les éléments les plus superficiels de la politique spectaculaire.

ÉLÉMENTS DE BIBLIOGRAPHIE

Les médias font couler beaucoup d'encre. La bibliographie qui va suivre est donc indicative et partielle. Elle néglige notamment les nombreuses monographies parues sur tel journal, telle station de radio ou de télévision.

Surtout, le domaine des médias étant par excellence périssable, le lecteur est vivement invité à mettre à jour ces repères bibliographiques, en recourant par exemple aux rubriques « médias » des grands journaux (celles, entre autres, du *Figaro*, du *Monde* et de *Libération*), aux publications professionnelles et aux périodiques qui, à des titres divers, et à des niveaux d'analyse assurément fort différents, suivent l'évolution des moyens de communication (notamment *Stratégies, Médias, Décisions Médias, CB News, Communication et Langages, La Correspondance de la presse, Dossiers de l'audiovisuel, Médias pouvoirs, Etudes de radio-télévision, European Journal of Communication, Hermès...*).

OUVRAGES GÉNÉRAUX SUR LES MÉDIAS ET LA COMMUNICATION

Balle (F.), *Médias et société*, 5ᵉ éd., Paris, Montchrestien, 1990, 634 p.
Bateson (G.) *et al., La nouvelle communication*, Paris, Seuil, 1984, 384 p.
Durand (J.), *Les formes de la communication*, Paris, Dunod, 1981, 216 p.
Mattelart (A. et M.), *Penser les médias*, Paris, La Découverte, 1986, 264 p.
Miège (B.), *La société conquise par la communication*, Grenoble, PUG, 1989, 226 p.
Moles (A.), *Théorie structurale de la communication et société*, Paris, Masson, 1986, 294 p.
Le Monde diplomatique, La communication victime des marchands, numéro spécial, 1988, 98 p.
Perriault (J.), *La logique de l'usage : essai sur les machines à communiquer*, Paris, Flammarion, 1989, 254 p.
Terrou (F.), *L'information,* Paris, PUF, 1983, 126 p.
Voyenne (B.), *L'information aujourd'hui*, Paris, A. Colin, 1979, 318 p.

LA PRESSE, D'HIER À DEMAIN

Albert (P.), *Histoire de la presse*, 4ᵉ éd., Paris, PUF, 1985, 128 p.
Albert (P.), Tudesq (A.-J.), *Histoire de la radio-télévision*, Paris, PUF, 1987, 128 p.

Balle (F.), Emery (G.), *Les nouveaux médias,* Paris, PUF, 1987, 128 p.

Bargilliat (A.), *L'imprimerie au XXᵉ siècle,* Paris, PUF, 1967, 256 p.

Barroux (M.), *Les émetteurs de radiodiffusion et de télévision,* Paris, PUF, 1967, 128 p.

Bellanger (C.) *et al.,* éd., *Histoire générale de la presse française,* Paris, PUF, 5 vol. :

    I. *Des origines à 1814,* paru en 1969, 634 p.

    II. *De 1815 à 1871,* paru en 1969, 466 p.

    III. *De 1871 à 1940,* paru en 1972, 688 p.

    IV. *De 1940 à 1958,* paru en 1975, 486 p.

    V. *De 1958 à nos jours,* paru en 1976, 550 p.

Boyd-Barrett (O.), *The international news agencies,* Londres, Constable, 1980, 284 p.

Boyd-Barrett (O.), Palmer (M.), *Trafic de nouvelles,* Paris, A. Moreau, 1981, 712 p.

Chauvet (P.), éd., *Le câble, la télévision au pluriel,* Paris, Entreprise moderne d'Edition, 1986, 342 p.

Fenby (J.), *The international news services,* New York, Schocken Books, 1986, 276 p.

Flichy (P.), Pineau (G.), éd., *Images pour le câble,* Paris, Documentation française, INA-CNET, 1983, 308 p.

Frèches (J.), *La guerre des images,* Paris, Denoël, 1986, 174 p.

Frèches (J.), *La télévision par câble,* Paris, PUF, 1987, 128 p.

Grivet (P.), Herreng (P.), *La télévision,* Paris, PUF, 1982, 128 p.

Laborderie (F. de), Boisseau (J.), *Toute l'imprimerie. Les techniques et leurs applications,* Paris, Dunod, 1970, 540 p.

Le Pigeon (J.-L.), Wolton (D.), *L'information demain. De la presse écrite aux nouveaux médias,* Paris, Documentation française, 1979, 332 p.

Martin (G.), *L'imprimerie,* Paris, PUF, 1985, 128 p.

Matras (J.-J.), *Radiodiffusion et télévision,* Paris, Documentation française, 1978, 128 p.

Miquel (P.), *Histoire de la radio et de la télévision,* Paris, Perrin, 1984, 394 p.

Oppenheim (J.), *Télévision à la carte,* Paris, Edilig, 1988, 328 p.

Pigeat (H.), *La télévision par câble commence demain,* Paris, Plon, 1983, 240 p.

Pigeat (H.), *Le nouveau désordre mondial de l'information,* Paris, Hachette, 1987, 236 p.

Smith (A.), *The newspaper : an international history,* Londres, Thames and Hudson, 1979, 192 p.

MÉDIAS ET PUBLICITÉ

Bonnange (C.), Thomas (C.), *Don Juan ou Pavlov,* Paris, Seuil, 1987, 186 p.

Brochant (B.), Lendrevie (J.), *Le Publicitor,* Paris, Dalloz, 1989, 498 p.

Cathelat (B.), *Publicité et société,* Paris, Payot, 1987, 256 p.

Dayan (A.), *La publicité,* Paris, PUF, 1988, 128 p.

Haas (C.-R.), *Pratique de la publicité,* Paris, Dunod, 1988, 512 p.

Joannis (H.), *Le processus de création publicitaire,* Paris, Dunod, 1988, 168 p.

Lagneau (G.), *La sociologie de la publicité,* Paris, PUF, 1988, 126 p.

Leduc (R.), *La publicité, une force au service de l'entreprise,* Paris, Dunod, 1987, 334 p.

Lemoyne (A.), *Puissance pub,* Paris, Dunod, 1989, 290 p.

Marti (C.), *Les trompettes de la renommée,* Paris, Belfond, 1987, 186 p.

Murdock (G.), Janus (N.), éd., *La communication de masse et l'industrie publicitaire,* Paris, Unesco, 1985, 88 p.

Tarrit (J.-M.), *La médiatique,* Paris, Chotard, 1987, 304 p.
Van Aal (J.), *10 conseils pour faire bon usage de votre agence de publicité,* Paris, Publi-Union, 1990, 116 p.
Weil (P.), *Et moi, émoi,* Paris, Editions d'Organisation, 1986, 218 p.

DROIT DES MÉDIAS EN FRANCE

Auby (J.-M.), éd., *Droit de l'information,* Paris, Dalloz, 1982, 778 p.
Bilger (P.), Prévost (B.), *Le droit de la presse,* Paris, PUF, 1989, 128 p.
Biolay (J.-J.), *Droit de la communication audiovisuelle,* Paris, J. Delmas, Masson, 1989, 294 p.
CFPJ, *Guide du droit de la presse,* Paris, Ed. CFPJ, 1987, 128 p.
Cousin (B.), Delcros (B.), Jouandet (T.), *Le droit de la communication,* Paris, Editions du Moniteur, 1990, 2 vol.
Debbasch (C.), *Droit de l'audiovisuel,* Paris, Dalloz, 1988, 914 p.
Drouot (G.), *Le nouveau droit de l'audiovisuel,* Paris, Sirey, 1988, 310 p.
Dumas (R.), *Le droit de l'information,* Paris, PUF, 1981, 614 p.
Pigeat (H.), *Droit de la communication,* Paris, Cours de l'IEP, FNSP, 1987, 180 p.
Solal (L.), Gatineau (J.-C.), *Communication, presse écrite et audiovisuelle,* Paris, Dalloz, 1985, 300 p.

LA PRESSE ÉCRITE EN FRANCE

Albert (P.), éd., *Lexique de la presse écrite,* Paris, Dalloz, 1989, 208 p.
Albert (P.), *La presse,* Paris, PUF, 1988, 128 p.
Albert (P.), *La presse française,* Paris, Documentation française, 1990, 176 p.
Archambault (F.), Lemoine (J.-F.), *Quatre milliards de journaux : la presse de province,* Paris, A. Moreau, 1977, 482 p.
Balle (F.), *Et si la presse n'existait pas ?,* Paris, Lattès, 1987, 196 p.
Belot (A.), *Le journal,* Paris, Hachette-CFPJ, 1988.
Bonvoisin (S.-M.), Maignien (M.), *La presse féminine,* Paris, PUF, 1986, 128 p.
CFPJ, *Glossaire des termes de presse,* Paris, Guides du CFPJ, 1982, 134 p.
Charon (J.-M.), *La presse au quotidien,* Paris, Seuil, 1990.
Courcelle-Labrousse (S.), Robinet (P.), éd., *Paris et enjeux de la presse de demain,* Grenoble, PUG, 1987, 152 p.
Desbarats (B.), *Les chances de l'écrit face à l'audiovisuel,* Paris, Groupe Régie-Presse, 1987, 112 p.
Gayan (L.-G.), *La presse quotidienne, le premier média en France,* Paris, Ed. Milan, 1990.
Gherardi (S.), Guérin (S.), Pouthier (J.-L.), *La presse écrite,* Paris, CFPJ/Connaissance des médias, 1990, 110 p.
Guéry (L.), *Quotidien régional, mon journal,* Paris, CFPJ/ARPEJ, 1987, 192 p.
Guillauma (Y.), *La presse en France,* Paris, La Découverte, 1988, 128 p.
Jamet (M.), *La presse périodique en France,* Paris, A. Colin, 1983, 208 p.
Mabileau (A.), Tudesq (A.-J.), éd., *L'information locale,* Paris, Pedone, 1980, 360 p.
Mathien (M.), *La presse quotidienne régionale,* Paris, PUF, 1986, 128 p.

Morgaine (D.), *Dix ans pour survivre. Un quotidien grand public en 1980*, Paris, Hachette, 1972, 214 p.

Mouillaud (M.), Têtu (J.-F.), *Le journal quotidien*, Lyon, PUL, 1989, 204 p.

Neuschwander (C.), Charpentier (J.-M.) *et al.*, *La communication dans tous ses états*, Paris, Syros, 1986, 216 p.

Roux (B.), *Chauds les médias : et la presse écrite ?*, Lille, Trimédia, 1985, 212 p.

Todorov (P.), *La presse française à l'heure de l'Europe*, Paris, SJTI-Documentation française, 1990, 122 p.

Toussaint (N.), éd., *La presse quotidienne*, Paris, Documentation française, 1976, 64 p.

Toussaint-Desmoulins (N.), *L'économie des médias*, Paris, PUF, 1987, 128 p.

Toussaint (N.), Leteinturier (C.), *Evolution de la concentration dans l'industrie de la presse en France*, Luxembourg, Office des publications des Communautés européennes, 1978, 346 p.

Wouts (B.), *La presse entre les lignes*, Paris, Flammarion, 1990, 264 p.

JOURNALISTES ET JOURNALISME

Antoine (F.) *et al.*, *Ecrire au quotidien : du communiqué de presse au nouveau reportage*, Lyon, Chronique sociale, 1987, 160 p.

Gaillard (P.), *Technique du journalisme*, Paris, PUF, 1985, 128 p.

Molina (M.), *Les journalistes*, Paris, Victoires, 1989, 262 p.

Rieffel (R.), *L'élite des journalistes*, Paris, PUF, 1984, 220 p.

Voyenne (B.), *Les journalistes français*, Paris, CFPJ-Retz, 1985, 284 p.

LA RADIO ET LA TÉLÉVISION EN FRANCE

Balle (F.), Leteinturier (C.), *La télévision*, Paris, MA, 1987, 174 p.

Bourges (H.), Josèphe (P.), *Un amour de télévision*, Paris, Plon, 1989, 178 p.

Boutinard-Rouelle (P.) *et al.*, *L'audiovisuel sous haute tension*, Paris, CNCL, 1988, 270 p.

Brochant (C.), Mousseau (J.), *Le petit Retz du paysage audiovisuel français*, Paris, Retz, 1987, 160 p.

Capin (J.), *L'effet télévision*, Paris, Grasset, 1980, 284 p.

Cayrol (R.), L'audiovisuel dans les années socialistes, *Tocqueville Review*, Charlottesville, University Press of Virginia, vol. 8, 1987.

Cazenave (F.), *Les radios libres*, Paris, PUF, 1984, 128 p.

Closets (F. de), *Le système EPM*, Paris, Grasset, 1980, 334 p.

Cluzel (J.), *La télévision après six réformes*, Paris, Lattès, 1988, 312 p.

Coste-Cerdan (N.), Le Diberder (A.), *La télévision*, Paris, La Découverte, 1986, 126 p.

Dargnies (S.), *Les chiffres clés de la télévision française (1988-1989)*, Paris, INA-Conseil supérieur de l'Audiovisuel, Documentation française, 1989, 158 p.

De Broglie (G.), *Une image vaut dix mille mots*, Paris, Plon, 1982, 222 p.

Guillou (B.), Padioleau (J.-G.), *La régulation de la télévision*, Paris, Documentation française, 1988, 154 p.

IREP, *La télévision en 1989. Audiences, publicité et recherche*, Paris, IREP, 1989, 294 p.

IREP, *La télévision en 1988. Audiences, programmes, publicité*, Paris, IREP, 1988, 204 p.

Jeanneney (J.-N.), *Echec à Panurge : l'audiovisuel public au service de la différence*, Paris, Seuil, 1986, 156 p.

Le Diberder (A.), Coste-Cerdan (N.), *Briser les chaînes*, Paris, La Découverte, 1988, 174 p.

Le Febvre (G.), *Le choc des télés*, Paris, Laffont, 1987, 296 p.

Mauriat (C.), *La presse audiovisuelle*, Paris, CFPJ/Connaissance des médias, 1989, 94 p.

Médiamétrie, *Médiamat 1989. Le livre de l'audience de la télévision*, Paris, Médiamétrie, 1990, 92 p.

Missika (J.-L.), Wolton (D.), *La folle du logis*, Paris, Gallimard, 1983, 338 p.

Piveteau (J.), *L'extase de la télévision*, Paris, INSEP, 1984, 256 p.

Souchon (M.), *Petit écran, grand public*, Paris, Documentation française, 1980, 198 p.

Wade (P.), *L'audiovisuel : faux débats et vrais enjeux*, Paris, Fayard, 1983, 260 p.

Wolton (D.), *Eloge du grand public*, Paris, Flammarion, 1990, 320 p.

LES MÉDIAS DANS LE MONDE (analyses transnationales)

Bahu-Leyser (D.), Chavenon (H.), Durand (J.), *Audience des médias. Guide France-Europe*, Paris, Eyrolles, 1990, 144 p.

Barwise (P.), Ehrenberg (A.), *Television and its audience*, Londres, Sage, 1988, 206 p.

Bonnel (R.), *La vingt-cinquième image*, Paris, Gallimard-FEMIS, 1989, 680 p.

Debbasch (C.), *Radio et télévision en Europe*, Paris, Ed. du CNRS, 1985.

Dunnett (P.), *The world newspaper industry*, Londres, Croom Helm, 1987, 276 p.

Euvrard (J.), Vasudev (A.), éd., *Télévisions du monde*, Paris, Télérama-Editions du Cerf, 1987, 518 p.

Gournay (C. de), Musso (P.), Pineau (G.), *Télévisions déchaînées*, Paris, Documentation française, 1985, 190 p.

Landam (G.), *Introduction à la radiodiffusion internationale*, Paris, Davoze, 1986.

Lhoest (H.), *Les multinationales de l'audiovisuel en Europe*, Paris, PUF et Genève, IRM, 1986, 144 p.

Mattelart (A.), Piemme (J.-M.), *Télévision : enjeux sans frontière*, Grenoble, PUG, 1980, 232 p.

Merril (J.-C.), *The world's great dailies*, New York, Hastings House, 1980, 400 p.

Michel (H.), *La télévision en France et dans le monde*, Paris, PUF, 1989, 176 p.

Smith (A.), *Goodbye Gutenberg : the newspaper revolution of the 1980's*, Oxford University Press, 1981, 368 p.

Varis (T.), éd., *La circulation internationale des émissions de télévision*, Paris, Unesco, 1986, 62 p.

Walker (M.), *Powers of the press*, Londres, Quartet Books, 1982, 402 p.

LES MÉDIAS DANS QUELQUES PAYS ÉTRANGERS

Baistow (T.), *Fourth-rate estate : an anatomy of Fleet street*, Londres, Comedia, 1985, 116 p.

Bechelloni (G.), *L'immaginario quottidiano : TV e cultura di massa in Italie*, Turin, ERI, 1984, 276 p.

Bertrand (C.-J.), *Les Etats-Unis et leur télévision*, Paris, INA-Champ Vallon, 1989, 142 p.

Bogart (L.), *Press and Public*, Hillsdale, Erlbaum, 1981, 286 p.

Bower (T.), *Maxwell : the outsider*, Londres, Aurum Press, 1988, 374 p.

Brand (P.) Schulze (V.), éd., *Medienkundliches Handbuch*, Braunschweig, Westermann, 1982, 542 p.

Briggs (A.), Spicer (J.), *The franchise affair*, Londres, Century, 1985, 226 p.

Burbage (R.), *La presse aux Etats-Unis*, Paris, Documentation française, 1981, 280 p.

Chen (J.), « *Democracy wall* » *and the unofficial journals*, Berkeley, University of California, 1982, 120 p.

Collins (R.), *The economics of television*, Londres, Sage, 1987, 136 p.

Curran (J.), *Power without responsability : the press and broadcasting in Britain*, Londres, Fontana, 1981, 396 p.

Dierichs (P.), *Der Zeitungsmarkt in Deutschland*, Bochum, Brockmeyer, 1988, 216 p.

Dunolie (H.), *Le câble aux USA*, Paris, Ed. Milan, 1988, 128 p.

Fischer (H. D.), *Handbuch der politischen presse in Deutschland : 1480-1980*, Dusseldorf, Droste, 1981, 732 p.

Fusaroli (G.), *Giornali in Italia*, Parme, Univ. Guanda, 1974, 346 p.

Gross (H. W.), *Die Deutsche Presse Agentur*, Francfort, Haag, 1982, 260 p.

Haines (J.), *L'incroyable Monsieur Maxwell*, Paris, Jacob, 1988, 520 p.

Head (S.), Sterling (C.), *Broadcasting in America*, Boston, Houghton Mifflin, 1987, 604 p.

Holzbach (H.), *Das « System Hugenberg »*, Stuttgart, Deutsche Verlags-Amstalt, 1981, 350 p.

Huber (R.), *La RFA et sa télévision*, Paris, INA-Champ Vallon, 1988, 142 p.

Jenkins (S.), *The market for glory : Fleet street ownership in the twentieth century*, Londres, Faber and Faber, 1986, 248 p.

Jenkins (S.), *Newspapers : the power and the money*, Londres, Faber and Faber, 1979, 130 p.

Kim (Y. C.), *Japanese journaliste and their world*, Charlottesville, University Press of Virginia, 1981, 226 p.

Lendvai (P.), *The bureaucracy of truth*, Londres, Burnett Books, 1981, 286 p.

Mac Cabe (C.), Stewart (O.), éd., *The BBC and public service broadcasting*, Manchester, Manchester University Press, 1986, 116 p.

Manca (E.), *Informazione e democrazia*, Milan, CESEC, Angeli, 1987, 88 p.

Melvern (L.), *The end of Fleet street*, Londres, Methuen, 1986, 276 p.

Meyn (H.), *Die neuen medien*, Berlin, Colloquium Verlag, 1984, 114 p.

Mond (G.), *Histoire et systèmes actuels de l'information à l'étranger : URSS*, Paris, Université de Paris II, 1983, 102 p.

Musso (P.), Pineau (G.), *L'Italie et sa télévision*, Paris, INA-Champ Vallon, 1989, 142 p.

Oberg (J. E.), *Uncovering Soviet disasters : exploring the limits of « Glasnost »*, New York, Random House, 1988, 318 p.

Ojalvo (A.), *La Grande-Bretagne et sa télévision*, Paris, INA-Champ Vallon, 1988, 142 p.

Pansa (G.), *Comprati e venduti : i giornali e il potere negli anni' 70*, Milan, Bompiani, 1977, 358 p.

Pasquier (D.), *La télévision américaine*, Paris, Ed. Milan, 1990, 116 p.

Richard (P.), *La RFA et sa télévision*, Paris, INA-Champ Vallon, 1989, 142 p.

Rossen (H.), *Freie meinungsbildung durch den rundfunk*, Baden-Baden, Nomos, 1988, 478 p.

Sergeant (J.-C.), éd., *Visages de la presse britannique*, Nancy, Presses Universitaires de Nancy, 1987, 144 p.

Villain (P.), éd., *Pages de la presse allemande,* Paris, Aubier, 1984, 308 p.
Veljanovski (C.), *Freedom in broadcasting,* Londres, Institute of economic affairs, 1989, 262 p.
Wenham (B.), éd., *The third age of broadcasting,* Londres, Faber and Faber, 1982, 140 p.

POUR UNE SOCIOLOGIE POLITIQUE DES MÉDIAS

Altschull (J. H.), *Agents of power : the role of the news media in human affairs,* New York, Longman, 1984.
Balle (F.), Padioleau (J.-G.), *Sociologie de l'information,* Paris, Larousse, 1973.
Berelson (B.), *The process and effects of mass communications,* Urbana, University of Illinois Press, 1954.
Berelson (B.), Lazarsfeld (P. F.), McPhee (W. N.), *Voting,* Chicago, Chicago University Press, 1954.
Blumler (J. G.), éd., *Communicating to voters,* Londres, Sage, 1983.
Blumler (J. G.), Cayrol (R.), Thoveron (G.), *La télévision fait-elle l'élection ?,* Paris, Presses de la FNSP, 1978.
Blumler (J. G.), McQuail (D.), *Television in politics, its uses and influence,* Londres, Faber and Faber, 1968.
Bogart (L.), *The age of television,* New York, F. Ungar, 1958.
Cantril (H.), Gaudet (H.), Herzog (H.), *The invasion from Mars,* Princeton, Princeton University Press, 1940.
Carey (J. W.), éd., *Media, myths and narratives,* Londres, Sage, 1988.
Cairol (R.), *La nouvelle communication politique,* Paris, Larousse, 1986.
Cayrol (R.), Le rôle des campagnes électorales, *in* Gaxie (D.), éd., *L'explication du vote,* Paris, Presses de la FNSP, 1985.
Cayrol (R.) *et al., Televisione ed elezioni,* Rome, Ed. RAI, 1977.
Chaffee (S. H.), éd., *Political communication : issues and strategics for research,* Londres, Sage, 1975.
Charlot (M.), *La persuasion politique,* Paris, A. Colin, 1970.
Cohen (S.), Young (J.), *The manufacture of news,* Londres, Sage/Constable, 1981.
Curran (J.), Gurevitch (M.), Woollacott (J.), éd., *Mass communication and Society,* Beverly Hills, Sage, 1979.
Deutsch (K.), *The nerves of government : models of political communication and control,* New York, Free Press, 1963.
Edelman (M.), *The symbolic uses of politics,* Urbana, University of Illinois Press, 1964.
Ettema (J.), Whitney (C.), éd., *Individuals in mass media organizations : creativity and constraint,* Londres, Sage, 1982.
Ferraroti (F.), éd., *Televisione e potere,* Turin, RAI, 1985.
Golding (P.), *Making the news,* Londres, Longman, 1979.
Gurevitch (M.) *et al., Culture, society and the media,* Londres, Methuen, 1982.
Katz (E.), Platforms and windows : broadcasting's role in election campaigns, *Journalism quarterly,* n° 48, 1971.
Katz (E.), Lazarsfeld (P. F.), *Personal influence,* Glencoe, Free Press, 1955.
Klapper (J. T.), *The effects of mass communication,* Glencoe, Free Press, 1960.
Kraus (S.), éd., *The great debates,* Bloomington, Indiana University Press, 1962.

Kuhn (R.), *The politics of broadcasting,* Londres, Croom Helm, 1985.

Lang (K. et G.), *Politics and television,* Chicago, Quadrangle books, 1968.

Lazarsfeld (P. F.), *Radio and the printed page,* New York, Duell, Sloan and Pierce, 1940.

Lazarsfeld (P. F.), Berelson (B.), Gaudet (H.), *The people's choice,* New York, Columbia University Press, 1948.

Lazarsfeld (P. F.), Field (H.), *The people look at radio,* Chapell Hill, University of North Carolina Press, 1946.

McQuail (D.), *Towards a sociology of mass communications,* Londres, Collier-Mac Millan, 1969.

McQuail (D.), Siune (K.), éd., *New media politics,* Londres, Sage, 1986.

Nimmo (D.), Sanders (K.), éd., *Handbook of political communication,* Beverly Hills, Sage, 1981.

Patterson (T.), *The mass media election : how Americans choose their President,* New York, Praeger, 1980.

Patterson (T.), McClure (R.), *The unseeing eye : the myth of television power in national elections,* New York, Putman's, 1976.

Pye (L.), *Communications and political development,* Princeton, Princeton University Press, 1963.

Ramonet (I.), *Le chewing-gum des yeux,* Paris, A. Moreau, 1980.

Sassoon (D.), éd., *Legami pericolosi ? Rapporti tra potere politico e televisione in 15 paesi,* Turin, RAI, 1989.

Shaw (D.), McCombs (M.), *The emergence of American political issues : the agenda-setting function of the press,* St Paul, West, 1977.

Schramm (W.), éd., *Mass communications,* Urbana, University of Illinois Press, 1949.

Silbermann (A.), *Communication de masse,* Paris, Hachette, 1981.

Smith (A.), éd., *Newspapers and democracy,* Cambridge, MIT Press, 1980.

Smith (A.), *The geopolitics of information,* Londres, Faber and Faber, 1980.

Tchakhotine (S.), *Le viol des foules par la propagande politique,* 2ᵉ éd., Paris, Gallimard, 1952.

Thoveron (G.), *Radio et télévision dans la vie quotidienne,* Bruxelles, Ed. de l'ULB, 1971.

Tichenor (P.), Agenda-setting : media as political kingmakers ?, *Journalism Quarterly,* n° 59, 1982.

Trenaman (J.), McQuail (D.), *Television and the political image,* Londres, Faber and Faber, 1968.

Weaver (D.) et al., *Media aganda-setting in a presidential election : issues, images and interest,* New York, Praeger, 1981.

Wilhoit (G. C.), de Bock (H.), éd., *Mass communication review yearbook,* Beverly Hills, Sage, 1980.

Imprimé en France
Imprimerie des Presses Universitaires de France
73, avenue Ronsard, 41100 Vendôme
Février 1991 — N° 36 500